Estudios

MARCO POLO Y LA CRUZADA
Historia de la literatura de viajes
a las Indias en el siglo XIV

ANTONIO GARCÍA ESPADA

MARCO POLO Y LA CRUZADA

Historia de la literatura de viajes a las Indias en el siglo XIV

Marcial Pons Historia
2009

© Antonio García Espada

© Marcial Pons, Ediciones de Historia, S. A.
San Sotero, 6 - 28037 Madrid
☎ 91 304 33 03
edicioneshistoria@marcialpons.es
ISBN: 978-84-95379-93-1
Depósito legal: M. 13.296-2009
Diseño de la cubierta: Manuel Estrada. Diseño Gráfico
Fotocomposición: Esperanza García Serrano
Impresión: Closas-Orcoyen, S. L.
Polígono Igarsa. Paracuellos de Jarama (Madrid)
Madrid, 2009

ÍNDICE

PRESENTACIÓN

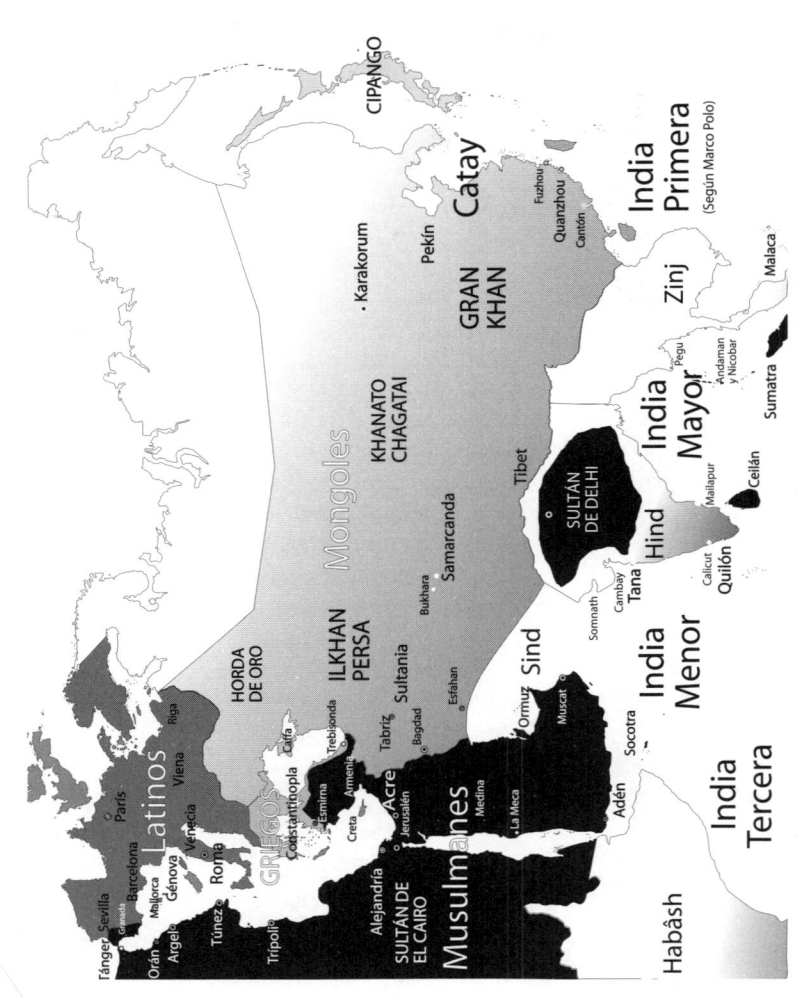

El mundo de los viajeros medievales (ca. 1300)

Los textos que junto al de Marco Polo conforman la literatura de viajes a las Indias de los años en torno al 1300 son los primeros en las letras europeas tras casi mil años en proclamar un conocimiento personal, sin mediación, del Lejano Oriente. Hasta entonces, las Indias de la tradición medieval respondían a un conocimiento adquirido en el terreno, absorbido, sin embargo, a través de una larga cadena de transmisión que inevitablemente imponía sobre la conceptualización de dicha realidad una serie de convenciones compartidas por buena parte de los habitantes de todas las cuencas del Mediterráneo. Las Indias de esta tradición tenían la virtud de transmitir multitud de significados, aunque conocieran un extraordinario desarrollo aquellos relacionados con el fin habitable de la Tierra y la manifestación allá de una serie de potencialidades que ensanchaban considerablemente el rango de posibilidades de lo real. Un legado, por tanto, cuya función, dentro de una determinada demarcación sociocultural, estaba más ligada al desarrollo espiritual del individuo y a sustanciar su relación con el universo. La ruptura con esta longeva tradición latina, compartida con musulmanes, judíos y griegos, fue enormemente consolidada en los años en torno al 1300 mediante textos, como el de Marco Polo, en los que una serie de individuos provenientes de una fracción de la vasta civilización mediterránea consiguió acceder a ese espacio remoto, no sólo para contrastar con sus propios sentidos sensoriales el contenido de dicho legado compartido, sino también, y sobre todo, para capturar mediante la descripción determinados aspectos de la realidad extremo-oriental significativos exclusivamente dentro de los parámetros de la coyuntura, concreta, actual y privativa

del grupo humano nominalmente adscrito a la autoridad del pontificado romano y no a la del emperador bizantino o el sultán egipcio, por poner sólo dos casos.

Por tanto el ánimo del estudio que ahora comienza no es poner
de manifiesto la excepcionalidad de la, sin duda extraordinaria,
experiencia vital del viaje a las partes más remotas del Mundo
medieval, ni siquiera exponer las razones por las que tales individuos tuvieron acceso a las Indias a en un momento dado y no en
otro. El objetivo de esta investigación es aportar indicadores valiosos sobre la importancia de los textos derivados de dicha experiencia personal, así como indagar en las razones que pudieron animar a
estos viajeros, una vez de regreso en Europa, a poner por escrito
una perspectiva de la realidad tan alejada de la tradición que, además, conoció inmediatamente después de su composición y a lo largo de estos últimos siete siglos un éxito de difusión sin precedentes
en las letras europeas.

A pesar de la falta de estudios monográficos sobre este tema,
se trata de un materia que, en tanto está directamente relacionada
con el viaje y su dimensión escrita, con la ciencia de la antropología y la literatura de entretenimiento, con la enunciación de una
identidad propia y una alternativa, en definitiva, con la expansión
europea, ha atraído la atención de numerosos estudios que con el
tiempo no han hecho sino multiplicarse. A este creciente interés
responde también mi investigación que, sin embargo, mantiene
una postura crítica con respecto a tan ancho contexto de referencia, ya desde el principio por el mero hecho de individualizar estos
textos y considerarlos una unidad de estudio suficientemente
homogénea y autónoma con respecto a instancias posteriores y
anteriores de la literatura europea de viajes. He procurado, además, evitar apoyarme demasiado en la dimensión analítica de otros
estudios. Creo que el reconocimiento por parte del investigador
de conceptos afines desarrollados por otros investigadores se produce a menudo dentro de un contexto mental que no siempre o
no del todo es transferible al lector. Por tanto, he preferido elaborar mis propios conceptos manteniendo una distancia prudente
con respecto a la terminología desarrollada por otros especialistas.
En todo caso, a través de las notas a pie de página y del apartado
bibliográfico del final del libro he procurado dar cuenta de la gran
deuda contraída con la inspiración recibida de tales investigaciones. Espero con ello también satisfacer la necesidad de ubicación
del lector más familiarizado con la materia.

La citación de dichos estudios está hecha mediante el apellido del autor y el año de su publicación, dejando para la sección bibliográfica la referencia completa de la obra. Sólo ocasionalmente he incluido, junto al nombre y el año, el título de algunas obras, señalando así su importancia en relación con el discurso de mis propias investigaciones y su uso reiterado a lo largo del libro. Al principio de la sección bibliográfica aparece una lista de las abreviaciones de las fuentes primarias más importantes y recurrentes, forma bajo la que vienen siempre citadas en las notas a pie de página. He procurado en todo caso castellanizar el nombre de los numerosos personajes históricos que salen a relucir en este estudio excepto en aquellos casos, como los de Pierre Dubois o Ramon Llull, donde la forma vernácula cuenta con más probabilidades de alcanzar el reconocimiento inmediato del lector moderno. Por la misma razón he preferido utilizar antiguas denominaciones de ciudades asiáticas como Bombay, Madrás, Quilón o Pekín, en vez de las novísimas Mumbai, Chennai, Kollam o Beijing. La concesión ante una lectura tradicional, y por el momento predominante entre el amplio público, me ha llevado igualmente a referirme siempre a Edad Media, Baja Edad Media, Reconquista o Cruzada a pesar de que se trate de conceptos que desde distintos foros comienzan a ser considerados imprecisos e incluso inoportunos. Por mi parte, he preferido concentrar los beneficios derivados de mi perspectiva analítica en sugerir nuevas lecturas de los asuntos más directamente relacionados con la literatura de viajes.

Esta investigación también tiene una historia. Tuvo comienzo en las aulas de la Universidad Complutense de Madrid, fue desarrollada a lo largo de dos años en India bajo los auspicios de la Jawaharlal Nehru University de Delhi y acabó siendo defendida en el Instituto Universitario Europeo de Florencia para la obtención del título doctoral. Tan largo periplo no hubiera sido posible sin el estímulo, la ayuda, la confianza y la generosidad de un gran número de personas a las que me es imposible citar y a las que expreso mi agradecimiento desde aquí con algo más que la mención de sus nombres. De los que sí debo dar cuenta son de aquellos de los que he recibido un apoyo técnico sin el que esta investigación difícilmente hubiera podido satisfacer el compromiso con las exigencias del discurso académico actual. En primer lugar a mi supervisor, Tony Molho, por haberme proporcionado nada menos que un modelo de escritura, aunque temo haber sido peor discípulo que él maestro; a Yves Mény, por la extraordinaria ayuda financiera que decidió otorgarme en mi último año florentino; a Bartolomé Yun, por su amable disponibilidad en todo momento; a Nicky Koniordos, por su cariñosa generosidad; a Juan Gil, de cuyos libros y consejos me he servido profusamente a lo largo de todos estos años; a Miguel Ángel Ladero Quesada, del que recibí la curiosidad por el mundo de los viajeros medievales; a Richard Kagan, cuyas apreciaciones sobre mi investigación llegaron en un momento crítico; a Franco Cardini, también por algunas observaciones al respecto realmente finas; a Juan Pimentel, por haber depositado su confianza en este proyecto; a Julio Baquero, por introducirme en la literatura comparada; a Julio López-Davalillo, por su ayuda con los mapas; a José María Iñurritegui, por sus valiosas indicaciones bibliográficas; a Pedro Córdoba, por haberme presentado a estos dos últimos y, sobre todo, junto a David Abajo, Nacho Calvo y Yolanda Salazar, por compartir con nosotros tantas alegrías y desafíos; a Juan Pedro Privado, por su ayuda con el latín y las arras; a Ginés Espada Almansa, por haberme reconciliado con el *pequeño* ordenador; a Kostis Kornetis, sin cuya intervención esta investigación probablemente habría quedado a medias; a Lidia Santarelli, por ayudarme a mantenerme activo en el circuito universitario; a Bijay Nayak y Rabi Muduli, por la devoción con la que me han atendido durante este último año; a Luis Lechiguero, por las dos veces que me ha traído a la India; y muy en especial, a mi madre, mi hermana y mi mujer, Esther Rivero, tras diez años viajando. *Nec spes nec metum.*

Bhubaneswar, otoño, 2007.

Introducción
MARCO POLO Y LA CRUZADA

De Orbe, Libro XIV de las *Etimologías* de Isidoro de Sevilla, primera edición impresa en 1474

«Terra est in media mundi regione posita, omnibus partibus caeli in modum centri aequali intervallo consistens» (1,1)

«Orbis a rotunditate circuli dictus, quia sicut rota est; unde brevis etiam rotella orbiculus appellatur. Vndique enim Oceanus circumfluens eius in circulo ambit fines. Divisus est autem trifarie: e quipus una pars Asia, altera Europa, tertia Africa nuncupatur» (2,1)

El recuerdo de los viajeros medievales al Lejano Oriente está estrechamente asociado al singular libro de Marco Polo. Pocas obras de la literatura universal han alcanzado tanto relieve, han sido traducidas a tantos idiomas y publicadas tan reiteradamente. Los estudios monográficos dedicados a dicho texto se cuentan por miles. El sujeto ha sido abordado desde diversas ciencias y por algunos de los más renombrados especialistas. Durante sus primeros ciento cincuenta años el libro fue copiado a mano unas ciento cincuenta veces, lo que no es un mal registro de su fama. Las imprentas de los siglos venideros no hicieron sino aumentar su difusión, con un incremento considerable en determinadas épocas como el siglo XVI, el XVIII, el XIX y, bueno, en nuestros días la boyante industria del turismo y, en general, el intenso movimiento de ideas, personas y cosas que está teniendo lugar bajo el signo de la globalización, no ha hecho sino aumentar el interés por tan arcaico producto. Se trata, por tanto, de setecientos años de lectura ininterrumpida que, sin embargo, no parece estar justificada únicamente por los logros estéticos del libro. Grandes especialistas han encontrado en su lectura aburrimiento e incluso disgusto mientras el más indulgente lector lego acaba encontrándolo infantil, como escrito por y para niños [1].

---

[1] Por ejemplo, HEERS (2004), p. 18; LARNER (2001), p. 261; JACKSON (1998), p. 87; GIL (1993), p. 116; CRITCHLEY (1993), p. 179 son algunos de los más eminentes especialistas que han encontrado particularmente mediocre el estilo poliano. WATANABE (1986) contabilizó más de dos mil trescientas monografías sobre Marco Polo sólo en lenguas europeas, número que se ha incrementado considerablemente en estos últimos veinte años.

De Marco Polo no sabemos gran cosa, como cabría esperar del miembro de una modesta familia de emigrantes venecianos en la Constantinopla del siglo XIII. Prácticamente todo lo que se sabe proviene del libro mismo, y el gran evento sólo se explica a sí mismo de manera muy parcial. En principio, los viajes por Asia fueron comenzados por el tío y el padre de Marco Polo, sin que se conozca otra razón que la de propiciar ciertos beneficios materiales obtenidos principalmente mediante empleos en las Cortes asiáticas de los mongoles y en especial en la del Gran Khan en Pekín. Dichas funciones públicas fueron complementadas con transacciones mercantiles menores que, a su regreso al Mediterráneo, dieron a los Polo cierta solvencia económica, la posibilidad de adquirir una mansión en el Rioalto de Venecia y mantener una discreta actividad empresarial.

Marco Polo consumió más de un cuarto de siglo de su vida en Asia, desde los quince años a los cuarenta aproximadamente. Al parecer, en 1298, poco tiempo después de regresar a Italia, dio con sus huesos en alguna cárcel genovesa y allí, junto a otro viajero, Rustichello, natural de Pisa y de no menos silencioso pasado, dio comienzo al libro que tanto daría que hablar en los siglos venideros. Pero, el manuscrito original no existe. Todo lo que ha quedado son versiones, la más antigua de 1307, que no siempre remiten a una única fuente. Del centenar y medio de manuscritos no hay dos iguales, todos están censurados, mejorados según criterios muy dispares, con interpolaciones o severas mutaciones. Esta fatalidad ha sido en buena parte la que ha dado trabajo a tantos especialistas en nuestros días, pues todas las afirmaciones, incluso las más elementales, sobre el hombre que hay detrás de la leyenda no son sino presunciones.

No hay grandes certezas respecto a la encarcelación de Polo en Génova, ni sobre su encuentro con el pisano. Incluso se ha intentado demostrar que el tal Rustichello de Pisa fue otro alegre copista que, al versionar el original de Polo, introdujo todo el episodio del encarcelamiento compartido y su intervención como escriba en la composición del original [2]. Podría ser que Marco ni siquiera fuera

---

[2] Según la filóloga Barbara Wehr, argumento criticado por LARNER (2001), p. 87, y aceptado con ciertos matices por CRITCHLEY (1993), p. 52. Sin embargo, algo en este sentido ya vino adelantado por DENISON ROSS (1934), al sugerir la posibilidad de que Marco Polo hubiera contado su historia a varios de sus compañeros de prisión de Génova por lo que la de Rustichello no sería más que una de entre varias versiones posibles.

veneciano sino croata[3]. Igualmente, ha sido seriamente cuestionada la posibilidad de que los Polo desempeñaran cargos públicos en la Corte del gran emperador de la China mongol[4]. De hecho, no hay prácticamente aspecto del libro que promueva el consenso total de la crítica. Con argumentos plausibles ha sido cuestionada incluso la presencia misma de Marco Polo en China[5].

Lo cierto es que el vacío dejado por la evidencia material fue ocupado desde muy temprano por sugestivas leyendas, que aún predominan en la imagen abstracta e inmediata que nos hacemos del Príncipe de los Viajeros. La envergadura adquirida a lo largo de los siglos por Marco Polo descansa, como suele ocurrir con los mitos, en su descontextualización histórica. Por lo general, se considera al veneciano un adelantado a su tiempo, una mente moderna encerrada en un cuerpo medieval, con una predisposición, una actitud y un arrojo sin parangón entre sus contemporáneos. Igualmente sobredimensionado ha sido su papel con respecto a Rustichello de Pisa a la hora de componer el libro, pues secularmente se ha presupuesto que los logros analíticos y expresivos de la obra son mérito exclusivo del veneciano.

Buena parte de esta convención podría tener sus orígenes en Gian Battista Ramusio, el coleccionista veneciano que a principios del siglo XVI dio a conocer una de las versiones más acabadas del libro junto con los resultados de infatigables pesquisas para reconstruir la historia de Polo recabadas de tradiciones orales en circulación por Venecia dos siglos después del evento[6]. La edición crítica

---

[3] MOULE (1938), p. 20.

[4] Desde la edición de Pauthier de 1865, los intentos por identificar a Marco con la mención en los anales Yuan de un *Po-loh* se han demostrado erróneos por lo que no han faltado argumentos contra la posibilidad de que el veneciano alcanzara una posición privilegiada en una Corte, la china, particularmente minuciosa en lo concerniente a la burocracia. Aun así, no faltan, entre la última generación de sinólogos, quienes siguen defendiendo la posibilidad de que el Gran Khan empleara efectivamente los servicios del veneciano. Stephen HAW, *Marco Polo's China* (2006).

[5] Así, WOOD, *Did Marco Polo Go to China?* (1996), por citar el más reciente y difundido de la tradición escéptica comenzada ya el siglo XVII y que Jacques HEERS (2004), p. 145, explora en detalle.

[6] La obra de Ramusio fue escrita entre 1550 y 1559 en cuatro volúmenes. Se trata de la primera recopilación de viajes de europeos por todo el mundo incluyendo los viajes portugueses por la costa africana y los castellanos por América. Un lugar destacado en la colección ocupan los viajes por tierra a Asia, donde encontraron cabida dos textos de la primera mitad del siglo XIV: el de Odorico de Pordenone y el de Marco Polo. La

de Ramusio destacaba de la aventura poliana su aspecto más liberal, la ruptura con la tradición, su independencia con respecto al dogma y la emancipación definitiva del comercio no sólo como un medio de producción, sino como toda una filosofía de vida asentada en la ambición y el arrojo del mercader. Ramusio vio en Marco Polo al nuevo Ulises de la patria veneciana, el emblema de una nación de comerciantes de la que encarnaba sus valores más preciados: el afán de riquezas, el gusto por la diversidad y cierto relativismo cultural[7].

Se trata de unos valores que también gozarán de una continuidad excepcional y que han venido siendo identificados como el estímulo de la extraordinaria expansión europea por el resto del mundo y de su primera manifestación documental, la literatura de viajes. Un género, el de «literatura de viajes», que además de remitir al lector a un lugar distinto de aquel donde se produce el encuentro entre el autor y la audiencia, se caracteriza por la voluntad explícita de abrir un nuevo frente de conocimiento, aspectos ambos centrales al ideario colonialista. Es, sin embargo, en el individuo que tiene acceso a dicho escenario alternativo y que tiene la voluntad de ampliar dicho horizonte cognitivo donde encontramos el signo distintivo de este género literario. Aquí el viajero constituye la unidad estable sobre la que realizar la medición de la realidad sujeta a observación. Por tanto, sobre él se proyectan una serie de valores caracterizados principalmente por su posición con respecto a la verdad (su mayor o menor sinceridad) y a la curiosidad (en tanto deseo íntimo de asumir los más grandes sacrificios con tal de traspasar los límites del conocimiento impuestos por la autoridad y la tradición).

El gran viajero polaco Jean Potocki decía a su llegada a Marruecos que él era «el primer extranjero que ha venido a este país bajo la simple condición de viajero» y que ya sólo por eso su relato «no estará desprovisto de interés»[8]. El polaco asumía con plena conciencia que su presencia en África, no como comerciante, diplomático, explorador o espía, sino como simple viajero ya estaba provista de cierta utilidad pública y

---

última de las grandes ediciones del *Navegazioni e viagi* de Giovanni Battista Ramusio es la de Marica MILANESI (1978).

[7] Tradición continuada por Marco Barbaro o el también veneciano Vicenzo Coronelli, que en sus obras el *Atlante Veneto* de 1690 y el *Corso geografico* de 1694 incluía leyendas falsas sobre la fortuna de los Polo como comerciantes y la admiración del pueblo por su liderazgo social; HEERS (2004), p. 42.

[8] POTOCKI, *Viaje al Imperio de Marruecos realizado en el año 1791,* Ed. Vigil, 1991, p. 7.

como tal merecía ser puesta por escrito. Pero esto ocurría en 1791 y por esas fechas el mero hecho de viajar constituye un espacio literario de referencia ya consolidado al que un autor dado puede adscribirse con plena conciencia. Pero, además de un modelo de escritura, el género literario de viajes también proporciona satisfacción a una serie de expectativas alentadas por el público. Se trata de dos de las características esenciales a la hora de identificar un género literario y que los críticos literarios denominan precisamente así: el «horizonte de expectativas de la audiencia» y el «modelo de escritura de los autores»[9].

La huella más evidente del éxito que ha tenido entre los europeos un género literario constituido como tal no antes del siglo XVII no es su continuidad en el tiempo o que siga estando entre las preferencias del público actual, sino la poderosa influencia que ha ejercido en la manera de leer textos escritos mucho antes de que el mero hecho de viajar gozara del significado que le atribuyó el siglo de Potocki[10]. Desde entonces, la etiqueta de literatura de viajes viene siendo aplicada a textos que no abordan las vicisitudes del itinerario sino de manera superficial. La primera persona narrativa y el uso del tiempo para medir las distancias pudieron funcionar en los textos del siglo XIV como soluciones estructurales pero no como un modelo de escritura que el autor y su audiencia pudieran reconocer como un género literario autónomo y autorreferencial[11].

Pocos casos como el de Marco Polo han experimentado con mayor intensidad los efectos de esta concepción diacrónica del viaje, pues, lo cierto es que el panorama en el momento de gestación del libro de Marco Polo, así como a lo largo de todo el Medievo

---

[9] Fórmulas que tomo prestadas literalmente de Tzvetan TODOROV, *Introduction à la littérature fantastique* (1970) y *Les morales de l'histoire* (1991). SAID, *Orientalism* (2003), p. 20, emplea una terminología distinta para una distinción equivalente a la hora de definir el género: se trata de la *«strategic location»*, la posición que adopta el autor dentro del texto, y la *«strategic formation»*, la relación del texto con otros textos y, por tanto, la perspectiva bajo la que dicho texto es absorbido por su amplio medio cultural de origen.

[10] PIMENTEL, *Testigos del mundo. Ciencia, literatura y viajes en la Ilustración* (2003), pp. 215-249, considera que, a pesar de que ya desde la segunda mitad del siglo XVI nombres como Ramusio, Hakluyt o Bry hubieran establecido con sus colecciones algunas de las principales pautas a seguir por la literatura de viajes y la representación de realidades no europeas, es a partir del último tercio del siglo XVII y sobre todo a lo largo del siglo XVIII cuando la literatura de viajes queda constituida como un género a parte, autónomo y perfectamente reconocible entre el público europeo.

[11] Punto claramente expuesto por Jacques Heers, *De Marco Polo á Christophe Colomb: comment lire le Devisement du monde?* (1984).

europeo, es de una falta de interés total hacia cualquier producto literario relacionado con el género de viajes tal como lo concebimos hoy día. Lo prueba, por ejemplo, el hecho de que se tradujera del árabe al latín el *Almagesto,* sobre la forma de los cielos, y el *Quatripartitum,* sobre astrología, ambas de Tolomeo, mientras que no se mostró interés alguno por obras del mismo autor como la *Geografía.* Obras de este corte, como el *Divertimento* de Al-Idrisi escrita en la Corte siciliana por encargo de Roger II han permanecido sepultadas en los archivos hasta el siglo XVII [12]. Lo mismo ocurrió con las detalladas relaciones de viajes escritas por judíos europeos a lo largo de los siglos XII y XIII, como la del navarro Benjamín de Tudela, cuyos viajes le llevaron hasta la costa oeste de la India y que, sin embargo, ha permanecido en hebreo sin traducir hasta el siglo XIX.

Cabe suponer, por tanto, que la importancia del libro de Marco Polo, la razón por la que ha sido leído tan profusamente a lo largo de todos estos siglos, radica en su condición de precursor de uno de los géneros literarios con los que mejor se ha identificado la audiencia europea a lo largo de los últimos setecientos años de su historia [13]. Dicha suposición también explicaría la incomodidad que siente el lector de hoy ante el libro de Polo, pues en tanto manifestación germinal de dicho género sus constituyentes esenciales como la curiosidad, la objetividad, la sinceridad y la exactitud se encontrarían en una fase experimental que, por tanto, acabarían dando a la obra de Polo su aspecto arcaico y, según no pocos críticos, incluso defectuoso. De nuevo nos encontramos con que el grueso de las valoraciones sobre el libro de Marco Polo siguen estando hechas desde una perspectiva futura, la única perspectiva en la que tienen sentido categorías como pionero o primitivo, pero que siguen ocultando el porqué dicho libro apareció en un momento y un lugar determinado y no en otro.

Otros textos de viajes contemporáneos

No obstante, y en la medida en que son detectables las ínfulas ideológicas de una mirada teleológica, el libro de Marco Polo se nos

---

[12] LARNER (2001), p. 34.
[13] Declarado por Henry Yule precursor de la geografía científica, declarado por Joan Pau Rubíes precursor de la etnografía moderna y declarado por la Organización Mundial del Turismo (WTO) el 5 de octubre de 1994 el primer turista del mundo.

revela como un fenómeno mucho menos unívoco en el que, para empezar, la intervención de un escritor profesional como Rustichello podría haber sido determinante a la hora de conseguir tan extraordinario éxito entre tal diversidad de audiencias. También podría deberse a una sesgada representación, la marginación del resto de los libros de viajes a las Indias compuestos contemporáneamente. En los años inmediatamente posteriores y con referencia al mismo espacio físico fueron redactados otros textos por viajeros europeos como Juan de Montecorvino, Jordano Catalán, Odorico de Pordenone, Juan de Cori, Andrés de Perusa o Juan de Marignolli.

La abrumadora ventaja conseguida por el texto poliano con respecto a los demás no fue inmediata. Del siglo XIV han llegado a nuestros días ochenta copias del Marco Polo y sesenta y tres del Odorico. Buena parte del extraordinario relieve del texto del veneciano no es tanto representativa del impacto que pudo provocar en su época como del producto de una reconstrucción historiográfica inacabada del fenómeno hodopórico medieval [14]. Desde antiguo el valor atribuido a estos otros textos radica en su capacidad de dar cotejo al texto poliano. Los autores citados son todos religiosos profesionales y exclusivamente de las órdenes mendicantes franciscana y dominica. Su condición clerical aumenta la dualidad que alimenta el ideario humanista, burgués y laico proporcionando el polo opuesto de una mentalidad en transformación. Frente al mercader libre, autónomo e independiente estarían los frailes devotos de la obediencia, la pobreza y la evangelización [15].

---

[14] Desde las ediciones de Henry YULE del *Mirabilia descripta* de Jordano Catalán en *The Wonders of the east by F. Jordanus* (1863) y de los demás en *Cathay and the Way Thither,* aumentada por Henry CORDIER en cuatro volúmenes (1913), el texto de Juan de Marignolli no ha vuelto a conocer edición en Europa; los de Juan de Montecorvino y Andrés de Perusa no han vuelto a ser publicados hasta GIL, *La India y el Catay. Textos de la Antigüedad clásica y del Medievo occidental* (1995). El texto de Jordano, además de la edición castellana de Gil, fue publicado por CORDIER, *Les merveilles de l'Asie* (1925); por DELMAS, *Les Merveilles de l'Asie* (1995), y por GADRAT, *Una image de l'Orient au XIVe siècle; les «Mirabilia descripta» de Jordan Catala de Sévérac* (2005). Sólo Odorico de Pordenone ha conocido mejor suerte con ediciones de CORDIER (1891), de la Camara di Commercio, Industria, Artigiamento e Agricultura de Pordenone (1982) por Nilda GUGLIEMLMI (1987) y la edición citada de Juan GIL de 1995. Las ediciones latinas de los textos de viajeros franciscanos de las que me he servido son WYNGAERT, *Sinica Franciscana* (1929) y para el texto del dominico Jordano Catalán de Lobo, ROCHE y MOLLOY, *The Wonders of the East* (1993).

[15] Cabría preguntarse hasta qué punto la rutinaria y, aun así, precipitada atribución de autor clérigo a las dos obras anónimas de viajes semifictícios por todo el Orien-

Estos «otros textos» no ofrecen un perfil fácilmente resumible a un aspecto común. Raros y parcos, su unidad radica primeramente en la coyuntura espacial y temporal. Todos se dan dentro de un arco de medio siglo y se refieren a unos viajes inconmensurables pero plausibles por Asia y el Índico. Los primeros, junto a Marco Polo, de los que ha quedado constancia escrita en la historia de la Europa católica.

Juan de Montecorvino es el más antiguo. Tras varios años de andanzas por Persia toma la ruta hacia las Indias por las mismas fechas que Polo emprendía su último viaje que le llevaría de China al Mediterráneo, entre 1291 y 1293. Montecorvino no regresó jamás, murió en Pekín hacia 1330, cumplidos los ochenta y dos años. Del viajero franciscano han quedado dos cartas enviadas desde Pekín en 1305 y 1307 y una tercera de difícil datación. A diferencia de las otras dos, esta última contiene poquísima información biográfica, nada sobre el desarrollo de su misión apostólica, ni de posibles expectativas futuras. Su contenido se centra en describir tantos aspectos de la realidad circundante como sea posible. La versión que ha llegado hasta nosotros es la traducción italiana de una fraile menor que dijo haber recibido este documento de manos del propio Montecorvino en la India en 1293, cinco años antes de que Marco Polo diera comienzo a su relato en la prisión de Génova.

Hay una diferencia sustancial entre las cartas chinas y la carta india de 1293. Las primeras, aun conteniendo información sobre la realidad sustantiva, el clima, los astros, la orografía, los alimentos, las gentes y sus hábitos, están explícitamente destinadas a las autoridades más altas de la Iglesia, el general de la orden y el pontífice romano, con el fin de informar sobre el desarrollo de su misión pastoral, sus logros y objetivos. Otras cartas de naturaleza similar a las cartas chinas de Montecorvino son las de los también franciscanos Andrés de Perusa, escrita en Quanzhou en 1326, y Pascual de Vitoria, escrita en el norte de Mongolia en 1338, así como las dos del dominico Jordano Catalán, escritas desde distintos puertos de Gujarat en 1321 y 1323. Se trata de documentos dirigidos también a los superiores de sus respectivas órdenes. En ellos se da cuenta del incierto horizonte evangélico, con especial insistencia en la situación personal del remitente, considerablemente precaria en los casos de Jordano y Pascual. La

---

te, el *Libro de conosçimiento de todos los rreinos e señorios* y los *Viajes de Mandeville* de las décadas centrales del XIV, no responde también a la inercia con que se protege la excepcionalidad laica de Marco Polo.

pobreza, la penuria, la soledad, la persecución y el miedo hacían pertinentes los lamentos y una serie de peticiones (compañeros, medios e instrumentos pastorales) que justifican el contenido de las epístolas.

En el momento de confeccionar sus cartas, Jordano acababa de escapar del encuentro con la muerte que se llevó a sus cuatro socios franciscanos cerca de Bombay. La autoridad musulmana recién implantada ajustició a los compañeros del dominico, quien pasó los siguientes años escondiéndose y resuelto a abandonar la costa oeste de la India lo antes posible, bien con destino a Etiopía, según una de las cartas, bien rumbo a Europa, según confiesa en la siguiente. Pascual de Vitoria, por su parte, escribió su carta a propósito de la hostilidad creciente con que la autoridad local veía su actividad pastoral. La suya es una exposición de agravios por parte de los talibanes que, de hecho, acabaron poniendo fin a su existencia terrenal a los pocos meses de escribir la carta. Buena parte del contenido de las cartas chinas de Juan de Montecorvino se ocupa de dar cuenta de las injustas acusaciones e insidiosas persecuciones que padeció por parte de los nestorianos en Pekín. La rivalidad con éstos por ganarse el favor del Gran Khan y las irreductibles diferencias rituales estuvieron a punto de reducir al franciscano al encarcelamiento y la enemistad del khan. El resto de sus letras están destinadas a pormenorizar sus métodos de trabajo y su perseverancia en la persuasión al khan y otros señores mongoles.

Un segundo grupo de fuentes sobre la experiencia europea en el Oriente del Bajomedievo lo componen las obras de los dominicos franceses Juan de Cori y Juan Galonifontibus: *L'Estat et la gouvernance du Grand Caan de Cathai,* de 1330, y el *Libellus de notitia orbis,* de 1404, respectivamente. Ambos autores eran los arzobispos católicos de Persia, con sede en Sultania, y ocasionalmente empleados como embajadores de los khanes ante el pontífice romano. En estas ocasiones los papas de Aviñón encargaron a los arzobispos la confección de informes sobre la situación del cristianismo en Oriente. Separados ambos textos por setenta años, la situación que describen es bien distinta. El primero está centrado en dar noticia del, al parecer, prometedor avance de la misión pastoral en China. Mientras el segundo, ante el declive de la presencia católica en Asia, opta por someter a la consideración del papa una serie de opciones políticas de la Iglesia en el Medio Oriente, evalúa las posibilidades de apoyo por parte de dirigentes locales y las fisuras en el, por lo demás, amplio predominio espiritual alcanzado por el Islam en el Próximo Oriente, Asia Central y el Índico.

El conocimiento adquirido mediante los viajes cualificó a ambos autores ante la autoridad pontificia para cumplir una misión concreta de la que dan testimonio sendos escritos. De esta naturaleza participan otros dos textos fundamentales en la historia de la experiencia europea en Asia. Se trata de los escritos por los franciscanos Juan de Pian del Carpini y Guillermo Rubruck en 1247 y 1255, respectivamente. El primer texto es el resultado documental de una embajada pontificia constituida en Lion con destino a la Corte del Gran Khan de Karakorum. El segundo es una larga epístola sobre los mongoles destinada a la atención del rey Luis IX de Francia escrita por un mendicante que llegó a Asia como miembro de la Corte de dicho rey. Pian del Carpini fue un legado pontificio, mientras Rubruck, que utilizó unas cartas de su rey como acreditación ante los mongoles, actuó de manera más compleja, al margen de la iniciativa del superior de su orden y de su patrón secular, San Luis. Sin embargo, también el escrito de Rubruck reconduce toda su experiencia a un único fin: informar al rey de las posibilidades de conquista o alianza con las fuerzas mongolas, mesurar su poder, su debilidad y su predisposición a interactuar con la Cristiandad, por lo que devino pertinente una rápida evaluación de las expectativas de conversión y bautismo del emperador y sus súbditos.

Ambos textos de mediados del siglo XIII son el producto de viajes rápidos y breves, inmediatamente orientados a convertir la experiencia en inteligencia y producir informes destinados al servicio de una acción política específica del papa y del rey de Francia. Junto con los textos de Juan de Cori y Juan de Galonifontibus, a pesar de su disparidad cronológica (cerca de siglo y medio los separa), conforman una unidad en torno a dos aspectos fundamentales: el porqué y para quién están escritos. Aspectos que, lejos de ser externos al texto, orientan su contenido y dan sentido a la difícil tarea de reproducir por escrito tan extrema experiencia vital. Pian del Carpini y Rubruck han sido considerados muy a menudo los precursores de Marco Polo y, sus textos, parte de una misma familia literaria. Sin embargo, tal comparación oculta la gran diferencia de método, la disparidad entre la descripción de los «pueblos» mongoles y la descripción de «todo» lo que cabe entre el cielo y el suelo de las tierras y los mares de las Indias. A las alturas del siglo XIII, la recopilación de información sobre las naciones extranjeras contaba con una larga tradición a sus espaldas que se remonta a la Antigüedad clásica, que después fue compartida por las grandes civilizaciones mediterráneas (islámica, bizantina, hebrea y latina) y a la pertenecen los escritos de Pian del Carpini y

Rubruck. Sin embargo, el objeto de esta práctica no era otro que el estudio de los pueblos nómadas, los bárbaros, que a lo largo de los siglos proporcionaron a los pueblos sedentarios adyacentes la noción de alteridad por excelencia. Durante todos estos siglos, la fuerza indomeñable de las tribus nómadas amenazó de manera recurrente y cíclica a las mucho más vulnerables naciones sedentarias que ante tales contingentes reaccionaban acumulando tanta información sobre los bárbaros como fuera posible. Esta suerte de práctica antropológica contaba además con sus propios estándares y canales de circulación entre la élite mediterránea. En tanto parte de esta tradición literaria, los textos de Pian del Carpini y de Rubruck tuvieron una difusión muy limitada y rara vez fueron consumidos más allá de los muros de los conventos donde fueron confeccionados [16].

La Descripción de las Indias

Tras las epístolas escritas por los misioneros a sus superiores de la orden y los informes escritos por encargo directo de reyes o papas, queda un tercer grupo de textos. Se trata del *Mirabilia descripta* de Jordano Catalán, OP, escrita en algún lugar del sur de Francia hacia 1329-1330; la *Relatio* de Odorico de Pordenone, OFM, recogida al dictado por Guillermo de Solagna en Padua también en 1330; la *Chronica Boemorum* de Juan de Marignolli, OFM, terminada en Viena en torno al año 1356, y la ya citada carta india de Montecorvino de 1293, reformulada por fray Menentillo en Spoleto, OP, hacia 1320 [17]. Resulta difícil aceptar el encuadramiento de estos cuatro textos como literatura misional [18]. A dife-

---

[16] LARNER (2001), p. 26, y Angeliki LAIOU, *Italy and the Italians in the Political Geography of the Byzantines* (1995).

[17] QUETIF y ECHARD, *SOP*, III, p. 541.

[18] Una lectura diferente se da a lo largo de toda la obra del, por otra parte, gran especialista en la literatura sobre viajes, misiones, peregrinaciones y cruzadas europeas en Oriente, Jean RICHARD, *Les Relations entre l'Orient et l'Occident au Moyen Age. Etudes et documents* (1977); *Les recits de voyages et de pelerinages* (1981); *Croises, missionnaires et voyageurs. Les perspectives orientales du monde latin medieval* (1983); *La Papaute et les Missions d'Orient au Moyen Age (XIII-XV siecles)* (1998). Se trata de una poderosa inercia cuya larga andadura no ha acabado. Citamos sólo algunos de los nombres más resonados de especialistas que consideran la literatura de descripción de las Indias de la primera mitad del siglo XIV como literatura misional: YULE, *Cathay and the*

rencia de las epístolas arriba mencionadas, aquí no hay información relacionada en manera alguna con los aspectos técnicos de la evangelización. Las alusiones a las expectativas pastorales son cuantitativamente irrelevantes y la afirmación sobre la utilidad que la información práctica pudiera tener para futuros misioneros sólo tendría sentido dando por sabido que los destinatarios de dichos textos eran efectivamente misioneros, lo cual no parece el caso. La intitulación del texto de Odorico justifica su finalidad con estas palabras: «Puesto que muchas y diversas cosas acerca de los ritos y las condiciones de este mundo fueron narradas por muchos se debe saber que yo, fray Odorico del Friul, OFM, queriendo atravesar el mar y llegar a tierras de infieles con el objeto de rescatar algunas almas, oí y vi muchas cosas grandes y maravillosas que puedo narrar como verdaderas»[19].

Igualmente vagas, pero más torpes, son las palabras con que fray Menentillo presenta ante un compañero de Pisa las letras de Juan de Montecorvino: «Porque sé del gran cuidado que ponéis en las cosas de ciencia y, aunque sabéis mucho, mucho más querríais saber, especialmente de aquello que no sabéis pero quisierais saber y para que obtengáis dicho conocimiento os escribo ciertas cosas según fueron escritas en la India Superior por un fraile Menor»[20]. El *Mirabilia Descripta* de Jordano Catalán no da testimonio en ninguna parte de por qué y para quién está escrito[21]. La Descripción de las Indias de Marignolli no es un texto autónomo. Está insertado en una crónica universal que le fue encargada por Carlos IV. En ella alude a su misión como heraldo pontificio ante el Gran Khan, pero

---

Way Thither (1866); BEAZLEY, *The dawn of modern geography: A history of exploration and geographical science* (1906); MOLLAT, *Los Exploradores del siglo XIII al XVI* (1990); LACH, *Asia in the Making of Europe* (1993); PHILLIPS, *La expansión medieval de Europa* (1994); y, por acabar con las más recientes obras de la última generación, RUBÍES, *Travel and Ethnology in the Renaissance. South India through European Eyes, 1250-1625* (2000), y GADRAT, *Une image de l'Orient au XIVe siècle* (2005), que en este particular se adhieren plenamente a la interpretación clásica de la literatura de viajes escrita por los mendicantes de 1300 como literatura con fines primeramente evangelizadores.

[19] ODORICO, *Relatio*, p. 436.
[20] MONTECORVINO, *Carta india*, p. 340.
[21] JORDANO, *Mirabilia*, p. 401. La intitulación de la obra «Maravillas Descrita por fray Jordano Catalán, natural de Séverac, obispo de Colombo en India la Grande» es, sin duda, una interpolación posterior procedente seguramente de una mano distinta de la de Jordano, que cuando escribió su *Descripción de la India* aún no había alcanzado la dignidad episcopal.

como única justificación explícita a la redacción escrita de su viaje personal no aparece más que el deseo de complacer al emperador[22]. Algo así como la dedicatoria del libro de Marco Polo que reza de esta guisa: «Señores, emperadores y reyes, duques y marqueses, condes, caballeros y burgueses y todos aquellos que queráis conocer las diferentes razas de hombres y la variedad de las diversas regiones del mundo, e informaros de sus usos y costumbres, tomad este libro y hacéoslo leer»[23].

No hay en el resto de estas obras otras indicaciones que sirvan para establecer con más precisión cuál pudo ser la audiencia concebida inicialmente para estas narraciones y cuál el objetivo de sus autores. Nos tenemos que conformar con estas invocaciones generalizadas a la curiosidad presupuesta en un auditorio inmenso, potencialmente infinito. La famosa introducción del libro de Marco Polo continúa diciendo que desde que «Dios creó a Adán no ha habido cristiano, sarraceno, pagano, tártaro, indio o cualquier otro hombre de otra clase que haya visto, conocido o estudiado tantas cosas en las distintas partes del mundo ni tan grandes maravillas» como el viajero veneciano. Sólo por eso «sería gran desgracia que no quedaran sentadas por escrito todas las grandes maravillas que vio o recibió por verdaderas, para que las demás personas, que ni las vieron ni conocieron, las sepan gracias a este libro». Es, por tanto, «para placer de los lectores» que Rustichello dijo haber puesto por escrito la extraordinaria experiencia asiática de Marco Polo.

Es probable que con este tipo de afirmaciones Rustichello estuviera echando mano de una serie de fórmulas convencionales para aumentar la expectación del público e incrementar así el valor intrínseco de la obra. Pero aun en el caso de que el libro de Marco Polo fuera concebido inicialmente como literatura de entretenimiento, se trataría igualmente de un producto tremendamente innovador, pues nadie antes dentro del registro de lo poético se había mostrado tan preocupado por dar información precisa de la realidad física, por medirlo todo y presentar cada apreciación como producto exclusivo de la experiencia personal. Sorprende que en torno a 1300 un trovador que no tuviera más ambición que entretener al público mostrara una obsesión como la que rezuma a lo largo de toda la obra de Polo por decir la verdad sin que los intentos por

---

[22] Marignolli, *Chronica,* p. 524.
[23] Marco Polo, *Divisament,* p. 14.

dulcificarla o acomodarla al gusto estético de su tiempo se tradujeran en una deformación significativa de dicha verdad. Más aún, sorprende que el verdadero protagonista de la obra no fuera Marco sino un Oriente del que Marco es simplemente testigo y que no tiene precedentes en las letras latinas de los mil años anteriores. Las ciento cincuenta copias manuscritas que han llegado a nuestros días dan testimonio de un éxito notorio pero sobre todo excepcional en la medida que la Edad Media nos ha dejado pocos casos en los que la tradición literaria fuera violentada tan ruidosamente.

En la literatura de entretenimiento anterior a Marco Polo predomina ampliamente el gusto por lo previsible. El arte medieval de entretener consistía en proporcionar a la audiencia motivos inmediatamente reconocibles, buscando antes que nada despertar el asentimiento en el espectador, reconciliarlo con el mundo, manteniéndolo siempre dentro de registros familiares y próximos a su sensibilidad. El Oriente de la tradición medieval anterior a Marco Polo (el Próximo Oriente de las Peregrinaciones a la Tierra Santa y el Lejano Oriente de las Relaciones de Maravillas y Monstruos) a pesar de constituir un escenario muy diverso del compartido por el emisor y el receptor, no es un espacio desconocido, ni susceptible de ser ampliado, al contrario, está plenamente inserto y de acuerdo con la tradición preestablecida. En estas instancias no hay intento alguno por ampliar el horizonte cognoscitivo del espectador, no hay renovación del conocimiento, no hay curiosidad, ni investigación. En este sentido, los textos que describen las Indias de la primera mitad del siglo XIV rompen con una tradición literaria que, hasta entonces y en la medida de lo posible, prefería moverse por las regiones de lo conocido[24].

Los Orientes y las Indias Medievales

Dejando, por tanto, de un lado la posibilidad de identificar estos textos mediante categorías analíticas desarrolladas posteriormente y que tras siglos de expansión europea han convertido en moneda de uso corriente denominaciones como Oriente y literatura de viajes, los textos de Polo, Odorico, Jordano, Montecorvino y

---

[24] Zumthor, _From the Universal to the Particular in Medieval Poetry_ (1970).

Marignolli son difíciles de catalogar. Si para satisfacer esta necesidad optamos por ceñirnos a los términos empleados por los propios autores nos tendremos que conformar por el momento con un abstracto «Descripción del Mundo» que, por ambicioso que nos parezca, es el reto que estos viajeros asumieron. Aunque para acotar un poco más tan amplio objeto de descripción cabe añadir que no se trata de un Mundo objetivo e igual para todos sino de su Mundo, del espacio físico al que tuvieron acceso personalmente o al que se aproximaron lo necesario para dar sentido a informaciones recogidas de terceros sobre regiones aledañas. En casos como el de Jordano Catalán, el Mundo descrito comienza en Italia y no deja fuera nada que el fraile dominico tuviera oportunidad de recorrer con sus pies a lo largo de sus décadas de viajes. Sin embargo, en el de Jordano, así como en el resto de los textos homónimos, la mayor parte de la economía narrativa está dedicada a la descripción de las tierras y los pueblos que estaban al otro lado de la *dar al-Islam*. Persia, Tartaria y especialmente desde India hasta China fueron las áreas geográficas descritas más profusamente, mientras que el espacio intermedio, ocupado por griegos y musulmanes, recibió un trato mucho más escaso y superficial.

Islam y Bizancio constituían las dos áreas geográficas inmediatamente contiguas y referenciales de la Europa medieval. En relación con el esplendor primero de Bizancio y luego del Islam, el Occidente europeo desarrolló una idea de alteridad cuya primera y más nítida manifestación fueron las cruzadas ultramarinas, inicialmente dirigidas contra los unos pero pronto reconducidas contra los intereses también de los otros. Ya en el siglo de Marco Polo se consideraba que las naciones orientales comenzaban en los Balcanes y en Despeñaperros. Éste no es el Oriente de las Descripciones de principios del siglo xiv o en todo caso ocupa en estos textos una porción insignificante en comparación con el resto de las tierras emergidas al Este de Europa.

La terminología empleada en estos documentos para ubicar al lector en el espacio geográfico descrito parece un tanto ambigua. La historiografía viene tratando esta aparente imprecisión en términos de arbitrariedad e incluso de ignorancia. Pero lo cierto es que los textos de la Descripción parecen ser sensibles a unidades espaciales más orgánicas, establecidas en torno a principios bien distintos de los enunciados a partir de la era de los grandes viajes transoceánicos y el comienzo de la expansión moderna de Europa. La ordenación continental de grandes masas terrestres circunnavegables o la distinción según criterios étnicos y religiosos es prácticamente ajena al viajero de la Descripción tardomedieval. Pero ni siquiera la división tripartita del orbe enunciada en el Altomedievo tiene función como herramienta descriptiva en estos relatos. De hecho, uno de los aspectos más característicos y sorprendentes de estos textos es la escasez de grandes abstracciones espaciales a la hora de llevar a cabo la descripción de un área geográfica inmensa.

En relación con África y Europa, la Asia medieval denominaba todas las tierras emergidas desde el Nilo hacia el Este y del Don en adelante. Asia fue primero el nombre que los griegos dieron a las tierras al otro lado del Bósforo, la tradición bíblica la convirtió en la heredad de Sem, el tercer hijo de Noé, y después la católica en el reino de uno de los tres Magos que vinieron a adorar al Jesús recién nacido [25]. En realidad, la Asia medieval formaba parte de una geografía ideológica cuya virtud tenía menos que ver con la reproducción precisa de la particularidad física del espacio que con la alegorización de la distancia [26].

Otro tanto cabría decir de la división en climas de la Tierra. Los cinco círculos que segmentaban la mansión del cielo de Higino ordenaban el orbe según criterios astronómicos: la zona ártica, la antártica, las tropicales y la equinoccial. No se trata de una división caprichosa, sino que se fundamenta en la angulación del sol respecto a la tierra y a la influencia de tan poderoso astro sobre la vida en el planeta [27]. Su transmisión al Medievo occidental vino acompañada de consideraciones sobre la inhabitabilidad de algunas de estas zonas y, más frecuentemente, sobre su influencia en el carácter humano. En los viajes de Mandeville de mediados del siglo XIV se atribuía al ascendente climático la predisposición de los europeos a viajar y de los chinos al sedentarismo [28]. En el contemporáneo del Mandeville *Libro de conosçimiento,* la agradable temperatura de Catay es considerada responsable de que sus habitantes «sean omnes de buenos entendimientos et de estrañas memorias e profundas ciencias (...) e por esto merecieron la mayor et más alta nobleza»; al calor de las Indias se debe que sus pobladores «tengan fer-

[25] Cardini, *Los Reyes Magos. Historia y leyenda* (2001).
[26] Ladero Quesada, *Espacios del hombre* medieval (2002).
[27] Isidoro de Sevilla. *Etimologías* (ed. Oroz Reta, 1983), III, 44, y XIII, 6.
[28] Una opinión corriente a lo largo del Medievo suponía a los nórdicos o hiperbóreos más felices y longevos por su proximidad al Polo Norte, Ladero Quesada (2002), p. 33.

mosos cuerpos et apuestas formas»; gradualmente en Persia gozan «de naturas et complesiones tenpradas, sotiles et de buenas memorias»; mientras que «los rromanos que son en la clima quynta (...) son por esso orgullosos et hufanos et lidiadores et guerreros soberbiosos» [29]. Las implicaciones de la división por climas o por continentes del orbe medieval estaban destinadas a integrar el espacio en un orden del que participan igualmente otros aspectos más abstractos de la manifestación humana [30].

Durante el Medievo, esta suerte de geografía alegórica fue considerada superior y más significativa que la información sobre rutas, accidentes geomorfológicos, animales, plantas, alimentos, costumbres y modos de habitación humana de los países lejanos. No es de extrañar que, en una sociedad poco alfabetizada y con un acceso limitado a los costosos pergaminos laboriosamente escritos y copiados a mano, el conocimiento práctico sobre el remoto Oriente a penas haya dejado huella documental [31]. Por el contrario, el valor simbólico del conocimiento sobre tierras lejanas y la capacidad de dotar de prestigio a quienes transmitían tal suerte de conocimiento, atrajo poderosamente la atención de las élites políticas y sociales. Dicha ciencia servía para marcar diferencias, fortalecer jerarquías y sustanciar así el ascendente moral de quienes tenían acceso a las

---

[29] *Libro del conosçimiento de todos los rregnos et tierras et señorios que son por el mundo, et de las señales et armas que han* (ed. LACARRA, LACARRA y MONTANER, 1999), pp. 175-176. El desconocido escritor divide su descripción del mundo en tres áreas. La tripartición del espacio no tiene nada que ver con la subdivisión continental sino con la unidad establecida en torno a las rutas y los medios de transporte. Por un lado, la Europa Atlántica (Sevilla, Portugal, Galicia, Navarra, Inglaterra, Irlanda, Escandinavia); por otro, la Mediterránea (Francia, Italia, Balcanes, Cilicia, Palestina, Egipto y Magreb); y, por último, el Índico al que se accede desde el África subsahariana y Etiopía siguiendo este orden: Marruecos, Guinea, Canarias, África ecuatorial, Abisinia, Arabia, India, China, y de regreso, a través de Persia, Turquía, Bizancio, Alemania y vuelta a Sevilla.

[30] Permítanme la equiparación con un neologismo que está encontrando cierto predicamento en nuestros días, se trata del concepto de *etnosfera* con el que se denomina la combinación de la proyección espacial de la vida en este planeta con «la suma total de pensamientos, creencias, mitos e instituciones que ha desarrollado la imaginación del hombre», según Wade DAVIS (véase www.nationalgeographic.com/council/eir/bio_davis.html). Agradezco a Roser Noguera la indicación.

[31] Seguramente los emigrantes latinos en Asia se sirvieran poco de la escritura para conducir sus asuntos. El Zibaldone de Canale y la Prattica della Mercatura de Pegolotti escritos a mediados del siglo XIV son los únicos manuales para el comercio en Oriente que han llegado a nuestros días, Gregory GUZMAN, *European clerical envoys to the Mongols: Reports of Western merchants in Eastern Europe and Central Asia, 1231-1255* (1996).

costosas letras y pergaminos. Fue, por tanto, el incremento del valor
alegórico del conocimiento sobre tierras distantes el que conoció un
mayor desarrollo a lo largo de toda la Edad Media[32].

Sin embargo, no hay mención alguna a las franjas climáticas en
las Descripciones de principios del siglo XIV mientras que las alusiones a Asia, si bien es cierto que muy escasas, tienden a remitirnos a
un ámbito ideal con escasa proyección en la realidad tangible. Este
tipo de geografía ideológica convive en estos textos con otra práctica destinada a optimizar la capacidad humana de conceptualizar el
espacio para su aprovechamiento material. En torno a ello no se
establece contradicción alguna, no tanto por tratarse de realidades
separadas, como por la asunción de que ambas pertenecen a órbitas
distintas del saber humano. Por su parte, la herramienta descriptiva
del espacio físico considerado por estos viajeros es, en primer lugar,
el propio itinerario. Las distancias entre dos puntos, generalmente
medidas según el tiempo necesario para cubrirlas, y su orientación
cardinal satisfacen buena parte de la necesidad ubicadora de la Descripción, que en esto continúa la inercia medieval de desprecio a la
abstracción de la experiencia cinética[33].

Aun así, donde ésta se hace imprescindible es en el desplazamiento marítimo. En este ámbito se da un principio de conceptualización del espacio físico por el que tiene lugar el movimiento. Aquí
el hábitat lo constituyen los bordes litorales de la masa continental y
las islas, comunicadas entre sí mediante el mar y el viento. Las
Indias de los viajeros medievales rara vez van más allá de los encla-
ves costeros. El espacio interior del continente indio, del Sudeste
asiático, de las grandes islas del Índico y del sur de China apenas es
tocado por la Descripción del siglo XIV.

Las Indias, en plural, hacen alusión a una división, por lo
general, tripartita, con toda probabilidad trasunto del Sind, Hind
y Zinj con que los musulmanes acomodaron el conocimiento griego del Índico. La repartición de litorales en torno a estas tres unidades seguía la desembocadura de dos ríos: el Sind hasta el Indo;

---

[32] La dimensión alegórica de la geografía bajomedieval ha sido cuidadosamente
investigada por Shayne LEGASSIE, *Differently centered worlds: the traveler's body in late
medieval European narrative (1350-1450)* (tesis doctoral de la Universidad de Columbia, 2007).

[33] LADNER, *Homo Viator: Medieval Ideas on Alienation and Order* (1967). Precisamente a esto se debería, según HEERS (1984), su falsa similitud con la literatura de viajes
posterior.

entre éste y el Ganges el Hind; y, a partir de ahí, el Zinj [34]. Sin embargo, no encontraremos un consenso similar sobre la división de las Indias en los textos aquí considerados. Cada autor hizo un uso libre de este orden tripartito cuyo comienzo tenía lugar en el punto de partida del viajero. La India Menor de Jordano se corresponde con la costa occidental del Índico incluyendo el Makrán iraní, el Sind pakistaní, el Gujarat indio, y las costas Konkan y Malabar; su India Mayor comienza en Kerala y sigue a través de la costa Coromandel, la bahía de Bengala, Birmania, Malasia y Tailandia, hasta llegar a Camboya, incluyendo las islas Nicobar, Andamán, Ceilán, Sumatra y Java; por último, su India Tercera se corresponde con la costa este de África, también denominada Etiopía.

Pero la propuesta de Marco Polo es justo la contraria: su India Menor son las costas e islas que se encuentran entre China y el Cabo Comorín; a partir de aquí comienza su India Mayor que se extiende hacia el Ocaso. A pesar de ordenar su relato de Oeste a Este, está claro que en la mente de Polo su punto de partida sigue siendo Catay y no Europa. Por lo demás coincide con Jordano en identificar la costa oriental africana con la India Intermedia. La tripartición empleada por Odorico de Pordenone y por Juan de Marignolli es algo distinta. Se corresponde prácticamente con las tres áreas marítimas conocidas hoy como Mar Arábigo, Golfo de Bengala y Mar de la China Meridional. Por tanto, la India Primera y Tercera de Jordano y Marco quedarían unidas y su India Mayor partida en dos. A todas éstas hay que añadir variaciones también en la terminología empleada. India Menor es en ocasiones llamada Primera, Anterior y Citerior; la Mayor, Segunda, Interior, Ulterior, Magna y Superior; y, la India Tercera, también recibe el nombre de Media, Posterior o Exterior. En todo caso, la unidad espacial percibida está articulada en torno al movimiento posibilitado por el Océano Índico y los vientos monzones. Sólo recientemente algunos historiadores han comenzado a identificar equivalencias económicas, sociales, políticas y espirituales en diversos ámbitos litorales del Índico, en detrimento de las clásicas divisiones nacionales, étnicas y religiosas que principalmente se articulaban en torno a masas unidas por tierra [35].

---

[34] Así en el viajero contemporáneo tangerino Ibn Batuta, *A través del Islam* (ed. FANJUL y ARBÓS, 1987).

[35] Aportación fundamental de Kirti CHAUDHURI desde su *The Trading World of Asia and the English East India Company, 1660-1760* (1978), y el definitivo *Asia before*

Las Indias medievales comenzaban en el puerto persa de Ormuz y no tienen fin, pues se trata de un universo constituido sólo en parte por una línea litoral. Buena parte de las Indias es un enorme entramado de islas que se prolonga hacia el Sur y el Este sin constancia de hasta dónde continúan y cuántas son. Jordano decía tratarse de doce mil islas y Marco Polo de 7.448; los indios todavía llaman al archipiélago al oeste de Kerala, Lākshādiv, las cien mil islas [36]. Las costas del subcontinente indio al sur del Deccan formarían una suerte de punto de inflexión del espacio articulado por el mar y el viento. No parece probable que antes de las expediciones a África a mediados del siglo xv de la dinastía Ming hubiera naves que cubrieran con asiduidad todo el océano, sino que entre las costas Malabar y Coromandel se produciría la convergencia de las rutas procedentes del extremo oriente y del extremo occidente del Índico. Sobre la comunicación con el ámbito mediterráneo, probablemente el Mar Rojo sucediera al Golfo Pérsico en la capitalización de dicho movimiento a partir de mediados del siglo xiii con las invasiones mongolas y la destrucción de Bagdad. En cualquier caso El Cairo es, ya en este siglo, el centro de una amplia red económica que algunos historiadores se sienten tentados a considerar un auténtico sistema mundial en el que convergerían desde chinos a europeos [37].

Europe. Economy and civilization of the Indian Ocean from the rise of Islam to 1750 (1990). Ideas con amplio predicamento en las publicaciones del Journal of World History. Fuera del modelo de Chaudhuri (fuertemente inspirado en el Mediterráneo braudeliano) queda la costa este africana por razones que él mismo atribuye a acotaciones técnicas en *The Unity and Disunity of Indian Ocean. History from the Rise of Islam to 1750* (1993). Un intento por completar la unidad chaudhuriana hacia el este del Índico en PEARSON, *Port Cities and Intruders. The Swahili Coast, India, and Portugal in the Early Modern Era* (1998). Sin embargo, algunos años antes Enrico CERULLI enmarcaba sus estudios sobre Etiopía en dicha unidad, *Punti di vista sulla storia dell'Etiopia* (1960) y después en *Ethiopia's Relations with the Muslim world* (1988). También desde la otra orilla se alumbró un marco analítico con el que sustanciar el «isomorfismo» entre Etiopía e India: CHATTERJI, *India and Ethiopia from the seventh century B.C.* (1968); PANK-HURST, *The Banyan or Indian presence at Massawa, the Danlak Islands and the Horn of Africa* (1979); y también CHITTICK, *Indian Relations with East Africa before the arrival of the Portuguese* (1980).

[36] YULE y BURNELL, *Hobson-Jobson. The Anglo-Indian Dictionary* (1996), 1.ª ed., 1886.

[37] La tesis de ABU-LUGHOD, *Before European Hegemony: the World system, AD. 1250-1350* (1989); FRANK, *ReOrient: Global Economy in the Asian Age* (1998), asumida por especialistas en la expansión portuguesa en el Índico como Sanjay SUBRAHMANYAM (1990). Postura excesivamente teórica que no ha encontrado la adscripción de CHAUD-HURY (1990), GOITEIN (1954), ni GOITEIN y LASSNER (1999).

No serán éstos, sin embargo, los caminos que recorrerán nuestros viajeros. En su caso, el acceso al Índico fue invariablemente descendiendo por toda la Persia ilkhánida, comenzando bien desde el Mar Negro bien desde Armenia. Seguía esta ruta terrestre una sucesión de ciudades bien comunicadas desde antiguo, Sava, Mosul, Tabriz, Bagdad, Basora, Isfahan, a las que los mongoles, quizá para reparar las devastaciones de sus propias conquistas, añadieron algunas más como Sultania.

Las tierras descritas por Marco Polo (†1324), Juan de Montecorvino (†1328), Odorico de Pordenone (†1331), Jordano Catalán († ca. 1340) y Juan de Marignolli († ca. 1360) están agrupadas en torno a las rutas seguidas en sus desplazamientos, bien por tierra siguiendo las conocidas como rutas de la seda, bien por mar desde el fondo del Golfo Pérsico hasta el Mar Amarillo. Las áreas litorales que jalonan los itinerarios generalmente consumen la mayor parte de la energía narrativa de estos textos. Se trata de una inmensa unidad geográfica, las Indias, que, no obstante, goza de cierta coherencia en tanto es distinguible de las tres grandes unidades geo-políticas en torno al Mediterráneo con las que ya se estaba plenamente familiarizado en el 1300, es decir, la Europa latina, el Imperio griego y la *dar al-Islam*. Nos encontramos, por tanto, que la Descripción de las Indias no sólo es el denominador común de todos estos textos, sino que, además, independientemente de cuáles fueran las razones que llevaron a estos viajeros a poner por escrito sus experiencias, éstas debieron estar relacionadas con alguna particularidad, algún rasgo distintivo de las tierras de más allá del Islam que comenzó a ser apreciado a finales del siglo XIII y principios de XIV y no antes.

Viajar y escribir

Uno de los efectos más persistentes del género literario moderno de viajes es entender que éstos describen un movimiento de Europa hacia fuera. Pero en el caso de las Descripciones de las Indias del siglo XIV el primer movimiento que refleja es más bien el contrario, el de regreso a Europa. Sólo cuando el viaje se ha convertido en un movimiento de ida y vuelta se produce el acto de reproducir el viaje. Entonces se vuelve a salir, pero esta vez sólo con la memoria. Aquí no se trata del viajero profesional, que sale equipado con mapas y otros instrumentos de medición, con una idea más o menos precisa de hacia dónde tiene que dirigir la mirada y en mayor o menor grado comprometido con la idea de regresar y a través de la escritura completar su misión. Aquí por el contrario se trata de un tipo de viajero que se adecua más bien al perfil del emigrante, o de lo que hoy se conoce como expatriado, no tanto porque, como algunos de ellos confiesan en sus relatos, estuvieran convencidos de que nunca regresaría a Europa, sino porque su lugar en Asia estaba junto a otros emigrantes, exiliados y desterrados en busca de nuevas oportunidades de progreso para sí mismo y los suyos y, generalmente, poco comprometidos con el horizonte político de una sociedad que habían dejado atrás parcial o totalmente.

Lo cierto es que se trata de un fenómeno poco documentado, pues apenas ha dejado huella en los archivos y, por tanto, es difícil hacerse una idea clara. Sin embargo, se trató de un movimiento de dimensiones bastantes considerables que tuvo comienzo antes de la mitad del siglo XIII y del que sabemos con certeza que acabó cristalizando en forma de colonias de latinos en varias ciudades y puertos de Persia, India, China e incluso de Etiopía. Algunas de estas comunidades eran bastante populosas, contaban con sus propios dirigentes, esclavos, cirujanos y sacerdotes, estando divididas por naciones (venecianos, genoveses...) e incluso por partidos (güelfos, gibelinos...). Algunas de estas comunidades contaron con el apoyo de los señores locales que emplearon a los latinos como mercenarios, médicos, artesanos y astilleros. Con el paso del tiempo estuvieron en condiciones incluso de construir sus propios barcos, de navegar los ríos y los mares por cuenta propia, de habitar en barrios separa-dos, de levantar iglesias y conventos y enterrar a sus muertos en sus propios cementerios.

Este extraordinario flujo de latinos a Asia probablemente no se hubiera dado sin la existencia previa en Europa de una cultura propiamente urbana y mercantil. A partir de los siglos XII y XIII se desarrollaron en el extremo occidental del continente euroasiático nuevas vías de comunicación, nuevos mercados y nuevas ciudades que, entre otros beneficios, permitieron a los europeos participar en el amplio movimiento de personas, ideas y cosas a lo largo y ancho del hemisferio norte del planeta. Se trató de una dinámica que por la parte europea tuvo como protagonistas a las clases urbanas desapegadas de las tierras de cultivo y dedicadas en su lugar a la acumulación de riquezas. Entre estas clases urbanas ocupaban un lugar destacado los frailes de las órdenes mendicantes, cuya aparición a principios del siglo XIII está tan estrechamente ligada a la movilidad y a la acumulación de bienes que dio origen a la primera burguesía europea. La vinculación a las universidades de los dominicos, la mendicidad de los franciscanos, su desapego de la tierra y el rechazo a la ostentación y al lujo (a la acumulación material) no son sino manifestaciones negativas de la misma cultura urbana a la cabeza de la cual pretendieron posicionarse bien para matizarla o sencillamente guiarla espiritualmente. Y en este afán también acompañaron a sus paisanos hasta los confines del mundo medieval.

Sin embargo, es posible precisar todavía más la razón de este extraordinario encuentro entre Asia y Europa. Se trata del sueño de un hombre de principios del siglo XIII que, seguro de su destino, no paró hasta proclamarse señor universal o Kaghán. Gengis Khan (†1227) comenzó unificando las tribus mongolas que habitaban al norte de los montes Altai y continuó hasta someter a su yugo las tierras entre el mar de Japón y el mar Caspio. Jinetes consumados, los mongoles portaban tremendos arcos que lanzaban flechas a más de trescientos metros de distancia y que disparaban con la misma efectividad tanto parados como al galope. Montaban los caballos sin silla ni herraduras y, sin embargo, cubrían enormes distancias, pues, según se oía decir entre sus víctimas, eran capaces de dormir sobre sus monturas. Un ejército formidable compuesto tanto de hombres como de mujeres que habitaban en ligeras tiendas de fieltro fáciles de trasportar y que por alimento no necesitaban más que la carne de sus caballos, la leche de sus yeguas y unos poderosos licores que fabricaban también a partir de la leche equina.

Fueron los sucesores de Gengis Khan quienes lograron dar al Imperio mongol su máxima expansión, desde Corea a Polonia. Sus nietos dividieron el inmenso Imperio en cuatro porciones a partir de las cuales continuaron acumulando victorias pero ya sobre la base de un dominio efectivo. En 1241 conquistaban Hungría y amenazaban con entrar en Italia, que se libró de la destrucción probablemente debido a disputas dinásticas de la gran familia tártara. Pero aún más decisivo para Europa sería el empuje que ejercieron sobre los kwarazmianos y los otomanos hacia Egipto y Bizancio, donde con el tiempo acabarían fundando los dos imperios más poderoso del Mediterráneo, el mameluco y el turco. Iguales efectos produciría la presión sobre los persas que encontraron refugio en India y allí consiguieron llevar a su máxima expansión territorial al Sultanato de Delhi.

A finales del siglo XIII el inmenso Imperio mongol quedaba definitivamente dividido en cuatro porciones: el khanato de Kipchak (la

Horda de Oro rusa), el khanato de Chagatai (Kazajstán y China occidental), el ilkhanato (Persia y Afganistán) y el gran khanato (Mongolia y el resto de China) cuyo titular en la época de Polo era Kublai (†1294) fundador de la dinastía Yuan, portador del título de Kaghán y, por tanto, aclamado como señor supremo por todos los mongoles de Oriente y Occidente.

No obstante, lo que de verdad hizo excepcional al Imperio tártaro no fue la conquista a uña de caballo de buena parte de Asia, algo por lo que ya habían pasado los hunos de Atila, sino el compromiso asumido por los sucesores de Gengis Khan para promover y consolidar la civilización en sus dominios. Tarea por lo demás nada fácil, pues los mongoles, en tanto pueblo nómada y pastoril inexperto en la gestión de los territorios recién conquistados, se encontraron al mando de antiguas civilizaciones como la persa o la china con complejos aparatos gubernamentales altamente burocratizados. La desconfianza propia del invasor recién llegado hacia las estructuras de mando locales convirtió en endémica la necesidad de personal cualificado proveniente del extranjero. Los mongoles no sólo facilitaron los viajes de una punta a la otra de Asia eliminando fronteras y aranceles o dando continuidad política a un inmenso territorio, sino que potenciaron de todas las maneras posibles la inmigración.

Desde finales del siglo XIII el ilkhan de Persia aparecerá a menudo rodeado de gobernadores, recaudadores de impuestos, médicos y guardias personales con nombres tan latinos como Buscarel, Isoldo de Pisa, Percival, Corrado Ghisulfi, Andalo de Savignone o Sancho de Castilla, de los que sabemos porque también fueron empleados por el ilkhan como embajadores ante las Cortes europeas[38]. A Niccolo, Maffeo y Marco Polo correspondería desempeñar funciones similares pero para el Gran Khan de Catay. Kublai se sirvió también del padre y del tío de Marco para solicitar al papa de Roma «cien hombres sabios», lo que fue entendido como clérigos. Pero la petición no pudo ser satisfecha y en su lugar el pequeño clan veneciano regresó a Catay, ya con el más pequeño de los Polo, para

---

[38] Paviot, *Buscarello de Ghisolfi, marchand génois intermédiaire entre la Perse mongole et la Chrétienté latine (fin du XIII - debut du XIV siecles)* (1991); Richard, *Isol le Pisan: un aventurier franc gouverneur d'une province mongole?* (1976); y, los clásicos, Heyd, *Le colonie commerciali degli Italiani in oriente nel Medio Evo* (1866), y *Histoire du commerce du Levant au Moyen-Age* (1923); y Nöel, *Histoire du commerce du monde* (1891).

desempeñar diversos puestos administrativos durante los siguientes diecisiete años, probablemente en la recaudación de impuestos derivados de la extracción de la sal en algunas provincias chinas. Su regreso definitivo al Mediterráneo respondía una vez más al encargo oficial de escoltar a la princesa imperial Kokechin hasta Persia, prometida a Arghun Khan con el fin de reforzar la alianza entre el ilkhanato y el gran khanato. Esta última misión incluía también una serie de mensajes de Kublai que los Polo debían hacer llegar a los reyes de Castilla, Francia e Inglaterra.

Otra de las particularidades de los mongoles que de inmediato atrajo la atención de los extranjeros fue su interés por formas de adoración distintas de la suya, probablemente debido también a su exitosa política expansiva, cuya magnitud acaso hiciera necesaria algún tipo de equivalencia metafísica entre las diferentes deidades y cultos que habían quedado bajo su dominio. De hecho, los khanes procuraron ser identificados con formas de religiosidad foráneas. Al menos inicialmente, el reconocimiento exigido a los pueblos sometidos era total, sin que los khanes reconocieran autoridad por encima de la suya. Ésta habría de ser una sabiduría que también importarían de las civilizaciones circundantes. Durante los primeros años de su dominio sobre Asia, miembros de todas la religiones respondieron solícitos a la llamada de los mongoles, los unos con la esperanza de ganar a los khanes para su causa y éstos probablemente con la intención de sustanciar más su cuota de poder.

Franciscanos y dominicos fueron bienvenidos y, por supuesto, monjes budistas tibetanos y sufíes musulmanes (los *monachos sarracenos* contra los que tuvieron que vérselas desde Guillermo de Rubruck a Ramon Llull). Marco Polo nos cuenta cómo se complacía Kublai en recibir en su Corte a los lamas kagyupa que le deleitaban con la magia negra de sus prácticas tántricas. Guillermo de Rubruck refirió con todo lujo de detalles los debates organizados por Mongke Khan entre musulmanes, budistas y nestorianos. Pero, fue el franciscano flamenco el primero en advertir que detrás de la tolerancia de los khanes se escondía la indiferencia y que, más allá de su amabilidad hacia unos y otros, nada había de sincero en la promesa del khan de bautizarse, ni de circuncidarse. Los mongoles se dieron al juego denunciado por Rubruck con impúdica facilidad y ocurrió como en la solemne embajada enviada por Abaga Khan al II Concilio de Lión, que ante la exigencia pontificia de sumisión de los mongoles a la Santa Sede Romana, los mismos enviados se hicieron bautizar de inmediato. Esto dio lugar a curiosos encuentros y desencuentros. Mongke Khan, por ejemplo, fue considerado por los miembros de cada religión universalista como uno de los suyos. Las fuentes armenias, de las que inmediatamente se hizo eco la Iglesia latina, proclamaron el bautismo del Gran Khan. Algunos musulmanes también constataron que en su toma de poder había declarado su profesión de fe. Y los lamas tibetanos declararon igualmente el reconocimiento por parte de Mongke del budismo como soberano sobre el resto de las religiones [39].

A este feliz cúmulo de coincidencias se debe el considerable flujo de comerciantes, artesanos, mercenarios, burócratas y frailes de Europa a Asia. Los escritos de Montecorvino, de Jordano, de Odorico, de Perusa dan cuenta de la pluralidad de recursos y de la sinergia última entre emigrantes europeos de diversa condición, en pos de sus respectivos objetivos. Los frailes aparecen generalmente asociados a mercaderes que, a su vez, se sirven de las acreditaciones de los clérigos para procurar un mejor acceso a los mercados establecidos en torno a las órbitas del poder. La frontera entre el laico y el religioso perdía algo de su nitidez al alejarse de Europa y, en ocasiones, encontramos mendicantes amonestados por sus superiores por haber depositado demasiadas energías en transacciones nada espirituales. Incluso nuncios pontificios no dejaron pasar la oportunidad sin aprovechar las ventajas que ofrecían los mercados asiáticos. Juan de Marignolli fue uno de estos embajadores del papa a la Corte del Gran Khan de Pekín. En su propio relato, con ocasión de su pérdida a manos de los musulmanes de Ceilán, aparece un amplio elenco de artículos de lujo con los que el franciscano se hizo en China: sesenta mil marcos en oro, plata, seda, piedras preciosas, perlas, almizcle y especias entregadas por el Gran Khan y otros príncipes. Algo parecido le ocurrió a Marco Polo, quien aprovechó su último servicio al Gran Khan para traerse a Europa algunas valiosas mercancías que también le fueron arrebatadas, esta vez por los piratas musulmanes y griegos de Trebisonda [40]. Esta forma de intercambio de regalos, correspondidos en base al valor subjetivo atribuido por el receptor, suponía una forma de comercio con Oriente particularmente recomendada incluso en los manuales comerciales de la época. Ésta u otras formas de comercio sirvieron para financiar buena parte de los desplazamientos de mercaderes, mercenarios, artesanos y frailes por las Indias, dotándose así de gran independencia.

---

[39] Khazanov (1993).
[40] Heers (2004), p. 31.

La autonomía adquirida por estos emigrantes europeos les permitió perpetuar su presencia en Asia hasta por lo menos el siglo XV, sobreviviendo al desmembramiento del Imperio mongol en el centro de Asia, a la sustitución en China de la dinastía mongola Yuan por la dinastía local de los Ming e incluso a la profunda crisis biológica, social e institucional que experimentó Europa a partir de la segunda mitad del siglo XIV. Aún en 1340 las dimensiones del tráfico entre Asia y Europa eran tan considerables que una de las más poderosas familias florentinas ordenó la confección de una guía comercial para emprendedores en Asia, la *Praticca della mercatura* escrita por Pegolotti. Historiadores como Roberto López o M. Balard han encontrado documentación notarial de expediciones comerciales de genoveses a Delhi en la segunda mitad del XIV. Henry Yule halló en anales de la casa Ming una noticia del 1370 donde se daba cuenta de un «nativo de Fu Lin llamado Nieh-Ku-Lum... comerciante que fue enviado de vuelta a su país con un mensaje de paz para todo el mundo de los cuatro mares... Este Nieh-Ku-Lum decía que el señor de los cielos llamado Ye-Su había nacido en Ju-Te-A, que se corresponde con el país de Ta-Tsin de nuestros anales, donde, decía, dios creó al hombre. Aunque esto es un poco exagerado y no se debe creer» [41].

A esta colección de dispersos testimonios hay que añadir restos arqueológicos como lápidas y otras inscripciones halladas en China y que no dejan lugar a dudas sobre la continuidad de la presencia de latinos desde mediados del siglo XIII a mediados del XIV [42]. El *Libellus de notitia orbis* informa incluso de mendicantes en la China de 1400. La relación de la embajada del rey de Castilla Enrique IV a Tamerlán, escrita por Ruy González de Clavijo, certificaba la existencia de italianos en las ferias de Sultania, así como de mercaderes latinos provenientes de Pekín. No faltan tampoco noticias fiables sobre la presencia de europeos establecidos en torno al negus etíope [43]. La India Tercera atrajo sobremanera la atención de los

---

[41] YULE, *Cathay*, III, p. 245.

[42] HEERS (2004), p. 44, y LADERO QUESADA (2002), p. 38. Los arqueólogos de nuestro siglo han encontrado lápidas de varias generaciones de los Vilioni de la segunda mitad del siglo XIV, posiblemente miembros de la familia genovesa presente en Caffa y en Ormuz ya en 1264 (véase www.chinaheritagequartely.org/ scholarship.php? searchterm =005_zayton).

[43] Las más extensas las de Francesco SURIANO, *Il Trattato di Terra Santa e dell'Oriente di frate Francesco Suriano Missioario e Viaggiatore del secolo XV (Siria, Palestina,*

latinos, cuyas primeras incursiones en el este de África podrían retrotraerse a los años sesenta del siglo XIII. Sin embargo, con respecto a este ámbito geográfico no ha quedado constancia documental directa de la que podamos servirnos para sustanciar uno de los movimientos que más contribuyó al flujo de europeos hacia el Índico durante los siglos XIV y XV.

El más famoso de los emigrantes europeos del siglo XV fue Niccolo de Conti, proveniente de una familia veneciana instalada en Oriente Medio y con sucursales abiertas desde principios del siglo en India. El mismo Niccolo tuvo oportunidad de dar testimonio de ello con sus propias palabras en dos ocasiones, primero ante el hidalgo sevillano Pedro Tafur y después ante el eminente secretario del papa Eugenio IV, Poggio Bracciolini, quien llevó a cabo una diligente investigación sobre el estado del Lejano Oriente de mediados del siglo XV con ocasión del proyecto de unión de las Iglesias romana, griega, jacobita y armenia promulgado en el Concilio de Florencia de 1442. El viajero veneciano, que se había cruzado en Egipto con Tafur, llegaba a Florencia junto a algunos de los asistentes al Concilio provenientes de las Iglesias orientales nestoriana, etíope y siro-malabar a los que también interrogó el secretario del papa, para hacer conocer los «caminos e lugares, casas, costumbres e maneras, e las otras cosas que el hombre ha plazer de oir». De esta manera vio la luz el primer libro de viajes por las Indias del siglo XV, donde vuelve a reclamarse la atención del lector sobre las «muchas cosas singulares de gentes tan lexanas, e las costumbres e las tierras de los indios» con el mero propósito de dejar «memoria dello a los que después de mi viniesen» [44].

Esta cándida invocación a la curiosidad humana está, en cambio, estrechamente ligada a la política pontificia diseñada para combatir la amenaza conciliarista, la perpetuación de otro vergonzoso cisma que por enésima vez mantenía dividida a la cúpula eclesiástica y, en especial, la severa amenaza planteada a la Cristiandad por la fuerza expansiva de los turcos otomanos. En el Concilio de Floren-

Arabia, Egitto, Abisinia, ecc), edición de GOLUBOVICH, 1900, y de nuevo en *BBB*, II; Alessandro ZORZI. *Ethiopia Itineraries, circa 1400-1524*, edición de CRAWFORD, 1958, y, a finales de siglo, Pedro de Covilha, cuyo testimonio fue recogido por Francisco ALVARES. *Verdadeira informação das terras do Preste João das Indias*, edición de AGUAS, 1989, y lujosamente interpretado por el conde de FICALHO, *Viagens de Pero da Covilha* (1898).

[44] Niccolo de CONTI, *Tratado de Poggio Florentino. Versión de Rodrigo de Santaella impresa en Sevilla en 1518*, edición de YERASIMOS, 2004, pp. 191 y 164.

cia, Eugenio IV proclamaba, en defensa de su propia causa, la creación de una alianza con los pueblos orientales situados en la retaguardia del Islam y de la que se esperaba obtener importantes beneficios en la lucha contra el turco [45]. Situación en más de un aspecto similar a la que dio salida al texto de Pian del Carpini dos siglos antes. Su embajada y su producto textual respondía a la iniciativa pontificia que en el I Concilio de Lión decidió evaluar la posibilidad de recibir el apoyo de los tártaros para paliar la comprometida situación a la que las presiones del emperador Federico II y la pérdida definitiva de Jerusalén habían conducido el pontificado de Inocencio IV [46].

Tenemos, por lo tanto, que los dos primeros siglos de presencia latina en Asia tienen una proyección textual una tanto esporádica y, al menos en los casos de Pian del Carpini, Rubruck Cori, Galonifontibus y Conti, estrechamente ligada a unas necesidades concretas del papa romano y del rey francés. Sin embargo, el resto de los textos, el grueso de la producción escrita por europeos en Asia, se circunscribe al breve intervalo de los cincuenta primeros años del siglo XIV. El final, de lo que aquí por exclusión hemos dado en llamar literatura de Descripción de las Indias, tuvo lugar entre catástrofes y presagio de malos tiempos para la civilización europea. A finales de diciembre de 1347 la peste negra procedente probablemente de Asia Central penetraba en Anatolia, Crimea, Sicilia, Cerdeña, Córcega y Marsella. En los años posteriores se produjeron varios retornos epidémicos que pudieron mermar hasta en un 45 por 100 la población europea, considerablemente debilitada su resistencia biológica ya desde la segunda década del XIV tras una serie de malas cosechas y un enfriamiento generalizado del hemisferio norte del planeta [47].

---

[45] CERULLI, *Eugenio IV e gli etiopi al Concilio di Firenze nel 1441* (1933); MARINESCU, *La politique orientale d'Alfonse V d'Aragon, roi de Naples* (1992). El papel en todo esto de Niccolo no está del todo claro. Renegado del cristianismo y convertido al Islam, él mismo afirmó que su confesión y su descripción de las Indias ante el secretario del papa tenían por fin obtener el perdón pontificio o, cabe suponer, algún favor mayor. Una versión un tanto especial de los viajes de Conti y en algunos casos contraria a la de Poggio Bracciolini es la recogida por el hidalgo andaluz Pero TAFUR de boca del propio viajero veneciano, *Andanças e viajes de Pero Tafur por diversas partes del mundo (1433-1439)*, edición de JIMÉNEZ LÓPEZ ESTRADA, 1982.

[46] LADERO QUESADA (1992), p. 26, y, más adelante, en el capítulo 3, «Los mendicantes en la política exterior pontificia».

[47] CHAUNU (1972), p. 50.

Los años cuarenta conocieron el inicio del conflicto entre varias Casas reales en torno a Flandes, Bretaña y Normandía que acabaría con el reajuste del mapa político europeo y la implicación de buena parte de su aristocracia, en un contencioso cuya magnitud no ha encontrado mejor forma de ser expresada que como guerra de los Cien Años. El cataclismo político del siglo XIV tuvo su corolario en la profunda división de todas las instituciones eclesiásticas y de los poderes seculares en torno al doble pontificado establecido desde 1378. El cisma aviñonense se trasladó a varias prelaturas e incluso a algunas órdenes religiosas que llegaron igualmente a padecer la duplicidad de titulares.

La gran crisis europea probablemente fuera responsable del ocaso de las Descripciones de las Indias, pues, efectivamente, su resurgir con Niccolo de Conti no se produjo hasta que la crisis hubo remitido al menos parcialmente. Ahora bien, queda por explicar a qué se debe su origen y, en vista de la continuidad de la presencia latina en Asia desde los años cuarenta del siglo XIII hasta bien entrado el siglo XV, la aparición de estos textos a principios del siglo XIV debe igualmente guardar algún tipo de relación con la evolución de los acontecimientos en el interior de Europa.

La cruzada para la recuperación de la Tierra Santa

Si hay algún sujeto de la historia medieval europea que a lo largo de los siglos haya suscitado un interés comparable a Marco Polo, ése es la Cruzada. También se trata de un entusiasmo que, a pesar de haber sido cuantiosamente sustanciado mediante todo tipo de estudios científicos a lo largo de los últimos doscientos años, sigue estando ampliamente gobernado por pasiones meta-históricas. Uno de los efectos que ha ejercido esa mirada teleológica ha sido considerar que las Cruzadas acabaron con la última expedición armada de San Luis en 1270 y que tras su fracaso los europeos renunciaron a la que había venido siendo la mayor empresa colectiva de la Europa medieval. Sorprende la poderosa inercia con que se sigue considerando que la destrucción en 1291 de los últimos reductos del gobierno latino en Palestina significó una pérdida de interés por el destino de la Tierra Santa. Sorprende porque la evidencia documental sólo constata lo contrario, esto es, un fuerte repunte del interés por las cruzadas ultramarinas a finales del siglo XIII y principios del XIV, reflejado tanto en el aumento de predicadores para reclutar combatientes y otros recursos materiales; en el aumento de las imposiciones fiscales para costear nuevas expediciones; en la intensificación de las negociaciones a este fin entre el papa, el rey de Francia y las repúblicas italianas; en la profusión de movimientos populares conocidos como «las cruzadas de los pobres», o, por ejemplo, en la promulgación del primer año jubileo en 1300 [48].

El hecho es que la caída de la última posesión de los francos en Palestina, San Juan de Acre, sirvió de fuerte revulsivo de la idea de cruzada precisamente cuando ésta pasaba por uno de sus peores momentos. Las vicisitudes de los dos siglos de experiencia latina en el Levante mediterráneo y el abuso por parte del papa del poder movilizador de la Cruzada llevaron desde mediados del siglo XIII a cierto recelo generalizado en relación a dicha empresa. Las Cruzadas eran vistas por muchos como un instrumento al servicio exclusivo de los intereses del papa, de las que prefería servirse para reprimir herejías como la de los cátaros o defender su patrimonio personal contra antipapas, reyes y emperadores rebeldes. Mientras tanto en Palestina los intereses de los europeos se solidificaban en torno a vectores de poder que recorrían el Mediterráneo de una punta a la otra. La política de los diversos colectivos asentados en Siria estaba estrechamente ligada a sus intereses en otros frentes y, por tanto, el equilibrio de fuerzas fue un asunto complejo en el que tanto alianzas como rivalidades resultaron siempre inestables.

Especialmente a partir de los años sesenta del siglo XIII, los enfrentamientos entre los diferentes colectivos presentes en Tierra Santa comenzaron a adquirir dimensiones muy considerables. En ocasiones, los conflictos entre latinos desembocaron en auténticas guerras que acabaron con decenas de miles de muertos y la ruina total de las ciudades administradas por los francos, sin que nada de todo ello pasara desapercibido a los ojos de los escandalizados habitantes de la otra orilla del Mediterráneo. El estado de anarquía en el Reino Latino de Tierra Santa se manifestó también en la duplicidad de titulares. En los años ochenta frente al rey de Jerusalén, Enrique II de Lusignan, se alzó el baile Odón Poilechien y sólo cuando Enrique aceptó sin reservas las cuotas de poder de cada uno de los colectivos presentes en Palestina consiguió ocupar su trono. A lo

---

[48] Gary DICKSON, *The crowd at the feet of Pope Boniface VIII: pilgrimage, crusade and the first Roman Jubilee* (1999).

largo de toda la segunda mitad del siglo XIII el Reino de Tierra Santa carecía por completo de un centro en torno al cual articular la presencia latina en su conjunto. Las luchas intestinas se saldaron con alianzas de alguno de los bandos con el mismísimo sultán de El Cairo [49]. Pero aún más grave fueron los pactos con el emperador de Bizancio. Los dos episodios probablemente más decisivos en la pérdida definitiva de la Tierra Prometida fueron el apoyo dado a los bizantinos por parte de los genoveses en los años sesenta y por los aragoneses en los ochenta. Los efectos de la restauración del Imperio griego y, veinte años después, de las Vísperas Sicilianas significaron de inmediato el desvío de energías, el ensanchamiento de la fractura entre los latinos y la merma de poder de quien hasta ese momento había venido liderando una unión, por lo demás pasajera: los venecianos, el papado y los Anjou franceses [50].

El 6 de abril de 1291 las tropas del sultán Al-Ashraf Khalil comienzan el sitio de San Juan de Acre. En poco más de un mes el rey de Jerusalén, Enrique, abandonaría la plaza creándose una reputación de cobardía que resonaría en los oídos europeos durante varias generaciones [51]. Con la caída de Acre se completaba el avance de las fuerzas hostiles a la Cristiandad occidental en el Levante. Los griegos previamente ya habían expulsado a los latinos de Constantinopla y ahora el avance turco y el mameluco borraban del arco oriental del Mediterráneo todo resto de la presencia latina.

---

[49] Fueron los enfrentamientos entre genoveses y pisanos los que acabaron con la petición por parte de los italianos de auxilio al sultán Qalawun. JACKSON, _The Crisis in the Holy Land in 1260_ (1980).

[50] Sobre la importancia del papel de los griegos en la ruina de la presencia latina en Tierra Santa, RUNCIMAN (1994) da prioridad a las Vísperas Sicilianas apoyadas por los aragoneses en los ochenta mientras SETTON (1976) considera más vincualnte la restauración en los sesenta de los Paleólogo con ayuda genovesa. En general, sobre la antagonía de fuerzas católicas en el Mediterráneo de estos años: ATIYA, _Egypt and Aragon. Embassies and Diplomatic Correspondence between 1300 and 1330 AD_ (1938); BURNS, _The Catalan Company and the European powers, 1305-1311_ (1954), OLWER, _L'expansió de Catalunya en la Mediterrania oriental_ (1974); RIU, _Nuevos datos sobre el comercio mediterráneo catalano-aragonés: el comercio prohibido con el Oriente islámico_ (1975), RUBIO I LLUCH, _Diplomatari de l' Orient Catalá (1301-1409)_ (1947); TRENCHS ODENA, _De Alexandrinis. El comercio prohibido con los musulmanes y el papado de Aviñón durante la primera mitad del siglo XIV_ (1980); KATELE, _Piracy and the Venetian State: The Dilemma of Maritime Defense in the Fouteenth Century_ (1988); LOPEZ, _Storia delle colonie genovesi nel Mediterraneo_ (1938); ABULAFIA, _Mediterranean Encounters, Economic, Religious, Political, 1100-1550_ (2000).

[51] PETERS (1997).

Y así habría de permanecer durante mucho tiempo. Sin embargo, el recuerdo de los dos siglos de experiencia latina en el Próximo Oriente pasó a ocupar de inmediato un lugar privilegiado entre las señas de identidad del Occidente cristiano. Cabría apuntar que rara vez ocurre así, pues, por lo general, suele ser la nostalgia agravada por el paso de los años la que dota a los imaginarios colectivos de dichas señas de identidad [52]. Sin embargo, la pérdida de Acre tuvo de inmediato la facultad de aglutinar voluntades en torno a la conveniencia de recuperarla. Miembros de todo tipo de sectores sociales de la Europa bajomedieval encontraron la derrota en el frente palestino inaceptable e insistieron vehemente en la necesidad de volver a colocar en el centro de la vida pública y privada de los cristianos la lucha por la posesión material de la Tierra Santa.

De ello ha quedado una nutrida huella en los archivos; nada menos que treinta tratados compuestos entre la caída de Acre en 1291 y la muerte de Juan XXII en 1334 han llegado a nuestros días, la mayoría de los cuales se titula precisamente *De Recuperatione Terræ Sanctæ,* de ahí que en adelante pasemos a denominar este cuerpo documental simplemente como tratadística de Recuperación. Durante este período tanto los papas de Roma como los reyes de Francia hicieron público su deseo de recibir instrucciones detalladas y precisas sobre cómo recuperar la Tierra Santa. Tales llamamientos fueron satisfechos desde todas partes de Europa, desde los Balcanes a Normandía, y desde todos los sectores sociales imaginables, desde príncipes a curanderos. Se trató de un sujeto que atrajo a las mentes más dotadas de su tiempo, desde los famosos Ramon Llull, Marino Sanudo y Pierre Dubois hasta maestros generales de las Órdenes Militares, obispos, aristócratas y reyes como Carlos II de Anjou, Enrique II de Chipre y Ayton de Armenia.

Este excepcional cuerpo documental constituye un ámbito de estudio concreto y bien definido cronológicamente cuyas ventajas han comenzado a ser percibidas sólo recientemente por la historiografía especializada. Por un lado, se trata de la primera evidencia sustancial de la aplicación del pensamiento estratégico a la Guerra Santa. El discurso en torno a la posesión del Santo Sepulcro consideraba la Cruzada como una lucha espiritual en la que importaba más la condición moral de los guerreros y la pureza de corazón de sus líderes. La tratadística de Recuperación, en cambio, ponía el acento

---

[52] Véase HOBSBAWM y RANGER, *The Invention of Traditions* (1983).

sobre cuestiones técnicas y los preparativos necesarios para coordinar el mayor número de intereses, no sólo los del soldado-penitente, el papado y los tradicionales caudillos laicos, sino también los de algunos de los nuevos sectores sociales de la Europa del siglo XIII como las órdenes religiosas y militares, las monarquías periféricas, las emergentes burocracias nacionales, los mercaderes, los marineros e incluso los renegados. La correlación entre la propuesta de dominio inherente a la vieja idea de Cruzada y su adaptación a las nuevas circunstancias de la Europa del siglo XIV y al nuevo reparto de poderes en el Mediterráneo constituyen uno de los aspectos más interesantes de la tratadística de Recuperación y, aun así, de los que menos atención ha recibido por parte de la crítica quizá debido a la pobreza de los resultados prácticos en el campo de batalla[53].

---

[53] El primer estudio en conjunto de este cuerpo literario, el de Joseph Marie Antoine DELAVILLE LE ROULS, *La France en Orient au XIV siècle* (1886) se limita al estudio de la tratadística sometida a la consideración de los monarcas franceses. A partir de aquí vienen siendo estudiados como ejercicios propagandísticos en BREHIER, *L'Eglise et l'Orient au Moyen Age. Les Croisades* (1907), y son retomados desde una perspectiva temporal más amplia e imprecisa por Aziz ATIYA, *The Crusade in the later Middle Ages* (1965). La mayor parte de las contribuciones a este sujeto provienen de estudios monográficos de los tratados de algunos de los autores más famosos. Del normando Pierre Dubois cabe destacar los estudios de Ernest LANGLOIS, Joseph STRAYER y Walther BRANDT; del veneciano Marino Sanudo destacan los de Angeliki LAIOU, Christopher TYERMAN y Franco CARDINI; sobre el franciscano Fiencio de Padua: Girolamo GOLUBOVICH y Paolo EVANGELISTI; sobre el dominico Guillermo Adán: Charles KOHLER; sobre el mallorquín Ramon Llull: SUGRANYES DE FRANC, KAMAR y DOMÍNGUEZ REBOIRAS. En los últimos años ha sido retomada la visión de conjunto de este cuerpo literario para dar entidad histórica a las llamadas cruzadas tardías, Norman HOUSLEY, *The Later Crusade: From Lyons to Alcazar, 1274-1580* (1992), con una perspectiva temporal muy amplia, y Silvya SCHEIN, *Fidelis Crucis. The Papacy, the West, and the Recovery of the Holy Land, 1274-1314* (1991), que aborda el tema con gran precisión, en beneficio de la cual opta por cerrar su investigación en 1312, dejando fuera la importante producción de tratados del pontificado de Juan XXII. El último trabajo es el de Anthony LEOPOLD, *How to Recover the Holy Land: The Crusade Proposals of the Late Thirteenth and early Fourteenth Centuries* (2000). Su monografía no carece de ambición al elencar por primera vez toda la producción de tratados desde 1291 a 1334. Su análisis sigue un escrupuloso orden cronológico y aborda por primera vez cuestiones tan interesantes como la difusión de estos tratados, las relaciones entre sus autores y los posibles préstamos o el destino último de los manuscritos, las bibliotecas y las copias que se conservan y algunas que han desaparecido. El objetivo de Leopold es subsanar la carencia de un «*comprehensive study of all the subjets raised in these proposals*», su rigurosa y, a mi juicio, atinada descripción se salda, sin embargo, con un déficit del aparato crítico que deja intactos los principios interpretativos propuestos por Schein. Schein aborda no sólo la producción escrita, sino también los intentos por materializarla y su amplia repercusión social. Schein concluye, quizá por cerrar su investigación en 1312, que a pesar de darse

Pero, si bien todos los intentos directamente relacionados con la recuperación de la Tierra Santa acabaron en estrepitosos fracasos, estos tratados fueron directamente responsables a corto plazo de la supresión de los templarios, la implantación de la enseñanza de lenguas orientales en las universidades europeas, la identificación de la amenaza turca o el establecimiento de relaciones diplomáticas estables con algunas de las principales Cortes asiáticas. Además, estos tratados pusieron sobre la mesa la necesidad de reunificar las Coronas ibéricas, de expulsar a los judíos de las tierras católicas o de introducir naves latinas en el Índico, anticipando en dos siglos algunos de los principales logros de la civilización Occidental.

Todas estas propuestas y muchas más aparecen en la tratadística de Recuperación directamente relacionadas con la posesión de la Tierra Santa, pues sus autores asumieron como imperativa la tarea de amalgamar voluntades y concentrar las energías de los principales actores del panorama político europeo en la prosecución de un único objetivo. Por eso la tratadística de Recuperación se ocupó de asuntos que si bien guardaban una relación tangencial con la situación en el Levante mediterráneo, fueron considerados directamente responsables de la dispersión de fuerzas y el déficit de recursos necesarios para lanzar el ataque definitivo contra los enemigos exteriores de la Cristiandad latina. Si bien la tratadística de Recuperación tiene su razón de ser en la caída de Acre de 1291 y converge en la necesidad de revertir la situación en Palestina, fueron los problemas espe-

---

un «*sustained and vivid interest in the fate of the Holy Land... being temporal, the loss of the Holy Land did not necessitate, at least not in the first years after the event, any radical transformation in the concept of the crusade. Therefore there remained a pronounced feature of traditionalism in the conceptual realm of the crusades*», p. 258. Por su parte la obra de Housley, a pesar de considerar estos tratados «*a literature expressing in refined and thoughtful terms the firm aspirations of many contemporaries*», soluciona la cuestión de la Recuperación de la Tierra Santa dictaminando que la postura del pontificado fue unívoca en este sentido y claramente dedicada a potenciar las cruzadas que tuvieron lugar en suelo italiano, continuando la línea interpretativa de los clásicos, Delaville, Brehier, Atiya y Steven RUNCIMAN, *The History of the Crusades* (1954), que, dada la falta de materialización de los enunciados de la tratadística *De recuperatione Terræ Sanctæ,* reducen su análisis a los parámetros de la propaganda y legitimación del pontificado y de las emergentes monarquías nacionales. Por eso, Keneth SETTON desestima cualquier tratamiento individualizado de este cuerpo documental en sus varios volúmenes que componen su *The Papacy and the Levant* (1976). Por último, merece mención el monumental trabajo de Alphonse DUPRONT, *Le mythe de croisade* (1997), que si bien carece de un tratamiento sistemático de la tratadística de Recuperación, continúa algunos inspirados comentarios que conviene no pasar por alto.

cíficos de los distintos agentes sociales europeos implicados en la futura cruzada los que consumieron la mayor parte de la energía y la ciencia de sus autores.

Es el caso de los reinos hispánicos cuya intervención en los asuntos de Ultramar estaba supeditada a sus luchas doméstica contra andalusíes y magrebíes. En la Península Ibérica, tras el intervalo entre 1224 y 1266, en los que habían sido incorporados al universo cristiano cerca de doscientos mil kilómetros cuadrados, en el último cuarto del siglo XIII la resistencia ofrecida por el reino nazarí de Granada y las invasiones meriníes norteafricanas ponían fin al espectacular avance de la Reconquista, fijando el límite expansivo de las monarquías hispánicas y la frontera sureña de la Cristiandad latina durante los próximos doscientos cincuenta años[54]. Pero no era este el único frente en el que contemporáneamente la Cristiandad latina se batía en retirada. También en el Báltico, primero el príncipe Nevski y luego la Horda de Oro de los mongoles frenaban el avance europeo en otra de sus grandes áreas de influencia.

La caída de Acre había tenido lugar en medio de un amplio retroceso de la Cristiandad en varios de sus frentes y de hecho la lucha por la Tierra Santa pudo funcionar de bandera, de gesto simbólico que daba expresión a un movimiento mucho más amplio por la supervivencia y el progreso de la Cristiandad latina en su conjunto. Se estima, por ejemplo, que el espectacular avance del frente roturador y la explosión demográfica conseguida entre 1100 y 1250 acabó por reducir considerablemente la disposición de tierra útil al final de este período. El aprovechamiento de bosques, pantanos y marismas, laderas en cultivos de terrazas, acequias y pozos para el regadío, así como la explotación minera y pesquera también alcanzaron a mediados del siglo XIII el techo de la tecnología medieval[55]. La disminución de tierras y recursos afectaba tanto a grandes señores y la formación de vínculos vasalláticos en torno al feudo, como a pequeños propietarios que perdían capacidad de adquirir nuevas tierras y mejorar su estatus. Ambos fenómenos se tradujeron de inmediato en el incremento de los impuestos y de las instituciones representativas. Acabadas las tierras que el soberano podía conceder para el establecimiento de vínculos de vasallaje, su propiedad dejaba de permitirle la autosuficiencia y los costes del gobierno tenían que ser satisfechos mediante el fortalecimiento del aparato burocrático. Aparato que requirió de profesio-

---

[54] LADERO QUESADA (1995), pp. 644-653.
[55] CHAUNU (1972).

nales, absorbidos de segmentos sociales antes prácticamente excluidos de las esferas del poder político. Afortunados propietarios de tierra, adinerados mercaderes, patriciado urbano, que contaban con universidades y acceso a las burocracias nacionales, comenzaban a orientar su prosperidad y vincularla a las instituciones [56].

El cierre simultáneo de la frontera exterior (el freno a la expansión militar) y de la frontera interior (la reducción de recursos materiales) hacía imperante el fortalecimiento de formas de producción basadas en la redistribución de riquezas. En la misma medida que disminuía la disposición de tierras y de materias primas aumentaba la necesidad de optimizar su rendimiento mediante el intercambio. El incremento de la sensibilidad hacia las fluctuaciones de la oferta y la demanda se manifestó no sólo en la creación de nuevas ciudades y mercados, sino también en el extraordinario desarrollo de la monetarización y la contabilidad, así como de otras técnicas mercantiles. A esta suerte de revolución mercantil se debe al menos parte de la progresiva identificación entre los intereses de las principales potencias comerciales con las grandes instancias de poder tradicionales de la Europa del siglo XIII. A lo largo de este siglo ciudades portuarias como Barcelona acabaron convirtiéndose en el centro político de importantes unidades políticas como la Corona de Aragón, al igual que las ciudades-república italianas fueron adquiriendo una importancia vital en el reparto de poder entre el papado, el Imperio y la monarquía francesa. Dentro de un panorama ampliamente dominado por el sistema de producción feudal y la cultura señorial, la incipiente burguesía de la periferia social europea fue abriéndose hueco en el escenario político proporcionando a las grandes instituciones medievales medios para incrementar su poder y su presencia en la escena pública.

Ya en la primera mitad del siglo XIV el pontificado comenzó a hacer uso de las compañías comerciales florentinas para gestionar su patrimonio, para recolectar sus impuestos y desplazar su tesoro de una punta a la otra de Europa [57]. Pero incluso el surgimiento de las monarquías nacionales está estrechamente asociado al desarrollo financiero basado en el fortalecimiento del aparato burocrático

---

[56] Sobre las emergentes instituciones representativas, la nueva fiscalidad estatal, el incremento burocrático y la necesidad de crear una opinión pública favorable véase STRAYER (1940 y 1956), LEWIS (1958) o VIROLI (1992).

[57] RENOUARD, *Les relations des papes d'Avignon et des compagnies commercieles et bancaires de 1316 a 1378* (1941).

y en una nueva concepción territorial del dominio producto igualmente de la emergente mentalidad tecnócrata. La proyección del
dominio no sobre las personas sino sobre el espacio geofísico que
habitan, concebido éste como un continuo transitable, bien comu-
nicado y diferenciado de otros dominios territoriales, se debe a la
necesidad de optimizar la guerra, de reclutar soldados mediante la
leva de masas y de mover de manera efectiva este nuevo tipo de
ejércitos. La guerra en el siglo XIII fue un fenómeno cada vez más
complejo, en el que cuestiones de estrategia y táctica resultaban
decisivas y el avituallamiento de la tropa, así como la comunicación
entre el frente y la retaguardia hacían particularmente recomenda-
ble la unidad y continuidad de los territorios sometidos a la autoridad de las instituciones.

Esta nueva sensibilidad geopolítica derivada de la necesidad de
construir el dominio sobre un continuo territorial, así como la intervención en la administración de especialistas extraídos de medios
sociales periféricos y la aplicación de técnicas mercantiles al fortalecimiento del poder político constituyen una tecnología de dominio
que ya está plenamente integrada en el horizonte ideológico de la
generación que vivió la pérdida de Acre. En particular, los tratados
sobre cómo recuperar la Tierra Santa privilegiaron una lectura de la
realidad asentada en esta modalidad de pensamiento (orientada al
logro, fundada en una forma de razonar empírica, materialista, casi
física) cuya exitosa andadura en la obtención de resultados prácticos
a lo largo de la segunda mitad siglo XIII la convirtió, también a los
ojos de los apóstoles de la nueva y definitiva Cruzada de Recuperación, en la baza con más probabilidades de éxito en la lucha contra
los enemigos externos de la Cristiandad.

Las deliberaciones en torno a la Cruzada de Recuperación nunca
se independizarían por completo de la modalidad de pensamiento
especulativo del que se habían servido las generaciones precedentes
para alcanzar el entendimiento de las cosas y la relación entre ellas.
Las deliberaciones destinadas a reconquistar el Santo Sepulcro mantuvieron su compromiso con el poderoso discurso escatológico que
había convertido la Palestina por la que anduvo Jesucristo en la
encarnación en la Tierra del Reino de los Cielos. Sin embargo, bajo
esta forma de adscripción nominal al discurso tradicional y dominante, los autores de los tratados de Recuperación se las apañaron
para dar salida a ingeniosas soluciones a los problemas concretos del
aquí y el ahora. Estos tratados pusieron ante los ojos de la élite política europea, el papa y el rey de Francia, en un momento crítico para

su legitimidad, con la custodia de la Tierra Santa totalmente perdida, la inteligencia procedente de los manuales de comerciantes; las cartas de marear empleadas por los marineros; la experiencia de mercenarios y renegados en África y Asia; los recursos técnicos de la emergente casta de juristas parisinos.

La combinación del lenguaje alegórico de las Cruzadas con los códigos empleados por sectores sociales emergentes para gestionar sus propios intereses en la periferia de la sociedad europea del Bajomedievo pudo estar destinada a reubicar el conflicto en un nivel distinto del acostumbrado, en un nivel donde la victoria ante el adversario fuera segura. Qué duda cabe de que el ascenso de este conocimiento práctico es un claro indicador de la crisis, no sólo militar y económica, sino también de autoridad experimentada en la Europa tardomedieval que por esas fechas asumía con plena consciencia su posición periférica con respecto al resto de los grupos humanos que habitaban el Planeta y más en concreto con respecto a la vecina y temida dar al-Islam. En cualquier caso, el ensanchamiento geográfico que tiene lugar bajo la teoría de Recuperación, la ampliación programática y la inserción de intereses periféricos en el discurso paneuropeo de la Cruzada es el producto de un profundo cambio epistemológico. Una forma nueva de aprehender la realidad cuyo ascenso a la primera línea de las letras europeas pudo servir de nicho para la recepción contemporánea de los textos escritos por los Marco Polo, Juan de Montecorvino, Jordano Catalán, Odorico de Pordenone y Juan de Marignolli.

La ingente producción crítica de los últimos doscientos años en torno al libro de Marco Polo aún no ha dado con una explicación satisfactoria a las razones por las que tal libro apareció en un momento y lugar determinado y no en otro. Cada una de las soluciones propuestas ha sido refutada con argumentos aún más poderosos. De las Descripciones de las Indias escritas por Marco Polo y sus pares sabemos que ni pueden ser identificadas con un género literario, el de los viajes, que aún tardará varios siglos en definirse como tal, ni que tampoco forman parte de ninguna tradición literaria preexistente. Por una parte, son perfectamente distinguibles de la tradición elitista del Oriente alegórico poblado de fantasías y quintaesencias y, por otra, exceden los límites de la práctica etnográfica tal como la habían cultivado los autores clásicos y los cronistas medievales (destinada a hacer reconocible la amenaza de los pueblos nómadas adyacentes). Una lectura detenida basta igualmente para constatar que, a pesar de la importancia de la información de carácter exclusivamente mercantil y/o religiosa, estos textos son mucho más que meros manuales para mercaderes y/o misioneros. Sin embargo la Descripción de las Indias comparte varios rasgos importantes con los contemporáneos tratados de Recuperación. Permea ambos cuerpos documentales un mismo lenguaje llano, plagado de referencias a los asuntos prácticos, profundamente empírico y, aun así, capaz de convivir con el lenguaje simbólico proporcionado por la tradición alegórica latina. Las Descripciones de las Indias abordan igualmente algunos asuntos centrales de la tratadística de Recuperación. La descripción de las tierras bañadas por el Índico y las del interior de Asia, de sus mercados y sus rutas comerciales, de los modos y las artes de los distintos pueblos orientales, de las Cortes, ejércitos y otros recursos gubernamentales de los principales señores, emperadores y khanes situados en la retaguardia del Islam, son aspectos que concernían directamente a los promotores de la Cruzada de Recuperación.

Los dos primeros capítulos de esta obra estudian la relación de las Descripciones de las Indias de Marco Polo y de sus menos célebres pares con el marco histórico que sirvió de contexto para la producción de dichos textos; por una parte, su relación con los tratados de Recuperación (capítulo 1) y, por otra, con la política expansiva proyectada sobre Asia por el papa y las órdenes mendicantes (capítulo 2).

El capítulo tercero está dedicado a contextualizar ambos cuerpos documentales en relación con las corrientes de pensamiento contemporáneas. Se trata principalmente de analizar la tensión entre dos visiones de la realidad: una fuertemente comprometida con el antiguo y prestigioso legado de la tradición latina y la otra más apegada a lo factual, lo evidente, lo cotidiano, al producto de la interacción con un medio en continuo cambiamiento. El fuerte anclaje de las Descripciones de las Indias y de los tratados de Recuperación en la dimensión empírica, en lo que podía ser registrado con los ojos, las manos y los pies, contrasta vivamente con la desconfianza de los eruditos medievales hacia los sentidos sensoriales, quienes sostenían que rara vez la mera observación daba acceso al verdadero entendimiento de las cosas. Sin embargo, lo que más distingue este momento de la historia europea de otros posteriores es el alumbramiento en la práctica de una nueva visión de la realidad sin por ello romper aparentemente con el modelo epistemológico heredado de la tradición. Se trataría por eso de lo que ya algún historiador ha denominado la «Revolución silenciosa».

Los dos últimos capítulos tratan de llevar esta dicotomía entre lo dado y lo adquirido al territorio literario de la Descripción de las Indias de la primera mitad del siglo XIV. La tensión entre la experiencia compartida con la audiencia europea de lo antiguo y la experiencia personal de lo nuevo traída del Lejano Oriente por el viajero incidía directamente en la ruptura con el pasado. Sin embargo, la manera que tuvieron estos viajeros-narradores de concretar dicha ruptura es también peculiar y seguramente ahí radique la razón por la que estos textos acabaron teniendo un aspecto tan similar al de la literatura de entretenimiento. En concreto, el capítulo 5 explora el proceso de sustitución de antiguos mecanismos de identificación entre el emisor y el receptor por otros, en los que la propia información, convertida en mercancía verificable, cumplía dicha función. El éxito del autor de Descripciones de las Indias dependió en buena medida de su capacidad de penetrar en las profundidades psicológicas del hombre de su tiempo, de excitar la curiosidad de la audiencia, de apelar a su imaginación, en suma, de generar ilusión. Buena parte de las necesidades expresivas de la Descripción de las Indias son saldadas con el recurso a un modelo de realidad que persigue constantemente persuadir al lector de que el mundo que se le está exponiendo ante sus ojos, por remoto que sea, no es ajeno al suyo, que es susceptible de convertirse en el suyo o que, de alguna manera, ya lo es. Una estrategia narrativa que incrementaba considerablemente la importancia del papel del observador pero que paralelamente dotaba al receptor del texto de gran autonomía de interpretación.

En su conjunto, la presente obra describe el movimiento que va del estudio de las condiciones materiales que posibilitaron o estimularon la aparición de los extraordinarios textos de Descripción de las Indias, al análisis de las dificultades que tuvieron que superar sus autores para dar salida a una perspectiva de la realidad tan alejada de lo corriente. Dicho movimiento pone en contacto dos fenómenos en principio antagónicos: por una parte, el fuerte ascendente de las principales instancias de poder europeas, su capacidad de movilizar recursos y de influir decisivamente en la formación de vínculos entre personas, colectivos y comunidades imaginadas; y, por otra, la libertad última del individuo para relacionarse de manera original con el medio que le rodea así como de elaborar una visión de la realidad independiente y no por ello menos fructífera. Las obras de Marco Polo y sus pares se prestan a dicha perspectiva analítica siempre que se atienda con igual detenimiento a sus muchos niveles de lectura. Es por eso un ejercicio inacabado, continuamente sujeto a ulterior elaboración, pero que aspira a introducir nuevas ideas no sólo en el debate sobre la cuestión poliana, sino también en la discusión sobre los orígenes de una determinada identidad, expansiva y moderna, que ha cautivado la imaginación de varias generaciones de europeos desde entonces hasta nuestros días.

Capítulo 1

EL ENSANCHAMIENTO DE LA TEORÍA DE CRUZADA TRAS 1291

Gengis Khan

«Del imperio del Gran Khan os digo que no hay otro mayor en el mundo»
(Juan de Montecorvino, ca. 1307)

«Sumo emperador de todos los tártaros, con dominio sobre casi la mitad de las tierras de Oriente, cuyo poder y riqueza, abundancia de ciudades, de tierras y de lenguas, y los infinitos pueblos a él sometidos exceden toda narración»
(Juan de Marignolli, ca. 1355)

En torno al año de 1329 Jordano Catalán escribe, en las cercanías de Aviñón, uno de los primeros libros europeos de viajes por las Indias. Bajo el título *Mirabilia Descripta* el fraile dominico comienza a narrar el itinerario que desde Italia le llevó hasta la India. A lo largo del camino Jordano nos cuenta lo que en cada lugar se fue encontrando y creyó digno de ser puesto por escrito. Escribe de los prodigios naturales que le fueron saliendo al paso: «Entre Sicilia y Calabria ocurre encontrarse con una gran maravilla que es que el mar por una parte asciende corriendo y por otra desciende más raudo que un río»; también escribe sobre famosas leyendas locales: «en Armenia Mayor uno se encuentra con algo muy notable, es una montaña de gran altura e inmensa magnitud donde se cuenta que el Arca de Noé se posó»; y, a veces, simplemente de extrañas curiosidades; «en Persia vi algo que me maravilló mucho. En Tabriz, que es una ciudad grandísima con más de doscientas mil casas, no cae rocío del cielo y ni en verano apenas llueve» [1].

Jordano es un observador curioso con una especial predilección por los animales y la vegetación. De éstos encuentra en cada lugar alguno digno de mención: unos pequeños asnos llamados *onagri,* unas frutas enormes llamadas *chaqui,* otras como los *amba* que son más dulces de lo que puede ser expresado con palabras, una especie de lagartos más grandes que caballos y con cabeza de cerdo llamados *calcatrix.* Le sorprendieron los elefantes y los gigantescos árboles banianos; las palmeras y sus frutos le parecieron propios del

---

[1] JORDANO, *Mirabilia,* pp. 401-404.

paraíso; le aterrorizaron los tigres y las cobras tanto que le pareció que tenían siete cabezas. Jordano no pasó por alto lo concerniente a especias, piedras preciosas y otros artículos de lujo. También ilustró su relato con prácticas exóticas de los indios como lavarse la cara con orina de vaca o quemar a sus mujeres cuando el marido muere. Pero, más allá de su compromiso con el lector, debió tener una especial predilección por las obras más pequeñas de la Creación:

> «Hay también una especie de hormigas pequeñísimas, tan blancas como la lana, con unos dientes tan duros que son capaces de roer en el bosque toda madera o piedra y todo lo que de adusto puedan encontrar; hacen, a la manera de un muro, un túnel con arena finísima en los cuales no las puede dañar el sol, y así permanecen a cubierto. Bien es cierto que si sucede que se rompe el túnel y el sol penetra, mueren inmediatamente. Acerca de los gusanos, hay tantos y tan extraordinarios y maravillosos, que no puedo seguir con su descripción» [2].

Y así va transcurriendo este recuento de «maravillas», no sin que el autor muestre su fatiga y a veces se rinda ante la dificultad de verbalizar su propia experiencia: «¿que más puedo decir? No puedo describir con palabras la magnitud de esta India» [3]. Pero, por lo general, la narración transcurre serenamente alcanzando incluso a mostrar una inusitada simpatía hacia su objeto de estudio y que, acaso, pudo parecer excesiva a alguno de sus lectores [4]. Sin embargo, cuando el *Mirabilia Descripta* de Jordano está concluyendo el lector se enfrenta a un tajante juicio que contrasta profundamente con el ambiente narrativo bajo el que ha venido desarrollándose la obra. Una afirmación difícil de conciliar con el resto de la información que nos ha sido ofrecida por el fraile:

> «Creo que el rey de Francia puede subyugar el mundo entero en beneficio suyo y de la fe cristiana, sin necesidad de ayuda alguna» [5].

La propuesta parece exceder las expectativas del lector ante una obra como el *Mirabilia* de Jordano y, acaso, sea un tanto exagerada

---

[2] *Ibid.*, p. 419.
[3] *Ibid.*, p. 421.
[4] Por ejemplo: «Ciertamente tanto hombres como mujeres, cuanto más negros, tanto más bellos son», *ibid.*, p. 413.
[5] *Ibid.*, p. 430.

proveniente de un hombre que a principios del siglo XIV hace tales apreciaciones desde la India. ¿Cabría atribuirlo a un deseo torpe de complacencia hacia el rey de Francia a quien, sin embargo, no parece que fuera dirigido el texto del dominico? Nada a lo largo y ancho de las páginas del relato de Jordano nos prepara para un juicio de valor tan severo y ambicioso. Después de leer estas palabras, ¿cómo no sucumbir a la tentación de atribuirlas a algún desvarío del fraile? A fin de cuentas, ¿no es el mismo Jordano quien nos habla de hombres con cabeza de perro en unas islas del golfo de Bengala, de enanos cubiertos de pelo en Java, o de unos pajarracos enormes en Etiopía que levantan elefantes por los aires con sus garras? Jordano conoce bien las Indias, ha pasado más de la mitad de su vida entre Persia y la costa oeste de la India, ha oído de boca de tantísimos la grandeza del Gran Khan de la populosa Catay, de la magnificencia y el poder del ejército del rey de Ceilán, de la inigualable riqueza del emperador cristiano de Etiopía. Entonces ¿cómo puede mantener tan desatinado juicio? ¿No será también producto de la encendida fantasía de un fraile de principios de 1300?

También en Aviñón, por la mismas fechas, otro fraile dominico, aparece trabajando en la elaboración de su último proyecto de cruzada, dedicado, éste sí, al rey de Francia. Su autor, Guillermo Adán, había viajado por Asia durante más de veinte años de los que dos los pasó entre India y Etiopía. Seguramente coincidiría en alguna ocasión con Jordano bien en Asia, bien en Europa. En cualquier caso, era su superior directo, bajo cuya jurisdicción tuvo lugar la misión de Jordano a la India. Producto de su dilatada experiencia asiática Adán advierte:

> «Yo, que he visto toda nación oriental batallar, añado a todo lo dicho solo una cosa, y es que la sola potencia de Francia, sin necesidad de ayuda alguna, su proceder, su disposición, su orden y disciplina basta para someter no sólo a los miserables y despreciables turcos, sino a los abominables y viles egipcios, a todas las fuerzas tártaras, a los indios, los árabes y los persas»[6].

La información dada por Adán transcurre dentro de un contexto bien distinto del creado por Jordano. El texto de Adán forma parte de un vasto cuerpo documental con unos contornos bien defi-

---

6 ADÁN, *Directorium*, p. 515.

nidos, tanto temáticos como referenciales, compuesto entre el último decenio del siglo XIII y el primer tercio del XIV. Una serie de escritos originados ante la perspectiva inmediata de una contraofensiva en Palestina, completamente perdida para la Cristiandad Latina desde 1291.

La acuciante premura de recuperar el espacio perdido en Tierra Santa dará cabida en este conjunto de tratados a nuevos planteamientos tanto estratégicos como tácticos que acabarán introduciendo importantes modificaciones en la fisonomía de la Cruzada. Ésta, por ende, vendrá colocada en el centro mismo de la vida política, económica y religiosa de Europa. De tan grave compromiso surgirán todo tipo de medidas novedosas destinadas a cambiar no sólo la fisonomía de la Cristiandad europea, sino del mundo entero, que pasa a ser, en virtud de un nuevo planteamiento estratégico, el objetivo de la nueva Cruzada. Ramon Llull lo expresaba sin paliativos «perseverando continuamente en la lucha hasta que toda la Tierra sea conquistada»[7].

Por ambiciosos que puedan parecer tales objetivos, sus fundamentos no están en meras especulaciones ni en inconsecuentes impulsos sentimentales. Por el contrario, son el producto de un fuerte compromiso con la realidad, de un conocimiento exacto de la geografía, de la disposición de tierras y vías marítimas, así como de las gentes de las naciones de Ultramar. Información que vendrá sometida a un severo examen intelectual bajo la luz de nuevas percepciones y nuevas concepciones de la realidad en las que depositarán su confianza buena parte de los autores de la generación que vivió la pérdida de Acre[8].

La novedad y la energía con que de repente irrumpen los tratados de Recuperación en la historiografía de la Cruzada tienen mucho que ver con la peculiaridad que en tantos aspectos hizo extraordinario al siglo XIII. Los avatares de la presencia latina en el Levante durante todo este siglo introducirán importantes modificaciones en la relación y el trato entre las fuerzas involucradas en la Cruzada. En éstas está el punto de partida de las intensas refle-

---

[7] LLULL, *De acquisitione,* p. 267.

[8] Así lo expresa Llull en su primer tratado de Recuperación, el *Tractatus de modo convertendi infideles:* «El método que seguiremos en este tratado consiste en analizar la disposición natural de las tierras, de los mares y de sus gentes, pero más importante aún, seguiremos los dictados del alma, la dignidad, la naturaleza y la virtud de inspiración divina. Y confiando que así sea comenzamos», *ibid.,* p. 336.

xiones expuestas en los tratados de Recuperación de las cuatro décadas y minucias entre 1291 y 1334, y que, como veremos, también sirve para enunciar un contexto preciso en el que anclar una renovada lectura de los textos de Descripción de las Indias tardomedievales.

La pérdida de Tierra Santa. El otoño de la Cruzada

Pocos fenómenos como las Cruzadas han pasado por tantas y tan profundas reformulaciones historiográficas. Una dinámica que lejos de remitir pasa actualmente por uno de sus momentos de mayor intensidad. La Cruzada se presta a múltiples lecturas, entre ellas, la paulatina identificación del papado y de determinados sectores de la aristocracia europea con un amplio movimiento religioso inspirado en la peregrinación a los Santos Lugares y en la defensa de dicho privilegio espiritual ante los señores temporales de la Palestina medieval, musulmanes desde el siglo VII.

Gestos como el acto fundacional de 1096 por parte del papa Urbano II encontraron continuidad a lo largo de dos siglos de conflicto que, sin embargo, nunca pudo ser fácilmente reducible a la supuesta dicotomía entre cristianos y musulmanes. Importantes unidades políticas como el Imperio griego, el Reino de Aragón o la República de Génova tuvieron un papel fundamental a la hora de inclinar la victoria tanto de un lado como del otro de la contienda. Además, lo que entendemos como Cruzada es un complejo entramado de prácticas, símbolos y pactos que desde pronto pudo ser contemplada por el Pontífice Romano como recurso en contra de quien planteara cualquier tipo de amenaza a sus propios y excluyentes intereses. La violencia ejercida por el Pontífice Romano contra herejes, rebeldes, emperadores y antipapas es, en términos jurídicos e incluso espirituales, difícilmente distinguible de la proyectada contra los musulmanes y los ortodoxos del Levante mediterráneo [9].

Por tanto, tenemos un conflicto multifacético, percibido de distintas maneras por los mismos agentes implicados y, sin embargo, irremediablemente asociado a una *pugna espiritualis,* es decir, una lucha integral, definida en términos absolutos, colocada por sus

---

[9] TYERMAN (2005).

promotores en el centro de la vida política, social y religiosa. De ahí que las deliberaciones en torno a la Cruzada tendieran desde el principio a abordar conjuntamente tanto las cuestiones militares como la necesidad de reforma espiritual de los propios católicos. Tan vasto objetivo convertía en fútil todo intento de definir de antemano los medios requeridos para su consecución, como quedó dramáticamente evidenciado con la improvisada conquista de Constantinopla en 1204.

Durante la primera mitad del siglo xiii la Cruzada fue ganando en sofisticación. El paulatino desarrollo del reclutamiento, la financiación y los derechos y obligaciones legales de sus participantes hizo de la Cruzada un instrumento tan versátil como efectivo en el desarrollo de la política pontificia. La conquista de Constantinopla ponía bajo el dominio del papado el que hasta entonces venía siendo el más poderoso rival de la Iglesia Romana dentro de la Cristiandad. A medida que los éxitos católicos se fueron sucediendo en diversos frentes y la experiencia latina en el Levante mediterráneo fue avanzando hacia su perpetuación, nuevos y más complejos intereses se añadieron a la órbita de la escurridiza idea de Cruzada. Los negocios de los francos de Ultramar se tradujeron en la firma de nuevos pactos para protegerlos y, a su vez, en la aparición de nuevas amenazas y, por tanto, de subsiguientes alianzas. La constelación de intereses presentes en Ultramar no tardaría en derivar en sangrientas luchas que, desde la otra orilla, serían calificadas de fratricidas, como la batalla de Santa Sabas en 1255 [10]. En ella murieron más de veinte mil personas y la ciudad de Acre quedó prácticamente arrasada. La derrota de los genoveses habría de tener desastrosas consecuencias al inclinarles definitivamente del lado de los bizantinos en su lucha contra los angevinos y el papado. Ni siquiera en la segunda mitad del siglo xiii, la presencia latina en Asia había perdido el sesgo inicial de la Cruzada: popular, desorganizada, imprecisa y oportunista [11].

Por estas mismas fechas alcanzan el Oriente Medio las huestes mongolas. Tras las terribles y recientes experiencias que afectaron por igual a cristianos y musulmanes, la primera reacción fue la de

---

[10] La primera gran guerra entre ambas potencias comerciales (1256-1269). Al bloque veneciano se sumaron angevinos, templarios y franciscanos, y al bloque genovés, aragoneses, hospitalarios y dominicos. CARDINI (1993), p. 355.

[11] TYERMAN (2005), p. 69, y JACKSON (1980), p. 376.

alianza entre los sirio-francos y los egipcios contra el poderoso des- ✗ conocido. En 1258 caía Bagdad y el califa del Islam. En 1260 caían Damasco, Alepo y Gaza. Los habitantes de San Juan de Acre contemplaban la invasión mongola como algo inminente y respondieron solícitos al llamamiento del sultán Qutuz para la cooperación mutua, la provisión de avituallamiento y soporte logístico. Los ayúbidas consiguieron frenar a los mongoles en la batalla de Ayn Jâlût y recuperaron Siria. Parte de la victoria se debió también al empleo de mercenarios turcos del Kwarazmiam que, irónicamente, acabarían por derrocar a los propios ayúbidas e instaurar en Egipto el Imperio mameluco. La aparición de los mamelucos en la escena próximo oriental tendría graves consecuencias también para los latinos. Ya antes del golpe de Estado, los mamelucos habían conquistado Jerusalén y después neutralizaron los ataques del monarca francés, San Luis, al mando de las dos últimas expediciones de los cruzados según el cómputo clásico. Aún más, el nuevo sultán de los egipcios, Baibars, arrebataba a los latinos Belén, Jaffa, Trípoli y en 1268 Antioquia. Acre, sin embargo, resistió a los continuos ataques de los mamelucos desde 1263 hasta la firma de una tregua provisional en 1272 [12].

Por otra parte, los griegos no dejaron de luchar para recuperar el terreno perdido. Tras la victoria en Pelagonia contra una coalición europea reunida en torno a los Courtenay, los Paleólogo, con la colaboración de los genoveses, reconquistan Constantinopla en 1261. El papa se limitó a excomulgar a los ligures y prometer la indulgencia reservada a los servidores de la Cruz en Tierra Santa a quienes apoyaran al rey latino depuesto, Balduino de Courtenay. Fueron sus primos, los Anjou, quienes antes se identificaron con la causa de la recuperación del trono bizantino. Sin embargo, el enfrentamiento entre éstos y los Hohenstaufen paralizó toda iniciativa contra los griegos. Sólo después de que la coalición entre el papa y Carlos de Anjou derrotara a Manfredo de Hohenstaufen, Carlos pudo entrar en los Balcanes y en 1272 proclamarse rey de Albania.

Sin embargo, la fuerte coalición franco-papal habría de sufrir un nuevo revés con la muerte de Urbano IV. Tras tres años de vacancia en el solio pontificio el colegio cardenalicio se decantó por la opción menos favorable a los Anjou y eligieron a Tedaldo Visconti

---

[12] EDBURY (1991), p. 87.

de Piacenza, alias Gregorio X. El nuevo papa, más próximo a los intereses del emperador, se caracterizó, no obstante, por su fuerte compromiso con la presencia latina en Tierra Santa [13]. Desde su residencia en Acre se había hecho notar como un entusiasta promotor de la Cruzada, trabajando en estrecha colaboración con Fidencio de Padua (que unos años más tarde habría de convertirse en uno de los autores más prominentes de la tratadística de Recuperación), recibiendo a los Polo a su regreso desde China, o sirviéndose de estos mismos para entablar relaciones diplomáticas con el Gran Khan de Catay. Como papa su primera acción fue la convocatoria del II Concilio de Lión en 1274.

El Concilio surgió en respuesta a la crítica situación de la Cristiandad en el Levante mediterráneo y de hecho consiguió la masiva concurrencia de prelados y señores temporales de toda Europa. La restauración bizantina y el acoso mameluco hacía evidente un retroceso de la Cristiandad Latina en Oriente ante la que sólo cabía actuar con prudencia y energía. La prudencia aconsejó aceptar la alianza propuesta por Miguel VIII Paleólogo, formar un frente único contra los musulmanes y, por tanto, levantar la excomunión y reconocer, contra las aspiraciones de los Anjou, los derechos de Miguel al trono griego. Por otra parte, el propio Gregorio propuso un revolucionario sistema financiero para armar una nueva expedición ultramarina. Negoció con el alto clero de cada provincia la extracción de un diezmo del total de los ingresos eclesiásticos por un período no inferior a seis años y de las autoridades seculares arrancó el compromiso de colectar un dinero turonense por súbdito y año dentro de la propia jurisdicción. Además se establecía una multa por blasfemia con el mismo fin de aumentar la partida presupuestaria de la Cruzada [14]. Medidas que, esta vez sí, provocaron enérgicas reacciones en contra por parte de los afectados [15].

Gregorio X tuvo que hacer frente a una dura oposición. Las medidas adoptadas fueron cumplidas sólo parcialmente y si bien el proyecto de cruzada fue avanzando hacia su realización, la muerte de Gregorio en 1276, evidenció la falta de continuidad y el fracaso

---

[13] Gatto, *Il pontificato di Gregorio X. 1271-1276* (1959).
[14] Schein (1991), p. 39; Leopold (2000), pp. 69-82; Setton (1976), vol. I, p. 114.
[15] Los obispos de Inglaterra y de Francia protestaron, las Órdenes Militares así como los cistercienses fueron exentos y el arzobispo de Magdeburgo simplemente se opuso y amenazó con excomulgar a quien de su diócesis colaborara con el papa, Schein (1991), p. 47.

último del intento. Los Anjou y los Paleólogo continuaron su escalada de agresiones en los Balcanes, donde Miguel, aprovechando el pacto lionés, había avanzado posiciones. En 1282 el papa Martín IV concederá a Carlos los diezmos de cruzada recolectados en Cerdeña y Hungría para lanzar sus ejércitos contra Bizancio y a continuación contra Palestina. Sólo diez días después los Paleólogo, aprovechando los derechos adquiridos en Sicilia por Pedro III de Aragón mediante el matrimonio con doña Constancia, hija de Manfredo Hohenstaufen, y el descontento por el mal gobierno angevino-pontificio sobre la isla, promovieron una revuelta popular, las famosas Vísperas Sicilianas. Los ejércitos cruzados de Martín y Carlos de repente se vieron combatiendo contra los enemigos en el Mediterráneo Occidental en vez de en el Oriental [16]. El papa excomulgó al rey Pedro e hizo un llamamiento a la cruzada contra Aragón al que los Capetos respondieron ávidamente, haciendo oídos sordos a las reticencias de sus más expertos consejeros. Las dos décadas de enfrentamientos entre Francia y Aragón, hasta la tregua de Caltabellota en 1302, acarrearían serias consecuencias. La derrota francesa no sólo debilitó la tradicional alianza de los Capeto con el pontificado, sino que privó a la Cruzada de su tradicional y más impetuoso caudillo laico [17].

En Palestina los hechos sucedieron según lo previsto y entre marzo y agosto de 1291 cayeron la populosa Acre y, consecutivamente, Tiro, Beirut, Haifa, Sidon y el puerto de Tortosa. Los últimos en ofrecer resistencia escaparon a la isla de Chipre, donde quedó establecido el último bastión de las Órdenes Militares y el exilio del rey de Jerusalén, Enrique II de Lusignan. La inteligencia europea recibió la traumática noticia con profundo pesar, pero no con resignación. Antes de que el episodio fuera realmente asimilado, se tomó en consideración como algo coyuntural, peregrino, una situación que tardaría poco en ser revertida. Pérdida que no sólo sería recuperada, sino que la Cristiandad fundaría un nuevo reino en Tierra Santa que, aprendida la dura lección, extendería su dominio más allá y con más poder. Por lo menos éstas fueron las voces que alentaron los papas de Roma y los reyes de Francia durante los siguientes cuarenta años.

---

[16] Sobre Vísperas Sicilianas, RUNCIMAN (1958), y SETTON (1976), vol. I, pp. 140-162.
[17] STRAYER, *The Crusade against Aragon* (1953).

El punto de inflexión. La caída de Acre y la difusión del papel

Tras la caída de Acre, Nicolás IV reaccionó de inmediato para
organizar una nueva expedición. Esta vez, sin embargo, el papa
prescindió de un nuevo concilio ecuménico. Ante la apremiante
situación se consideró más efectiva la organización de concilios pro-
vinciales donde fueran estudiados los aspectos técnicos de una nueva cruzada [18]. Una petición que era extensible a los demás príncipes
y reyes de toda la Cristiandad [19]. A esta petición se deben los tres
primeros tratados *De Recuperatione Terræ Sanctæ*. Fidencio de
Padua, Ramon Llull y Carlos II de Anjou comienzan una fecunda
saga de textos que durante los próximos cuarenta años atraería la
concurrencia de las mentes más dotadas, procedentes de todas partes de Europa y de varios estratos sociales. Algunos de los nombres
más eminentes, junto a los anónimos y los frailes mendicantes, fueron los de reyes y príncipes como Enrique de Lusignan y Ayton de
Armenia, obispos como Guillermo Adán y Guillermo Durant, militares como Jaime de Molay y Fulko de Villaret, burócratas como
Guillermo de Nogaret y el famoso Pierre Dubois, médicos como
Galvano de Levanto y miembros de la burguesía mercantil como el
insigne Marino Sanudo el Viejo. Algunos autores, como Llull,
Adán, Dubois o Sanudo, escribieron varios de estos tratados a lo
largo de una y hasta dos décadas. La extensión también es variable,
desde concisas epístolas a voluminosos tratados como los de Ayton,
Adán, Fidencio y, el más largo de todos, el *Liber Secretorum Fidelium Crucis* de Sanudo. Las peticiones de informes fueron secundas
por los sucesivos papas. Sin embargo, experimentaron un incremento considerable durante el gobierno de Clemente V, el Concilio de
Vienne de 1312 y a lo largo del mandato de Juan XXII hasta su
muerte en 1334, fecha a partir de la cual no se ha conservado ningún otro tratado de Recuperación [20].

---

[18] *Registres de Nicolas IV,* p. 902. Bula dada en Orvieto el 18 de agosto de 1291.
[19] BRATIANU (1942), p. 353.
[20] Tanto en trabajos anteriores como en los más recientes de Norman HOUSLEY,
The Later Crusades (1992) y *Perceptions of crusading in the mid-fourteenth century: the
evidence of three texts* (2005), abogan por una contextualización cronológica más
amplia para los tratados de Recuperación. Sin embargo, en tanto estaban dirigidos y
respaldados por el sumo pontífice y los principales caudillos laicos, los tratados de
Recuperación compuestos entre 1291-1334 poseen una coherencia estilística, temática y

El traslado de la sede pontificia a Aviñón por parte de Clemente V significó un gran aumento de la actividad legisladora, financiera y de la centralización de la burocracia pontificia. De la administración de Juan XXII salieron más de 65.000 documentos, una profunda reforma fiscal y el empleo de compañías comerciales italianas para el movimiento y depósito de sus fondos. La actividad económica y la recaudación de impuestos por parte de la Curia Pontificia superaba los límites espaciales a los que venía tradicionalmente circunscrita. De esta manera se consiguió un incremento del superávit cercano al 80 por 100 durante el pontificado de su sucesor Benedicto XII [21]. Dentro de un marco de referencia más amplio nos encontramos con figuras igualmente reveladoras con relación al aumento del aparato burocrático entre el siglo XIII y XIV. Las cifras que se barajan apuntan a incrementos en torno al 1.000 y al 2.500 por 100 en la emisión de documentos por parte de la cancillería pontificia, la casa real francesa y la inglesa [22].

El extraordinario desarrollo administrativo de las principales instancias de poder europeas acaecido entre 1250 y 1350 es uno de los efectos mejor observables del cierre de la frontera medieval al que me referí antes. En medio de este complejo fenómeno, la irradiación del papel desde Valencia a mediados del siglo XIII hubo de desempeñar una labor fundamental al incrementar enormemente las posibilidades de acumular y centralizar información. El papel, en tanto barato y manejable, estaba al alcance de nuevos sectores sociales que a partir de ahora cuentan con un medio de comunicación, de expresión y de perpetuación de sus maneras propias de pensar, de razonar y de interactuar con el medio [23].

El cuerpo documental sobre la Recuperación de Tierra Santa es inconcebible sin esta pequeña o gran revolución, pues si bien su origen está en la petición institucional hecha desde el Solio Pontificio, buena parte de los tratados que han llegado a nuestros días son también el fruto de una iniciativa exclusivamente personal, sin que mediara una petición institucional explícita y que, sin embargo, consiguieron alcanzar los oídos de papas y reyes. Es el caso del nor-

---

cronológica que los casos aislados de la segunda mitad del siglo XIV y la primera del XV adolece. También según LEOPOLD (2000).

[21] RENOUARD (1941).

[22] CROSBY (1997), p.133.

[23] CARDINI (1993), LADERO QUESADA (2002), y Jonathan BLOOM, *Paper before Print* (2003).

mando Pierre Dubois, miembro del tercer estado en los primeros Estados Generales de Francia, que concibió su particular tratado de Recuperación a modo de panfleto, confeccionado por entregas, para hacerlo circular entre las esferas más altas del poder, desde obispos a los mismos reyes de Inglaterra y Francia. El médico ligur Galvano de Levanto produjo para Felipe el Hermoso uno de estos tratados como parte de una original concepción integral de la salud del monarca[24].

El mallorquín Ramon Llull, en cuanto tuvo noticia de la predisposición favorable de los papas a prestar oídos a toda iniciativa en beneficio de la expansión de la Iglesia, respondió solícito en cinco ocasiones con siete tratados sobre cómo conseguir recuperar la Tierra Santa y de paso evangelizar todo el Oriente. Otro caso paradigmático es el del mercader veneciano Marino Sanudo que no reparó en gastos, viajes y energías para confeccionar su gran tratado y que tuvo a bien poner a disposición de los papas y los reyes de Francia. Guillermo Adán, uno de los más importantes y, en más de un aspecto, enigmático de entre los autores de la tratadística de Recuperación, a la altura de su primer tratado no era más que un desconocido fraile dominico y creyó por ello necesario excusarse ante el papa por la osadía de reclamar su atención personal sin haber sido invitado; atrevimiento, no obstante, justificable dada la extraordinaria gravedad del asunto a tratar[25].

Buena parte de estos autores proceden de la Europa periférica (Mallorca, Albania, Armenia, Chipre) y marginal (abogados, trovadores, mercaderes, mendicantes), que en la tratadística de Recuperación encontraron una vía de acceso a las instancias de poder más elevadas, donde hacerse escuchar y hacer valer sus particulares maneras de construir la realidad. Por su parte, la información por escrito daba acceso a los papas romanos a la situación sobre el terreno que de otra manera se veían obligados a adquirir delegando en

---

[24] LECLERQ, *Galvano de Levanto e l'Oriente* (1966).

[25] Adán termina con estas palabras su primer tratado de Recuperación: «Sea indulgente conmigo, indigno siervo vuestro, reverendo Padre y Señor, vuestra gran santidad, que he osado herir vuestros santos oídos con mis palabras pobres y desordenadas (...) Suplico el ardor de vuestro celo y vuestra superabundante caridad para que sea excusado por esto, y derrame por el trabajo de este opúsculo como tenga a bien su copiosa gracia y me bendiga, proteja y defienda con las bendiciones de su oficio, y para llevar adelante lo anteriormente dicho ruego extienda su mano protectora». ADÁN, *De modo,* p. 555.

los poderes laicos y las Órdenes Militares implantadas en el terreno y cuyo conocimiento de la situación era difícilmente transferible y a veces incluso secreto. La creciente política de centralización pontificia chocó con esta estructura gremial que dificultaba enormemente la comunicación vertical entre distintos estamentos sociales y encontró en los informes escritos una manera efectiva de sortear su aislamiento.

Con relación a los hechos de Ultramar, Gregorio X ya había sentado un firme precedente en el II Concilio lionés al darle la máxima importancia a la información escrita, por la que sus autores recibirían las mismas indulgencias que los *cruce signati* que combatieran con la espada [26]. Gregorio X aspiraba la organización de un tipo de campaña institucionalizada que dejara bajo control de la autoridad pontificia aspectos que tradicionalmente habían venido desarrollándose de manera espontánea y al margen de la iniciativa romana. El papa apostaba por una forma de violencia contenida y precisa, que estableciera con mayor exactitud las obligaciones y privilegios de los cruzados, que profesionalizara la predicación y la financiación, que estableciera bases militares en el Mediterráneo y orientara el grueso de los ataques contra Egipto.

De los informes solicitados en el II Concilio de Lión sólo se han conservado cuatro que son el antecedente inmediato de los tratados de Recuperación [27]. Sin embargo, no pueden ser considerados propiamente como tales, no tanto porque Acre estuviera aún en manos latinas, sino por entender que la decadencia del Reino Latino era de alguna manera merecida. Predomina en estos primaverales tratados una concepción escatológica que explica la experiencia católica en su totalidad y que por tanto señala *nostris peccatis exigentibus* como

---

[26] Registres de Gregoire X, *Salvator Noster,* nos. 160, 657 y 336. Inocencio III en 1199 pidió informes escritos al patriarca de Jerusalén, al obispo de Lidia y los maestros de las Órdenes Militares y en 1213 tras la traición de la IV Cruzada volvió a solicitar informes escritos a varios prelados aunque no se ha conservado ninguno.

[27] Las obras de los franciscanos Gilberto de Tournai y Olmutz de Tournai y el *Opus Tripartitum* del dominico Humberto de Romans están publicadas en RILEY-SMITH (1981), pp. 103-117, y la de Guillermo de Trípoli, compañero de Marco Polo desde Acre a Lajazzo, el *Tractatus de statu Saracenorum et de Mahomete pseudo-propheta et eorum lege et fide incipi,* está en PRUTZ (1883), pp. 575- 598. A éstas cabría añadir como antecedente inmediato de la tratadística de Recuperación *La devise des chemins de Babilone* de 1290 de un monje de la orden de San Juan en el que se da un incipiente análisis de la capacidad militar de los mamelucos, su organización social e institucional, estudiado por SCHEIN (1991), p. 92, y LEOPOLD (2000), p. 89.

razón última de la adversidad encarada por los latinos en Palestina. La cruzada aún mantenía un fuerte compromiso con la idea germinal de la peregrinación a los Santos Lugares. A estas alturas, la penitencia sigue siendo la forma de espiritualidad que mejor expresa la idea de salvación y progreso de la Iglesia latina.

El primer tratado propiamente de Recuperación, el de Fidencio de Padua, fue entregado a Nicolás IV a principios de 1292. Pero, en realidad, tiene una historia mucho más larga. Según cuenta el propio Fidencio en su obra, dieciséis años antes de la pérdida de Acre y cuando aún ocupaba el cargo de vicario general de la provincia franciscana de Tierra Santa, recibió del propio papa Gregorio X la orden de elaborar un informe sobre la condición del Reino Latino de Jerusalén, sus enemigos y sus posibilidades de expansión. La demora en la entrega, según sugiere Fidencio en su tratado, pudo estar relacionada con la extensión y cuidada elaboración del informe, lo que pudo tenerle entretenido durante años en numerosos viajes por todo el Oriente para recopilar información [28]. Pero no es menos relevante que el punto de partida del tratado sea la instauración de un dominio latino en Oriente completamente nuevo. Fidencio se refiere a los últimos francos en Tierra Santa como corruptos y afeminados incapaces de combatir a los musulmanes. La Recuperación de Tierra Santa debía prescindir de ellos y nutrirse de una fuerza moral muy superior [29].

La pérdida de Acre está en el origen del tratado fidentino, no tanto por el impacto emocional que pudo suponer en su tiempo, sino por la posibilidad de comenzar de cero, de levantar un nuevo dominio libre de compromisos con los restos nada deseables de los dos siglos de experiencia desordenada y descentralizada de los latinos en Palestina. Fidencio asume conscientemente la necesidad de romper con una idea determinada de conquista y gobierno. La tratadística de Recuperación siguió estas directrices durante los próximos cuarenta años al cabo de los cuales la Cristiandad Latina se demostró incapaz de imponer su supremacía en el Mediterráneo. Y si bien los pobres resultados prácticos de la teoría de Recuperación atenúan, a nuestros ojos, su papel como agente de cambio, lo cierto es que introdujo en el lenguaje político de la Europa de la Baja Edad Media una revolucionaria manera de analizar la realidad, cuya

---

[28] FIDENCIO, *Recuperationis*, p. 5.
[29] *Ibid.*, p. 14.

inoperatividad pudo ser debida precisamente a la violencia de la novedad, al desfase de las propuestas de los autores de estos tratados con respecto a una situación que aún tardaría siglos en ajustarse a la particular percepción de la realidad político-militar de los teóricos de la Recuperación de la Tierra Santa.

Las bases de un control efectivo

Las bases del nuevo dominio concebido por Fidencio establecerán algunos de los principales vectores a seguir por la literatura de Recuperación durante los próximos cuarenta años. Una de las piezas claves de la propuesta fidentina es la figura del *dux rector,* el alto mando de la futura expedición que actuaría bajo órdenes directas del papa y en quien habría de recaer el gobierno absoluto de las posesiones ganadas. Pocas figuras de la Recuperación ponen de manifiesto de manera tan dramática la apuesta por la centralización política de la aventura ultramarina y de esta manera la identificación de la debilidad del poder central como causa primera de la derrota frente a los musulmanes. En torno a este caudillo se desplegó una larga serie de propuestas. Ramon Llull proponía que su *bellator rex* unificara bajo un único mando a las Órdenes Militares y tras la supresión de los templarios que fuera él quien gestionara los bienes confiscados [30]. Para ostentar el cargo fueron propuestos desde miembros de la corte pontificia [31]; reyes como Carlos II de Anjou [32], Felipe el Hermoso [33] o Federico II de Sicilia [34], pero también almirantes como el aragonés Roger de Loira [35] o el genovés Benito Zaccaría [36] e incluso algún acaudalado comerciante veneciano [37].

---

[30] Llull, *De acquisitione,* p. 271.

[31] Ayton, *La flor,* p.253.

[32] Galvano de Levanto, *Liber sancti pasagii Christicolarum contra sarracenos pro recuperatione Terræ Sanctæ,* edición de Kohler, 1900.

[33] Guillermo de Nogaret, *Quae sunt advertenda pro passagio ultramarino et que sunt petenda a papa pro persecutione negocii,* edición de Delaville, vol. I, 1886, p. 88.

[34] Ramon Llull, *Quomodo Terra Sancta recuperari potest,* edición de Domínguez Reboiras, 2003, p. 306.

[35] Jaime de Molay, *Concilium super negotio Terre Sancte,* en Delaville (1886), vol. I, 57.

[36] Adán, *De modo,* p. 526.

[37] Sanudo, *Liber secretorum,* p. 4.

Otra de las propuestas que apuntaba directamente a la necesidad de centralización fue la utilización de cuerpos de asalto reducidos, con objetivos precisos y bajo un mando único. Se descartaba de plano el modelo de expedición anterior, compuesta por guerreros mal equipados, con la actitud inadecuada del peregrino armado, animado por pasiones a veces contrarias a la precisión y frialdad con que los autores de la Recuperación empiezan a concebir la reconquista de la Tierra Santa. Guillermo Adán se lo hacía saber sin rodeos a Juan XXII: «aquellos con los que los reyes cuentan para hacer el *passagium* son probados imbéciles, soldados plebeyos que siempre están pendientes de sus temores y a ellos muestran su devoción»[38].

Los efectos contraproducentes de este tipo de *passagium generale* ya fueron sobradamente advertidos en el II Concilio de Lión. Ante tal desatino se puso de manifiesto la conveniencia de un tipo de intervención militar diferente comúnmente denominada *passagium particulare,* una expedición compacta, compuesta de un número limitado de soldados profesionales, bien coordinados y con agilidad de movimiento[39]. En Lión, sin embargo, acabaron imponiéndose consideraciones exclusivamente emocionales. La victoria dependía de los méritos de la Cristiandad, la derrota era consecuencia directa del pecado y la organización de una nueva cruzada era una forma de penitencia, que se manifestaría, por tanto, bajo la forma tradicional del *passagium generale* compuesto de soldados-peregrinos. Éste es uno de los aspectos que más concretan la profunda brecha entre la Recuperación y sus antecedentes. Con la excepción de dos obras[40], todos los demás autores de la nueva era defendieron la conveniencia de lanzar un *passagium particulare* previo compuesto por mercenarios como requisito indispensable para la neocruzada.

Para tal menester bastaba con un contingente de doscientos cincuenta soldados transportados en diez galeras[41]. Entre los beneficios de una expedición de este tipo estaba su bajo coste económico, y la posibilidad de desgastar lentamente las tropas del enemigo. Pero además podía funcionar a modo de ensayo general de la expedición definitiva[42]. Cumplida la misión por parte de la vanguardia

[38] ADÁN, *De modo,* p. 533.
[39] SCHEIN (1991), p. 70; LEOPOLD (2000), pp. 59-65.
[40] Las de Jaime de Molay, maestro general de los templarios, y Guillermo Durand, obispo de Mende.
[41] SANUDO, *Liber secretorum,* p. 5.
[42] AYTON, *La flor,* p. 246.

militar se procedería al envío del grueso de las tropas, que también fueron objeto de numerosas regulaciones por parte de los teóricos de la Recuperación. Convendría que éstos usaran uniformes, insignias, banderas e instrumentos de música para elevar la moral y hacer reinar el orden en la tropa [43]. El avituallamiento de los soldados debía atender a los requisitos del transporte por mar y por tierra, la retaguardia tenía que estar provista de todo tipo de artesanos [44]. No faltan las instrucciones sobre el armamento de ataque, de defensa y de asedio, siendo la ballesta considerada el arma ofensiva europea por excelencia, contra la que no estaban prevenidos ni mamelucos ni mongoles [45]. Incluso encuentran cabida algunas extravagancias tecnológicas como el empleo de lentes y espejos en la batalla naval [46]. Ramon Llull se atrevió a dar instrucciones sobre la manera de fortificar y amurallar, sobre las horas más propicias del día para el ataque y cómo hacer uso de algunos trucos psicológicos para aterrorizar al enemigo [47].

Fue también en las páginas de la tratadística de la Recuperación donde tuvo lugar buena parte de las consideraciones que acabaron con la supresión de la Orden de los Templarios. Inicialmente se valoró la posibilidad de unificar bajo un solo mando ambas órdenes [48]. Fue el *Advertenda pro passagio ultramarino* del consejero real Guillermo de Nogaret el medio elegido para expresar la voluntad de Felipe el Hermoso de suprimir definitivamente la orden, pues el principal argumento en su contra no era otro que la responsabilidad de la pérdida de la Tierra Santa [49]. A continuación serían también los autores de la Recuperación los encargados de dirimir cuál iba a ser el destino de los bienes confiscados [50]. De igual manera los intereses financieros de los diferentes agentes implicados en la neocruzada consumieron buena parte de la energía propositiva de la tratadística de Recuperación. Se consideraron infinidad de vías

---

[43] DUBOIS, *De recuperatione,* p. 83; CARLOS, *Le conseil,* pp. 356-357.

[44] LLULL, *Liber de fine,* p. 91. Además de herreros, carpinteros, sastres, pastores, panaderos, Llull aconseja incluso *cauponie qui faciat emi vinum.*

[45] ADÁN, *De modo,* p. 536; LLULL, *De acquisitione,* p. 267.

[46] Dubois cita a Roger Bacon y Sanudo a algún filosofo griego sin especificar.

[47] LLULL, *De acquisitione,* p. 269.

[48] Por ejemplo, Ramon Llull en su primer tratado, el *Conseil* de Carlos de Anjou o las primeras entregas de las obras de Pierre Dubois y Marino Sanudo.

[49] MENACHÉ (1984).

[50] HOUSLEY (1992), pp. 204-210; DELAVILLE (1886), vol. I, p. 59; SCHEIN (1991), pp. 24-26.

de financiación, desde la venta de reliquias e indulgencias, confiscación de bienes a bandidos y renegados, e incluso la reforma del sistema monetario francés, la unificación de pesos y de medidas [51].

La tratadística de Recuperación no descuidó tampoco programar la gestión de los territorios a conquistar por la neocruzada [52]. En este registro adquirió una gran relevancia el plan de enseñanzas de lenguas orientales, que tuvo en Ramon Llull a su más entusiasta defensor. Al final su propuesta de abrir cátedras en las principales universidades europeas fue asumida por otros autores de la Recuperación y finalmente aceptada por el Concilio de Vienne dada su utilidad de cara a la cruzada de Recuperación. De corte similar era la propuesta duboisiana de abrir escuelas para la formación de niños y niñas que luego habrían de ser empleadas como esposos y esposas de las altas dignidades griegas y musulmanas, asegurándose así nuevos medios de infiltración en las sociedades conquistadas [53]. Mucho menos sutil, Adán proponía la tradicional quema de libros y la confiscación de los primogénitos de cada familia para ser imbuidos en las letras latinas [54].

El avance sistemático por un continuo territorial

El espacio geográfico cubierto por la tratadística de Recuperación es enorme. Sin embargo, sus propuestas, a pesar de la inevitable carga apologética de todo conflicto armado, están firmemente comprometidas con las posibilidades reales de materialización o al menos sus autores mostraron un cuidado continuo por mostrar el pragmatismo y la viabilidad de sus planes. Es un caso de estudio en extremo interesante observar cómo ambos principios son aplicados a una empresa bélica que abarcaba un área geográfica enorme que, como mínimo, comprendía Asia Menor, el Magreb, Palestina, Egipto y, *plus ultra,* las Indias.

Fidencio de Padua recomendaba el envío de exploradores, como hacia el sultán de Egipto en su también enorme imperio, para

---

[51] Cardini (1993), y Schein (1991), p. 262.

[52] Sobre el marcado carácter anti-feudal de la tratadística de Recuperación en este registro, véase Sylvia Schein, *The future regnum Hierusalem. A chapter in medieval state planning* (1984).

[53] Dubois, *De recuperatione,* pp. 75 y 84.

[54] Adán, *Directorium,* p. 471.

recabar información de primera mano en los territorios objeto de la neocruzada [55]. Los sucesivos autores de la Recuperación más que secundar la propuesta fidentina se presentaron a sí mismos como diligentes exploradores. Sanudo abre su tratado con algunas notas autobiográficas sobre sus estancias *ultra mare* [56]; Llull sienta cátedra sobre los tártaros porque *ego vero fui in partibus ultramarinis* [57], y Guillermo Adán mostró una obsesiva preocupación por mostrar cada una de sus averiguaciones como el producto exclusivo de lo que vieron sus propios ojos. Sería en exceso prolijo citar aquí cuántas veces los autores de estos tratados afirmaron su conocimiento personal, su presencia física en el teatro de acción y los viajes dedicados a adquirir dicho conocimiento. La teoría de Recuperación está construida en torno a este encuentro físico.

Independientemente de que algunas de las principales Cortes europeas, la Curia y algunas de las ciudades repúblicas del Mediterráneo tuvieran tantos intereses en juego en Asia Menor como en el Oriente Próximo, en el plano discursivo hacía ya tiempo que había quedado establecida la interdependencia entre el avance de la Cristiandad Latina en el Imperio griego y en la Tierra Santa [58]. La tratadística de Recuperación recorrió un buen trecho en la sustanciación de la fusión de estos dos frentes, pues la conveniencia de someter la Iglesia oriental a la supremacía católica, a parte de su valor intrínseco, pasa a ser concebido unánimemente por sus autores como *complementum pasagii Terræ Sanctæ*. La función de la reconquista del Imperio griego en la recuperación de Tierra Santa es vital también por cuestiones de prestigio, pues el cisma restaba autoridad al papado ante las comunidades cristianas de Oriente Próximo [59].

Entre los diversos itinerarios posibles para el *passagium generale* discutidos en la Recuperación, la vía terrestre por Anatolia ganó la aprobación de buena parte de los concurrentes [60]. La par-

---

[55] Fidencio, *Recuperationis*, p. 33.
[56] Sanudo, *Liber secretorum*, p. 3.
[57] Llull, *Liber de fine*, p. 7.
[58] Ya formulada en 1147 según Tyerman (2005), p. 64.
[59] Llull, *Tractatus*, p. 141. Guillermo Adán decía considerar por ello «peor la ofensa de los griegos que la de los mismos sarracenos» y que por eso «entre los enemigos de la Iglesia y la fe romana están los sarracenos y los griegos entre los que no hago distinción y prepárense los nuestros porque encontraran la misma resistencia en Grecia que en Egipto»; Adán, *De modo*, p. 536.
[60] Con las excepciones de Enrique II de Chipre, Fulko de Villaret y Jaime de Molay. Marino Sanudo, que en la primera parte de su tratado también la descarta, aca-

ticipación de galos, ingleses, alemanes y húngaros es considerada insustituible y para éstos la vía más rápida y segura era atravesar el Bósforo [61]. Previo a un posible desembarco en los puertos del Levante fue considerado conveniente asegurarlos desde tierra, pues la llegada escalonada por mar convertía a los cruzados en presa fácil del enemigo y, por tanto, el grueso de las tropas debía marchar por tierra [62]. Este tipo de consideraciones logísticas fue central a la hora de argumentar la conquista de Bizancio. Una vez establecido el empirismo de los datos, éstos son relacionados casuísticamente; las previsiones y cálculos están hechos siguiendo un método deductivo que relaciona causas y efectos de manera lógica, funcional, racional, casi científica. De este método se sirvió ampliamente la teoría de la Recuperación para garantizar la viabilidad de sus propuestas.

La asimilación del Imperio griego adquirió su valor máximo en tanto parte de un proyecto de control de toda Asia Menor, desde el Mar Negro hasta Armenia, dada su posición estratégica. La preocupación por la retaguardia, el aprovisionamiento de víveres y el mantenimiento de las comunicaciones una vez establecido el dominio dan a toda Asia Menor un valor que está más allá de la tradicional intervención en los asuntos referentes a la Cristiandad bizantina. El nuevo valor territorial convierte en objetivo militar, ya no sólo a los Santos Lugares y el Imperio cismático, sino cualesquiera *alia terra infidelium* entre medias. La estrategia aconseja un nuevo tipo de cruzada ultramarina, concebida como un progresivo avance por un continuo espacial, que viene definido exclusivamente en términos geomorfológicos.

La identificación de la amenaza turca

Uno de los efectos más llamativos de la particular sensibilidad geopolítica expresada en la Recuperación es la atenta observación del avance turco en Asia Menor. Las relaciones con los ortodoxos

---

bará adoptando una posición más favorable hacia la expedición a través de Turquía en siguientes versiones de su proyecto.

[61] ADÁN, *De modo*, p. 539, argumento repetido en prácticamente iguales términos en *Directorium*, p. 412.

[62] DUBOIS, *De recuperatione*, p. 86.

bizantinos tenían una larga historia de encuentros y desencuentros que, a las alturas de la tratadística de Recuperación, convertían la cuestión griega en objeto de duras polémicas sobre la conveniencia de aliarlos, someterlos o aniquilarlos por cuestiones unas veces geopolíticas, otras espirituales y otras simplemente de prestigio. Sin embargo, la cuestión turca tiene la facultad de mostrar más claramente cuánto del desarrollo de la tratadística de Recuperación tuvo que ver exclusivamente con una particular y nueva concepción territorial del dominio.

En este sentido, la obra de Guillermo Adán es pionera. El *De modo sarracenos extirpandi,* escrito hacia 1316, trata abundantemente el asunto turco. Adán adelanta varias hipótesis sobre la amenaza turca, desde la posibilidad de una alianza con el emperador griego contra los cruzados a la alianza con el sultán de Egipto [63]. Las relaciones entre los turcos de Asia Menor y los mamelucos egipcios por el momento no eran buenas y además estaban incomunicados por tierra donde la presencia del ilkhan persa constituía una amenaza para ambos. Sin embargo, Adán advierte de la animadversión tanto de mamelucos como de turcos contra los latinos y que, por tanto, todo el arco continental del Mediterráneo oriental desde Alejandría hasta Constantinopla podría quedar bajo control exclusivo de la espada hostil de los sarracenos, sin posibilidad alguna de paso para los cristianos [64]. Ferviente defensor del *passagium particulare,* Adán apuesta por la isla de Quíos, bajo control de los Zaccaría genoveses, sinceros colaboradores de la causa papal [65]. La posición de la isla en el Mediterráneo oriental serviría igualmente para reprimir el contrabando de naves cristianas con Egipto (una de las prioridades del plan adaniano) como para ocuparse de la amenaza turca sobre la que se atreve a profetizar que si los latinos no se adelantaban a los turcos en expulsar a los Paleólogo de Grecia, la misma existencia de la Cristiandad occidental se vería seriamente comprometida [66].

En el siguiente tratado compuesto en 1332, el *Directorium ad passagium facendum,* el pensamiento adaniano ha continuado evolucionando por estos derroteros y prácticamente se olvida de egipcios,

---

[63] ADÁN, *De modo,* p. 542.
[64] LLULL, *De acquisitione,* p. 268; ADÁN, *De modo,* p. 536, y de nuevo en el *Directorium,* p. 500.
[65] ADÁN, *De modo,* p. 526, y en términos similares en *Directorium,* p. 458.
[66] *Ibid.,* p. 544.

de renegados y de los planes de intervención en el océano Índico aventurados en el *De modo sarracenos extirpandi*. En el *Directorium* todos los esfuerzos se concentran en dar las claves del control de Asia Menor y con particular atención hacia los turcos, que han dejado de estar sometidos a los mamelucos y ahora, según Adán, encabezan la lista negra de los enemigos de la Cristiandad Romana [67].

Pero más interesante aún es la evolución de la cuestión turca en los tratados de Marino Sanudo. El *Liber secretorum fidelium crucis* es la suma de tres proyectos consecutivos acabados uno en 1306, otro en 1312 y el tercero en 1321. La propuesta sanudiana es la concentración de todas las energías para procurar la ruina económica de los mamelucos y, así debilitados, ser objeto de un ataque directo. Su convicción es tal que inicialmente desestima toda intervención por tierra, por considerarla larga, penosa y particularmente difícil de defender una vez ganada [68]. Sanudo hace suya la aversión veneciana contra los *graeci schismatici* y no es menos consciente del avance turco que de la manera más cruel han subyugado al pueblo griego a la esclavitud [69]. Si bien Adán creía necesario actuar en este frente para restar apoyos a los mamelucos, Sanudo, igualmente persuadido de la interconexión de las potencias de la cuenca oriental del Mediterráneo, considera que dicha relación significaría la caída espontánea del poder turco y bizantino una vez el poder del sultán egipcio fuera eliminado por la neocruzada [70].

Entre esta fecha y la de la versión definitiva entregada a Juan XXII en 1321 se produce un importante cambio en la percepción que Sanudo tiene del asunto turco hasta el punto de matizar su propuesta de la vía marítima única dirigida contra Egipto. Sanudo pasa a asimilar parte del plan adaniano de reforzar el apoyo pontificio a los genoveses de la isla de Quíos con el fin de contener la amenaza turca [71]. Se trata de un cambio de actitud que le llevará incluso a retirar algunas de las medidas propuestas contra Egipto, para concentrar energías pero, esta vez, en la contención de la amenaza turca. Incluso la hostilidad inicial hacia los griegos evolucionará hacia una manifiesta simpatía que acabará colocando al propio Sanudo

---

[67] Adán, *Directorium*, p. 376.
[68] Sanudo, *Liber secretorum*, p. 37.
[69] *Ibid.*, p. 29.
[70] *Ibid.*, p. 67.
[71] *Ibid.*, en una nota escrita al margen, p. 31.

como interlocutor y defensor de la unión de las Iglesias y de la formación de una liga antiturca con la participación del emperador griego, persuadido de que la verdadera amenaza provenía más de los turcos que de los mamelucos [72].

Bases militares y ruptura del Mediterráneo

La rapidez de aprendizaje de los autores de la Recuperación es una de sus características más notables. La agilidad con que se asimila nueva información se debe, como decíamos, al particular razonamiento deductivo pero sobre todo al método empírico, al conocimiento directo y presencial del área de operaciones. Desde esta perspectiva, el poderío del sultán de Egipto invita a la prudencia y a evitar el enfrentamiento directo. Sólo tres autores de toda la Recuperación proponen el desembarco del grueso de la expedición en el delta del Nilo [73]. Incluso en estos aislados ejemplos se establece como condición indispensable el lanzamiento previo de un *passagium particulare,* el establecimiento de bases militares o ganarse la participación de los pueblos situados en la retaguardia del Sultán.

El ataque directo contra un área situada en medio de un continuo de fuerzas hostiles, la carencia de bases de apoyo, así como la obligada dispersión del ejército en varios frentes vienen invariablemente identificadas como razones del fracaso de las últimas cruzadas y la ulterior pérdida de las posesiones en Tierra Santa [74]. El acuerdo sobre este particular llevó a los autores de la Recuperación a sugerir el establecimiento de bases militares en distintos puntos

---

[72] LAIOU, *Marino Sanudo Torsello, Byzantium and the Turks: The Background to the Anti-Turkish league of 1332-1334* (1970), y TYERMAN, *Marino Sanudo and the Lost Crusade: Lobbying in the Fourteenth Century* (1982).

[73] Fulko de Villaret, Enrique II de Chipre y Marino Sanudo.

[74] «Ponerse en medio del enemigo supone gran peligro e imprudencia, como acontecería si se pretendiera invadir a los sarracenos por vía distinta a la que yo digo. Y de eso nos instruye el ejemplo: Cuando se andaba en auxilio de la Tierra Santa, cuando aún Acre y Trípoli y toda la costa era tenida por los fieles a Cristo, se echaban en medio del enemigo para batallar por un lado al Sultán y por otro a los turcos. Y ésta es la verdadera causa por la que los reyes de Francia, de Inglaterra y otros grandes príncipes y señores fracasaron en la lucha contra el enemigo y vieron frustradas todas sus esperanzas e intenciones. Y si de dichas tierras capturaron alguna, no pudieron mantenerla por mucho, pues los principales adversarios permanecían intactos». ADÁN, *Directorium,* p. 502.

del Mediterráneo oriental. Se trata de identificar el puesto idóneo para el arribo de los primeros contingentes y a este fin se da abundante y precisa información de todo tipo, sobre el clima, las viandas, las fortificaciones naturales, las distancias y las vías de comunicación. Vienen propuestos puertos de las islas de Rodas, Quíos, Malta, Roseta, Damieta y Tolosa. Autores como Ayton y Sanudo defendieron ardientemente el desembarco en Armenia. Otros en cambio, como Fulko de Villaret, Jaime de Molay, Carlos II de Anjou y Fidencio de Padua, apostaron por Chipre.

De naturaleza similar es la propuesta llulliana de ataque al Magreb. La cruzada española, la Reconquista, tuvo un origen y un desarrollo completamente independiente, aunque se asemejara y corriera paralela en el tiempo a la empresa *transmarina*. A lo largo del siglo XIII la Reconquista recibió el reconocimiento pontificio que la asemejaba en todo a la cruzada *transmarina,* equiparando ambos conflictos en beneficio de la *dilatatio Eclesiae*[75]. Sin embargo, en la tratadística de Recuperación, la Reconquista pasa a ser relacionada directamente y a formar parte de la misma agenda de la Recuperación de la Tierra Santa. Aparte de la necesidad observada por Dubois y Adán de zanjar el conflicto en la Europa occidental con el fin de liberar recursos para ser empleados en la conquista del Levante[76], la Península Ibérica misma vino propuesta como vía de acceso. El estrecho de Gibraltar, como el Bósforo, es breve y la conquista de Ceuta, tarea fácil. Sobre este último particular Ramon Llull da detallada cuenta tanto de la manera de conducir el asedio como de la posterior fortificación. Dos ventajas a este respecto: la escasez y debilidad de los ejércitos magrebíes y la posibilidad para los cruzados de combinar ataques simultáneos por mar y tierra. Una vez obtenida la victoria, el ejército cristiano procederá en su avance a través de los reinos de Túnez, Bujía, Tremecen, Trípoli, hasta alcanzar Egipto[77].

Tanto la Península Ibérica como Anatolia ocupan una posición intermedia en el continuo terrestre entre Cristiandad e Islam, sólo

---

[75] Ya en el I Concilio de Letrán se dio un primer intento de identificar ambos frentes bajo una única consigna de defensa de la Fe y de nuevo en 1147. TYERMAN (2005), p. 80.

[76] ADÁN, *Directorium,* p. 500.

[77] LLULL, *De acquisitione,* p. 270. Sus ideas encontraron cierta resonancia en Francia a finales del siglo, a través del *Sogne du vieil pelerin* de Felipe de Meziers, hasta el punto de convertir una mera incursión corsaria de los genoveses en cruzada contra Barbaria en 1390. SETTON (1976), vol. I, p. 332.

interrumpido por un pequeño paso marítimo, lo que las convirtió en objeto privilegiado de la nueva percepción integral y articulada del territorio. La estrategia propia del campo de batalla, que aconsejaba un avance homogéneo, despejando la retaguardia, concentrando los esfuerzos en un único frente y asegurándose el fácil acceso a los víveres encontró especial proyección en las dos penínsulas periféricas. Sólo en el extremo occidental dicha concepción acabó consumándose con la llegada de los Reyes Católicos casi dos siglos después, con la unificación de tres de las Coronas peninsulares, la expulsión definitiva de judíos y musulmanes y el lanzamiento de expediciones al encuentro de los reinos y mares orientales de las Indias, en la retaguardia del sultán de Egipto. Como dije más arriba, el aparente fracaso de la tratadística de Recuperación en ocasiones no es más que un desfase de siglos entre la enunciación teórica y el desarrollo de las condiciones que hicieron posible su aplicación práctica.

El descubrimiento de la retaguardia: Tartaria, Etiopía y las Indias

Las breves pero intensas relaciones con los mongoles, desde la segunda mitad del siglo XIII al primer tercio del XIV, constituyen uno de los capítulos más apasionantes de la historia de la Europa medieval. Los sentimientos respecto a los tártaros pasaron rápidamente del terror, ante su voraz irrupción en el este de Europa, al entusiasmo, cuando esa misma capacidad destructiva fue dirigida contra el califa de Bagdad y el sultán de El Cairo. Pero lo cierto es que una amalgama de ambos sentimientos caracterizó siempre la mirada latina sobre los mongoles. Evidentemente, todo lo relacionado con los tártaros habría de ocupar una posición preeminente en la literatura de Recuperación, siendo en algunas ocasiones los auténticos protagonistas de los planes de intervención propuestos al papa y al rey de Francia, máxime teniendo en cuenta que en los momentos más críticos de la presencia latina en Oriente Medio no faltaron invitaciones a la mutua cooperación por parte de los propios mongoles.

De los cuatros khanatos constituidos tras la muerte de Gengis Khan, no sólo el de Persia, también el de Catay animó a la Cristiandad occidental a mantener e incrementar las relaciones bilaterales. En este sentido debió ser determinante la demanda continua de mano de obra especializada que experimentaron los conquistado-

res, antiguos pastores ahora dedicados a la administración de com-
plejas civilizaciones muy diferentes de la suya. Necesidad para la
que los europeos resultarían particularmente adecuados en el caso
del ilkhanato persa tanto por proximidad geográfica como por la
larga y agria enemistad primero contra el califato de Bagdad, que
los mongoles destruyeron en 1258, y después contra los egipcios,
quienes, a su vez, demostraron ser los únicos capaces de vencer a
los tártaros en el campo de batalla. La resistencia ofrecida por el
sultán de El Cairo al avance en Siria de los mongoles y de los latinos
convertía a estos últimos en aliados naturales contra los egipcios.

Sin embargo, el interés mostrado por los agentes involucrados
en la Cruzada en constituir una alianza con los mongoles fue más
matizado. A pesar del intenso intercambio de embajadas en torno a
un plan de intervención conjunta contra Egipto, la postura inicial
por parte de los líderes cristianos fue de rechazo. Así, San Luis en
1270 prefirió el desembarco en Túnez en vez de apoyar por el oeste
un ataque simultáneo contra Siria propuesto por el ilkhan de Persia.
Sin embargo, Felipe el Hermoso llegó a firmes acuerdos con Argh-
hun; Jaime II de Aragón pudo haber enviado algunas naves a petición de Karbenda; e incluso el papa, tras la caída de Acre, acabó
pidiendo la ayuda del ilkhan prescindiendo de la habitual llamada a
la conversión. La explicación del fracaso de la alianza entre católicos y tártaros no puede atender sino a varias razones, quizá tantas
como intentos de llevarla a cabo. Ciertamente, la actitud inicial de
la Cristiandad fue de desconfianza y en adelante el papa siempre
buscaría asegurarse la fidelidad de un potencial, aunque incontrolable, aliado, estableciendo como condición previa la aceptación del
primado espiritual de Roma. Otras, el fracaso fue debido a una falta
de sincronización que encuentra explicación sólo en razones coyunturales. Pero no hay que desestimar la potencia militar que el sultán
de El Cairo pudo oponer a unos y otros por separado.

Un principio de actuación en común ocurrió en 1300 cuando
los reyes cristianos de Chipre y de Armenia se sumaron a la última
incursión mongola en Siria. En realidad se trató de una rapiña del
norte del país a la que siguió la rápida retirada de las tropas mongolas. El rey armenio consiguió entrar en Jerusalén y permaneció allí
dos semanas, pero, sin la participación de los mongoles, se vio obligado a retroceder[78]. Las Órdenes Militares, en principio renuentes

---

[78] Ayton, *La flor,* p. 204.

al trato, acudieron tarde a la llamada, cuando la situación estaba completamente revertida y los mamelucos habían retomado el control de la situación [79]. Sin embargo, la empresa alcanzó una resonancia en Europa posiblemente superior a la pérdida de Acre. Ese año había sido proclamado primer jubileo universal por Bonifacio VIII y a ello se unió la celebración de la reconquista de Tierra Santa por los mongoles, quienes, según se oía decir por las calles de Roma, la habrían restituido a sus legítimos dueños, los cristianos [80].

Precisamente el momento de mayor optimismo en lo referente a la ayuda mongola tuvo lugar cuando el ilkhanato persa había sido perdido ya definitivamente para la causa cristiana. Karbenda había aceptado de manera oficial el Islam una decena de años antes. Sin embargo, sus intenciones anti-mamelucas no cambiaron ni un ápice la política de aproximación hacia el Occidente latino, ni tampoco Nicolás IV reparó en la conversión del ilkhan a la hora de solicitar la acción conjunta. El ilkhan seguía tendiendo una mano a quien desde Occidente quisiera aceptarla, mientras continuaba recibiendo embajadas y acogiendo bajo su protección obispados católicos levantados por todo su Imperio. Curiosamente el impacto de la conversión al Islam del ilkhan en la literatura de Recuperación se manifestó incrementando el sentido de emergencia histórica del asunto.

Llull no tardó en presentarse en Tierra Santa nada más conocer lo que a la postre resultó ser una pseudo-Recuperación [81]. La decepción añadió un toque de crispación y angustia a los tratados posteriores del mallorquín, para quien la cuestión mongola obligaba a la Cristiandad entera a actuar con la máxima premura [82]. Un sentido de urgencia similar emana del proyecto del príncipe Ayton de Armenia. Ayton encuentra especialmente apremiante la disposición favorable del actual ilkhan a ayudar a los cristianos contra los sarracenos y máxime teniendo en cuenta que un eventual sucesor de Karbenda podría adoptar una política menos favorable a los intereses católicos en Tierra Santa [83]. La centralidad del apoyo mongol es tal en el tratado de Ayton que su propuesta de *passagium particulare* tiene como primer objetivo establecer contactos para coordinar las

---

[79] Delaville (1886), vol. I, p. 41.
[80] Schein (1979); Jackson (1980), p. 486; Runciman (1994), vol. III, p. 382.
[81] Llull, *Liber de fine,* pp. 71-72.
[82] Llull, *De acquisitione,* p. 278.
[83] Ayton, *La flor,* p. 238.

operaciones conjuntas entre los europeos y los tártaros y así enfrentarse al sultán de Egipto con sus fuerzas divididas en dos frentes [84].

En el centro del razonamiento del armenio está la asimetría entre la potencia militar de los cruzados y la de los mamelucos, que sólo podría ser revertida, en palabras del armenio, actuando en el momento oportuno, es decir, cuando al sultán, le toque encarar alguna otra adversidad [85]. Por ejemplo, cuando el Nilo falte de crecer y las cosechas perdidas hagan caer la economía del sultán [86]. Una coyuntura igualmente oportuna se da cuando las tropas del sultán deben ocuparse de contener ataques de los beduinos de Siria, los turcos de Asia Menor o los cristianos de Georgia y Etiopía. Con estos últimos una alianza, además de conveniente, sería posible. Ayton pide permiso al papa para, mediante el rey de Armenia, enviar cartas y pedir la colaboración de georgianos y, sobre todo, de etíopes [87].

El acceso a Etiopía fue una empresa enormemente facilitada por la aparición en la escena asiática de los mongoles. La existencia de un continuo transitable desde Armenia, Constantinopla o Trebisonda hasta el golfo Pérsico posibilitó el tránsito de europeos por todo el Índico. En el mismo Ormuz se podía embarcar rumbo a Etiopía y, de hecho, los mongoles contaron con mercenarios etíopes entre sus tropas [88]. Hay numerosas noticias sobre el envío de embajadas pontificias a Etiopía, las primeras datan del I Concilio de Lión y se volvieron a repetir en 1265 y 1289 [89]. Por su parte, los etíopes también mostraron gran interés en establecer relaciones con Europa. Algunas de estas embajadas se retrotraen al siglo XII, pero la primera de la que hay constancia documental es del 1310 [90]. Lo cierto es que el deseado encuentro entre estas dos civilizaciones pudo ser posibilitado gracias a los mongoles. Pero fue la tratadística de Recuperación la que puso en primera línea la conveniencia de un aliado

---

[84] *Ibid.*, p. 238.

[85] *Ibid.*, p. 239.

[86] *Ibid.*, p. 241.

[87] *Ibid.*, p. 247. Sobre la relación, sobre todo comercial, entre armenios y etíopes véase PANKHURST (1977). Propuesta también secundada por SANUDO, *Liber secretorum*, p. 36, y ADÁN, *Directorium*, p. 388.

[88] IBN BATUTA, *A través del Islam* (1987), p. 283.

[89] RICHARD (1960), pp. 323-329.

[90] BECKINGHAM (1989). Noticias de otros posibles contactos establecidos de parte de los etíopes en CERULLI (1943).

estratégicamente situado en la retaguardia del gran enemigo musulmán y debido a esta toma de conciencia tendría lugar un largo romance a lo largo de todo el siglo XIV y XV con un continuo trasiego de embajadas en una y otra dirección, con el establecimiento de matrimonios y alianzas que culminaron con la circunnavegación portuguesa de África[91].

La guerra económica contra el sultán

La resistencia de los egipcios ante cualquier tipo de enemigo, tanto en el frente occidental como en el oriental, acabó con los años manifestándose en buena parte de la tratadística de Recuperación con el descarte del apoyo militar de los khanes en el enfrentamiento directo contra los mamelucos[92]. Sin embargo, la baza del apoyo mongol seguiría jugándose, si bien sobre diferentes premisas. Al mismo tiempo que aumentaba el conocimiento de los límites de la maquinaria de guerra tártara, aumentaba también la conciencia de la vastedad de sus dominios, así como de su funcionamiento interno. Buena parte de los autores de la Recuperación prestó gran atención a la manera de gestionar las conquistas, así como a los vínculos entre los cuatro khanatos mongoles. Al khanato persa le había salido un nuevo enemigo al norte, sus primos del khanato Kipchak, cuya alianza con el sultanato egipcio comprometía aún más la situación del ilkhan en el Medio Oriente. Este tipo de información empezó a circular ya no por el valor del apoyo mongol para los cristianos, sino por todo lo contrario, por la necesidad del ilkhan de recibir apoyo europeo[93].

---

[91] Cabría citar aquí numerosos y sugestivos ensayos y artículos que intentan desvelar una de las mayores incógnitas de la temprana expansión europea: el papel de Etiopía. Citaremos sobre las iniciativas aragonesas del siglo XV la obra incompleta de MARINESCU, *La Politique Orientale d'Alfonse V d'Aragon, roi de Naples* (1992); sobre la portuguesa (mucho más abundante), THOMAZ, *De Ceuta a Timor* (1994), y MEDEIROS, *L'Occident et l'Afrique (XIII-XV siecles)* (1985); y, en general, MILLET, *The quest for Eastern Christians* (1962), CERULLI, *Eugenio IV e gli etiopi al Concilio di Firenze nel 1441* (1933); CONTI ROSSINI, *Sulle missioni dominicane in Etiopía nel secolo XIV* (1940); SOMIGLI DI S. DETOLE, *Etiopia Francescana nei documenti dei secoli XVII e XVIII. Preceduti da cenni sulle relazioni con l'Etiopia durante i sec. XIV e XV* (1928); CRAWFORD, *Ethiopia Itineraries, circa 1400-1524* (1958).

[92] LEOPOLD (2000), p. 119.

[93] ADÁN, *De modo*, p. 534. También en FIDENCIO, *Recuperationisi;* AYTON, *La flor,* y LLULL en el *Liber de fine* y el *De acquisitione*.

Una vez fueron reconocidos los intereses comunes y comproba-
da la resistencia del frente mameluco en Siria, quedaba la posibilidad de establecer nuevas acciones combinadas en el Mediterráneo y
en el Índico con el fin de privar a los mamelucos de los suculentos
ingresos derivados de su intermediación en el comercio entre ambos
mares. Dos ámbitos que, por las fechas de la teoría de la Recuperación, pasan por momentos de gran esplendor económico. Si bien la
presencia de los latinos, por un lado, y los mongoles, por otro, era
marginal en relación con los mamelucos, era susceptible de ser
coordinada para acabar con los pingües beneficios obtenidos por el
sultán de El Cairo en virtud de su favorable posición geográfica[94].

La dimensión económica del enfrentamiento contra Egipto se
retrotrae ya al primer siglo de experiencia latina en Palestina. En el
III Concilio de Letrán de 1179 se proclamó la primera de una larga
saga de prohibiciones del comercio con Egipto, de hierro, madera y
armas, el mismo material de guerra que luego era utilizado por los
sarracenos para expulsar a los cristianos del Levante. A este fin se
dictaron duras sanciones contra los infractores. Tanto la severidad
de las penas como la lista de los productos vetados fue aumentando
en las sucesivas reiteraciones de la prohibición, en 1215, 1245, 1274
y a partir de aquí con mucha más frecuencia. Sin embargo, el
enfrentamiento cristiano-musulmán no caló en la esfera comercial y
la prohibición sobre el papel quedó en letra muerta. El papa continuó multiplicando las sanciones y ya en los primeros tratados de
Recuperación escritos tras la caída de Acre, los de Fidencio de
Padua, Carlos II de Anjou y Ramon Llull, viene propuesto el refuer-
zo del bloqueo con una flota naviera[95]. La iniciativa, a pesar del clamoroso éxito dentro de la tratadística de Recuperación y su puesta
en práctica por el Sumo Pontífice, no sólo no obtuvo el efecto deseado, sino que las mismas patrullas apostadas contra la piratería
acabaron beneficiándose del comercio ilícito[96].

El fracaso del aislamiento comercial de Egipto es de la misma
naturaleza que la incapacidad última de los poderes europeos de
actuar conjuntamente. La atomización de intereses chocó brusca-

---

[94] Sobre el Índico como charco musulmán y el comercio en el Mediterráneo: ABU-
LUGHOD (1989); CHAUDHURI (1985); GOITEIN (1954).
[95] Según FIDENCIO (*Recuperationis,* pp. 46-47), bastarían treinta galeras para impedir un comercio que reportaría al Sultán no menos de mil besantes de oro al año. LLULL
(*Tractatus,* p. 132) incide con especial insistencia sobre el particular.
[96] De ello informa minuciosamente ADÁN, *De modo,* p. 526.

mente con el ideario que, tras la pérdida de Acre, situó la convergencia de tales intereses en un nivel muy por encima del operativo. La vocación de la Cristiandad europea de actuar unánimemente había encontrado en la conquista y anexión de la Tierra Santa un sólido precedente al que no se renunció inmediatamente después de la pérdida de Acre. La literatura de Recuperación asumió el reto de compatibilizar este ideal con los intereses de los distintos agentes involucrados. Quizá el esfuerzo más notorio en este sentido se produjo en materia de dinámica comercial. Dichos esfuerzos y los proyectos resultantes incidieron de manera muy especial en la ampliación del espacio geográfico propuesto para la intervención directa de la Cristiandad europea.

El voluminoso tratado de Marino Sanudo, el Torsello, es el desarrollo de un plan de intervención militar directa sobre Egipto precedida por seis años de bloqueo comercial para provocar así la ruina económica de los mamelucos, pues de ninguna otra manera podrían ser vencidos por los cruzados. Todas las acciones emprendidas a este efecto en el *Mare Nostrum* son consideradas inútiles por el autor si previamente no es sustituido Egipto como principal proveedor en el Mediterráneo de los productos procedentes del Índico. Sólo así se conseguiría que los comerciantes mediterráneos dejaran de comprar en los puertos egipcios y de venderles a cambio material para uso bélico. La alternativa consistía en desviar el tráfico desde las Indias por el golfo Pérsico y desde allí, por tierra vía Bagdad y Tabriz, desembocar en el Mediterráneo por los puertos de Armenia. Se trata de una alternativa que ya está funcionando y que cabría intensificar. Es aquí donde el papel adjudicado a los mongoles recibe un nuevo valor en tanto nuevos señores de las antiguas rutas de la seda[97].

Es así como llegamos a la atrevida e inteligente propuesta de Guillermo Adán de introducir galeras en el Índico bajo nómina pontificia para sabotear el comercio mameluco en las Indias. El mismo Adán creyó necesario justificar la violencia de la novedad, pues era plenamente consciente de que «esto es algo nuevo, sin precedentes en nuestro tiempo, y consecuentemente parece imposible». Adán argumenta en primer lugar que no eran muchos los autores competentes que tuvieran la oportunidad de conocer personalmente las tierras bañadas por el Índico. Pero además, muchos de los

---

[97] SANUDO, *Liber secretorum,* p. 36.

latinos allí presentes actuaban de manera egoísta, en aras de unos intereses exclusivamente personales, al margen del bien común y de la empresa católica encabezada por el papa [98]. Se trata de los renegados, asunto que, en ningún otro tratado como en los de Adán, reclamaría tanto la atención del papa y esto no sólo por el perjuicio que suponían para la autoridad de la Iglesia latina, sino además precisamente por todo lo contrario, pues, como veremos más adelante, también podrían ser involucrados en la causa recuperacionista. Pero primero pasemos a ver de qué manera la India entró a formar parte de la agenda de Recuperación.

Incorporación de las Indias a la Cruzada de Recuperación

Ciertamente la propuesta adaniana es atrevida pero no surge de la nada. El primaveral tratado de Recuperación de Fidencio de Padua advertía que acabar con el comercio mediterráneo del sultán no era suficiente y se hacía necesario interrumpir igualmente el tráfico proveniente del Índico. Fidencio aboga por el desvío del flujo comercial de las Indias a través del golfo Pérsico, aunque no ofrece ningún tipo de instrucciones sobre cómo lograrlo [99]. Ayton de Armenia solucionaba el asunto asignando a etíopes y mongoles la guerra contra los mamelucos en el Índico, si bien el armenio informaba sobre los puertos de la costa oeste de la India donde cabría intervenir para procurar la máxima ruina del sultán a un mínimo coste para el papa [100]. Ramon Llull adelantaba algo del plan adaniano dando a conocer la presencia de genoveses y catalanes en el Índico y la posibilidad de beneficiarse de esta circunstancia en la lucha contra los sarracenos [101].

La literatura de Recuperación constituyó un ámbito donde no sólo se discutieron diferentes aspectos de la neocruzada, sino que permitió a sus autores relacionarse entre sí, bien a través de concilios o de reuniones menos formales, de relaciones epistolares o de los continuos viajes entre Cortes, puertos y otros puntos calientes de la cruzada de Recuperación como Nápoles, Roma, Génova,

---

[98] Adán, *De modo,* p. 550.
[99] Fidencio, *Recuperationis,* pp. 47-48.
[100] Ayton, *La flor,* p. 241.
[101] Llull, *Liber de fine,* p. 87.

Venecia, Chipre, París, etc. El conjunto de estos tratados muestra abundantes préstamos entre los distintos autores. No cabe descartar este tipo de tránsito de ideas en la configuración de la idea de introducir galeras católicas en el Índico.

El caso de Marino Sanudo es paradigmático en tanto que para armar su ambiciosa propuesta se sirvió de toda una vida de viajes y entrevistas con los principales agentes implicados en la neocruzada de Recuperación. Esto le llevó también a consultar otros tratados, como los de Ayton y Fidencio [102]. Pero no es del todo improbable que se debiera a su conocimiento del primer tratado de Adán la incorporación en la versión definitiva del *Liber Secretorum Fidelium Crucis,* no sólo la idea de establecer en Quíos una flota para contener la amenaza turca, sino también la introducción de buques de guerra en el Índico para sentar las bases de un dominio pontificio en la retaguardia del sultán de El Cairo [103].

Sanudo partía inicialmente de un razonamiento muy querido por la burguesía mercantil. Creía firmemente que bastaría una ligera mediación política para que las leyes que rigen la dinámica comercial posibilitaran la reorientación de las rutas asiáticas por el golfo Pérsico, en detrimento del mar Rojo, ya que la mercadería, en palabras del veneciano, no hace sino buscar espontáneamente los lugares donde la demanda es mayor [104]. Persuadido de que el principal pilar económico del Imperio mameluco era su comercio con la costa oeste de la India [105], el papel político del pontificado consistiría en alinearse con una serie de sectores económicos emergentes que obtendrían grandes beneficios de la sustitución de los mamelucos como intermediarios exclusivos entre el Índico y el Mediterráneo. En primer lugar, los reinos frontera de Chipre y Armenia verían tremendamente fortalecida su economía en caso de convertirse en las cabeceras exclusivas de las rutas orientales en el Mediterráneo. Otra vía de acción consistiría en introducir los cultivos de algodón, azúcar y bómbix en Chipre, Rodas, Malta, Creta, Morea, Pulia o Sicilia,

---

[102] LEOPOLD (2000), pp. 45-50, en cambio no se pronuncia al respecto de los préstamos adanianos en el *Liber Secretorum* sanudiano, como la flota de Quíos contra los turcos y la introducción de naves pontificas en el Índico.

[103] SANUDO, *Liber secretorum,* p. 94.

[104] «*Qui non cessat investigare viam conducendi mercimonia ad partes in quibus maior habetur de ipsis necessitas, unde amplius lucrari possit*» es la certera expresión usada por SANUDO, *Liber secretorum,* p. 23.

[105] *Ibid.,* p. 27.

contribuyendo al desarrollo de estas regiones no menos que a la ruina del sultán. Conciliar estos planes con las voluntades de las ciudades portuarias del Mediterráneo católico no sería difícil, pues tales medidas derivarían en el abaratamiento de los costes de estas mercancías y, por tanto, haría mayores los beneficios y la prosperidad de catalanes, genoveses o venecianos [106].

En cambio, Adán se muestra mucho más impaciente y en 1316 defiende la intervención armada directa allí donde verdaderamente tiene origen toda la fortuna del sultán de Egipto [107]. Conseguir el bloqueo comercial de Egipto por Oriente no sería difícil, bastará con conquistar Adén, Socotra y otros puntos estratégicos a la entrada del mar Rojo. El dominico parece haber percibido plenamente las ventajas de una situación de la que dos siglos después los portugueses habrían de sacar el máximo provecho, es decir, la ausencia de la práctica armada en el comercio de los mares de las Indias [108]. La propuesta adaniana de introducir allí buques de guerra está respaldada por una amplia experiencia sobre el terreno del propio autor y de ella se sirve para pormenorizar cada detalle del procedimiento a seguir.

La construcción de las galeras sería acometida por comerciantes latinos y financiada de buena gana por el ilkhan. Tal empresa, lejos de ser disparatada, ya tenía un precedente. Años atrás, y al margen de la iniciativa pontificia, la colonia genovesa en Bagdad comenzó la construcción de algunas galeras bajo los auspicios de Arghun Khan para descender por el Éufrates, introducirse en el Índico e impedir el tránsito de mercancías entre los puertos de la India y del mar Rojo. Luchas internas dentro de la comunidad genovesa darían al traste con la iniciativa, pues, según se oyó decir, se dividieron entre güelfos y gibelinos y acabaron por matarse entre ellos. Sin embargo,

---

[106] *Ibid.*, p. 24.

[107] ADÁN, *De modo*, p. 549.

[108] *Ibid.*, p. 550. Más adelante, Adán entra en detalle sobre este particular y con estas palabras deja claro hasta qué punto la práctica naviera en el Índico difería con respecto a la mediterránea: «*Omnes ergo isti, cum viderent nostrorum modum et artem bellandi, non dico venire in nostrorum adjutorium, sed pre multitudine pluere viderentur, et tunc sequeretur aliud bonum inextimabile, quod scilicet esset possibile, predictam civitatem Eden, eorum adjutorio, capi*» A continuación, la disparidad sería aprovechable también para traicionar a los locales y tomar posesión de lo suyo: «*Jam enim per se solos hactenus fuit capta, quam quia tenere non poterant, occisis de ea quos ceperant et secum portare non poterant, acceptis spoliis preciosis et totam civitatem incendio superponentes ad propia redierunt*»; *ibid.*, p. 555.

la empresa se había demostrado viable y la intervención directa del papa bastaría para asegurar la feliz consecución del proyecto [109].

Adán va más allá, identificando los puertos donde armar las galeras y las islas que servirían de base de acción, así como de protección de las naves ante la eventual resistencia de los mercaderes yemenitas y otros aliados de los mamelucos en el Índico. En primera instancia vienen propuestas las islas de Ormuz y Kich en el golfo Pérsico, si bien aquí sería imprescindible contar con el beneplácito del ilkhan. Adán, junto con Ayton, es uno de los autores más experimentados en materia de tártaros. Su conocimiento sobre el terreno y sus tratos con el mismo khan culminaron en la creación del arzobispado de Sultania, capital del ilkhanto, y su investidura como titular de la misma sede. De los mongoles dijo haber recibido confidencias y cierto favor en el trato [110]. Este conocimiento, sin embargo, llevaría a Adán a adoptar respecto al apoyo mongol una postura más prudente que otros autores de la Recuperación. Descarta, para empezar, la intervención directa de tropas persas en Tierra Santa, si bien es cierto que tal idea en los tratados posteriores a 1300 ya está prácticamente en desuso. Pero además, en el tratado de Adán, todo lo relativo a las facilidades y el apoyo logístico que cabe esperar de los mongoles a lo ancho de sus vastos dominios viene siempre presentado con una opción alternativa.

La alternativa en el asunto de las galeras pontificias en el Índico la encontró en la alianza con señores y príncipes precisamente de la India. Adán no explica las razones por las que el ilkhan dejaría de prestarse a tal empresa, pero de ocurrir así, vienen propuestos otros tres lugares donde las condiciones son igualmente favorables para la construcción de dicha flota. Son las ciudades de Tana, Cambay y Quilón (*Tana, Cambaeyt & Colom*) a lo largo de la costa oeste de la India y sometidas por aquellos años a las insidias del sultanato de Delhi. En 1315 Alah-ud-din el Cruel, de la dinastía Khalji (1290-1320), invadía Gujarat y Konkan. Sin embargo, distensiones internas, que acabarían en la sangrienta rebelión de los esclavos turcos y la fundación de la poderosa dinastía Tughlak (1320-1414), no hicieron efectivo el dominio musulmán de la zona hasta los años veinte del siglo XIV [111]. Dicha tensión es percibida por Adán, que ofrece al

---

[109] *Ibid.,* pp. 551 a 553.
[110] *Ibid.,* p. 535.
[111] THAPAR (1990), BASHAM (1999).

papa el apoyo de los príncipes hindúes, pues éstos están enemistados con los musulmanes de Delhi y, por tanto, deduce Guillermo Adán, de la ruina del sultán de Egipto obtendrían tanto o más beneficio que los mismos latinos [112].

El autor no deja nada al azar. Su intención es proporcionar al papa un plan completo, en cuya efectividad confía plenamente. Adán aborda incluso los particulares sobre la construcción de los buques que en los bosques de teca de la costa Malabar hallarían la mejor y más abundante materia prima que cabe desear. Respecto a los recursos humanos necesarios para construir las naves y pilotarlas, el fraile dominico ha averiguado que los puertos del Gujarat, Konkan y Kerala cuentan con la presencia de comunidades de latinos atraídos por los suculentos beneficios del comercio índico y que incluso allí construyen sus propias naves [113]. A juicio del autor, entre ellos nadie como los genoveses ofrece un perfil más adecuado para sacar adelante tan prometedora empresa. Pero Adán reconoce el grado de independencia de estas comunidades de emigrantes y, por tanto, el concurso de estos genoveses requeriría una remuneración a cambio. Esto no es óbice para que Adán continúe con su propuesta, ya que tal recompensa no tenía porque ser en extremo gravosa para las arcas pontificias. En lugar del oro, el papa podría disponer del vasto tesoro espiritual de la Iglesia y absolverlos de sus pecados a cambio de su contribución a la neocruzada [114].

Los pecados a los que se refiere Adán son el comercio ilegal con el sultán de Egipto. Esta suerte de traidores aparece mencionada abundantemente en la literatura de Recuperación, denominándolos a menudo *mali christiani* [115]. Se trata tanto de mercaderes que traficaban con mercancías vetadas por el papa, como de artesanos, marineros, pilotos y combatientes latinos empleados por el sultán egipcio. Guillermo Adán se extiende abundantemente sobre el particular, que considera de máxima importancia a la hora de acabar con el dominio musulmán. Calcula que sólo los dedicados a las armas superan los cuarenta mil [116]. Recomienda para acabar con

---

[112] ADÁN, *De modo,* p. 552.

[113] *Ibid.,* p. 553; FERRAND, *Une navigation europeene dans l'ocean Indien au* XIV *siècle* (1922)

[114] ADÁN, *De modo,* p. 550.

[115] En los tratados de Carlos II de Anjou, de Enrique II de Lusignan, de Fidencio de Padua, de Ramon Llull, de Jaime de Molay y Fulco de Villaret.

[116] ADÁN, *De modo,* p. 524.

ellos todo tipo de medidas, como la excomunión, la confiscación de bienes, incluso las represalias contra los vecinos de sus poblaciones de origen [117]. Entra en detalles sobre el *Officium Robarie,* la institución genovesa que garantizaba la compensación a las naves, incluso con bandera sarracena, que fueran atacadas sin una previa declaración oficial de guerra por parte del *comune* de la ciudad y que, a juicio de Adán, no era sino una forma velada de proteger las actividades de los alejandrinos [118]. Éste es el término que Adán emplea para referirse a los traidores: *alexandrini.*

«Alejandrino», no aparece en ninguna otra instancia de la Recuperación. Sin embargo se trata de un tecnicismo que algunos años más tarde aparece recogido en los manuales de colectoría de Barcelona y desde ahí se extendió su uso a otras ciudades portuarias como Génova, donde aparece recogido por primera vez en 1350. El término llegó a alcanzar un valor jurídico muy preciso una vez fue adoptado por la cancillería pontificia y se convirtió en una nutridísima fuente de ingresos para la Curia papal durante todo el siglo xiv. La pena impuesta a los alejandrinos fue la excomunión y los ingresos generados por su absolución acabó derivando en la creación de una potente estructura financiera directamente controlada por el papa [119].

Como ya advertí más arriba, la peripecia adaniana plantea más de una incógnita. Sus informes sobre los *alexandrini* anticipan en más de dos décadas a la primera mención documentada de esta casta de renegados. Pero precisamente su familiaridad con los alejandrinos pudo servirle a Adán para hacer una oferta al papa que no podría rechazar: un intercambio de favores con los renegados. Recurre a un principio mercantil, una suerte de convergencia sinergética donde cada uno de los participantes obtiene la máxima satisfacción, logrando así la concurrencia de un número máximo de agentes para orquestar la victoria final de la Cristiandad. Eso sí, victoria desprovista al menos en parte de las exigencias morales de la vieja idea de Cruzada. Ahora, en cambio, el brillo del método parece deslumbrar al propio Adán. Un método que, en esencia, no es diferente al propuesto por Marino Sanudo. Ambos autores asumen

---

[117] *Ibid.,* p. 526.

[118] *Ibid.,* p. 527.

[119] Trenchs Odena, *De Alexandrinis: El comercio prohibido con los musulmanes y el papado de Aviñón durante la primera mitad del siglo* xiv (1980); Riu, *Nuevos datos sobre el comercio mediterráneo catalano-aragonés: el comercio prohibido con el Oriente islámico* (1975).

como imperativa la tarea de identificar la relación entre parcelas de la realidad antes incomunicadas, ya sea involucrando a los renegados en la conquista del Santo Sepulcro o poniendo en un mismo plano la guerra santa y los intereses de los mercaderes de especias.

Últimas noticias desde las Indias

Al mismo tiempo que llegaban a la Corte pontificia tratados como los de Ramon Llull, Ayton de Armenia, Marino Sanudo o Guillermo Adán aconsejando la intervención directa en el Lejano Oriente (el Índico y Tartaria) para conseguir una victoria completa en la nueva cruzada contra los musulmanes, el papa recibía otros tratados con información detallada sobre Catay y las Indias producida por autores cuya única cualidad era precisamente haber estado allí. Porque de estos autores no sabemos mucho y en todo caso su nombre y su fama es sólo el producto de dichos viajes a lo más alejado del mundo medieval.

El primero de estos textos es el de Juan de Montecorvino, un fraile franciscano probablemente oriundo de un pueblo cercano a Salerno. En Poitiers, en 1307 su compañero de viajes Tomás de Tolentino presentaba ante el papa Clemente V dos extensas cartas escritas pocos años antes en Pekín por el propio Juan de Montecorvino. De ese mismo año es la primera copia documentada históricamente del famoso libro de Marco Polo, probablemente escrito en Génova por el trovador Rustichello de Pisa siete u ocho años atrás. Si bien Clemente V no era el destinatario, el propio Marco Polo en persona introducía su libro en la Corte de Carlos II de Anjou, uno de los entornos más próximos al papa y plenamente inmerso en la agenda de la Recuperación. Esto ocurría precisamente en el año (1307) que más de cerca contempló la posibilidad de una nueva cruzada desde la pérdida de Acre en 1291. En ese mismo año y también en Poitiers, el papa recibía los tratados de Recuperación de Fulko de Villaret, Jaime de Molay y Ayton de Armenia. Dentro de las negociaciones entre Clemente V y Felipe IV el Hermoso para llevar a cabo la nueva cruzada, la posibilidad del apoyo mongol pasaba por su momento de mayor plenitud y precisamente los textos de Montecorvino y Polo aportaban unas referencias importantísimas al respecto. En el mismo Poitiers, tras conocer el contenido de las cartas de fray Juan, el papa nombró a Pekín la primera sede episcopal latina en el Lejano Oriente y a Juan de Montecorvino su obispo titular.

En orden cronológico, el siguiente texto del que disponemos es el de Jordano Catalán, un fraile dominico al que algunos historiadores consideran natural de Sévérac-le-Château en el Pirineo Medio francés [120]. Su texto es igualmente difícil de ubicar (parece que fue escrito en Aviñón y cuando menos antes del 1329). En cualquier caso la única copia que se conserva es una traducción al latín hecha unos pocos años después para ser entregada a Juan XXII. De Jordano se han conservado además dos cartas escritas desde la costa oeste India en 1321 y 1322, dirigidas a sus superiores de Persia, que por esas fechas contaba ya con varios obispos católicos, entre ellos el mismísimo Guillermo Adán. Poco después del texto de Jordano Catalán apareció en Padua otro libro escrito por Guillermo de Solagna según se lo dictó Odorico de Pordenone, un fraile franciscano nativo del Friul, al noreste de Italia. Tras más de una década de viajes por toda Asia, fray Odorico no logró completar su periplo, que tenía por destino final la corte pontificia. Según confiesa él mismo en su texto, la enfermedad y los años se lo impidieron, por lo que quiso poner por escrito su valiosa experiencia y así informar, de manera póstuma, al papa.

El texto siguiente de este corpus tiene una historia no menos curiosa. Su autor, Juan de Marignolli, de un pueblo toscano que hoy forma parte de Florencia, era otro franciscano ducho en letras designado por sus superiores para formar parte de la extraordinaria embajada pontificia al Gran Khan de Pekín de 1338. Compuesta por más de cincuenta miembros, es la única de la que ha quedado registro en los anales chinos por el impacto que causó en la Corte pekinesa el gran caballo blanco con el que obsequiaban los francos del país de *fu-lang* al Hijo del Cielo. La comitiva, sin embargo, resultó un desastre, todos sus componentes murieron en el camino y fray Juan quedó solo, vagando durante años entre China e India, hasta su regreso a Italia en 1353. A pesar de que la pericia del fraile toscano con la pluma le señale como posible docu-

---

[120] Lo cierto es que como Jordano Catalán de Sévérac sólo aparece en la traducción latina del *Mirabilia Descripta*. Tanto en las dos cartas escritas por el dominico desde India como en todas las bulas pontificias promulgadas con ocasión de su nombramiento como obispo de la India aparece siempre nombrado solamente como «*Jordanus Cathalani*». No hay ningún otro indicio aparte de dicha interpolación de dudoso origen para respaldar la tesis del origen francés de Jordano.

mentalista de la embajada pontificia, no ha quedado ningún documento que confirme dicha hipótesis. Sin embargo, fray Juan se las apañó para dejar constancia escrita de su fortuna. A su regreso de Asia y tras varios años ocupando diversos cargos episcopales en sedes menores de Italia acabó llamando la atención del mismísimo emperador Carlos IV, que lo acogió en su servicio personal, se lo llevó a su Corte en Praga y le encargó componer la crónica de Bohemia desde el origen de los tiempos. En esta *Chronica Bohemorum* fray Juan no pudo o no quiso evitar introducir amplias disquisiciones procedentes de su experiencia personal en India y China. De estos extractos procede un torrente de información que inicialmente pudo estar concebida para alcanzar la consideración del papa en lugar de la del emperador.

Otros textos que por estas fechas aportaron información valiosa del Extremo Oriente son la carta escrita en 1320 por el fraile dominico Menentillo de Spoleto a un amigo personal de Pisa. Dicha epístola recoge gran cantidad de información concreta sobre la geografía, la navegación, la política y la sociedad del sur de la India recopilada por un compañero de Nicolas de Pistoia (fraile dominico que murió en Madrás en 1292) y que seguramente se trate del mismo Juan de Montecorvino que años más tarde seguiría enviando cartas desde China. El fraile franciscano Andrés de Perusa escribía en 1326 una breve epístola, también desde China, informando a sus compañeros de Umbría del estado de su misión en Quanzhou. En 1338 Pascual de Vitoria escribía a sus compañeros vascos otra escueta carta desde Almalik. En 1338 el obispo dominico de Sultania, el francés Juan de Cori, regresaba de Persia y escribía por orden de Juan XXII una suerte de inventario sobre diversos usos y costumbres de los súbditos del Gran Khan de Pekín, de sus mañas en la guerra, sus comunicaciones y otras prácticas. *L'Estat et la gouvernance du grand Caan de Cathai souverain empereur des Tartares, & de la disposition de son empire* es el título de un escueto informe, quizá producto de una misión inquisitorial en China, que fue entregado al papa y al rey de Francia.

Marco Polo y la Recuperación

De todos estos textos el único que no tiene por autor a un fraile es el *Divisament dou monde* (en la tradición francesa) o *Il Milio-*

ne (en la italiana) del veneciano (o croata) Marco Polo, sin embargo comparte con los demás una serie de incógnitas respecto al lugar y el momento preciso de su composición, así como el destinatario y la razón por la que fue escrito. Lo que sabemos al respecto de Marco Polo procede exclusivamente de su texto y allí aparece que fue escrito por Rustichello de Pisa siguiendo el dictado del propio Marco Polo mientras ambos se encontraban presos en una cárcel genovesa. Incluso si el episodio de la composición entre los muros de una prisión no fuera más que otro artificio narrativo, con el fin de dotar de mayor efectismo al relato [121], tampoco es inocua su ubicación en uno de los entornos más afectados por la reciente caída de Acre y más intensamente implicados en su recuperación.

Mientras Polo y Rustichello daban cuerpo a su libro, la República ligur armaba naves con destino al océano Índico circunnavegando África (la famosa expedición de los hermanos Vivaldi que partió de Génova precisamente en 1291). A la vez, en Bagdad eran genoveses los que construían, en colaboración con el ilkhan, galeras para arruinar al sultán de los mamelucos o al menos participar en el suculento negocio del comercio con los mares de las Indias. Genoveses eran también los hermanos Zaccaría, auténticos paladines de la causa pontificia en el Mediterráneo oriental, que desde su bastión en Quíos, unas veces en nombre del papa, otras de la República y también por cuenta propia, lucharon tanto contra los turcos como contra los mamelucos. Gracias a estos Zaccaría la isla acabó siendo incorporada al imperio genovés, que quedó así como punta de lanza de la agenda recuperacionista [122].

De este estado de ánimo da también testimonio Ramon Llull, que, en sus continuas idas y venidas a la Corte pontificia para entregar al papa sus tratados de Cruzada, aprovechaba para poner en

---

[121] Además de las teorías ya citadas de Barbara WEHR y Denison ROSS (1934) sobre la posible existencia de varios Rustichellos, cabe también tener en cuenta las reflexiones de Bertolucci PIZZORUSSO (1977), que considera las aseveraciones biográficas del *Milione* antes que nada como fórmulas destinadas a autentificar la verdad del conjunto de la obra, p. 22.

[122] Sobre la importancia de los Zaccaría en el equilibrio de fuerzas y los progresos de la autoridad pontificia en el Mediterraneo oriental véase MILLER, *The Zaccaría of Phocaea and Chios (1275-1329)* (1911); LÓPEZ, *Genova marinara nel Duecento: Benedetto Zaccaría, ammiraglio e mercante* (1933); SAPORI, *La mercatura medievale* (1972). De los autores de la Recuperación les citan Ramon Llull y abundantemente Guillermo Adán; y de los de la Descripción sólo Jordano Catalán.

práctica sus ideas en la misma Génova. En estas ocasiones, el
mallorquín predicaba por las calles una defensa enfática de la neocruzada, exaltando los ánimos de no poca gente (imitaba el modelo
sentado por famosos predicadores como Bernardo de Claraval en
Vézelay en 1146, Balduino de Canterbury en Gales en 1188 o el
mismo Jacobo de Vitry también en la Génova de 1216). Ramon
Llull consiguió de algunas de las más ricas damas ligures que empe-
ñaran sus alhajas para con ellas armar varias galeras en contra de los
mamelucos [123]. La ciudad de Jano parecía vivir con exaltación lo
concerniente a la Cruzada de Recuperación. Un estado de ánimo
que quizá pudo influir en la decisión de confeccionar un *Divisament
dou monde,* fuera dicha decisión de Marco, de Rustichello o, por
qué no, de un tercero, si es que es cierto que ambos fueron mantenidos en prisión.

Poco sabemos acerca de Rustichello, ni de la razón concreta por
la que fue hecho preso por los genoveses. Pero sabemos que, además de pisano, anduvo en los círculos cortesanos más implicados en
la presencia latina en Tierra Santa. Pudo haber acompañado a su
patrón, el rey de Inglaterra Eduardo III, en su viaje a Palestina, en
ocasión de la última Cruzada, acompañado también por el cardenal
Tedaldo Visconti, futuro papa Gregorio X [124]. Tras la muerte de
Eduardo de Inglaterra, Rustichello parece haber pasado al servicio
de otro de los grandes interesados en promover la Cruzada de
Recuperación: Carlos II de Anjou [125].

Y poco más sabemos del Marco Polo anterior al *Divisament dou
Monde.* Su padre Niccolo era un pequeño mercader quizá de origen
croata que, antes de la restauración bizantina de 1261, se había ins-
talado provisionalmente en la Constantinopla gobernada por los
venecianos desde donde decidió probar fortuna y, junto a su hermano Mafeo, adentrarse en el interior de Asia hasta llegar a Catay. La

---

[123] Se trata de las «*devotae matronae atque viduae plurimae*» a las que se refiere
LLULL en su excepcional autobiografía, *Vita coetánea,* escrita en París en 1311, quienes,
según dice el mallorquín, le suministraron veinticinco mil florines «*in auxilium Terrae
Sanctæ*». Las naves armadas gracias a la iniciativa llulliana fueron capturadas por el propio *comune* genovés en virtud del *Officium robarie,* la institución a la que se refería
ADÁN (*De modo,* p. 527) y que en efecto actuaba como impedimento velado a las iniciativas de los pro-papistas contra musulmanes y alejandrinos. BONNER, *Selected Works of
Ramon Llull* (1984), vol. I, p. 21.
[124] GATTO, *Il pontificato di Gregorio X* (1959).
[125] HEERS (2004), pp. 238-243.

cosa no debió dársele mal, pues a su regreso a Occidente portaban mensajes del Gran Khan para el papa y algunos reyes de Europa que les conferían el rango de heraldos del más poderoso señor sobre la tierra. Los hermanos Polo no quisieron dejar pasar mucho tiempo antes de volver a China, esta vez con el hijo pequeño de uno de ellos, recientemente huérfano de madre.

Para Marco Polo el viaje al Lejano Oriente comenzó con una serie de encargos por parte de Tedaldo Visconti, el papa Gregorio X. Éste recibió al padre y al tío tras su primera estancia en la Corte del Gran Khan y después despidió a la familia al completo, ya con Marco Polo. En esta segunda ocasión Tedaldo, apenas nombrado papa y sin haber salido todavía de Acre, llamó a su presencia a los Polo. No quiso dejar pasar la oportunidad sin darles instrucciones sobre la conveniencia de conseguir que el Gran Khan de Pekín utilizara su influencia con su sobrino Abaga, Khan de Persia, para que estableciera un pacto con los latinos en la lucha contra los musulmanes. Gregorio X sumó a la comitiva dos frailes franciscanos que, si bien no fueron capaces de acompañar a los Polo hasta la misma China, se sirvieron de su experiencia asiática para componer dos tratados sobre cómo conducir una nueva Cruzada y que forman parte destacada entre los antecedentes inmediatos de la tratadística de Recuperación. Se trataba de Guillermo de Trípoli y Nicolás de Vicenza que, al igual que Fidencio de Padua, recibieron el encargo directamente del mismo Tedaldo. En el caso de Guillermo y Nicolás (quién sabe si en el de Fidencio también), la iniciativa, los intereses y los conocimientos de los Polo acumulados a lo largo de años en el interior de Asia debieron tener un papel importante en la composición de dichos tratados de proto-Recuperación [126]. Los encargos hechos por Gregorio X muestran claramente la estrecha relación con la que el papa vinculó la organización de una nueva Cruzada a

---

[126] KOHLER, *Deux projects de croisade en Terre-Sainte composes a la fin du XIIIe siecle et au debut du XIVe* (1905); HEERS (2004), p. 99; LARNER (2001), p. 72. Los dos tratados son el *Via ad Terram Sanctam* y el *De statu saracenorum*. El primero contiene información técnica sobre puertos de desembarque, puestos de avituallamiento y rutas para el desplazamiento de tropas. En el segundo, además se hace una exégesis de la vida del Profeta y del Corán, donde se lee que la victoria final será para los romanos, que Guillermo interpreta como una profecía de la decadencia final del Islam tras la caída de Bagdad y que, por tanto, no sería necesaria la guerra sino el Evangelio. Guillermo DE TRÍPOLI, *Tractatus de statu Saracenorum et de Mahomete pseudo-propheta et eorum lege et fide íncipit,* edición de PRUTZ, 1883, p. 589.

la información extraída directamente de la experiencia empírica sobre el terreno, así como la validez del conocimiento de esta índole que pudieran aportar miembros de sectores sociales antaño ajenos a la política exterior de la Curia como, en este caso, los mercaderes venecianos.

Todos los personajes relacionados con la creación de *Il Milione* aparecen hacia 1270-1271 relacionados de múltiples maneras con la vanguardia más destacada en la defensa de la Cruzada, precisamente en uno de los momentos de mayor apatía generalizada. Indolencia que la Cristiandad en su conjunto no se sacudiría hasta la caída de Acre [127]. Fue entonces, cerca de veinticinco años después, cuando regresan los Polo, en el momento de mayor impacto emocional por la pérdida de Acre y en el de más esperanzas depositadas en una providencial alianza con los tártaros. Los primeros pasos del libro de Marco son todo un misterio. La primera noticia con cierta fiabilidad nos muestra al propio Marco Polo en persona entregando en 1307 una copia del libro a un personaje íntimamente relacionado con la cruzada de Recuperación, Thibaut de Chépoy, vicario general de Carlos de Valois. Thibaut fue el principal agente de Carlos en la campaña comenzada en 1304 para la conquista de Serbia y Constantinopla. En 1306 dirigió personalmente las gestiones a tres bandas entre su rey Felipe el Hermoso, el papa Clemente V y el dogo de Venecia, al que se le solicitaba avituallamiento, inteligencia y barcos para la Cruzada ultramarina [128].

Precisamente la lengua de dicho monarca, fue la elegida también por Marco Polo y Rustichello de Pisa (decisión que, de ser cierto que Rustichello había servido personalmente a Carlos II de Anjou, no respondería tanto a cuestiones de prestigio literario como a la posibilidad de alcanzar una audiencia profundamente interesada en la neocruzada dirigiéndose a ellos en su propia lengua). El príncipe capeto era hijo de cruzado y esposo de la emperatriz depuesta de Bizancio. Él mismo había perdido la corona de Sicilia y la de Jerusalén. Carlos de Valois y Thibaut de Chépoy representan

---

[127] Sobre la indiferencia hacia las cruzadas a lo largo de la segunda mitad del siglo XIII, Throop (1938). Sobre la repercusión de la caída de Acre incluso entre los sectores más populares véase el capítulo IV, «*The Loss of the Holy Land in Public Opinion*», de Schein (1991), y, en particular, sobre las grandes esperanzas y expectativas depositadas en una posible alianza con los tártaros en los últimos años del siglo XIII, Schein (1979).

[128] Dupront (1997), vol. I, pp. 48-49; Larner (2001), p. 77.

el sector de toda la aristocracia europea más afectado y posiblemente más sinceramente involucrado en la causa recuperacionista [129].

1307 es, como vimos, uno de los años clave en la breve historia de la tratadística de Recuperación. Ese año, junto a los maestres de las Órdenes Militares, Ayton de Armenia presentaba su tratado de Recuperación, *La flor des estories de la terre d'Orient,* que se componía de cuatro partes. Las tres primeras eran una larga y detallada historia de los pueblos mongoles a la que se añadió después un cuarto libro con instrucciones precisas y técnicas para la neocruzada. La última parte de *Il Milione* es una farragosa narración de las batallas y las gestas de los mongoles, unas historias llenas de recursos literarios similares a los empleados por Rustichello de Pisa en sus anteriores cantares de gestas. Sin embargo, este apartado contiene un torrente de nombres y datos concretos que acababan dando al libro de los viajes de Marco Polo la apariencia de una crónica oficial de Corte y que en la época era el recipiente consensuado para transferir información útil de los personajes entonces considerados realmente importantes, como emperadores, reyes y príncipes. Esta última parte del libro de Polo guarda además una similitud extraordinaria con los tres libros de historia oriental que acompañan el tratado de Recuperación de Ayton. ¿Estuvo Marco Polo en condiciones de añadir al final de su *Divisament dou monde* una serie de indicaciones estratégico-militares que hubieran dado al libro, como en el caso del armenio, la apariencia definitiva de un tratado de Recuperación y lo hubieran hecho circular como tal? Lo único cierto es que el libro no tiene un final y si lo tuvo, se ha perdido [130].

De qué tratan las Descripciones de las Indias

El pequeño conjunto de textos sobre las Indias y el resto del Lejano Oriente que en la primera mitad del siglo XIV encontraron hueco en las bibliotecas de príncipes y papas son por lo demás difíciles de clasificar bajo una única categoría. A menudo se los caracte-

---

[129] Thibaut de Chépoy, además, adaptó el texto y ordenó copias en francés de las que han llegado treinta a nuestros días. RUBIO TOVAR, *Viajes Medievales* (2005), p. XXIX. Distribuido digital y gratuitamente por «cervantesvirtual».

[130] Las conclusiones de las ediciones modernas son un añadido de uno de los traductores toscanos del original, LARNER (2001), p. 92.

riza como portadores de un conocimiento enciclopédico, tan amplio como falto de precisión. Además son desordenados, carecen de un plan narrativo previo o se trata de uno muy flexible que es quebrantado continuamente. La estructura que revelan es la de los recuerdos que son puestos por escrito a medida que la memoria los va recuperando. Parece que los autores de Descripciones de las Indias procuraron aportar un máximo de información con la idea de que, dado el caso, fuera el destinatario mismo quien estableciera su propio criterio de selección. Si alguno de los destinatarios de estos textos buscaba en ellos información relacionada con la Cruzada de Recuperación (como probablemente fuera el caso) no quedaría decepcionado.

El espacio que estas obras someten a su consideración es enorme. Cubre prácticamente toda el área que se extiende entre los meridianos 30 y 120, y desde prácticamente la línea del ecuador hasta el paralelo 50. El escenario de estas descripciones discurre entre Asia Menor, Oriente Próximo, Persia, Mongolia, el plató tibetano, China, el Hindu Kush, el Indostán, el Sudeste asiático, las islas indonesias y la costa este africana. Las tierras encontradas se agrupan en las narraciones en torno a las rutas seguidas en los desplazamientos: por tierra siguiendo las conocidas como rutas de la seda, y, por mar, desde el fondo del Golfo Pérsico hasta el Mar Amarillo. Las áreas litorales que jalonan los itinerarios generalmente consumen la mayor parte de la energía narrativa de estos textos.

Tanto los mercaderes como los mendicantes que tuvieron oportunidad de escribir sobre sus andanzas por estos lares, dieron cuenta de comunidades de judíos y en especial de cristianos locales entre los que encontraron cobijo. No faltaron tampoco noticias sobre comunidades de emigrantes europeos a lo largo de toda la costa oeste de la India (entre ellos los genoveses que Adán propuso para dirigir la escuadra pontificia en el Índico) y en la costa sur de China [131]. Marco Polo decía de *Coilum* (la *Colom* adaniana) que despedía más de cien bajeles al año, de los que sólo uno de cada diez partía hacia el Levante. Tal volumen comercial lo convertía en el principal puerto del Índico Occidental y, por tanto, centro de la atención de quien estuviera buscando fortuna o la manera de introducirse en el comercio y la política de las Indias. Sin embargo, Juan

---

[131] MONTECORVINO, *Carta india,* p. 343; ODORICO, *Relatio,* p. 439; MARIGNOLLI, *Chronica,* p. 531; JORDANO, *Cartas,* p. 27.

de Montecorvino advertía que los señores absolutos de esos mares son los sarracenos, que «son muchos y tienen mucha fuerza» [132].

Al igual que Guillermo Adán, los textos de los viajeros a las Indias dan cuenta de cierta tensión entre los reinos locales y la expansión islámica por todo el Índico que experimentó un considerable incremento a partir de la segunda mitad del siglo XIII. La destrucción del califato de Bagdad a manos de los mongoles en 1258 supuso el exilio de gran cantidad de persas, en especial de nobles, jueces, escribas y otros miembros de la élite social que encontraron en Delhi protección y nuevas posibilidades de progreso y expansión. Sin duda se trataba de un gran paso adelante en la integración del Indostán en el ámbito monetario del dinar y en el sistema de comercio islámico que por aquel entonces encontraría en la India su verdadera locomotora económica [133]. Sin embargo, la historia del Islam en la India es mucho más antigua. Los musulmanes cruzaron el Indo y el estrecho de Gibraltar al mismo tiempo, en el año 711. Pero, en este caso, además de la penetración militar, las costas del sur de la India contaron con la presencia de árabes ya desde antes de la Hégira, formando comunidades como los mappilas, los ilappai o los nâvayat (que han sobrevivido hasta nuestros días, aunque no tan prósperas y numerosas hoy como lo fueron entonces) [134], especialmente en torno a los puertos de las *Colom, Tana* y *Cambayet* adanianas.

Jordano Catalán advertía desde la costa oeste de la India que «su señorío corresponde en su mayor parte a los turcos sarracenos, que salieron de Multán y conquistaron y usurparon su dominio de pocos años a esta parte. Han destruido infinidad de templos idólatras y también multitud de iglesias, que han convertido en mezquitas de *Machometo,* apoderándose de sus privilegios y posesiones. Lo cual es penoso oír y aún más doloroso ver» [135]. La alusión a Multán y a la destrucción de templos idólatras es muy interesante, pues sitúa la noticia en un contexto muy preciso. Jordano se refiere a la campaña de Mahmûd de Ghazni y la famosa destrucción del templo de Somnath en 1026, el episodio que tradicionalmente ha marcado

---

[132] MONTECORVINO, *Carta india,* p. 343.

[133] PÁNIKER (2005), p. 232.

[134] SHOKOOHY (1998), *The town of Cochin and its Muslim heritage on the Malabar coast, South India.*

[135] JORDANO, *Mirabilia,* p. 412.

el inicio del dominio musulmán sobre el Indostán y cuyo recuerdo
sigue despertando vivas pasiones aún en nuestros días. Pero, lo cierto es que el celebrado episodio carece de mención tanto en las fuentes persas como sánscritas de la época. Es precisamente a principios
del siglo XIV, con el dominio de los Ghuridas bien establecido, que
los cronistas de la Corte de Delhi encuentran en la legendaria figura
de Mahmûd el ancestro con el que legitimar la antigüedad del
dominio musulmán en la India [136]. Jordano, que deja claro que la
penetración musulmana en la costa oeste de la India es bastante
reciente, al introducir la leyenda de Mahmûd demostró haber tenido cierta capacidad de acceso a la versión que por aquel entonces
circulaba en torno a los círculos cortesanos de Delhi (posibilidad
que en ninguna parte de su obra aparece ni remotamente sugerida).

Todas las Descripciones de las Indias de principios del siglo XIV
comienzan su periplo en la misma Europa, a menudo en Italia, continúan por los puertos del Mar Negro, de Chipre o de Armenia,
descienden por Azerbaiyán, Siria y Persia hasta alcanzar el Golfo
Pérsico. Se trata de reconstrucciones fieles y detalladas de los itinerarios recientemente abiertos desde el Mediterráneo a los mares y
reinos situados a la espalda del sultán de El Cairo. Autores como
Jordano Catalán, Juan de Montecorvino y Juan de Marignolli daban
indicaciones precisas sobre los distintos caminos que podían ser
tomados desde el Mediterráneo al Índico y el Mar de China _extra
soldanus,_ es decir, evitando en lo posible las áreas de mayor influencia mameluca. Guillermo Adán se mostró particularmente preocupado porque los exploradores enviados por el papa al Índico evita-
ran cruzarse con los «mercaderes de Adén» que estaban dispersos
por todo el Índico y podrían advertir al sultán de El Cairo [137].

La precaución fue asumida por los autores de Descripciones
que siempre anduvieron atentos a la presencia de egipcios. Odorico
de Pordenone denunciaba la existencia de un consejero de Alejandría en la Corte del mélik de Tana [138]. Juan de Marignolli se cruzó
en dos ocasiones con musulmanes andaluces, lo cual no olvidó
poner por escrito [139]. El fraile toscano informaba también de cierto
señor musulmán que se había hecho con el control de buena parte

---

[136] Pániker (2005), p. 218.
[137] Adán, _De modo,_ p. 552.
[138] Odorico, _Relatio,_ p. 444.
[139] Marignolli, _Chronica,_ p. 535.

de la isla de Sri Lanka y, a pesar de que inicialmente el fraile fue recibido amistosamente, acabó siendo traicionado y despojado de todas sus posesiones [140]. Jordano, por su parte, imprimió a la notificación cierto fatalismo, pues aseguraba bien con sorpresa o, más probablemente aún, con la urgencia de quien advierte de algo desconocido para el lector de su obra, que los sarracenos circulaban por toda Asia ganando numerosos adeptos de entre todas las naciones orientales [141].

El martirio de Tomás de Tolentino

Uno de los episodios más intensos de esta era de los primeros viajes europeos a las Indias es el del Martirio de Tana, en el que cuatro frailes franciscanos fueron ejecutados por la autoridad musulmana recientemente implantada en esta ciudad de la costa oeste de India, la actual Bombay. El líder del grupo era Tomás de Tolentino, amigo de Juan de Montecorvino y uno de los personajes más fascinantes de la primera aventura asiática de los europeos. Fray Tomás formaba parte de uno de los muchos grupos de franciscanos espirituales que del ejemplo de San Francisco de Asís habían escogido su aspecto más revolucionario y subversivo, por lo que todo a lo largo del siglo XIII y XIV fueron perseguidos tanto por el papado como por sus compañeros franciscanos más moderados. Fray Tomás mismo pasó varios años encarcelado y fue precisamente Juan de Montecorvino quien consiguió liberarlo a condición de que fuera enviado a las misiones evangelizadoras de Ultramar. Dos décadas más tarde, en 1307, regresaba Tomás de Tolentino a Europa, junto a otros emigrantes europeos residentes en Persia, para entregar al papa Clemente V las cartas que recientemente había escrito en China su socio de Montecorvino, por lo que quizá sea cierto que el propio Tomás no viniera de Persia sino del propio Pekín, como afirman algunos cronistas de la orden menor. De hecho, junto con las cartas, Tomás pudo añadir información de su propia cosecha como tam-

---

[140] *Ibid.,* pp. 537-538.
[141] JORDANO, *Mirabilia,* p. 74. Sobre el decisivo papel de las órdenes sufíes (Chishti y Firdausi) en la consolidación de la Fe y las instituciones islámicas en el Indostán que conocieron los autores de Descripciones de las Indias., véase Richard EATON, *The Rise of Islam and the Bengal Frontier, 1204-1760* (1997).

bién insinúan las bulas que convirtieron Pekín en la primera sede episcopal asiática y a Juan de Montecorvino en su obispo [142].

Tras tan sonado éxito, Tomás volvió a organizar otro grupo de frailes con los que emprendió el camino de regreso a Oriente. Jordano Catalán, a pesar de ser dominico, era uno de estos frailes, aunque también pudo ser que se sumara al grupo en Persia, en la ciudad de Tabriz. Lo cierto es que Tomás, Jordano y otros tres frailes franciscanos embarcaron en 1320 en el puerto de Ormuz del golfo Pérsico con destino a la China de Juan de Montecorvino. Sin embargo, un temporal en alta mar casi destruye la nave en la que viajaban los frailes obligándoles a detenerse en el puerto de Tana. Allí fueron acogidos por la comunidad de cristianos locales y los frailes latinos decidieron quedarse entre ellos una temporada y visitar comunidades vecinas en las ciudades de Surat y Baroda en Gujarat. Los frailes no tuvieron problema para comunicarse, su conocimiento del persa les fue suficiente para relacionarse con los locales de la costa oeste de la India y a menudo se separaban para después volver a reunirse en Tana.

En una de estas idas y venidas, estando sólo parte del grupo en Tana surgió algún problema entre sus anfitriones que obligó a intervenir a la autoridad musulmana local. En el proceso los frailes entraron en contacto con el cadí de Tana y no resultó ser un encuentro feliz. La rebeldía contra la autoridad de Tomás de Tolentino, por la que ya había pagado con una década de prisión en Italia, volvió a manifestarse esta vez frente al juez de Tana. El conflicto degeneró en una espiral de provocaciones y desafíos mutuos por los que Tomás acabó siendo obligado a abandonar la ciudad. Pudiera ser que el de Tolentino hiciera oídos sordos o que el propio cadí hubiera planeado su ejecución en secreto, fuera del alcance del ojo público. La tradición hagiográfica dice que inicialmente fueron condenados a la hoguera pero que milagrosamente los franciscanos resistieron el fuego y ante el clamor del pueblo el cadí los liberó para después acorralarlos en el bosque y decapitarlos. El caso es que sólo Jordano Catalán escapó de la

---

[142] La carta de Montecorvino tiene fecha del 26 de febrero de 1306 y la bula del nombramiento episcopal de Pekín, la *Rex Regum,* es del 23 de julio de 1307 en Sbaralea, *Bullarium,* tomo V, y en Wadding, *Annales,* Anno Christi 1307. En la *Chronicon seu lyber plurime* de Juan de Elemosina escrita en 1336 se dice que las cartas de Montecorvino fueron recogidas por Tolentino en China y que la decisión de erigir un obispado en China fue consultada con Tomás de Tolentino en Golubovich, *BBB,* III, pp. 93-94.

muerte, huyó y encontró refugio entre otras comunidades de cristianos cercanas.

Los relatos europeos, casi de inmediato, rodearon el episodio de prodigios y milagros. La noticia alcanzó una extraordinaria difusión. Incluso es probable que la repercusión del asunto llegara a oídos del mismo sultán de Delhi como aseguran numerosas fuentes latinas. No sólo fue recogida por los cronistas dominicos y franciscanos de Persia, sino también de Europa, donde casi contemporáneamente apareció en una crónica política del emperador germano [143]. Los frailes de Persia reaccionaron de inmediato y enviaron a uno de ellos, Odorico de Pordenone, a recoger los restos de los mártires. Así comienza el otro gran relato de viaje asiático de principios del siglo XIV. Odorico fue a Tana, probablemente se encontró con Jordano (aunque de ello ninguno de los dos dijo palabra al respecto en sus respectivos relatos), recogió las reliquias y no paró hasta llegar a China, donde las entregó a Juan de Montecorvino que por última vez se reunía con su viejo compañero Tomás [144].

De esos años han llegado noticias de sucesos similares que acabaron con la vida de algunos frailes mendicantes, pero ninguno alcanzó el relieve de los Mártires de Tana. Pascual de Vitoria también alcanzó la corona del martirio en defensa de la Fe frente al infiel. En un documento excepcional, el propio Pascual nos cuenta desde Almalik cómo veía acercarse el fatídico momento, pues ya estaba bajo la vigilancia y sufría las amenazas de los talibanes o *talismani* como los llama en su carta fechada en agosto de 1338, unos meses antes de su ejecución junto a otros seis europeos entre clérigos y laicos [145]. Sin

---

[143] En la *Satyrica gestarum rerum, regnum et regnorum, atque summorum pontificum, historia, a creatione mundi usque ad Henricum VII. Romanum augustum* compuesta entre 1330 y 1340. En YULE (1863), pp. ix-xii.

[144] Las principales fuentes para reconstruir el Martirio de Tana (9 de abril de 1321) son el contemporáneo *Chonicon XXIV Generalium* de Francisco de Pisa OP y el *Chonicon seu lyber plurime* terminado de escribir por Juan Elemosina de Asís de 1336 y editado por WYNGAERT en *Analecta Franciscana*, t. III, Karachi, 1897, apéndice, pp. 579-613. Las cartas de Jordano aparecieron publicadas por primera vez en QUETIF y ECHARD, *SOP*, t. I, y WADDING, *Annales*, t. VII, pp. 11 y 71. Las ediciones más modernas corresponden a CORDIER (1925), pp. 19-30; YULE (1913), vol. III, pp. 78-80. Del resto de los mártires de Tana sólo ha quedado la mención de sus nombres: Pedro de Siena, Jacobo de Padua y Demetrio de Georgia.

[145] PASCUAL, *Epistola*, p. 503. Marignolli también menciona el martirio en 1339 de Francisco de Vitoria, Ricardo de Borgoña, Raimundo Rafi, Francisco de Alejandría, Lorenzo de Alejandría, Pedro Martell, un intérprete indio llamado Nicolás y un mercader genovés, Guillermo de Modena. MARIGNOLLI, *Chronica*, pp. 527-528.

embargo, a excepción del texto de Odorico de Pordenone donde el Martirio de Tana ocupa casi la mitad de su amplia obra, el resto de los autores de Descripciones de las Indias no se ocupan de dicho tema o, a lo sumo sólo se menciona muy de pasada. Jordano, a pesar de su directa implicación en el Martirio de Tana, simplemente se limitó a decir en su *Mirabilia descripta* que durante su estancia en India «recibieron cruel muerte por la fe católica cinco predicadores y cuatro menores ¡Pobre de mí que no fui uno de ellos!» [146].

Aliados y otros recursos del Oriente extra *musulmán*

En cambio, recibió mucha más atención lo concerniente al tráfico de mercancías, de especias, de piedras preciosas, de alimentos y telas, la producción de valiosos bienes de consumo, como tintes, perfumes, alumbre y otras sustancias de usos industriales muy apreciadas en el Mediterráneo, donde determinados sectores de la burguesía mercantil buscaban con ahínco por esas mismas fechas introducirse en los mercados del Lejano Oriente. La *Praticca della mercatura* escrita en Florencia en 1340 hacía referencia a los diferentes pesos y mediadas al uso en Asia, a las distancias entre postas y puertos, a los precios de especies y otros productos de lujo, e incluía también un pequeño diccionario y consejos como dejarse crecer la barba o hacerse con concubinas de confianza para dar una buena imagen, evitar recelos y estafas. El autor, Pegolotti, escribía por encargo de la poderosa compañía comercial de los Bardi y si bien no parece probable que el propio Pegolotti hubiera pisado el Extremo Oriente, lo cierto es que dispuso de abundante información de primera mano.

A estas alturas Asia y el Índico estaban plenamente incorporados en el horizonte de expectativas de buena parte de los sectores económicos más dinámicos del Mediterráneo católico. Las abundantes referencias en los textos de Polo, Jordano, Odorico, Montecorvino y Marignolli a rutas comerciales, a pesos y medidas, a artículos cotizados en el Mediterráneo, a todo tipo de medios de transporte y otros ponderables del desplazamiento por mar y tierra constituyen uno de los aspectos más prominentes de este cuerpo

---

[146] JORDANO, *Mirabilia,* p. 430.

literario. Y aunque información de este jaez atraería la atención de la incipiente burguesía mercantil latina, no es menos cierto que constituye uno de los principales puntos de intersección entre la literatura de Descripción de las Indias y la tratadística sobre cómo Recuperar la Tierra Santa.

Los autores de Descripciones de principios de 1300 no escatimaron tinta a la hora de reportar no sólo asuntos directamente relacionados con la producción y distribución de todo tipo de bienes, sino también cuestiones ético-morales relacionadas con la práctica índica del comercio. La actitud pacífica y honrada de los mercaderes de las Indias llamó la atención de todos nuestros autores. Causaron gran sensación, tanto el gran volumen del tráfico entre los distintos puertos del Índico, como la estricta observancia de una ética comercial que, por lo general, se concretaba en la absoluta confianza entre las partes involucradas en un trato. Tratos que eran conducidos con una falta de violencia que también asombró a los viajeros latinos. Circularon profusamente entre los textos de la Descripción de las Indias historias sobre prácticas comerciales tan extravagantes como las conducidas entre los habitantes del litoral y las tribus del interior, que eran llevadas a cabo sin necesidad alguna de contacto físico: los de la costa dejaban lo que deseaban vender en un lugar convenido y tras unos días sólo tenían que regresar y recoger el trueque que de buena fe les hubieran dejado los habitantes del interior. Convenciones tan arraigadas entre los habitantes de las Indias y tan convenientes en términos cívicos que dejaron especialmente perplejo a un Marco Polo que a duras penas daba crédito a las prácticas de los banian gujaratis que el mismo había presenciado:

> «Y os digo que estos braamanes son los mejores mercaderes del mundo y los más verídicos (...) sabed incluso que si un mercader extranjero va a esta provincia para hacer sus negocios sin conocer las maneras y costumbres del distrito, irá en busca de uno de estos braamanes, al que confiará su dinero y sus mercaderías, pidiéndole que le lleve todos sus asuntos y su comercio de manera que no sea engañado por no conocer las costumbres del distrito. Y el braamán mercader tomará en efecto las mercaderías del mercader extranjero y las utilizará tan juiciosamente para la venta como para la compra, buscando la ventaja del extranjero tan cuidadosamente e incluso más cuidadosamente que la suya propia, sin pedir nada por su comisión, a menos que el extranjero le ofrezca algo por cortesía» [147].

---

[147] MARCO POLO, *Divisament,* p. 449.

Otra parte considerable de la energía narrativa de las Descripciones de las Indias fue a parar a la información sobre los usos en la guerra y la navegación. Y, si bien es cierto que este tipo de datos también era esencial a la hora de caracterizar cualquier sociedad según los usos literarios de la época, la información en las Descripciones sobre barcos, armas, defensas y prácticas de combate de las naciones orientales venían directamente parangonadas con sus equivalentes occidentales, valorando su efectividad en el caso de ser empleadas contra los europeos. Por lo general el balance resultaba claramente favorable a los francos, pues encontraron que la mayor parte de los habitantes de la Indias eran «enclenques» y su guerra «parece un juego de niños» y en el mar «uno solo de nuestros hombres vale por cien de los suyos y más» [148]. Jordano Catalán al final de su obra lo expresaba sin rodeos: «Creo que el rey de Francia podría someter todo el mundo a su dominio y a la fe cristiana sin que nadie lo ayudase» [149].

Sin embargo, Jordano y los demás autores de Descripciones no eludieron una evaluación detallada del poder militar, económico y espiritual de algunos de los principales señores del Oriente extramusulmán y, por tanto, aliados potenciales de la Cristiandad latina. En este sentido, dos nombres sobresalen del resto no sólo por estar presentes en todos los textos conservados, sino por que además son los auténticos protagonistas de alguno de ellos como los de Marco Polo, Odorico de Pordenone y Juan de Montecorvino. Se trata del Preste Juan y del Gran Khan. Dos nombres del lejano Oriente y del lejano pasado que curiosamente siguen resonando en nuestros oídos. Se trata de dos de las principales imágenes en la mitología europea del monarca poderoso y justo y si bien su existencia histórica no ofrece duda, la construcción de una imagen en extremo benévola y magnánima de dichos reyes esta íntimamente relacionado con las Cruzadas medievales y la posibilidad de contar con su apoyo en la lucha contra el Islam.

Los khanes mongoles fueron objeto de numerosas embajadas ya desde mediados del siglo XIII, como la de Pian del Carpini. Pero los informes derivados de estas primaverales embajadas pontificias a Karakorum abordaban la cuestión con una contención mayor que las Descripciones de las Indias de la primera mitad del siglo XIV. En

---

[148] *Ibid.,* p. 424, y Jordano, *Mirabilia,* pp. 410 y 429.
[149] Jordano, *Mirabilia,* p. 430.

estos últimos textos, el Gran Khan, ahora con sede en Pekín, aparece como el soberano más poderoso de todo Oriente o, según Polo y los viajeros franciscanos, de todo el mundo. Los misioneros latinos tenían asignada una pensión a cuenta de la casa real y bajo los auspicios del emperador se fundaron numerosos conventos en China, así como el obispado de Pekín. Marco Polo trabajó bajo sus órdenes personales y Juan de Marignolli afirmaba en su escrito que la misión a él asignada consistía en establecer nuevos «vínculos y un tratado de alianza» entre la Cristiandad y el Gran Khan. El fraile florentino garantizaba la viabilidad del proyecto, pues la mayor parte de los ejércitos del khan eran alanos y «cristianos de nombre que, de hecho, se llaman a sí mismos esclavos del papa, dispuestos a dar la vida por los francos» [150].

Respecto al Preste Juan la cosa es bien distinta. Coincidiendo de nuevo con la pauta establecida en los tratados de Recuperación, que mostraron una total indiferencia hacia el mítico rey cristiano de la retaguardia musulmana, los textos de Descripción se refieren a él como una gloria pasada, un otrora poderoso monarca cuyo poder y fama fue arrebatado precisamente por el Gran Khan. Marco Polo y Montecorvino lo identificaron con un príncipe alano al que tuvieron ocasión de frecuentar y del que también recibieron ayuda. El Preste Juan de estas instancias no es ni la sombra del poderoso rey sacerdote del que circulaban cartas por toda Europa y Oriente Medio de los siglos XII y XIII diciendo que tenía acorralados a los musulmanes y solicitando urgentemente la unidad y cooperación de la Cristiandad latina para acabar definitivamente con el Islam [151]. Sin embargo, es en el ámbito de la Descripción donde se produce por primera vez la identificación del Preste Juan con el negus etíope. Jordano Catalán supo de buena fuente que el emperador de la India Tercera o Etiopía era un cristiano que tenía bajo su cetro a cincuenta y dos reyes poderosos y opulentos y que recibe tributos del mismísimo sultán de El Cairo. Se trataba, según Catalán, del soberano más poderoso sobre la faz de la tierra [152].

---

[150] MARIGNOLLI, *Chronica,* p. 526.
[151] La bibliografía en este campo es abundantísima. Algunas de las principales versiones de la carta del Preste son las de ZARNCKE (1878), MARINESCU (1923), ROSS (1949), NOWELL (1953), SLESSAREV (1959), ULLENDORF y BECKINGHAM (1982), HAMILTON (1996), etc.
[152] JORDANO, *Mirabilia,* p. 422.

Dentro del ámbito reducido y concreto de la literatura de Descripción de las Indias de la primera mitad del xiv se produce la división de la retaguardia musulmana en dos poderosos reinos susceptibles de alianza con la Cristiandad a los que casi dos siglos después serán enviadas las naves ibéricas: los portugueses bordeando África en busca del Preste Juan de Etiopía y los castellanos acortando por la ruta occidental en demanda del Gran Khan de Catay. En el siguiente capítulo veremos hasta qué punto influyó la situación personal de los autores de Descripciones y su relación con la audiencia en la construcción de una imagen determinada, más o menos favorable, más o menos fidedigna, tanto del Gran Khan como del Preste Juan. Por el momento baste con la constatación de una serie de elementos prominentes en estos textos que, a la luz de lo contenido en los tratados de Recuperación de la Tierra Santa, se nos manifiestan como contribuciones más o menos conscientes a una manera original de analizar la realidad, a una perspectiva hasta entonces inédita de la posición de la Europa católica en relación no sólo a los pueblos vecinos del Mediterráneo, sino también del Índico y el Lejano Oriente, en suma, toda una nueva ciencia cuyo desarrollo está íntimamente ligado a la evolución de la idea de Cruzada a lo largo del siglo xiii y su adaptación a las particulares circunstancias de la Europa de principios del xiv.

La transmisión de información

Al igual que en el caso de la tratadística de Recuperación, la literatura de Descripción no hubiera sido posible sin la difusión del papel, el abaratamiento de los materiales, su puesta al alcance de individuos de niveles culturales inferiores y el espectacular desarrollo de la cultura de la escritura. Los siglos xiii y xiv vieron multiplicarse el número de escribas, copistas y burócratas, así como el espectacular aumento de la circulación de instrucciones, conocimientos prácticos y relatos para el asueto en un soporte material: el texto. No se trata sólo de que los viajeros a las Indias medievales dispusieran de medios físicos y estímulo intelectual para poner por escrito sus extrañas peripecias, sino de todos los que después de ellos dispusieron de dichos medios y aún más estímulo para volver a copiar tales textos. De hecho, los originales de todas las Descripciones se han perdido y lo que se conservan son copias hechas posteriormente, comisionadas por papas, abades y príncipes y que se han conservado precisamente en los mismos manuscritos que los tratados de Recuperación de la Tierra Santa.

La única copia existente del *Mirabilia descripta* de Jordano Catalán fue presentada a Juan XXII en el mismo manuscrito que contenía el *Liber Secretorum fidelis crucis* de Marino Sanudo y la primera traducción al latín de *Il Milione* de Marco Polo hecha por el fraile dominico Franco Pipino que incluía ilustraciones de los Polo vistiendo los hábitos de la Orden de Domingo de Guzmán [153]. Jean de Vignay, hacia 1341, copió el *Directorium ad passagium facendum* de Guillermo Adán y a continuación el itinerario de Odorico de Pordenone [154]. Jean le Long d'Ypres tradujo al latín en 1350 la *Flos Historiarum Terre Orientis* de Ayton de Armenia, la Descripción de Odorico de Pordenone, *Il Milione* de Marco Polo y *L'Estat et la gouvernance du grand Caan de Cathai* de Juan de Cori [155]. Además, numerosas copias del *Directorium ad passagium faciendum* aparecen en los dosieres de dignatarios eclesiásticos que participaban en el Concilio de Basilea más de un siglo después de su confección, algunas cosidas junto a la descripción de las Indias de 1420 hecha por Niccolo de Conti [156]. Nos encontramos, por tanto, ante un argumento que apuntala sólidamente la posibilidad de que los textos de Descripciones de las Indias fueron consumidos desde el inicio por los mismos agentes involucrados en la Cruzada de Recuperación. Pero incluso un siglo después, cuando Marco Polo y Odorico ya circulaban a niveles populares como libros de aventuras y la obra de Mandeville había convertido los Viajes en uno de los productos literarios de mayor difusión y éxito de su tiempo, las Descripciones de las Indias siguieron asociadas a la órbita de intereses derivados de la Recuperación, como la cuestión turca y las negociaciones al respecto con los bizantinos.

En el caso de la Recuperación, la difusión del papel y la eclosión de la cultura escrita nos brindan la oportunidad de observar nuevas formas de percepción de la realidad con respecto a épocas anteriores. Comerciantes, médicos, abogados, mercenarios y emigrantes se

---

[153] CORDIER (1925), p. 43. El único manuscrito se conserva en Londres, British Library, Additional MS 19513.

[154] MONACO (1978-1979), pp. 179-226. Uno de los manuscritos también está en Londres, British Library, Royal 19DI.

[155] RICHARD (1981), p. 44, y LARNER (2001), p. 189.

[156] KOHLER, *Documents Armeniens* (1906).

expresan sobre temas que tradicionalmente estaban al margen de su quehacer, como los asuntos relacionados con las más altas instancias del poder político, militar y espiritual. En el caso de la Descripción, la transmisión de información relacionada con la Cruzada de Recuperación, con el reparto de poderes en el Mediterráneo, con iniciativas económicas, administrativas y jurídicas de amplio calado en la vida social de Europa, necesariamente tenían que estar mediadas por formas de expresión tradicionales. De manera incipiente, gentes llanas comenzaban a abordar cuestiones de poder que, en realidad o, por lo menos, hasta hacía bien poco, resultaban completamente ajenas a sus competencias.

Ésta es la voz que surge de las Descripciones de las Indias de principios del siglo XIV, una suerte de opinión pública emergente en la que habrían de ocupar un lugar destacado los vaticinios. Los textos de Polo, Montecorvino, Jordano, Odorico y Marignolli se extendieron en dar cuenta de profecías de todo tipo: las famosas de Isaac y del obispo Nersis, la profecía del Árbol Seco, de Gog y Magog; sobre la destrucción del Islam, la venida del último príncipe que impondrá el cristianismo sobre toda la tierra o sobre la liberación de los terribles pueblos encerrados en un rincón de Asia por Alejandro Magno. Y dentro de esta pléyade de augurios aparecieron algunos atribuidos a los propios musulmanes sobre su propia aniquilación a manos de los francos o de los etíopes que decían que no tardarían en cruzar el Mar Rojo para destruir La Meca. Jordano Catalán decía que «los paganos tienen unas profecías que aseguran que nosotros los latinos sojuzgaremos todo el mundo entero» [157] y en sus cartas precisaba algo más el sentido de su afirmación:

> «Os hago saber que la fama de nosotros los latinos es mayor entre los indios que entre nosotros los propios latinos. Por eso, continuamente esperan la llegada de los latinos, esto es, de la Cruzada (*passagium*), que, según dicen, está claramente predicha en sus libros. Y, a su manera, continuamente piden al Señor para que se cumpla lo antes posible su deseo» [158].

La intención es clara, así como el entusiasmo con el que se quiere trasmitir una información considerada valiosa. Su utilidad quedaba fuera de duda, pero el problema radicaba en su transmisión. En

---

[157] Jordano, *Mirabilia,* p. 412.
[158] Jordano, *Cartas,* p. 27.

las cartas enviadas desde China, Andrés de Perusa y Juan de Monte-corvino creyeron oportuno insistir en su valor para que quienes las recibieran siguieran haciéndolas circular. Acaso temiendo que caye-ran en manos de alguno que por su cuenta considerara dichos tex-tos irrelevantes, fray Juan dejaba claro que el destinatario último era el papa, quien seguro estaba interesado en tales informaciones. En sus cartas Jordano Catalán carece de la seguridad del de Montecor-vino y sin muchas esperanzas afirma, con respecto a la posibilidad de introducir buques armados contra los mamelucos en el Índico: «pero ¿quién dará noticia de esto al santísimo padre? Yo, pobre peregrino, no entro en esto, por lo que os lo encomiendo a vos san-tos padres» (se dirige a los obispos de Persia, entre ellos Guillermo Adán) [159].

El mismo Guillermo Adán, a la hora de exponer su plan de intervención directa en las Indias, reconoce que más difícil que la construcción de galeras en los puertos indios, más difícil que conse-guir la tripulación adecuada y más difícil aún que ganarse el apoyo de los señores locales, iba a ser mantener bien informado al papa pues, ocurre que

> «otras narraciones no hablan de nada de esto porque quizá no espe-ran obtener de la Iglesia nada a cambio y, por tanto, escriben de otras cosas que no son dignas de confianza. También puede ser que no digan nada porque tienen la envidiosa costumbre de evitar que otros saquen provecho de lo que ellos mismos no se pueden benefi-ciar, haciendo todo lo que sea para impedirlo» [160].

El sentido de tales declaraciones es un tanto oscuro. El contexto exacto en el que tienen lugar es la presentación del proyecto de introducir galeras armadas en el Índico, donde Adán se entretiene en extensas explicaciones un tanto inusuales sobre la novedad de su propuesta, su seriedad, su compromiso con la causa y que todo era el producto de su experiencia personal, de lo que sus propios ojos vieron. Por un lado, parece referirse a las dificultades inherentes a la distancia y a la relajación de los vínculos de fidelidad. Alude tam-bién a intereses partidistas, al egoísmo de determinadas personas y a la posibilidad de que la intervención de dichas personas en la trans-misión de información desde Oriente a Occidente fuera de por sí

---

[159] *Ibid.,* p. 27.
[160] ADÁN, *De modo,* p. 551.

contraproducente para los intereses pontificios. Adán parece alimentar recelos y suspicacias de las que no habla abiertamente en su primer tratado de Recuperación, aunque quizá encontrara otra manera de hacérselo saber al papa. Algo de lo que Adán insinúa aquí quizá pueda ser aclarado analizando su relación con los viajeros-escritores de Descripciones de las Indias de la primera mitad del siglo XIV y la política de expansión de la Iglesia que por esos años puso en marcha una de las iniciativas misioneras más ambiciosas de toda la historia de Europa.

Capítulo 2
EL PAPA Y LOS MENDICANTES EN ORIENTE

Ganesh

«Es cierto que, sobre todos los dioses, adoran un Dios omnipotente
y creador de todo»
(Jordano Catalán, ca. 1330)

«No sólo los judíos, los tártaros, los sarracenos y los paganos
nos consideran los peores idólatras, sino también algunos
cristianos que, aunque muestran su devoción a las imágenes,
consideran por el contrario una alarmante abominación los
relieves escavados en la roca y las grandes esculturas que hay
en nuestras iglesias»
(Juan de Marignolli, ca. 1355)

La mayor parte de las Descripciones del Oriente de la primera mitad del siglo XIV son fruto del movimiento mendicante y de ahí que estos textos vengan siendo secularmente identificados con el movimiento misionero. Se trata de una atribución de significado que el contenido de estas primeras Descripciones no corrobora plenamente. Las Descripciones del Oriente tratan gran cantidad de temas y ninguno de ellos en profundidad. Cuestiones geográficas y geomorfológicas, ecológicas y animales, así como la caza, la agricultura, el comercio de especias, telas, piedras preciosas y otras sustancias industriales, la navegación, el ejercicio de las armas, las prácticas de poder, la política, los usos sociales, las costumbres, las creencias, las supersticiones y rituales de todo tipo encontraron su hueco entre innumerables sujetos que, a decir verdad, son abordados sin mucho orden ni método. Esta suerte de vocación enciclopédica podría tener como propósito, como afirman entre otros Jean Richard o Joan Pau Rubíes, proporcionar a los mendicantes europeos referencias útiles, una suerte de guía de viajes para misioneros en Asia. Pero, de haber sido así echaríamos en falta información técnica sobre cómo concretar dichas misiones apostólicas: información sobre las lenguas más propicias para la predicación, así como para hacer traducciones de textos litúrgicos; consejos sobre cuáles eran los tipos humanos más o menos proclives a escuchar la Buena Nueva, o sobre los lugares ideales para establecer los centros de operaciones; etc. En fin, una serie de datos que convertirían estas Descripciones en algo realmente útil para misioneros destinados a desenvolverse entre gentes extrañas en tierras remotas.

Pero no es así. De los textos aquí considerados sólo las cartas escritas desde Pekín por Juan de Montecorvino y las cartas escritas desde Gujarat por Jordano Catalán dan información de este jaez. En ellas fray Juan y fray Jordano nos cuentan cuáles son los oficios mejor recibidos por los locales, cuáles son los ritos y los cantos devocionales que atraen la atención de reyes y señores, cuáles son sus métodos catequistas, qué traducciones han llevado a cabo o qué argumentos han empleado en los debates contra las sectas rivales como los nestorianos, los budistas o los sufíes. Precisamente estas cartas dan una medida precisa de lo que el resto de las Descripciones deberían ser para poder considerarlas literatura misional.

Las distintas misiones de los mendicantes

Sin embargo, buena parte de esta atribución de un contenido, que difícilmente confirman los mismos textos de Descripción de las Indias, pudiera estar fundada en la inercia con la que la presencia de mendicantes en el Lejano Oriente sigue siendo considerada producto exclusivo del empeño evangelizador. Se trata de un juicio en extremo reduccionista y precipitado, acaso debido al grado de especialización que han experimentado tales órdenes con el paso del tiempo, situación que no se corresponde plenamente con la de hace ochocientos años, o debido quizás a las grandes campañas propagandísticas con las que la Iglesia ha legitimado su participación en la expansión europea a lo largo de todos estos siglos de conquista, colonización y descolonización de grandes áreas del planeta.

El hecho es que franciscanos y dominicos, desde el momento mismo de su nacimiento, dieron respuesta a un amplio rango de nuevas necesidades espirituales y psicológicas experimentadas por algunas de las gentes de su tiempo; necesidades entre las que ocupó un destacado puesto la voluntad de reforma institucional del pontificado. La revolución espiritual en el seno de la Iglesia iniciada por Domingo de Guzmán y Francisco de Asís no hubiera sido la misma sin la intervención del papa, o más exactamente de Ugolino de Ostia, antes y después de subir al solio pontificio con el nombre de Gregorio IX. Éste, cuando aún era cardenal, proporcionó a ambos líderes los medios necesarios para expandir sus movimientos a lo largo y ancho de toda Europa. Ayudó a los franciscanos a solucionar las primeras contradicciones internas e introdujo a los dominicos en las universidades de París y Bolonia, donde adquirieron el carisma y el prestigio que les llevaría a estar presentes en los principales escenarios de la política europea[1].

El IV Concilio de Letrán de 1215 fue de vital importancia en el desarrollo de las órdenes mendicantes. Inspirado por el espíritu reformista, el ideal apostólico y el ejemplo de los primeros cristianos, el Concilio decretó una serie de ordenanzas destinadas principalmente a compactar la Cristiandad Latina, extender la red parroquial y optimizar las universidades y los colegios cardenalicios como centros de difusión espiritual. Para ello el Concilio de 1215 obligó a los cabildos a designar regularmente predicadores, confesores, teólogos y gramáticos, obligó también a utilizar las lenguas vernáculas y a convocar reuniones anuales tanto para sínodos como para capítulos generales de las órdenes religiosas. El Concilio de 1215 introducía también la obligatoriedad para todo cristiano de confesarse al menos una vez al año y enfatizaba la importancia de la predicación en la labor pastoral.

En respuesta a las demandas conciliares, los dominicos se volcaron en la producción de manuales de confesores para uso del personal dedicado a rectificar la conducta de los cristianos europeos purificándola de supersticiones, brujerías, nigromancias y cultos satánicos. A esta literatura didáctica pertenecen también los primeros manuales para los predicadores enviados a las naciones sarracenas de Andalucía y el Magreb. En una carta de 1240 el general de los dominios Raimundo de Peñafort enumeraba los seis tipos de personas a los que debía dirigirse la actividad del predicador. Éstos eran los numerosos soldados cristianos que están allí al servicio de los reyes locales; los *aranos* o siervos cristianos de los musulmanes; los cristianos capturados por los sarracenos en el mar; los cristianos apóstatas en razón de su pobreza; los apóstatas persuadidos por los musulmanes de que el cristianismo es un culto idólatra; y, en último lugar, los sarracenos que a escondidas se han convertido al cristianismo[2]. Con este objetivo se inauguraron escuelas de árabe en Murcia y Barcelona y los dos primeros obispados latinos en el norte de África, en Fez y en Túnez[3].

En su estadio germinal, el movimiento misionero está más relacionado con el encauzamiento de la conducta de quienes teniendo

---

[1] Maier (1994), p. 162.
[2] Beltrán de Heredia (1954), p. 127.
[3] López (1941).

nombres cristianos no alcanzan a satisfacer las exigencias morales delineadas por la élite clerical, independientemente de que orilla del Mediterráneo habiten estos cristianos nominales. Por estas fechas, la intervención sobre la población no cristiana aún no acaba de formar parte de las obligaciones del predicador. Hasta por lo menos la segunda mitad del siglo XIII, la conversión de los musulmanes no estaba a penas contemplada. Bien pudo ser que hasta entonces se consideraba el bautismo un privilegio exclusivo que, más que compartir, tocaba defender [4]. También pudo ser el producto de una suerte de división ecuménica de la labor apostólica según la cual correspondería a los cristianos orientales ganarse a los musulmanes. Pero, la reluctancia a convertir musulmanes (o intentarlo) parece que descansaba en una concepción del Islam como algo próximo y suficientemente familiarizado con el Evangelio de *Isa* y *Mariam* que, por tanto, no haría tan necesaria la prédica como el castigo al tratarse de herejes [5].

Es precisamente a partir de la segunda mitad del siglo XIII cuando tuvieron lugar las grandes campañas de educación popular destinadas a hacer ver el Islam como un sistema de pensamiento realmente diferente, incluso opuesto, al cristianismo. En fecha tan tardía como 1274, el maestro general de los dominicos Humberto de Romans advertía de la ignorancia a este respecto de la mayoría de los cristianos, no sólo laicos, sino también clérigos, que no habían oído hablar en su vida de los musulmanes, de su libro y de su profeta [6]. Testimonios como el de Humberto cuestionan seriamente la inmediatez con la que se ha equiparado la Cruzada a la guerra religiosa. La posesión del Santo Sepulcro pudo, al menos inicialmente, ser un anhelo independiente de la lucha contra el Islam. Éste pudo surgir de aquél, del conflicto en suelo palestino, sin embargo el origen del enfrentamiento espiritual parece tener mucho más que ver con un cambio de posturas ideológicas en el interior de la Cristiandad Latina del siglo XIII.

Los franciscanos encontraron en la figura de su propio fundador el modelo a seguir en la interacción con los musulmanes. Sin embargo, el encuentro de Francisco de Asís con el sultán Al-Kamil en Egipto sirvió como referencia para comportamientos antagóni-

[4] KEDAR (1984), p. 95.
[5] RICHARD (1998), pp. 8-12.
[6] Humberto DE ROMANS, *Opus Tripartitum,* en RILEY-SMITH (1981), p. 108.

cos. Ciertamente Francisco mostró una preocupación excepcional por los musulmanes, a los que salió a buscar al menos en tres ocasiones, en Andalucía, Palestina y Egipto. La tradición seráfica a este respecto es muy abundante. Por un lado, presenta al santo entregado a detener la escalada de agresiones mutua, pero, por otro, muestra a un Francisco ardiente defensor de la expansión de la Cruz independientemente de cuál fuera el medio [7]. El primer siglo de andadura de la orden menor verá incrementarse la brecha entre estas dos posturas en la misma medida que la propia orden se dividía entre conventuales y observantes. Mientras los primeros siguieron de cerca el ejemplo de sus compañeros dominicos y se adhirieron decididamente a la ortodoxia romana, los segundos abundaron en una interpretación radical de la experiencia franciscana y se proclamaron estrictos observantes de la pobreza material y espiritual ordenada por el fundador.

Si bien esta división mermó la cooperación de una parte de la orden menor con el papa, lo cierto es que en su conjunto las órdenes mendicantes también demostraron su valía como instrumentos de la política pontificia en lo referente a la Cruzada. Entre las principales revoluciones introducidas por los franciscanos y los dominicos en la vida espiritual europea fue la movilidad. Las órdenes religiosas tradicionales, como los cistercienses, estaban fuertemente vinculadas a un lugar. Su ideal ascético era la reclusión, mostrando incluso cierta repugnancia a compartir el mundanal escenario de la vida civil. Los mendicantes, por el contrario, encontraron en la vida itinerante y en el desapego de la tierra la máxima expresión de su búsqueda espiritual. También con respecto a la manera que los cistercienses o los agustinos tenían de relacionarse con Dios, a través del trabajo, la meditación y el silencio, los mendicantes introdujeron profundos cambios, pues éstos encontraron una forma alternativa de comunicación con Dios a través de la interacción con la gente corriente, con los pobres, los desamparados y todos aquellos necesitados de consuelo y guía espiritual. Los frailes mendicantes recibieron para ello una formación especial que acabó convirtiéndolos de hecho en los mejores predicadores de su tiempo, considerablemente superiores que sus predecesores en el manejo del arte de la retórica [8].

---

[7] MAIER (1994), pp. 9-17.
[8] ROEST (2000).

Las preferencias de los mendicantes fueron bien recibidas por los papas. El Concilio de 1215 había puesto de manifiesto la necesidad de más coherencia, más comunicación y más educación entre los cristianos. La movilidad y las dotes de persuasión cultivadas por los mendicantes se prestaban inmejorablemente a este fin. El mismo Gregorio IX echó inmediatamente mano de los mendicantes en su lucha contra el emperador Federico II y después en los años treinta para movilizar tropas y recursos contra los infieles del Báltico y de la Tierra Santa [9]. El éxito de la iniciativa fue tal que en adelante los papas se sirvieron de los mendicantes para predicar varias Cruzadas al mismo tiempo. Con el paso del tiempo cada provincia franciscana y dominica tenía asignados varios frailes encargados en exclusiva a esta misión. A lo largo de todo el siglo XIII los mendicantes superaron en mucho al número de clérigos seculares implicados en la recaudación de dinero y otros medios para la lucha contra el Islam y otros enemigos del papa. De esta manera, los mendicantes incrementaron considerablemente el control de las Cruzadas por parte del pontífice romano, contribuyendo de manera ostensible a su intenso y peculiar desarrollo a lo largo de todo el siglo XIII [10].

Las primeras embajadas mendicantes al Gran Khan

Un nuevo capítulo de la contribución mendicante a la vida política europea más allá de lo puramente religioso tuvo lugar en el I Concilio de Lión de 1245. La celebración del Concilio fue inicialmente proyectada en Roma. Sin embargo, corrían tiempos extremadamente difíciles para la Curia, que se vio obligada a escapar y reunirse en Lión con un reducidísimo número de concurrentes. El acoso al que vino sometiendo a la Iglesia el emperador Federico II alcanzaba sus cotas más altas, al tiempo que el papa se quedaba sin argumentos ante la Cristiandad latina, que veía caer a sus _cruce signati_ en Gaza y en la ciudad santa de Jerusalén, que era perdida por segunda vez y para siempre.

En medio de este desasosiego en que la Cristiandad se encontraba, proveniente del Este, llegó la horda invasora más grande que ha

---

[9] Voci (1985).
[10] Maier (1994), pp. 161-166.

conocido la humanidad. Los mongoles de Gengis Khan en sólo unas décadas habían sometido a su yugo la mayor parte de Euroasia y en 1241 conquistaban Polonia y Hungría. No se sabe con seguridad qué salvó a la Europa Occidental de los tártaros. Quizá fuera la muerte del Gran Khan Ogodei y la retirada de Batu para optar a la sucesión [11]. De esta manera, Europa tuvo oportunidad de reaccionar. El Concilio lionés decidió establecer contacto mediante alguna misión de paz para saber algo más del colosal grupo humano que se cernía sobre la Cristiandad. Inocencio IV recurriría de nuevo a los frailes para organizar cuatro embajadas a los mongoles. Dos compuestas por franciscanos (encabezadas por Lorenzo de Portugal y Juan de Pian del Carpini) y dos por dominicos (encabezadas por Andrés de Longjumeau y Ascelino). Los mendicantes desde los años treinta contaban con un número considerable de fundaciones religiosas en Hungría, Crimea, Georgia, Azerbaiyán y Armenia. Esto no sólo proveía a estas expediciones con personal que comprendía la lengua de los persas y de los tártaros, sino también con cierta infraestructura conventual que facilitaría al menos los tramos iniciales del recorrido [12]. Las expediciones iban también dotadas de escribas. La legaciones de Pian del Carpini y la de Ascelino, que incluía entre sus miembros a Simón de San Quintín, pusieron gran esmero en recoger por escrito el fruto de sus pesquisas [13].

Pian del Carpini, de un pueblo cercano a Perusa, fue compañero del propio San Francisco en varias misiones, representó el ala intelectual en el primer Capítulo General de Asís celebrado en 1221 y, cuando fue encargado por Inocencio IV con la misión a los mongoles, contaba ya setenta y tres años [14]. El estilo del escrito de Pian del

---

[11] Pelliot, *Les Mongols et la Papaute*, en la *Revue de l'Orient Chretien*, primera parte, núm. 23 (1923); segunda parte, núm. 24 (1924), y tercera parte, núm. 28 (1932). También Gousset *El Imperio de las estepas. Atila, Gengis Khan, Tamerlan* (1991); y Rossabi, *Khubilai Khan* (1990).

[12] Guzman (1971); Gil (1993), pp. 159-250.

[13] La obra de Simón ha llegado hasta nosotros solo a través del cronista Vicente de Beuvais, pero ha conservado los altos vuelos literarios con la que el autor la concibió, Richard, *Simon de Saint-Quentin: Histoire des Tartars* (1965). A su regreso Simón fue empleado como tutor del príncipe Felipe, hijo mayor del rey de Francia Luis IX, Guzmán (1974). También la expedición de Andrés de Longjemeau produjo misivas y la de Pian de Carpini llevaba un escriba adicional, Benito de Polonia. Tisserant (1924); Glazik (1973).

[14] Tres meses después del regreso de Mongolia Juan de Pian del Carpini fue nombrado arzobispo de Antivari: «murió lleno de años y de méritos en 1252», según Mondreganes (1950), p. 10.

Carpini es seco y conciso. La precisión con que el franciscano remite al lector su objeto de estudio no deja lugar a dudas respecto a la naturaleza de su cometido. Su austeridad estilística hace que toda la información recogida, incluso aquella que pudiera parecer colateral, acabe por confluir en un único propósito, el de hacer reconocible al enemigo. En su *Historia Mongolarum* las alusiones a sus costumbres, a su carácter, incluso a sus sentimientos, son convertidas en argumentos útiles para organizar una eventual lucha contra ellos [15].

Todo dato que pone por escrito Pian del Carpini viene justificado por el requerimiento específico de informar. No es una curiosidad estéril la que anima a fray Juan a elencar todo tipo de detalles sobre la apariencia física, las vestiduras, los gestos, la lengua, las costumbres etc. Dentro del texto del franciscano tiene lugar un amplio despliegue de mecanismos destinados a validar la información. Ruega que no sean alteradas sus palabras, que no se añada ni se quite nada, y afirma que su propósito es hacer una descripción empírica, aportar un número máximo de datos para que luego puedan ser interpretados correctamente por la autoridad competente [16].

Otro texto de índole similar pero, si cabe, aún más excepcional, apareció pocos años después. Escrito por un franciscano flamenco a su regreso de Mongolia en 1255, la relación de viaje de Guillermo de Rubruck es para muchos el libro de viajes por excelencia de la Edad Media [17]. Según nos cuenta el propio Rubruck, su viaje a Tartaria no tenía otro fin que el de atender las almas de los emigrantes, mercenarios, artesanos, médicos y prisioneros cristianos bajo imperio de los khanes [18]. Rubruck había llegado a Palestina como miembro del séquito de San Luis de Francia. Antes de abandonar Acre, tomó la precaución de solicitar al rey unas cartas de presentación. Estas cartas no eran exactamente credenciales diplomáticas, sin embargo, el flamenco pretendió pasar con ellas como embajador de un potente monarca cristiano ante el Gran Khan. Rubruck sabía positivamente que eran del agrado de los khanes los embajadores procedentes de Occidente [19].

---

[15] Pian del Carpini, *Historia Mongolarum*, p. 221.
[16] *Ibid.*, pp. 164, 221 y 248.
[17] Dice quien ha editado la mayor parte de ellos, Gil (1993), p. 116.
[18] Rubruck, *Relatio*, p. 310.
[19] En su relato Rubruck da cuenta de un grupo de dominicos franceses a los que advierte que los mongoles no están interesados en pastores: «porque en vista de que ellos no traían más cometido que la predicación, los tártaros les harían poco caso». Rubruck, *Relatio*, p. 445. Más adelante, Rubruck hace saber que, por el contrario, los

Cumplida su misión como pseudo-embajador del rey de Francia, fray Guillermo regresaba a Acre. Allí su superior le niega el permiso para volver a Francia y lo confina en el monasterio de Acre sin que quede constancia de la razón. Puede que se debiera a su rebeldía, a haber emprendido por su cuenta una aventura sin el consentimiento de sus superiores de la orden. Pero puede también, por lo que sale a relucir en su relación del viaje, que se debiera a un excesivo amor a la pobreza y su adscripción a la creciente rebeldía del sector observante de los franciscanos [20]. El hecho es que desde su reclusión en Palestina, Guillermo escribió al mismo San Luis un extenso informe al que añadió una súplica postrera para que el rey mediara ante el ministro de Tierra Santa para concederle la libertad al de Rubruck [21].

Si bien el proceder de fray Guillermo no es del todo transparente, está claro, por lo que escribió en su obra, que concibió su informe sobre la Corte del Gran Khan como un ejercicio de utilidad pública que merecía la atención del rey de Francia y una remuneración a cambio: su puesta en libertad de la prisión de Acre. El mismo Rubruck puso de manifiesto la diferencia entre el propósito de su estancia en Mongolia y la finalidad de su ejercicio literario que estaba destinado por completo a proporcionar a su destinatario la imagen completa de una sociedad alternativa, la mongola, a través de la cual tenía lugar un análisis de la sociedad propia, la europea. En dicho análisis guardan una proporción equilibrada los aspectos puramente espirituales y los aspectos económicos, jurídicos, políticos y militares. Dentro de este registro el franciscano hace una asombrosa aportación a la teoría de Cruzada, adelantándose considerablemente a su tiempo al contemplar la posibilidad de contar con los mongoles para atacar a los musulmanes egipcios [22].

---

mongoles están muy interesados en recibir embajadores: «No me parece oportuno que torne a ir a los tártaros otro religioso, como fui yo o como van los frailes Predicadores. Pero si el señor Papa, que es la cabeza de toda la Cristiandad, quisiera enviar con la pompa debida a un obispo, éste podría decirles lo que se le antojara y hacer incluso que lo pusieran por escrito, pues escuchan todas las cosas que quiere decir un embajador, y siempre le preguntan si quiere hablar más», p. 449.

[20] No gustaba de llevar zapatos y se vanagloriaba de caminar descalzo por la nieve. Defendió ante el propio Gran Khan la legitimidad del robo en caso de necesidad, la repartición de bienes muebles e inmuebles, así como su rechazo a las armas y su deber de dejarse matar en caso de ataque; RUBRUCK, *Relatio*, p. 397.

[21] *Ibid.*, p. 397.

[22] *Ibid.*, p. 448.

En los casos de Pian del Carpini y de Guillermo de Rubruck nos encontramos ante textos escritos por mendicantes que se ocupan de manera competente de cuestiones militares, económicas y jurídicas dentro de un discurso propiamente ético-político. Y es precisamente del escenario oriental del que se sirven ambos autores para dar un calado más profundo a sus ejercicios analíticos y rebasar ampliamente el nivel teórico presentándose ante el papa y el rey de Francia con modelos de dominio aprehendidos empíricamente.

Se trata de dos textos escritos por mendicantes que ponen de manifiesto ante las principales instancias de poder europeo la capacidad de estos frailes para capturar imágenes y técnicas de poder absolutamente nuevas y distantes con respecto al horizonte cultural europeo. Los mendicantes serán capaces de mostrar no sólo la capacidad de gestionar en primea persona el enfrentamiento con otras religiones, sino de operar con solvencia en territorios hostiles al cristianismo. Pero más importante aún, accediendo a las Cortes de khanes y sultanes asiáticos, conseguían introducirse en las instancias de poder más altas de su época y las más inaccesibles tanto por su condición geográfica como por tratarse de paganos e infieles. Se trata de una estrategia narrativa que ya está presente en los textos de Juan de Pian del Carpine y Guillermo de Rubruck pero que, con la caída de Acre en 1291 y la pérdida definitiva del Reino Latino de Tierra Santa, no hará sino incrementar su valor y jugar un papel decisivo en el desarrollo y a veces en la misma supervivencia de las órdenes dominica y franciscana [23].

La respuesta de los dominicos a la caída de Acre: la SFP

La jurisdicción a la que los dominicos estaban adscritos con anterioridad a la pérdida de Acre era la provincia de Tierra Santa. Ésta era la reunión de conventos de Palestina, Siria y Chipre bajo un único prior provincial. Este superior tenía plena jurisdicción sobre

---

[23] Argumento magistralmente sostenido por Paolo Evangelisti basándose exclusivamente en las fuentes franciscanas de finales del siglo XIII y de todo el XIV: *Fidenzio da Padova e la letteratura crociato-missionaria minoritica. Strategie e modelli francescani per il dominio* (1998); *I pauperes Christi e i linguaggi dominativi. I francescani come protagonisti della costruzione della testualitá e dell'organizzazione del consenso nel bassomedievo* (2002). Distribuido en formato digital por «Reti Medievali».

todos los religiosos de cualquier provincia que se encontraran en su territorio, así como el control sobre todo movimiento de cualquier misionero desde su entrada hasta su salida de la provincia. La autoridad del provincial seguía al misionero tan lejos como penetrara en Oriente. Se trataba de una jurisdicción sin límites hacia el Este que, además, contaba con el poder disciplinario y punitivo que le prestaba la autoridad laica de los estados latinos de Tierra Santa [24].

La caída de Acre en 1291 supuso la ruina de la jurisdicción dominica de Tierra Santa. La presencia del provincial quedó reducida únicamente a los conventos de Chipre, perdiendo así todo control efectivo sobre las misiones en el interior del continente. Ya antes, las órdenes mendicantes tuvieron que aceptar grandes cotas de autonomía para sus integrantes en Asia, lo que acarreó no pocos problemas disciplinarios [25]. La Orden de los Predicadores constantemente se las tuvo que ver con miembros envueltos en asuntos comerciales, por los que llegaron en ocasiones a colgar los hábitos [26]. Esta pérdida de control corría paralelamente a un aumento tanto del número de mercaderes europeos a lo largo de las rutas caravaneras como de mendicantes adheridos a ellas. En ocasiones, los productos de multas y absoluciones a dichos mercaderes fueron recaudados por los frailes a título individual, sin el conocimiento del provincial, burlando no sólo su autoridad, sino también la del Sumo Pontífice [27].

La respuesta a la necesidad de un nuevo orden jurisdiccional fue la *Societas Fratrum Peregrinantum propter Christum*. La iniciativa surgió de un grupo de predicadores, encabezados por Franco de Perusa, que llevaron a cabo una serie de fundaciones en las orillas del Mar Negro. El primero de estos conventos fue el de Pera, en el estrecho de Gálata, después en Cafa, en Crimea y, por último, en Trebisonda. Las tres fundaciones tienen lugar en las colonias obtenidas por los genoveses mediante tratados con los Paleólogo y en plena reconstrucción tras los ataques venecianos de 1296. Los mismos conventos fueron construidos en terrenos propiedad precisamente de los genoveses [28].

---

[24] LOENERTZ, *Les missions dominicaines en Orient au XIV siecle et la Societe des Freres Peregrinants pour le Christ* (1932), p. 56.

[25] Actas del Capítulo General de la Orden en Tolosa, 1304, *MOPH*, t. IV, p. 5.

[26] Carta del Maestre de la Orden Berengario de Landorra del 20 de octubre de 1312, *MOPH*, t. V, p. 314.

[27] *MOPH*, t. V, p. 313.

[28] LOENERTZ (1932), p. 68.

En principio, la Sociedad de Frailes Peregrinos (SFP) presenta una estructura similar a la de la provincia de Tierra Santa. Su jurisdicción hacia el interior de Asia es la misma, las naciones sobre las que intervenir no han cambiado, sólo han sido desplazadas las vías de acceso. La gran singularidad de la SFP es que renuncia a una proyección espacial. Se trata de una unidad administrativa que agrupa bajo un único vicario un número siempre flexible de conventos. La propuesta de la SFP se limitó inicialmente a formar una unidad jurisdiccional de carácter únicamente disciplinario, destinada a regular la actividad de los misioneros destinados en el Ultramar desprovisto, tras la pérdida de Acre en 1291, de la presencia institucional latina [29]. La SFP renunció a la promoción de campañas expansivas. La iniciativa a este respecto era exterior a la Sociedad, que sólo se encargaría de regular y coordinar el desarrollo de dichas misiones diseñadas desde las sedes europeas [30]. No se trata tampoco de una agregación de individuos o de misioneros nómadas, sino que su firme propósito es la construcción de conventos y la formación de comunidades bajo una única disciplina y un único vicario [31]. La SFP contaría para ello con una serie de privilegios especiales en materia de reclutamiento [32].

Esta nueva unidad administrativa coexistió inicialmente con las antiguas provincias de Tierra Santa y de Grecia, con la que pronto se entraría en competencia. El primer episodio de la discordia fue la custodia del convento de Pera. La creación de la SFP había surgido también como respuesta de los dominicos a la rivalidad entre Venecia y Génova. Los conventos situados en territorios bajo influencia veneciana formaban la provincia griega y los situados en los nuevos asentamientos fruto de los tratados entre Génova y el emperador bizantino quedaron bajo la autoridad de la SFP.

La SFP fue la fórmula propuesta para aprovechar la proliferación de colonias comerciales en un momento de ausencia total en Asia de señores cristianos que posibilitaran con la protección de sus armas una administración sedentaria de las misiones. La SFP compensaba la carencia de sede central en el Levante con una mayor movilidad de sus agentes y una disciplina más efectiva, pero tam-

---

[29] *Literae Encyclicae Magistrorum Generalium (1233-1376)*, MOPH, t. V, p. 315.
[30] *MOPH*, t. V, p. 316.
[31] *MOPH*, t. V, p. 314.
[32] *MOPH*, t. V, p. 315.

bién dando cabida a iniciativas ajenas a las puramente evangélicas. Renunciando a un emplazamiento físico en Oriente la SFP daba un paso importante en su aproximación a los centros del poder católico, eliminando intermediarios entre las misiones en Asia y las principales sedes europeas como la misma Curia Romana.

Guillermo Adán y el proyecto «Sultania»

El primer producto de esta novedosa política lo trajo Guillermo Adán. En 1317 se presentaba en Aviñón ante el papa dominico, Juan XXII, con varios proyectos bajo el brazo, producto de arduos viajes y exhaustivas investigaciones por toda Asia y el Índico hechos, según cuenta el propio Adán, en compañía de otros dominicos entre los que quizá estuvo el propio Franco de Perusa[33]. Además del extraordinario *De modo sarracenos extirpandi,* Adán tuvo oportunidad de informar verbalmente a Juan XXII sobre asuntos concernientes exclusivamente a la SFP que no creyó conveniente incluir en su primer tratado de Recuperación. La fundación del arzobispado latino de Sultania decidida por Juan XXII el primero de abril de 1318 estuvo firmemente apoyada en las informaciones traídas por Guillermo, según consta en las crónicas de la orden de los predicadores[34].

Ya Arghun Khan antes de morir había previsto la fundación de una capital imperial propia, al estilo de la Cambalec del Gran Khan. Su hijo Oldjaitu, conocido como Karbenda, puso en 1305 los fundamentos de la futura Sultania. Se construyeron grandes mezquitas, un barrio para los funcionarios del Sultán con mil lujosas mansiones, se levantaron hospitales al estilo de los de Bagdad y se rodeó todo de una imponente muralla. En 1313 fueron obligados, bajo pena de muerte, artesanos y mercaderes de Tabriz a poblar la ciudad de Karbenda. El ilkhan también buscó la concurrencia de mercaderes y artesanos de todo el mundo con la organización de magníficas ferias en uno de los tramos más concurridos de las rutas caravaneras. Precisamente esta cualidad y el fácil acceso desde Sultania al golfo Pérsico (a tan sólo treinta jornadas de Ormuz) fueron

---

[33] ADÁN, *De modo,* p. 522.
[34] LEQUIEN, *Oriens Christianus,* t. III, appendix, p. 1361.

los principales alicientes para los mercaderes europeos, que también acudieron al reclamo de Karbenda[35].

A Karbenda le habría bastado con rodearse de algunos emigrantes europeos para atraer a su Corte monjes de las órdenes mendicantes. De hecho, franciscanos y dominicos no tardaron en levantar un convento, que ambas órdenes compartieron. Pero, Guillermo Adán encontró en la predisposición y acercamiento del ilkhan extraordinarias posibilidades. En Aviñón, Juan XXII recibió de Adán, junto a la propuesta de levantar un episcopado en Sultania, ciertas garantías de protección por parte del khan y, esta vez sí, algunos compromisos relacionados con la agenda de la Recuperación[36].

Llegados a la parte concerniente a los mongoles en el *De modo sarracenos extirpandi,* Adán no se limita a constatar una situación favorable para el papa dada la rivalidad entre el ilkhan con los mamelucos egipcios y los mongoles del khanato de Kipchak. Adán es también portador de una clara propuesta de alianza: anuncia la disponibilidad en la guerra contra el sultán del Cairo de cincuenta mil caballeros cristianos y dos cientos mil soldados de la infantería de Karbenda[37]. Adán además interpreta ante el papa los deseos del khan de Persia, se presenta como portavoz no solo de sus palabras sino de su miedo y su odio hacia los mamelucos[38]. Por otra parte, dado que las legaciones enviadas anteriormente por el ilkhan coincidieron con el interregno entre la muerte de Clemente V en 1314 y elección de Juan XXII en 1316, el propio Adán asume el papel de embajador personal de Karbenda ante el papa, insistiendo especialmente en que a menudo los tártaros le confiaban sus secretos[39].

Juan XXII también dejó constancia de la tarea informativa desempeñada por Adán y la SFP en las deliberaciones que acabaron con la elevación de Sultania a la dignidad episcopal[40]. De hecho, el

---

[35] Heyd (1923), 1923, vol. II, p. 168. No obstante, los artesanos persas no tardaron en escaparse y regresar a Tabriz, demostrando, así, los límites reales de la autoridad de los mongoles, entre los que siempre fue prioritario atraer la concurrencia de población urbana y especializada. Chabot (1895), pp. 150-155.

[36] Quetif y Echard, *SOP,* t. I, p. 537.

[37] Adán, *De modo,* p. 534.

[38] *Ibid.,* p. 534.

[39] *Ibid.,* p. 535.

[40] Bula pontificia datada en Aviñón el 1 de mayo de 1318. Con fecha del 4 de junio de 1318 se alude a la decisión tomada en base a *fidedigna relatione* y aún más explícitamente el 8 de agosto de 1318. Kohler, *Documents relatifs,* pp. 18, 22 y 25.

mismo nombramiento fue concebido como una generosa concesión a los predicadores. Juan XXII nombró como titular de la nueva sede al fundador de la SFP, Franco de Perusa, con seis obispos sufragáneos a su cargo escogidos también entre los predicadores. Las constituciones especiales que el soberano pontífice otorgó a la nueva provincia eclesiástica son una concesión de poder por parte de la Curia sin parangón en la historia de la Iglesia [41]. Los dominicos serán de por vida los únicos con opción a ocupar los episcopados relacionados con la metrópoli de Sultania; la iglesia conventual de los dominicos en la ciudad será al mismo tiempo la catedral; la comunidad de predicadores compondrá el capítulo metropolitano y durante las vacancias el prior de los dominicos se hará cargo de la sede episcopal.

Un mes después, el primero de mayo de 1318, son nombrados los seis obispos sufragáneos de Franco de Perusa. Entre ellos está, naturalmente, el propio Guillermo Adán. Los otros cinco eran Gerardo Calvet, Bartolomé de Podio, Bartolomé de Abagliati, Bernardo Moreti y Bernardino de Piacenza. Los obispados fueron concedidos inicialmente sin vincularlos a ningún lugar en concreto. El papa dejaba de nuevo toda la iniciativa en manos de la SFP. La única condición era que la jurisdicción del nuevo arzobispado se extendiera sobre la Transoxiana, el Índico occidental y la mitad de Persia, desde el Golfo a Tabriz, con límite al oeste en el monte Ararat [42]. Fuera de su jurisdicción quedarían los tramos iniciales de las concurridas rutas caravaneras con inicio en Lajazzo y Trebisonda, ambas Armenias y todos los territorios al norte del Mar Caspio y el Mar Negro. Sin embargo, una vez en Sultania, el equipo de obispos se repartió las sedes según un criterio bien distinto del ordenado por el papa. Contrariamente al plan original de extensión hacia el Este, tres de los obispos se instalaron en Esmirna, Sebastopol y Sivas (Anatolia, Crimea y Armenia) y los otros tres en Tabriz, Diagorgan y Maraga (a una jornada de camino al oeste de Sultania). El proyecto Sultania se había convertido de hecho en la ocupación de conventos compartidos entre dominicos y franciscanos en las citadas ciudades por parte de dominicos investidos con la dignidad episcopal y una supremacía indiscutible.

A Guillermo Adán, tocó asumir la titularidad de la sede de Esmirna. Sin embargo, le bastaron cuatro años para pasar a ocupar el

---

[41] LOENERTZ (1932), pp. 38-39.
[42] Bula pontificia Aviñón 1 de mayo de 1318, en KOHLER, *Documents relatifs,* p. 19.

rango arzobispal en sustitución de Franco de Perusa[43]. Adán quedaba al frente del proyecto Sultania y de la SFP. Las bulas concernientes a su nombramiento valoran muy especialmente la labor informativa de Adán y su habilidad como asesor de la Curia[44]. Quizá por ello, y a pesar de lo remoto de su sede oficial, Adán se las apañó para permanecer cerca de Juan XXII. Al año siguiente Adán es designado para entregar el palio al arzobispo de Éfeso[45]. Antes de salir, Adán aparece como testigo en el proceso de canonización de Santo Tomás de Aquino y a su misión en Éfeso le es añadida la dirección de una embajada pontificia al rey de Armenia[46]. El propósito inicial de la legación era atraer a la fidelidad de Roma a ciertos sectores disidentes de Armenia y del resto de Persia, amonestando por ello al rey León IV y al patriarca Constantino, a los que la bula exige reafirmarse en su juramento de fidelidad al papa de Roma, así como la provisión de información y cooperación cuando así lo requiera el Sumo Pontífice[47]. El propio Adán tuvo oportunidad de informarnos sobre el resultado de la embajada en su *Directorium ad pasagium facendum*. Desde la perspectiva de los años, los logros no respondieron a las altas expectativas derivadas de tan solemne embajada encomendada por Juan XXII a su ya por entonces estrecho colaborador Guillermo Adán[48].

La implicación en este asunto de tan alta dignidad eclesiástica también pudo estar relacionada con la ampliación de sus privilegios. Junto a las credenciales pontificias Adán también recibió la concesión, entre otros favores, del uso libre de todas sus propiedades adquiridas con anterioridad al nombramiento episcopal, revocando así la orden contraria promulgada por el papa Clemente IV[49]. A su regreso de Armenia, Juan XXII nuevamente le colma de dignida-

---

[43] Sobre el destino de Franco de Perusa sólo tenemos una curiosa bula pontificia que lo localiza «*apud Grecos*» sin dar más señas y le autoriza a hacer uso de los distintivos arzobispales excepto el palio y, en ausencia de legado pontificio, arzobispo u obispo, a dar la bendición al pueblo, en Aviñón el 1 de junio de 1323. KOHLER, *Documents relatifs*, p. 41.

[44] Dada el 6 de octubre de 1322; *ibid.*, p. 30.

[45] Dada el 6 de enero de 1323; *ibid.*, p. 32.

[46] La canonización de Tomás dada el 2 de octubre de 1323 en KOHLER, *Documents Armeniens* (1906), p. 184; la bula a León IV de Armenia dada el 31 de mayo de 1323, KOHLER, *Documents relatifs*, p. 35.

[47] La bula al patriarca armenio dada el 1 de junio de 1323, *ibid.*, p. 38.

[48] ADÁN, *Directorium*, p. 489.

[49] Dada el 31 de mayo de 1323, también se le concede la facultad de crear a su entera discreción cuatro «*tabellionatus officium*» bajo su arzobispado de Sultania, dada el 1 de junio de 1323, KOHLER, *Documents relatifs*, pp. 36 y 40.

des, primero nombrándolo arzobispo de Antivari y, a continuación, poniéndolo bajo protección directa de los cuatro cardenales más poderosos e influyentes de la Curia Romana: Napoleón Orsini, Jaime Cayetano Estefanía, Raimundo de Farges y Juan Cayetano Orsini [50]. Sin embargo, esta vez Adán tampoco ocupó su sede. Según consta por el pago de unas cantidades al colegio cardenalicio, Adán permaneció en las cercanías de Aviñón [51]. Con la designación de sus mentores recibió la velada invitación del pontífice para ocupar su cargo en breve. Sin embargo, éste permaneció la mayor parte del tiempo desatendido según denunciaron algunos de los rivales personales de Adán de entre el clero regular de Antívari [52].

La renovación de la operación «Sultania»

Juan XXII no cubrió la vacante dejada en Sultania hasta cuatro años después del traslado de Adán a Antivari. Entonces, en agosto de 1329, el proyecto Sultania recibió un nuevo impulso, renovando y aumentando los privilegios de 1318, nombrando titular a Juan de Cori y a seis nuevos obispos a su cargo [53]. A los privilegios concedidos una década atrás, Juan XXII añadía ahora en 1329 nuevas prebendas con el fin de ampliar el poder disciplinario del arzobispo sultaniense. La situación lo requería pues a oídos del papa llegaron nuevas noticias sobre clérigos que no habían adquirido el hábito por la vía ordinaria, sino de manera irregular, y que, por tanto, carecían de la formación religiosa pertinente. A este fin le fueron conce-

---

[50] Dada el 26 de octubre de 1324 y 18 de enero de 1325, se trata del Farges sobrino de Clemente V y la familia Orsini que sobrevivió a siete papas e impuso dos de sus candidatos en el Solio, precisamente Clemente V y Juan XXII. *Ibid.,* p. 46. La otra gran familia y rival de los Orsini, los Colonna de Nápoles, definieron el otro extremo de la política curial, más proclive por lo general a franciscanos que a dominicos. SUAREZ (1989), p. 233.

[51] Pagos de 80 florines de oro en concepto de «*quinque servicia familie*» y 40 florines, respectivamente, el 17 de diciembre de 1324 y el 31 de octubre de 1325. KOHLER, *Documents relatifs,* pp. 44 y 45.

[52] Juan Zaulini canónigo de Antívari denuncia a Adán ante Benedicto XII, pues su sede «*triginta annis et amplius quodammodo fuit utilis pastore solatio destituta*», ya que Guillermo Adán «*ad dictam tamen ecclesiam non redevit, sed ad civitatem Narbonensem... jam sunt octo anni*». Según bula pontificia dada en Aviñón el 25 de enero de 1337. *Ibid.,* p. 50.

[53] *Monumenta Vaticana,* 9 de agosto de 1329.

didos poderes extraordinarios al nuevo arzobispo para solucionar este tipo de anomalías, así como para crear nuevos cargos o modificar los existentes [54]. A esta dotación de autonomía en materia de reclutamiento y de reorganización jurisdiccional, el papa añadiría otro excepcional privilegio. En adelante, el arzobispo de Sultania y sus sufragáneos contaban con libertad de concederse unos a otros, así como a quien considerasen oportuno, la absolución de la pena de excomunión, suspensión u otras sentencias similares en las que el dicho sujeto hubiese podido incurrir [55].

En abril del 1330 los seis nuevos obispos se pusieron en camino formando una gran comitiva con el consuelo extra de cien florines para cada uno [56]. Esta vez los lugares de destino estaban fijados de antemano. Las sedes de Sebastopol, Diagorgan y Tabriz ya eran obispados, se trataba de relevos. Una cuarta sede, Tiflis en Azerbaiyán, contaba con uno de los conventos franciscanos de fundación más antigua de toda Asia, en el que entre otros Pian del Carpini encontró reposo en su camino a Mongolia, y que ahora era convertido en otro puesto bajo la autoridad exclusiva de un obispo dominico. Dos de las sedes, en cambio, eran completamente de nueva adjudicación: Samarcanda, en tierras transoxianas, y Quilón, en la costa Malabar, la *Colom* adaniana.

Sin embargo, la decisión de crear estos dos últimos episcopados no dio los frutos esperados. Sus titulares, Tomás Mancasole y Jordano Catalán, eran los encargados de portar el palio al arzobispo de Sultania, lo que cumplieron diligentemente. Sin embargo, no quedó noticia de la llegada a sus correspondientes sedes. Precisamente, Mancasole era uno de esos frailes que justificaron el incremento de la capacidad punitiva de la SFP. Natural de Piacenza, su primer destino fue Grecia, donde apareció liderando a un grupo de frailes rebeldes. En 1309 aparece recogido el percance en las actas del Capítulo General de la Orden celebrado en Zaragoza. A Mancasole se le abrió un proceso judicial junto a otros cuatro compañeros. Sin embargo, el grueso de las acusaciones fue contra Tomás por desor-

---

[54] *Ibid.,* 19 de febrero de 1330.

[55] *Ibid.,* 22 de enero de 1330.

[56] *Ibid.,* 21 de agosto de 1329. Los seis obispos eran: el inglés Pedro Geraldi, asignado a la sede de Sebastopol; Juan de Florencia, destinado a Tiflis; Bernardo de Guardiola, a Diogorgan; Guillermo Cigii, en Tabriz; Tomás de Mancasole y Jordano Catalán, con destinos a Samarcanda e India, respectivamente. Véase también GOLUBOVICH, *BBB,* t. III, pp. 350-359.

den, desacato e insubordinación, al parecer por dirigir una rebelión contra el vicario general. Fue sentenciado a durísimas penas, a 55 días a pan y agua, y a cumplir una condena de cinco años de prisión[57].

La misma formación de la SFP, y el apoyo incondicional de Juan XXII a sus fundadores, estaba destinada a proporcionar a la Curia Romana personal cualificado y fiable. Sin embargo, el nombramiento episcopal de Mancasole muestra la escasa disponibilidad de misioneros de confianza para desempeñar importantes misiones en lugares tan alejados de la jurisdicción efectiva del pontífice romano. La dependencia por parte del papado de miembros del clero de dudosa reputación quizá sirva para dar respuesta también a la desaparición de Jordano Catalán.

Las primeras noticias que tenemos de Jordano son las que nos proporciona él mismo en su Descripción de las Indias. El fraile dominico apareció por primera vez en India acompañado del grupo de franciscanos espirituales liderados por Tomás de Tolentino, que había cumplido condena también por desavenencias con la autoridad de sus superiores. Jordano y sus compañeros salieron de Tabriz hacia 1320, recién implantada la autoridad de los obispos dominicos de la SFP en las ciudades de Sultania y sus alrededores. Nada más llegar a India, los cuatro Hermanos Menores que iban con Jordano fueron asesinados, en el famoso episodio del Martirio de Tana. El dominico, atemorizado, pasó algunos años entre poblaciones menores alrededor del golfo de Cambay. La siguiente noticia que tenemos de él es en Aviñón, hacia 1329, componiendo un breve opúsculo, la *Mirabilia Descripta,* y recibiendo la dignidad episcopal de Juan XXII. Para recomponer el posible final de la misión de Jordano contamos con algún indicio, poco seguro, de que alcanzara su destino en la costa oeste de la India[58]. En cualquier caso, no aparece ninguna mención posterior en los registros pontificios sobre Jordano ni sobre el cargo que, ni siquiera, llegó a ser renovado. Sólo hay noticia en alguna crónica lusa sobre un legendario *frei Jordão* portugués que acaba-

---

[57] *MOPH,* IV, p. 42.

[58] El franciscano Juan de Marignolli, a su paso por Quilón una década después, habló de una hermosa iglesia latina que estuvo, o estaba, habitada por monjes distintos a los de su propia orden. Razones en las que entraremos más adelante podrían explicar el silencio de Marignolli al respecto y la imposibilidad de identificar estas fundaciones con la obra de Jordano. «*Ibi est ecclesia sancti Georgii latinorum... inde valefaciens fratribus post annum et quatuor menses*» (¿frailes indios quizá?). MARIGNOLLI, *Chronica,* p. 531.

ría siendo martirizado en Bombay e incorporado al panteón pagano de los dioses locales [59].

Respecto a la colección de bulas que acompañaron el nombramiento episcopal de *Columbum,* éstas muestran a las claras la ambición pontificia de establecer relaciones amistosas con potenciales
aliados de la retaguardia mameluca. Aparecen cartas de agradecimiento al rey hindú de Quilón. A pesar de que Jordano no dice
nada en su Descripción de las Indias, por el tono de la carta pontifi-
ca, no es improbable que el rey de Quilón hubiera ofrecido su protección a Jordano y a su vez Jordano se sirviera de ella para persuadir al papa para elegir Quilón como la sede del primer obispado
latino de la India [60]. Las comunidades cristianas de Konkan, Tana y
Gujarat fueron objeto del reconocimiento pontificio por el apoyo
prestado a los frailes europeos [61]. Jordano recibió del papa cartas
también para el Gran Khan de Catay y el emperador de Etiopía a
quien se exhorta a la «perpetua e inviolable unión contra el viejo
enemigo siempre dispuesto a atacar». El negus es invitado a una
«total implicación y a dedicarse diligentemente a todo aquello que
aumenta el mérito y nos acerca a la gloria y el triunfo» [62].

La misma bula que eleva al «reino de Quilón en la India Mayor»
al rango episcopal razona la decisión final en función de varias
motivaciones, entre las que se cuentan algunas extra-evangélicas.
Además de la dilatación de la fe y la ampliación del culto al nombre
de Cristo aparecen mencionadas *aliis rationabilibus causis* sin más
aclaración [63]. Pero no cabe desestimar la posibilidad de que esos

---

[59] George CARDOSO, *Agiologio Lusitano dos Santos e Varones illustres em virtude do
reino de Portugal e suas conquistas* (1657), t. II, p. 134, donde se da noticia de un hallaz-
go arqueológico en Tana, cerca de la actual Bombay, de una peculiar estatua de ébano
entre las ruinas de un templo hindú. La estatua mostraba caracteres propios de hábito
de un dominico. Se pensó entonces que era de Jordano Catalán, que antes de llegar a
Quilón fue interceptado en Bombay y martirizado. La población local, en un ejercicio
de sincretismo religioso, nada extraño entre hindúes, haría en su memoria una estatua y
la colocaría en una de sus pagodas, según HOSTEN, *Antiquities from San Thome and
Mylapore* (1936), pp. 380-391.
[60] Bula del 11 de septiembre de 1329, Reg. Vaticano 94, n. 174, publicada parcialmente en *Monumenta Vaticana,* p. 16.
[61] Bula del 31 de marzo de 1330, Reg. Vaticano 93, n. 949, *Monumenta Vaticana,*
p. 29.
[62] Bula del 1de diciembre de 1329, Reg, Vaticano 94, n. 174, *Monumenta Vaticana,*
p. 17.
[63] Bula del 9 de agosto de 1329, Reg. Vaticano 94, n. 2970, *Monumenta Vaticana,*
p. 9.

«otros motivos razonables» a los que alude sin detallar Juan XXII se refieran al desarrollo de una operación a gran escala en la misma *Colom* que Adán había propuesto unos años antes como base para la construcción de los buques de guerra con los que acabar con el monopolio comercial de los egipcios. También es la *Columbi* que en sus tratados de Recuperación Ramon Llull y Ayton de Armenia identificaron como centro principal de exportación de especias. Es la misma *Colombo* que en el tratado de Marino Sanudo entregado al propio Juan XXII aparecía albergando numerosos genoveses y otros emigrantes latinos.

Si bien la misión de Jordano no satisfizo las expectativas del pontificado, la instalación en Quilón de un obispo imponía serias obligaciones sobre la Curia Romana (ahora en Aviñón). Acogiendo el puerto Malabar bajo su jurisdicción se comprometía a mantener un orden jerárquico, a proveerlo de personal y a garantizar la sucesión episcopal. En teoría, la doctrina pontificia considera que una misión deja de serlo cuando está en condiciones de sostener una jerarquía episcopal [64]. El nombramiento de un obispo implica la existencia de una comunidad católica autónoma, amplia y sólida, condiciones que ni por asomo se dieron en el caso de Quilón. En fin, una decisión tan grave no estaría fundada tanto en los logros pastorales de Jordano (por lo demás una persona con dudoso pasado y escasa formación literaria) como en el establecimiento de una comunicación efectiva y constante con uno de los puertos más importantes de las Indias y cuyo nombre resonó particularmente en los oídos de Juan XXII en relación con la agenda de la Recuperación. No encontramos más justificación para el nombramiento episcopal de Jordano que el de aglutinar en torno a un firme gesto pontificio las voluntades dispersas de los miembros de la comunidad latina en Quilón y una parte de la población local, acaso el propio rey, que según Guillermo Adán y el mismo Jordano estarían dispuestos a colaborar con el papa para procurar la ruina del sultán de El Cairo.

Las Descripciones dominicas

Al igual que sus predecesores, el nuevo arzobispo de Sultania, Juan de Cori, consagrado por Jordano Catalán y Tomás Mancasole

---

[64] Silva Rego (1961), p. 31.

en 1330, viajó extensamente por Asia. Cori no se prodigó tanto por los márgenes occidentales del Índico, como por los dominios del Gran Khan de Catay. En lo que sí emuló a Guillermo Adán, fue en la producción de algunos informes escritos, uno a instancias del papa y otro del rey de Francia Felipe VI [65]. Ambos fueron terminados poco después de su nombramiento arzobispal, por lo que es posible que, al igual que Adán, abandonara temporalmente su sede y llevara a cabo tan laboriosa tarea en el mismo Aviñón. *L'Estat et la gouvernance du grand Caan de Cathai souverain empereur des Tartares, & de la disposition de son empire, interprete en Latin par un archevesque, qu'on dit l'archeveque Soltanensis, au command du papa Jean XXII de ce nom,* es un opúsculo donde se da cuenta, de manera escueta y precisa, de lo concerniente tanto al atuendo de los distintas gentes, como a los sistemas de comunicación y posta, al uso de metales y de papel moneda, a las prácticas de inhumación de cadáveres, los tipos de escritura, los calendarios utilizados o las prácticas astrológicas. El estilo del informe, a usanza de los de Pian del Carpini y Rubruck, no deja lugar a dudas sobre su naturaleza inventarial.

El informe acaba con algunos apuntes sobre la gran influencia que tienen los monjes budistas sobre el Gran Khan, también sobre la perfidia de los nestorianos y su animadversión hacia los latinos y concluye con un consejo para ganarse de la mejor manera el favor del emperador. El Gran Khan es particularmente sensible a las artes curativas de los magos, por tanto recomienda el envío de mendicantes dotados con estas mañas. El inventario de Juan incluye información sobre el desarrollo de las misiones franciscanas en China. En este capítulo se da noticia de las casas abiertas por los franciscanos en Pekín y en Zayton, detallando sus principales características, las distancias que las separan y el nombre de sus titulares, Andrés de Perusa y Juan de Florencia.

L'Estat de Cori anuncia a la Curia Romana la reciente muerte del titular del obispado de Pekín, Juan de Montecorvino. El texto de Juan de Cori también da noticia del subsidio que el Gran Khan tiene asignado a los franciscanos, conocido como *alafa*. Los cristianos nestorianos son allí el principal adversario de los latinos y, por tanto, no es entre ellos que viven los mendicantes, sino entre los

---

[65] Del presentado al monarca francés sólo conservamos mención en Quétif y Echard, *SOP,* I, p. 538. El otro fue publicado por Yule, *Cathay,* vol. III, pp. 89-103.

paganos. Con ocasión del entierro de Montecorvino acudieron junto a los cristianos conversos multitud de idólatras. Junto a las noticias sobre los señores y los pueblos de Oriente, la característica más notable de *L'Estat et la gouvernance du grand Caan de Cathai* es la información sobre el desarrollo de las misiones bajo control franciscano. Juan de Cori no dice nada de las misiones dominicas, ni siquiera de los puestos bajo su propia jurisdicción. El memorando del dominico es el resultado de las investigaciones propias de una misión inquisitorial desarrollada en el Lejano Oriente [66].

Los sucesores de Juan de Cori al frente de la sede sultaniense seguirían produciendo material similar. El siguiente en ocupar el cargo fue fray Antonio, que escribió el *Tractatus contra Machumetana perfidiam* del que sólo se conservan las referencias dejadas por los cronistas de la orden predicadora [67]. El ulterior obispo de Sultania, Juan de Galonifontibus, escribe en 1404 el *Libellus de notitia orbis,* una breve obra que no obstante contiene noticias provenientes de los tres continentes medievales y en especial de Asia. Galonifontibus parece especialmente familiarizado con las tierras al norte del mar Negro y el mar Caspio, pero da noticias de las tierras alrededor del Báltico y al este de los Urales hasta Siberia [68]. Hacia 1400 Tamerlán, el último gran conquistador mongol, escoge al arzobispo de Sultania como embajador suyo ante las autoridades de Génova, Venecia y la Santa Sede. Coincidiendo con su misión ante el papa, Juan escribe el pequeño tratado, en el que ocupa un lugar marginal la información sobre el desarrollo de las misiones. En general, la capacidad descriptiva de *Libellus* disminuye en beneficio de consideraciones didácticas sobre la condición moral de otros pueblos, la imagen de los latinos en el mundo y en especial la superioridad de la Cristiandad sobre el Islam. Volvemos a encontrarnos en la literatura dominica profecías sobre la victoria final de los francos [69]. Un argumento al que recurre frecuentemente con el claro propósito de

---

[66] Así opina PHILLIPS (1994), p. 121. No obstante, Yule sostiene que Juan de Cori no estuvo en China y que escribió nada más que de oídas.

[67] QUETIF y ECHARD, *SOP,* I, p. 537.

[68] Galonifontibus, de origen francés, fue nombrado obispo de Armenia por Gregorio XI el 9 de marzo de 1377 y de Sultania el 26 de agosto de 1398 por Bonifacio IX. El *Libellus* contiene una curiosa noticia sobre todo un continente inhabitado por estar permanentemente cubierto de hielo, GALONIFONTIBUS, *Libellus,* p. 120.

[69] *Ibid.,* pp. 97-98.

alertar a los príncipes europeos, para que dejen de un lado sus divisiones internas y se dispongan a la lucha contra el Islam [70].

El *Libellus* acaba con un capítulo en el que compara la Cristiandad y el Islam con la intención de rebatir la común creencia de que «los sarracenos son muchos más y tienen más provincias y reinos que los cristianos» [71]. Argumenta, en contra de la mayor parte de los autores contemporáneos, que las tierras bajo el Islam son desérticas, están mal pobladas y aunque estén presentes en las «tres partes del mundo», lo cierto es que en Europa son pocos y que en Asia son minoría en relación con los indios, los catayos y los etíopes. Continúa su crítica respecto a la extendida creencia sobre la supremacía demográfica de los musulmanes con argumentos no menos agudos que los empleados por Adán. Dice, por ejemplo, que la poligamia de los musulmanes no sirve tanto para incrementar su población como para simplemente satisfacer su bajeza moral. Muchas esposas implican menos posibilidades materiales para mantener la familia, así como más disputas dentro del matrimonio, por tanto, determina que, «aunque tengan más esposas, generan menos hijos que los que tienen una sola» [72].

Respecto a este breve inventario sobre el despliegue misionero en Asia, nos encontramos ante una situación bien distinta a la de sesenta años atrás, cuando fue puesta en marcha la operación sultaniense. El deterioro del panorama misionero en la India fue compensado con una cierta proliferación al norte del Mar Negro. Pero lo cierto es que la SFP apenas había avanzado en la evangelización de pueblos no cristianos. Los mendicantes no consiguieron autonomía con respecto a los mercaderes europeos y siguieron a éstos en su paulatino retroceso de las rutas caravaneras asiáticas. El último movimiento de la SFP fue, sin embargo, la unificación de toda la administración clerical asiática. Juan de Galonifontibus comunica que la sede de Pekín está vacante desde hace años y solicita para sí el título. El papa se lo concede, reuniendo así el arzobispado de Sultania y el de Pekín. Toda la autoridad de la Iglesia latina en Asia quedó concentrada en Sultania, que pasó a convertirse en la Metrópolis de todo el Oriente [73].

---

[70] *Ibid.*, p. 100.
[71] *Ibid.*, p. 121.
[72] *Ibid.*, p. 123.
[73] *Ibid.*, p. 119. Es nombrado arzobispo de China el 2 de octubre de 1410 en Lequien, *Oriens Christianus*, t. III, p. 1349.

Cabe añadir, para terminar, que durante la primera mitad del siglo XIV la producción de textos por parte de los dominicos sobre Asia, Catay y las Indias se produjo en un contexto altamente competitivo. Descontando eventuales accidentes responsables de la desaparición de escritos similares [74], dos casos demuestran cierta intencionalidad por parte de los dominicos a la hora de apropiarse de textos sobre el Oriente producidos fuera de la orden. Es el caso de la carta escrita en 1292 desde el sur de la India por Juan de Montecorvino. La carta en cuestión apareció en los años veinte del siglo XIV en círculos intelectuales dominicos y su transcriptor omitió toda mención al Hermano Menor en beneficio de su socio de la orden predicadora, Nicolás de Pistoia [75]. El otro caso es el de Marco Polo. También en 1320 Franco Pipino recibió el encargo de traducir al latín la obra del veneciano. Lo cierto es que de la versión de Pipino proceden las numerosas copias en distintas lenguas romances a lo largo de los siglos XIV y XV, en base a las cuales se produjo su extraordinaria difusión por toda Europa y convirtieron a los Polo en los aclamados héroes de la temprana expansión europea. La influyente edición poliana hecha por Pipino iba acompañada de la Descripción de las Indias de Jordano Catalán y del tratado de Recuperación de Marino Sanudo. El destinatario no era otro que Juan XXII y el manuscrito estaba decorado con lujosas miniaturas en las que los Polos eran representados vistiendo los hábitos de la Orden Dominica. La tergiversación pictórica iba acompañada de numerosas mutilaciones. Una censura conscientemente dirigida a silenciar las declaraciones más comprometidas de Marco Polo respecto a la excelencia cívica de las naciones orientales o las menos complacientes con la superioridad moral de la Cristiandad latina en relación con cismáticos, infieles, herejes y paganos [76].

La historia de la orden dominica en Asia a lo largo del siglo XIV es excepcional. La creación de la Sociedad de los Frailes Peregrinos es un acontecimiento que adelanta en más de dos siglos a la gran

---

[74] Además del *Tractatus contra Machumetana perfidiam* de fray Antonio, los cronistas de la orden atribuyeron a Juan de Cori un *Directorium ad passagium facendum.* QUETIF y ECHARD, *SOP,* I, p. 572.

[75] Contiene la única copia que ha llegado a nuestros días de Menentillo de Spoleto; *ibid.,* III, p. 541.

[76] Se cita como autor dominico *ibid.,* III, p. 541. Sobre la censura de Pipino sobre el *Divisament* poliano véase YULE (1903), CORDIER (1925), LATHAM (1958), RUBIES (2000), LARNER (2001).

institución misionera de la Iglesia Católica, la *Propaganda Fide* de
los jesuitas. Sin embargo la SFP contiene rasgos que la asemejan
también a otra institución católica no menos célebre, la Santa Inquisición. Los privilegios pontificios adquiridos por los dominicos estaban destinados a proporcionar al papa una vía de acceso directa a
los asuntos orientales. A cambio los dominicos recibieron suficientes privilegios y poder para desbancar a otros sectores del clero
regular y mendicante cuya presencia en Asia era anterior y seguramente más amplia.

La sociedad entre el papa y los predicadores tuvo en la producción de informes escritos uno de sus principales pilares. Algunos de los obispos dominicos de Armenia, Persia e India probaron
ser unos diligentes exploradores, infatigables viajeros, cuyo destino final invariablemente era la Corte pontificia de Aviñón, donde
correspondía poner sus averiguaciones por escrito y a disposición
bien del papa o bien del rey de Francia. De haber sido una literatura de contenido exclusivamente misional la encontraríamos cir-
culando entre los numerosos conventos europeos donde eran formados los misioneros o de la misma Asia desde donde eran
asignados con mayor precisión los lugares de destino. Sin embargo, no es el caso de ninguno de los textos dominicos que han llegado a nuestros días.

Siendo el papa y el rey de Francia los depositarios de estos textos, la información con más probabilidades de ser considerada
(pues no tenemos constancia de las reacciones de sus destinatarios
y por tanto es difícil evaluar hasta qué punto estos textos satisficie-
ron plenamente sus expectativas) hubo de mantener una relación
más directa con la agenda compartida entre las dos instancias de
poder europeas con mayores pretensiones universalistas. Nada en
estos años aglutinó tan decididamente ambas voluntades como la
programación de la Cruzada de Recuperación. La intensa actividad
literaria de los dominicos en torno a su presencia en Asia dio lugar
a productos significativos en relación tanto con la teoría de Recuperación como con la Descripción de las Indias. Su apropiación de
textos exteriores a la orden pone de manifiesto además la centralidad en la política de los dominicos de dicha producción documental y la relación de continuidad con que concibieron los textos de
uno y otro cuerpo.

No menos reveladora, la asombrosa carrera personal de Guillermo Adán da testimonio de la ambiciosa política que rodeó desde su
gestación la constitución del arzobispado de Sultania, así como a la

implantación de sucursales episcopales en el resto de Persia, el Turkestán y la India. La intervención de Adán en tal operación es inseparable de su contribución a la tratadística sobre cómo recuperar la Tierra Santa. En ambas operaciones, la Recuperación y la SFP, el dominico dio una importancia extraordinaria tanto a la introducción de agentes del papa en el Índico como a la producción eficaz de información. La Descripción de las Indias hecha por Jordano Catalán, su *Mirabilia Descripta,* y su designación como obispo de Quilón, el principal puerto del Índico Occidental, son iniciativas íntimamente relacionadas con la visión de Adán, los intereses de la SFP y de la Recuperación de Tierra Santa.

Los franciscanos en Asia

Los textos escritos por los frailes menores en los mismos años y en alusión al mismo contexto espacial, si bien vienen siendo considerados parte de un mismo cuerpo literario, albergan consistentes diferencias con respecto a los de sus compañeros dominicos. La adscripción de los frailes a una u otra orden suponía diferencias sustanciales en los métodos empleados, en las actitudes respecto a determinados asuntos, así como en las relaciones institucionales con el pontífice. Tales variaciones encontraron expresión tanto en la forma como en el contenido de su producción literaria sobre el Oriente de principios del siglo XIV.

Las novedosas medidas adoptadas por los dominicos para contrarrestar la pérdida de Acre, la creación de la SFP y el firme apoyo de Juan XXII culminaron con un considerable incremento de la autoridad de la orden en Asia. La fundación de obispados en Anatolia, en Crimea, en Armenia, en Persia, en el Turquestán y la India suponía un continuo jurisdiccional de los dominicos que abarcaba todo el Oriente Medio, la India y los accesos al Catay, el único terreno que no le fue disputado a los franciscanos hasta finales del siglo XIV.

En cambio, la pérdida de los restos del dominio latino en Palestina había repercutido menos en la estructura misionera de la orden de los Hermanos Menores. Los franciscanos, que en 1291 contaban con más de mil quinientas casas, también gozaban de una posición más sólida respecto a otros mendicantes en el Levante mediterráneo. Pronto estuvieron en condiciones de reproducir un sistema jurisdiccional en Asia similar al europeo, constituido por vicarías y custodias. La vicaría Tartárica Aquilona estaba subdividida en las custodias de Gazaria y Sarai y la vicaría Tartárica Oriental comprendía las custodias de Constantinopla, Trebisonda y Tabriz. A este sistema se añadió unos años después de la caída de Acre un tercer vicariato en Catay [77].

Esta situación amortiguó considerablemente el impacto producido por la derrota en Tierra Santa. Los franciscanos mostraron mayor independencia que los dominicos en relación con el apoyo laico de los señores del Levante latino. La relativa continuidad administrativa conseguida por los Menores tras la caída de Acre descansó también en el elevado número de miembros de la orden, muy superior al de dominicos, así como en una serie de brillantes iniciativas individuales, como las de Juan de Montecorvino y Tomás de Tolentino, que culminaron con la creación en 1307 del primer arzobispado latino en Asia, en la Cambalec del Gran Khan.

Esta sonora victoria en el campo de las misiones descansó ampliamente en la personalidad de Montecorvino, cuya fama excedería ampliamente a su siglo y su orden. El «Primer Apóstol de China» como le llamaban sus sucesores, hizo su entrada en Asia en 1279. Desde temprano, a la vez que desarrollaba su actividad pastoral en el seno de la comunidad de emigrantes latinos, demostró una habilidad excepcional en el trato con importantes personajes locales. Juan de Montecorvino llegó a recibir considerables privilegios de algunos reyes y reinas, sultanes y khanes. El mayor de todos fue el favor obtenido del Gran Khan de Pekín. Desde allí vino Tomás de Tolentino a Poitiers para convencer al papa Clemente V de la magnitud del apoyo conseguido por Montecorvino del Gran Khan. A diferencia de Sultania, en el episcopado cambalense los franciscanos se anticiparon al pontificado, que no participó más que en la sanción de un proyecto desarrollado al margen de su iniciativa. En este caso, los logros misioneros en China no fueron producto de la sinergia entre el papado y los franciscanos, sino, y en buena medida, de justo lo contrario.

---

[77] GOLUVOBICH, _BBB_. De los 30 tomos que componen la obra de Golubovich nos conciernen el tomo I (1215-1300), el tomo II (_adenda al sec._ XIII), el tomo III (1300-1332), el tomo IV (1333-1346) y el tomo V (1346-1400). Etiopía en principio fue encomendada a la Orden Menor, SBARALEA, _Bullarium,_ t. IV, año 1245, si bien acabó formando parte de la jurisdicción dominica de Sultania.

Las veleidades heréticas de los franciscanos

La situación de los mendicantes estuvo a menudo sujeta a los vaivenes de las necesidades pontificias. En ocasiones, el papa encontró en éstos su mejor aliado, el brazo ejecutor de su voluntad, la vía para acceder a nuevos y recónditos ámbitos sociales y geográficos. Los mendicantes contaban para ello con gran capacidad de reclutamiento y una proverbial versatilidad, de la que se sirvieron para estar presentes en distintos medios: tanto en la austera soledad de los monasterios, como en las reuniones conventuales de las ajetreadas ciudades. La gran movilidad de los mendicantes, su rápido crecimiento a lo largo del siglo XIII, así como la relativa autonomía alcanzada respecto a los réditos procedentes de las tierras de cultivo, situó a los mendicantes en la vanguardia de una sociedad por otro lado ampliamente regida por una economía típicamente natural, dependiente de la tierra y apegada a un lugar fijo. Por su parte la Iglesia, en su intento por asimilar tales vanguardias, no pudo evitar presentar cierta resistencia y mostrar los recelos típicos de una poderosa institución tradicional hacia todo movimiento renovador.

Desde la recuperación del movimiento conciliar, no había habido instancia en la que el papa no aprovechara para expresar su preocupación por movimientos que pugnaban por ensanchar la ortodoxia. En el II Concilio de Letrán se prohibía toda forma de vida monástica laica. En el III, junto a los cátaros, eran excomulgados los valdenses y los umiliati lombardos, dejando clara la posición de la Iglesia ante quien pretendiera disputarle cualquiera de sus monopolios, incluida la predicación.

El II Concilio de Lión de 1274, organizado con carácter de urgencia por Gregorio X para encontrar una solución a la inminente ruina del Imperio Latino de Palestina, fue también el momento crítico en el que se acabó prohibiendo un buen número de las órdenes mendicantes nacidas a lo largo del siglo XIII. Grupos religiosos como los frailes del Saco, los frailes de Santa María, los frailes de los Mártires, los frailes de los Apóstoles y otros tantos que habían adquirido un desarrollo amplísimo por toda Europa respondían a nuevas necesidades espirituales que la jerarquía eclesiástica no supo asumir completamente sin comprometer su posición central en la sociedad europea.

La dura legislación del II Concilio lionés dio cuerpo al celo con el que la cúpula eclesiástica contemplaba el rápido crecimiento de los mendicantes. Las órdenes Menor, Predicadora, Ermitaños de San Agustín y Carmelita sobrevivieron a la criba. La considerable envergadura de estas órdenes, así como su infiltración en múltiples campos de la cultura, las letras y la política, les valió la confirmación de sus privilegios por parte del Concilio. Otras, en cambio, no lo lograron, como los frailes de la Penitencia de Cristo, los frailes del Saco, que contaban con más de una centena de conventos por toda Europa [78]. Por su parte, las que sobrevivieron no habrían de salir completamente ilesas. Dominicos y franciscanos, aunque pudieron haber instigado la supresión de las órdenes rivales, se vieron obligados a asimilar parte de los restos nada deseables de la debacle: monjes y edificios, entre los que se hallaban conventos en Murcia y en Tierra Santa [79].

A la toma de decisiones del II Concilio lionés siguió un amplio movimiento disciplinario que afectó considerablemente a las órdenes supervivientes, en particular a los franciscanos, entre los que se tomaron medidas durísimas para la represión de los sectores más radicales de la orden, los llamados espirituales o *zelanti*. La extirpación del sector más extremista de la orden menor abrió una brecha que no cicatrizaría inmediatamente. De este miembro amputado de la orden franciscana habrían de surgir algunas de las herejías más perseguidas a lo largo del Bajomedievo y buena parte de la era Moderna [80].

La división de interpretaciones, entre los llamados espirituales y conventuales, tuvo lugar aún en vida de San Francisco, por lo que ambas posturas se consideraron representantes del espíritu original y continuadoras del ejemplo vivo del santo. Por eso también se dio un considerable equilibrio de fuerzas entre ambas posiciones que aún tardarían casi un siglo en definirse claramente una en contra de la otra. Además el pontificado inicialmente no percibió más que una única voluntad en los seguidores franciscanos, no más proclives a la

---

[78] El sobrenombre proviene de su rudo atuendo. En 1255 el papa confirmó la regla junto con la de los frailes de Santa María, ambas muy similares a la de los dominicos, ambas extinguidas tras el Concilio II de Lión. EMERY (1943), y «*The Mendicant Orders*», *Cambridge Medieval History* (1936), vol. 6, p. 760.

[79] EMERY (1943), pp. 325 y 327.

[80] Convirtiéndose así en cantera de las herejías más sonoras y con sangriento final, como los dulcinistas, los joaquinistas, etc. ANAGNINE (1964) estudia la carrera y trágico final de herejes como Dulcino, Margarita, Segalelli, toda una generación que, sino su origen, tiene su razón de ser en el recrudecimiento de la ortodoxia tras el II Concilio de Lión.

heterodoxia que otros movimientos mendicantes. Las primeras disposiciones contra sus imprudencias datan de 1230, con Gregorio IX, que, poco después de canonizar a Francisco, afirmaban la suprema autoridad de Roma, la exclusión del Testamento de Francisco como fuente doctrinal de la orden, la licitud del cobro de limosnas y la obligación de acumularlas para emplearlas con fines piadosos. En los años consecutivos distintas ordenanzas se ocuparon también de anular la predisposición contra la posesión de bienes culturales, promoviendo la inserción de los frailes Menores en el medio universitario. A continuación, Inocencio IV adscribía las propiedades de la orden a la Santa Sede por encima de toda jurisdicción episcopal. Disposiciones que incidieron enormemente en la discrepancia de interpretaciones dentro de la orden. Los conventuales, en buena medida inspirados en el ejemplo dominico, fueron adquiriendo su fisonomía definitiva, mientras los espirituales se aferraron aún con mayor fuerza al Testamento para rechazar el intervencionismo pontificio [81].

El gobierno del «moderado» San Buenaventura (1257-1274) se propuso acabar con la dicotomía franciscana y reducir todas las casas a la ortodoxia marcada por la Curia Romana. Su enérgico ministerio y sus deseos de complacer al Santo Padre le animaron a redactar una nueva biografía del santo y a ordenar la destrucción de todas las demás versiones. La *Legenda mayor* contravenía en determinados aspectos la voluntad de Francisco, en especial en todo aquello relacionado con la extrema pobreza y el rechazo a la intelectualidad [82]. Si bien la política de Buenaventura procuró años de crecimiento y expansión misional, no hizo más que anticipar un largo período de crisis para la orden. A la altura del II Concilio de Lión, la tendencia pauperística estaba experimentando un fuerte repunte. La apariencia engañosa del predominio conservador y cierta ansiedad por parte de la Curia en acabar definitivamente con toda amenaza a su autoridad llevaron a estrechar demasiado el cerco alrededor de los espirituales.

---

[81] Uno de los primeros elementos de polarización fue la obra de Joaquín de Fiore condenada por el IV Concilio de Letrán, pero que sirvió a algunos espirituales para ver en el *ordo justorum* del calabrés un anticipo del Camino. La tesis ganó adeptos entre franciscanos moderados, incluso el propio general de la orden, Juan de Parma, lo que forzó a Roma a exigir su dimisión. SALVATORELLI (1955) y CHENU (1953).

[82] Se trata de una versión definitivamente escorada hacia el lado de los conventuales según LE GOFF (2003), p. 29.

Entre los espirituales encarcelados tras el II Concilio de Lión figura el grupo conocido como *fraticelli delle Marche* liderados por las dos figuras más importantes del movimiento espiritual, Ángel Clareno y Ubertino de Casale. En el grupo también estaba Tomás de Celano, escritor de las dos primeras biografías de San Francisco, y, el aquí ya tantas veces mencionado, Tomás de Tolentino. El grupo fue sentenciado por primera vez a tres años de encarcelamiento. En 1278, ante su terquedad y sus persistentes excesos en el celo de la pobreza, fueron de nuevo condenados, esta vez a cadena perpetua. Sin embargo, diez años después, la petición formal de frailes franciscanos hecha por el rey de Armenia a través de Juan de Montecorvino fue convertida por el general de la orden y sucesor de Buenaventura, Raimundo Gaufredi, en argumento para la liberación de los *fraticelli delle Marche* que comenzaban así su carrera misionera en Oriente. Los grandes logros de Tomás de Tolentino en este terreno, que tuvieron su máxima expresión en la fundación del arzobispado de Pekín y en la conquista final de la corona del martirio en India junto al dominico Jordano Catalán, fueron empleados como argumentos en defensa de los *zelanti* y convirtieron a Tomás en modelo de virtud de varias generaciones de franciscanos. Sin embargo, su beatificación el 10 de julio de 1894 llegó cuando la rebeldía de los espirituales era ya un lejano recuerdo para la orden [83].

El sentimiento *zelanti* seguía vivo en una generación de frailes que habían sido iniciados por discípulos directos de Francisco de Asís y que mantuvieron en todo momento vivo su amor a la *madonna povertà*. Las obras de Juan de Olivi (1248-1298), Ubertino de Casale (1259-1328) o Ángel Clareno (1247-1337) sirvieron para afirmar las posturas más radicales y refundar el extremismo franciscano, esta vez bajo el nombre de los *fraticelli*. El deseo de estos *fraticelli* era volver a los rigores primigenios de la orden, restringiendo el uso de bienes, así como ciertas prácticas, desarrolladas a partir de la creciente clericalización de la orden. Clareno, en su *De septem tribulationibus ordinis,* arremetía contra la construcción de conventos e iglesias en las ciudades, pues al verdadero mendicante no corresponde otra propiedad que los alimentos diarios y su hábito. El verdadero fraile debía provocar la caridad y predicar en las iglesias de otros [84].

---

[83] GOLUBOVICH, *BBB,* t. I, pp. 328-339.

[84] Angel de Cignoli, el Clareno, entró en la orden en 1260, diez años antes de que muriera fray León, el último miembro del equipo de san Francisco. La versión toscana

La canonización de Aquino y la ofensiva antifranciscana

El aspecto más controvertido del pensamiento de los *fraticelli* y el más novedoso con respecto a la postura anterior de los espirituales franciscanos es el ataque a la intelectualidad dominica, en particular el rechazo a la obra de Tomás de Aquino, máximo representante de lo que la nueva generación de *zelanti* tuvo a bien llamar *ecclesia carnalis*. Tales críticas aparecieron en vida del Aquinate y llegaron a alcanzar gran resonancia en los años posteriores a su muerte. Algunos de los obispos más influyentes y las tres principales universidades europeas, Oxford, Canterbury y París, prohibieron 219 de las tesis del Aquinate. Censura que sólo la canonización de Tomás consiguió levantar. Por su parte, a finales del siglo XIII la jerarquía dominica recorría un camino inverso al reafirmarse en su apoyo al Aquinate. Los capítulos de la orden en París, Colonia, Metz, Londres, Bolonia, Burdeos y Viena impusieron repetidamente a todos los Hermanos Predicadores la obligación de estudiar la obra de Tomás[85].

Los franciscanos no permanecieron indiferentes al desarrollo de los acontecimientos. Pedro Juan de Olivi escribe en 1279 el polémico *Quaestiones de usu paupere* en rechazo a la creciente acomodación, al estilo de los dominicos, de un sector de la Orden Seráfica, así como un ataque abierto a la obra de Santo Tomás y su trasfondo aristotélico[86]. La obra de Olivi y otras del mismo signo, como las de Ubertino y Berengario de Perpiñán, se encontraron con respuestas papales que oscilaron entre la represión y el diálogo. Inicialmente los espirituales franciscanos se encontraron con papas simpatizantes como Nicolás IV, el primer pontífice franciscano que antes con el nombre de Jacobo de Ascoli había sucedido a San Buenaventura como general de la orden, y que inmediatamente mostró su apoyo a la obra de Olivi mediante la bula *Exiit qui seminat*. No menos proclive fue el segundo pontífice proveniente de la orden menor, San

---

del *De septem tribulationibus ordinis* es de 1323. Códice italiano de la Biblioteca Nazionale de Florencia, 37/28. De aquí procede buena parte de la información sobre los primeros años de cárcel y exilio de Tomás de Tolentino hasta 1305.

[85] Bourke (1965).

[86] Otras obras antiaristotélicas fueron las del obispo de Canterbury y el cardenal de Porto, que escribió en 1279 y destacó por su dura postura contra el pensamiento de Aquino. Golubovich, *BBB*, t. III, p. 426.

Celestino, cuyo breve pontificado ha quedado inmortalizado en parte gracias a la propaganda que los espirituales hicieron del que dieron en llamar el Papa Angélico. A éstos siguieron largos años de vacancias en el solio alternándose con pontificados más o menos indiferentes, más o menos reluctantes a las veleidades heréticas de los espirituales. No obstante, el momento culminante no llegaría hasta 1323 con la promulgación de la bula *Cum inter nonnullos,* en la que el papa dominico Juan XXII condenaba expresamente la aspiración a la pobreza absoluta, incluso en Cristo, lo que dejaba fuera de la ortodoxia incluso al sector moderado del franciscanismo. El papa, que hasta la fecha parecía haber aceptado la colaboración de los llamados conventuales contra el sector radical o espiritual, acabó por romper con la jerarquía franciscana y comenzaron así veinte años de cisma entre papado y la orden menor.

El instigamiento contra los franciscanos por parte de Juan XXII había comenzado en 1318 según el maestre de la orden Miguel de Cesena denunció públicamente[87]. Ya el 30 de diciembre de 1317, pocos meses después de haber sido elegido papa, Juan XXII publicaba la bula *Sancta Romana* con la que ordenaba la supresión de todas las sectas de *fraticelli,* tan abundantes entre los franciscanos de Francia como entre los de Italia. El proceso tuvo como punto de partida la condena de la obra de Pedro Juan de Olivi sobre el voto de pobreza y sus implicaciones prácticas dentro del funcionamiento de la orden[88]. La agresión del papa contra los franciscanos fue tan violenta que el general de la Orden, Cesena, no pudo evitar elevar una enérgica protesta. Lejos de arredrarse, Juan XXII ordenó la deposición de Cesena y su encarcelamiento junto a otros compañeros entre los que estaba el célebre Guillermo de Ockham. La orden en su conjunto rechazó al nuevo general impuesto por el papa; Cesena y Ockham encontraron la manera de escapar de la cárcel y acabaron repudiando a Juan XXII acogiéndose a la protección de su principal adversario, el emperador germano, y a la fidelidad del antipapa.

Las razones del ataque de Juan XXII distan de ser transparentes. El tratamiento historiográfico de la cuestión aún está abierto a

---

[87] TURLEY, *John XXII and the Franciscans* (1989).

[88] LAMBERT, *The Franciscan Crisis under John XXII* (1972). Precisamente el principal escollo a salvar fue el apoyo mostrado por Nicolás IV a las tesis de Olivi mediante la bula *Exiit qui seminat.*

todo tipo de sugerencias. Las últimas teorías tienden a enfatizar el papel de los dominicos, que tradicionalmente habían venido siendo considerados meros instrumentos del pontífice, en la polémica antifranciscana [89]. Lo cierto es que el ataque contra los franciscanos parece estar íntimamente relacionado con la canonización del Aquinate y a la vez no carecía de sólidos antecedentes de rivalidad entre las dos grandes órdenes mendicantes. No faltan los testimonios contemporáneos constatando la tensión entre ambas órdenes, cuyos frailes trataron de anticiparse en la toma de ciudades para luego impedir por todos los medios la entrada del rival. Asimismo, tanto la política de reclutamiento o el ejercicio de las funciones inquisitoriales asumidas por franciscanos y dominicos frecuentemente fueron reconducidas en contra de los intereses del oponente [90].

La SFP y, en particular, el levantamiento del arzobispado de Sultania tienen un fuerte carácter exclusivista que encaja plenamente entre los gestos primordiales de la contienda entre dominicos y franciscanos. De hecho, la primera comisión papal destinada a condenar el *Usus Pauper* fue nombrada en junio de 1318, sólo dos meses después de la creación del arzobispado con el que Juan XXII sometía toda la vicaría oriental de los franciscanos a la autoridad de siete obispos dominicos. Son estas fechas y los años siguientes, hasta la publicación del *Cum inter nonnullos,* los de mayor actividad de Adán en la Corte aviñonense, que tuvieron como colofón su nombramiento al frente de Sultania. Es también en 1323 cuando tiene lugar la canonización de Tomás de Aquino. El evento fue celebrado en Notre Dame des Doms de Aviñón. Acudieron importantes personalidades de la política europea e incluso reyes como Roberto de Sicilia. Las celebraciones se prolongaron durante dos días e incluían banquetes públicos para todo aquel que quisiera participar. También los costes fueron excepcionales [91]. Un detalle que refuerza la posibilidad de la relación entre la agresión pontificia contra los Menores inaugurada con la canonización de Tomás y la abierta política antifranciscana de la operación Sultania, con los amplios privilegios otorgados a los dominicos a expensas de los franciscanos, es

---

[89] TURLEY (1989), y especialmente BURR, *The Correctorium controversy and the origins of the Usu Pauper controversy* (1985).

[90] Un buen número de ejemplos de este tipo de comportamiento aparecen en la *Vita secunda sancti Franciscani* de Tomás de Celano, citado por BURR (1985), p. 337.

[91] BOURKE (1965), p. 243.

la participación de Guillermo Adán en ambos hechos. Poco después de ser nombrado arzobispo de Sultania, de haber recibido amplios poderes e incrementado enormemente su jurisdicción sobre los franciscanos de Persia, Adán aparece como testigo en la bula papal con la que Tomás era proclamado santo: el documento que paralelamente constituía el acto central de la condena a Olivi y al conjunto de la orden franciscana[92].

La inquisición dominica en Tabriz

La excepcional dotación en materia disciplinar con que contó la SFP y el proyecto sultaniense desarticulaba toda la presencia seráfica en Asia. Casos concretos ilustran, sin asomo de dudas, la rivalidad y el predominio ganado por los dominicos en Oriente a costa de los franciscanos. El más clamoroso fue el proceso abierto en 1333 por el obispo de Tabriz, Guillermo Cigii, contra doce franciscanos acusados por su oposición a los decretos de Juan XXII sobre la pobreza de Cristo y los Apóstoles. Las investigaciones preliminares no fueron ordenadas por la Santa Sede, sino que, acogiéndose a los privilegios obtenidos por la SFP, su instrucción respondió a la iniciativa personal del propio Cigii. El proceso en general se llevó a cabo sin las garantías judiciales necesarias: sin testigos, ni defensa. El proceso no sólo afectaba a frailes en Tabriz. El objetivo era disciplinar a franciscanos en otros conventos de Armenia y Persia. Fueron acusados de haber afirmado en privado, así como en cartas interceptadas dirigidas a los familiares, que Santo Tomás de Aquino era un hereje y que, por tanto, el papa que lo había canonizado, también. Juan XXII era objeto de crítica igualmente por su ataque contra el general de la orden menor Miguel de Cesena[93].

No hacia aún tres años que la operación Sultania había sido renovada. Junto a los obispados de Quilón y Samarcanda, Tabriz había recibido como nuevo titular a Cigii. Pero antes de que fuera monopolizada por los dominicos, Tabriz ya albergaba una de las

---

[92] En la bula del 2 de octubre de 1323, junto a «*Guillelmus Dei Gratia Soldanensis archiepiscopo*», figura el obispo de Caffa, en QUETIF y ECHARD, *SOP,* I, p. 537.
[93] Las actas del proceso fueron enviadas a la curia romana. Se encuentran en el Registro Avenionensis 54, ff. 530r-543v, del Reg. Vaticano. Allí las exhumó GOLUBOVICH, *BBB,* III, pp. 424-452.

comunidades de latinos más abundante y antigua toda de Persia y en este terreno el liderazgo de los franciscanos había permanecido indiscutido. Ahora, en 1333, el acoso de Guillermo de Cigii provocó una ruidosa protesta que llegó a alcanzar proporciones de escándalo público del que se hizo eco toda la ciudad [94]. El principal acusado del proceso abierto por Cigii era el vicario de los franciscanos en Tabriz, Rainiero de Florencia, que ya contaba con antecedentes de resistencia a la autoridad eclesiástica por los que había sido encarcelado varias veces. Esta vez, su oposición contra los dominicos, los franciscanos colaboracionistas y el papado le llevó a hacer una llamada abierta a la insurrección. La peculiar revolución iniciada por Rainiero de Florencia tenía que surgir de Asia, donde estaba el último refugio del verdadero espíritu cristiano y desde el que correspondía impulsar la regeneración definitiva de la Iglesia, según nos cuenta el propio Cigii:

> «El susodicho fraile Rainiero afirmaba que sólo una tercera parte de la orden menor se salvaría, aquella que se encuentra en Oriente, y que por eso los frailes menores venían y continuarían viniendo a estas partes Orientales» [95].

En ello encontró el obispo dominico de Tabriz la principal razón para instruir tan exhaustivo proceso. Se trataba de identificar una incipiente herejía, un amenazante foco de rebeldía en Asia: «Mucho me temo que, a no ser que sea puesto un duro remedio lo antes posible, se gestará un cisma peligrosísimo en esta parte del mundo» [96].

Con anterioridad, en Tabriz, franciscanos y dominicos habían compartido el convento. Éste pertenecía a los genoveses, que permitieron primero a los franciscanos su uso y luego a ambas órdenes, alternándose los días adjudicados a una y otra comunidad [97]. Ahora, con el apoyo papal, los dominicos habían convertido Tabriz y los conventos situados en otras seis ciudades de Persia y Anatolia en sedes episcopales bajo su exclusivo gobierno. La colaboración entre Juan XXII y la Sociedad de los Frailes Peregrinos, concretada mediante la creación de una red episcopal desde Anatolia hasta el

---

[94] *Ibid.*, p. 444.
[95] *Ibid.*, p. 447.
[96] *Ibid.*, p. 445.
[97] *Ibid.*, p. 436.

Índico con centro en Sultania, acabó revelándose efectiva en la erradicación de una forma de disidencia que había pasado inadvertida
bajo el disfraz de misión evangelizadora. Como tal había sido con-
sentida hasta que hubo alcanzado una magnitud considerable y se
interpuso en los planes concebidos por el papa de Aviñón en relación con la presencia latina en Asia y los beneficios que de ella
cabría esperar.

Juan de Montecorvino y Tomás de Tolentino. El proceder de los primeros franciscanos

   La reconstrucción de la primera aventura asiática de los franciscanos es hasta la fecha harto precaria. Ésta depende en buena medida de una huella documental que se limita a aquellos aspectos en los
que intervino la autoridad pontificia. Queda fuera, por tanto, todo
aquello que se desarrolló al margen de la iniciativa del papa y que
en el caso franciscano, más que en el dominico, se trata de la mayor
parte de su actividad en tierras orientales [98]. En la caracterización,
un tanto tosca, del proceder de los mendicantes en el Oriente son
dos los aspectos más notorios: por un lado, su estrecha dependencia
con respecto a las colonias de emigrantes europeos, que debieron
absorber el noventa por ciento del trabajo misionero; y el empeño
en establecer relaciones con las élites políticas de las sociedades de
recepción, exactamente como recomendaban insistentemente los
primeros manuales de misionología, así como los consejos al respecto de Ramon Llull, Ricoldo de Montecroce o Guillermo de
Rubruck.
   La mera existencia de mendicantes en Asia no puede ser sustraída del tardío desarrollo urbano en Europa, que hasta el siglo XIII no
permitió la plena incorporación del Occidente al circuito comercial
euroasiático. Así como el mismo San Francisco nació de un mercader, el movimiento mendicante entero es un producto de la misma
realidad que dio origen a la primera burguesía auténticamente mercantil de Europa. Ambos definidos en torno a la riqueza, a favor o

---

[98] RICHARD, *La Papaute et les Missions d'Orient au Moyen Age* (1998), es hasta la
fecha quien más esfuerzos ha dedicado a bucear en los archivos europeos en busca de
evidencia documental sobre las tempranas misiones en Asia y quien con más acritud ha
admitido las limitaciones en este campo, p. 281.

en contra, abocados al medio urbano y a una gran movilidad que habría de llevarles juntos de la mano hasta los confines de la Tierra. Mercaderes y mendicantes intercambiaron favores y colaboraron mutuamente en la consecución de sus respectivos objetivos. Los emigrantes laicos, con sus donativos, construyeron iglesias y costearon el mantenimiento de los frailes. Por su parte, los mendicantes les procurarían consuelo espiritual. Pero también estuvieron en condiciones de colaborar de una manera más tangible al desarrollo material de las comunidades de emigrantes latinos en Asia.

Una de las comunidades de europeos más prósperas estaba reunida en Tabriz, que se había librado de la destrucción mongola por sumisión voluntaria. Ya antes de la fundación de Sultania, a sólo unas millas hacia el este, Tabriz había eclipsado a Bagdad, siendo preferida también por los latinos dado su mejor acceso desde Trebisonda. El primer rastro de presencia latina es el testamento de Pedro Vilioni de Venecia en 1264. En los años siguientes la comunidad latina continuó creciendo, llegando a contener elementos procedentes de todas partes del Mediterráneo. Al igual que en el caso de Bagdad, en el que gibelinos y güelfos llegaron a enfrentarse con sangrientas consecuencias, también en Tabriz se produjeron altercados entre facciones que reproducían rivalidades surgidas en Europa. La más famosa tuvo lugar en 1324 que alcanzó tal dimensión que el *comune* de Venecia creyó conveniente enviar un mediador. Sin embargo, su arbitrio no hizo sino empeorar las cosas y el conflicto siguió adelante[99]. Sólo unos años después los dominicos darían el golpe de efecto que mermaría seriamente la prestigiosa y antigua comunidad franciscana allí instalada desde hacía casi un siglo.

En esa Tabriz pasó buena parte de sus primeros años en Asia Juan de Montecorvino, entre 1279 y 1289. La trayectoria del franciscano no ofrece dudas respecto a su éxito en el trato con las comunidades de emigrantes latinos en Asia. A cambio el fraile debió de ser muy bien tratado por los latinos. A su regreso a Europa y por razones que no son del todo claras, Montecorvino pidió expresamente al papa en Viterbo que le extendiera unas letras de agradecimiento a algunos de ellos. Los destinatarios de estos reconocimientos pontificios son dos miembros de la guardia personal del khan persa Arghun, uno castellano llamado Sancho y otro genovés, medico de profesión, llamado Sigfrido. Además recibieron car-

---

[99] HEYD (1983), vol. II, pp. 108-128.

162   *Antonio García Espada*

tas pontificias a través del de Montecorvino los mercaderes Ozolo de Pisa, Juan de Bonastro y Buscarell de Génova[100]. Cabe suponer que el apoyo que Montecorvino recibió de estos miembros de la comunidad latina de Tabriz fue considerable y que el excelso reconocimiento requerido por Montecorvino al papa funcionaría como una suerte de contrapartida. Sin embargo, el caso que mejor ilustra la naturaleza de las relaciones del fraile franciscano con los emigrantes europeos es el de Pedro Lucalongo, el mercader que acompañaría al franciscano en su segundo viaje por Asia hasta Pekín. De esta última sociedad sólo sabemos lo que el propio fraile nos cuenta en una de sus cartas escrita en 1306. Este «gran mercader», como lo llama Montecorvino, compró los mejores terrenos que cabía imaginar para la construcción de una bella iglesia situada «a tiro de piedra de la puerta del Gran Khan»[101]. Montecorvino nos cuenta que salió de Tabriz en compañía de Lucalongo, que juntos habían pasado más de un año en la costa Coromandel de la India y juntos habían llegado a Pekín donde ambos permanecían a las alturas de la última carta escrita por Montecorvino, esto es quince años después de su entrada en China. Tan duradera amistad también podría estar asentada en algo más que la guía espiritual que Montecorvino pudiera proporcionar a Lucalongo.

El encuentro en Viterbo entre Nicolás IV y Montecorvino pudo ser uno de los factores decisivos también de cara a la formación de esta peculiar sociedad. Por una parte se trataba del papa franciscano que había apoyado de manera incondicional el desarrollo de su orden, incluso de los espirituales. Por otra, Juan de Montecorvino se presentaba en la Santa Sede con una petición formal por parte de León III de Armenia para que le fueran enviados más franciscanos. El general de la orden, Raimundo Gaufredi, consiguió asignar el destino al grupo de *fraticelli,* condenados a perpetuidad por el II Concilio de Lión. Ángel Clareno y Tomás de Tolentino vieron así conmutadas sus penas e hicieron entrada en Asia en compañía de Montecorvino. Es más, según los cronistas de la orden, el mismo Montecorvino intervino personalmente en la petición de liberar al grupo de *fraticelli delle Marche*[102].

---

[100] A *Jolo de Pisis, et Johanni de Bonastro,* bulas con fecha del 13 de julio de 1289; a *Buscarell, Xanctho, Suffridino,* el 13 de agosto de 1289, en el caso del médico de Argun Khan, Sigfrido, el agradecimiento pontificio se hace extensible a la madre, la esposa, los hijos y los nietos, en *Registres de Nicolas IV,* reg. núms. 2243-4 y 6820-3.
[101] MONTECORVINO, *Cartas chinas,* p. 391.
[102] WADDING, *Annales,* Anno Christi 1302, p. 11, y GOLUVOBICH, *BBB,* I, p. 341.

Fray Juan no sólo se había ganado la confianza y el favor del rey armenio, sino también de su hermano y de la reina María [103]. Su hijo y heredero al trono, Ayton II, se convirtió en un devoto de San Francisco y, según la tradición minorítica, acabó abdicando al trono y adoptando el hábito de la orden con el nombre de Juan en honor a su mentor [104]. Lo cierto es que Montecorvino había comenzado una duradera alianza entre la casa real armenia y el sector espiritual de la orden menor. Algunos años después el mismo Tomás de Tolentino se presentaba en calidad de embajador del rey de Armenia ante el papa de Roma y los reyes de Francia e Inglaterra. El grupo de Tolentino había conseguido el favor y apoyo incondicional del rey armenio que había extendido unas cartas en defensa de los *fraticelli,* a quienes consideraba los más aptos para llevar a cabo la misión evangelizadora en Asia, ahora que casi toda ella estaba bajo el dominio de los tártaros y los latinos habían perdido hasta su última posesión en Ultramar. Las cartas de Ayton II fueron oportunamente publicadas en el Capítulo General de la orden celebrado en París en 1292, logrando con ellas nuevas excarcelaciones de *fraticelli* para ser enviados al Este [105].

Por su parte, Juan de Montecorvino conseguía el máximo reconocimiento de Nicolás IV, que le concedió un buen número de bulas dirigidas a los principales señores de Oriente. El papa se dirigía a los patriarcas de las Iglesias orientales, al rey de Georgia, al emperador de Etiopía, al ilkhan de Persia, al Khan de Chagatai, en tierras transoxianas, y al Gran Khan Kublai de Catay, para presentarles a Juan de Montecorvino, que de esta manera regresaba a Asia dotado de una dignidad similar a la de embajador pontificio [106]. Las dotes naturales de Montecorvino para ganarse el favor de personajes influyentes eran ahora incrementadas mediante la investidura por parte del pontífice de un rango que, sin duda, facilitaría su

---

[103] Ambos recibieron sendas bulas papales de agradecimiento, *Registres de Nicolas IV,* reg. núms. 2230 y 2231.

[104] GOLUBOVICH, *BBB,* t. I, p. 328.

[105] El rey armenio había llegado incluso a enfrentarse duramente con los abades de los conventos de Siria y Acre en defensa del grupo de Tolentino. Los *fraticelli,* a propósito de la petición cursada por Montecorvino, se habían saltado el proceso regular para pasar a Ultramar, a lo que siguió una dura protesta por parte de los guardianes de Siria y Acre. En realidad, se trataba de otro episodio de la guerra entre espirituales y conventuales en el que el rey de Armenia acabó siendo involucrado a favor de los primeros. GOLUBOVICH, *BBB,* I, p. 328.

[106] *Registres de Nicolas IV,* reg. núms. 2218 a 2244.

introducción en las Cortes orientales. Disponía, además, de suficientes cartas de presentación para escoger el destino que más le pluguiese.

Otra de las dudas que las cartas de Montecorvino han dejado sin resolver es su decisión de ir a China. La sociedad entre el mercader y el mendicante salió de Tabriz en 1291, embarcó en Ormuz rumbo a India, y se estableció durante algo más de un año en Mylapore, en la actual Madrás, donde el franciscano comenzó su apostolado. Sin embargo, pasado este tiempo decidieron de nuevo ponerse en movimiento. Aún en India, fray Juan tuvo oportunidad de entrevistarse con un grupo de etíopes que le invitaron a visitar su reino [107]. Lo cierto es que cinco de las nueve bulas recibidas en Roma de Nicolás IV estaban destinadas al pueblo, al emperador y las autoridades de la jerarquía eclesiástica de Etiopía, por lo que parece probable que Montecorvino y Nicolás contemplaran con mayor entusiasmo las posibilidades de una futura intervención latina en Etiopía. No obstante, una vez en India, Montecorvino y Lucalongo decidieron tomar la ruta oriental, seducidos quizá por las riquezas y favores que el Gran Khan de Catay dispensaba a los extranjeros, sus extraordinarios mercados, sus magníficas ciudades o cualquier otra delicia que algún emigrante latino proveniente de esos lares pudiera contarles. Desde luego, las fechas de su viaje de India a China coinciden con las del viaje en sentido inverso de los Polo.

El fraile y el comerciante formaban un equipo óptimo para afrontar las dificultades del viaje, uno con su aportación técnica y de capital, y el otro dotado de una dignidad equiparable a la de embajador de la principal Corte de Occidente, la Santa Sede. El propio Montecorvino, en una de sus cartas, da razón de la importancia de algún tipo de credenciales, tanto para aproximarse al Gran Khan como para sobrevivir pacíficamente entre los locales. Fray Juan nos cuenta que, aun disponiendo de tales credenciales, se enfrentó a duras acusaciones por parte de los nestorianos locales que le acusaban de haber matado, robado y suplantado al verdadero emisario del pontífice romano en India. Las suspicacias alentadas en los nestorianos por el comportamiento de Juan de Montecorvino

---

[107] MONTECORVINO, *Cartas chinas,* p. 393. A continuación el transcriptor de la carta añade unos comentarios respecto a la conveniencia de explotar un área que Montecorvino había dejado atrás. LECHARTRAIN, *Jean de Montecorvino et l'ambassade ethiopien* (1933).

y quizá de su socio Lucalongo, le supusieron a fray Juan graves persecuciones [108]. Sin embargo, el de Montecorvino hizo valer sus credenciales y salió bien parado a los ojos del Gran Khan. Ésta era su prioridad, pues tanto el apoyo que había conseguido del papa como la
cooperación de los mercaderes dependía de sus cualidades como
mediador, de su capacidad de introducirse en las Cortes orientales
como había demostrado en Armenia y en Persia. Ahora en China llegaría el turno de su mayor logro, la obtención del favor del Gran Khan
y de la recompensa del pontífice romano en forma de obispado.

En 1307 Tomás de Tolentino se presenta con un detallado informe de la misión de Montecorvino ante Clemente V en Poitiers. En
esta ocasión, el papa recibía también los tratados de Recuperación
de Jaime de Molay, de Fulko de Villaret y de Ayton de Armenia.
Pero Tolentino no viajaba solo, junto a él está un sienés, Tomás
Ilduci, un rico mercader que había alcanzado una posición preeminente en la Corte de Karbenda y al que ahora servía como embajador. Ilduci se presentó ante el dogo de Venecia, Felipe el Hermoso
de Francia y Eduardo de Inglaterra para negociar en nombre de su
señor los términos de la alianza anti-mameluca propuesta por Karbenda [109]. Se trataba de un momento de especial intensidad en las
negociaciones entre los mongoles y los europeos en la lucha contra
el Islam y por la Recuperación. En este contexto, las cartas de Juan
de Montecorvino no podían menos que surgir gran efecto.

Tras el estudio de las cartas de Montecorvino y ayudado de la
mediación de Tolentino, Clemente decide conferir el rango arzobispal a la ciudad del Khan. La decisión fue tomada precisamente en el
momento más intenso en la negociación de una alianza con los tártaros desde la caída de Acre. Coincidiendo con la inquietud del
pontífice, es precisamente este aspecto, la estima ganada del más
grande de los khanes hacia un representante oficial de la Cristiandad, el elemento central de la exposición de Montecorvino. Las cartas de fray Juan contienen más información sobre el desarrollo técnico de su misión que ningún otro de los textos de toda la literatura
de Descripción de las Indias de la primera mitad del siglo XIV. En la
década larga que ha pasado en Catay ha bautizado a unos seis mil,
ha traducido a la «lengua tártara» el Nuevo Testamento y el Salte-

---

[108] MONTECORVINO, *Cartas chinas*, p. 387.
[109] HEYD (1983), vol. II, p. 130. Podría tratarse de Tomaso Ugi de Sienna, guardia
personal del khan, que se hacía llamar *Alduci del Soldano,* CHABOT (1895), p. 216.

rio, ha adquirido cuarenta niños paganos a los que ha enseñado a escribir y cantar en latín, y con ellos «el señor emperador mucho se deleita» [110]. Ha construido varias iglesias, pero una particularmente bella y grande, a la que acuden de todas partes para admirar. Ésta ha sido levantada gracias a la generosidad de su socio, Pedro de Lucalongo, en un estupendo solar en las inmediaciones del palacio real para que el Gran Khan pueda oír desde sus propios aposentos los cánticos del coro, cuyas benéficas consecuencias para la Cristiandad sólo la divina providencia sabe hasta donde han de llegar [111]. Montecorvino pone ante el papa la imagen del señor más poderoso de la tierra para, a continuación, presentarse a sí mismo como el favorito del gran emperador:

«De las regiones orientales y en especial del imperio del Gran Khan os digo que no hay otro mayor en el mundo. Yo tengo un puesto asignado en su Corte y un lugar protocolario para entrar y sentarme como legado del señor papa, y me honra sobre todos los demás prelados, tengan el rango que tengan» [112].

Los méritos y privilegios acumulados por el fraile revierten en beneficio del papa. Los intereses de la Santa Sede no pueden estar mejor representados ante el Gran Khan, quien, gracias a Montecorvino, muestra un interés constante por el estado de la Curia Romana y está siempre deseoso de recibir sus embajadores [113]. De hecho, junto al título arzobispal el papa envió a China siete obispos sufragáneos, de los que sólo tres llegaron a Pekín, Gerardo Albuni, Peregrino de Castello y Andrés de Perusa. El resto pereció en el sur de la India al parecer a causa del calor [114]. De Andrés de Perusa se ha conservado una misiva, ampliamente mutilada, en la que se da somera cuenta de los avatares de la expedición y de su instalación en China [115]. Tras el largo y duro viaje, los

---

[110] MONTECORVINO, _Cartas chinas,_ p. 388.

[111] _Ibid.,_ p. 392.

[112] _Ibid.,_ p. 392.

[113] _Ibid.,_ p. 392.

[114] PERUSA, _Epístola,_ p. 398. En cuanto fue del conocimiento de Clemente volvió a enviar un equipo de obispos sufragáneos en 1311, Pedro de Florencia, Tomás y Jerónimo de Cataluña, que llegaron en 1318 a Zayton. Montecorvino murió entre 1328 y 1329, su primer sucesor fue nombrado por Juan XXII en 1333, Nicolás de Regio, al que siguieron Juan de Aviñón, fray Cosme y en 1404 pasa a manos dominicas con Juan Galonifontibus. MARGIOTTI, _Sinae, Aevo Medio_ (1967), pp. 105-127.

[115] GIL (1995), p. 395, sobre la evidencia en torno a la censura de la carta de Perusa.

legados sobrevivientes llegaron a Pekín, donde pasaron cinco años hasta que fueron redistribuidos por la costa china. Andrés fue a parar a Zayton (Quanzhou), donde ya existía una comunidad de mercaderes genoveses de considerables proporciones [116]. También de pasada, Montecorvino había mencionado otros emigrantes europeos: un tal Arnoldo de Colonia y otro, del que no da nombre, pero al que se refiere como «cierto medico cirujano de Lombardía que blasfemaba de la peor manera sobre la Curia Romana, la Orden Menor y en general sobre el estado de Occidente» [117]. Andrés nos cuenta que su manutención corrió en todo momento a cargo del Gran Khan, quien tiene a bien conceder una cuantiosa pensión a emisarios de otros reinos, embajadores, guerreros, juglares, pobres y, en definitiva, a quien place. Una ayuda, la *alafa,* a la que también se refirió Juan de Cori y Juan de Marignolli y que, según Andrés, «supera las rentas y los gastos de varios reyes latinos» [118]. No faltan en la carta de Andrés de Perusa expresiones de admiración hacia el Gran Khan, ni la pertinente afirmación del trato de favor que de él recibe el fraile [119]. Pero probablemente, fue en el relato de Odorico de Pordenone donde la exaltación del poder del Gran Khan y su asociación al prestigio de los frailes menores alcanzó sus mayores cotas. Pero, con Odorico estamos ya en los años treinta, años críticos para la supervivencia de la orden seráfica tanto en Oriente como en Occidente.

Tomás de Tolentino y Odorico de Pordenone. La reafirmación de la misión franciscana

El fraile friulano convirtió la descripción de la magnificencia del Gran Khan en el mayor alegato hecho sobre el poder de un rey oriental desde la carta del Preste Juan. Sus ejércitos, sus sirvientes,

---

[116] PERUSA, *Epístola,* p. 396.

[117] MONTECORVINO, *Cartas chinas,* p. 389.

[118] PERUSA, *Epístola,* p. 396.

[119] *Ibid.,* p. 396. Cabe apuntar, que el destinatario de esta carta es el guardián del convento de Perusa por lo que no se extiende en demasía sobre la magnificencia del Gran Khan. En este sentido, se aprecia una considerable diferencia con respecto a los relatos de otros franciscanos, como Odorico, Marignolli y Montecorvino, destinados al papa y al emperador, en los que los esfuerzos persuasivos en este sentido ocupan buena parte de la energía narrativa.

sus ciudades, sus palacios son la realización suprema del poder, un escenario incomparable, al que los frailes menores tienen acceso: «En efecto, nosotros los frailes menores tenemos asignado un puesto en su Corte, y es menester que vayamos a ella y le impartamos nuestra bendición» [120]. Odorico recogió hasta el más mínimo detalle con la intención doble de crear una imagen precisa y veraz del esplendor alrededor del Khan y, a la vez, mostrar su proximidad, no sólo como mero observador, sino como partícipe de dicha gloria. Destaca entre las viñetas que mejor muestran el orgullo franciscano de tener acceso al Khan, ésta:

> «Contaré una anécdota del Gran Khan de la que yo fui testigo... una vez que vino a Cambalec y se supo con certeza su llegada, nuestro obispo (Juan de Montecorvino), algunos de nuestros frailes menores y yo salimos a su encuentro... el Khan oyó nuestras voces y mandó llamarnos, ordenándonos que nos acercásemos a él. Ya se ha dicho antes en otro lugar que nadie más que sus guardianes se atreve a aproximarse a su carro a más de un tiro de piedra a no ser que haya sido llamado. Cuando llegamos ante él enarbolando la cruz, se quitó el sombrero o bonete, que era de un valor incalculable, e hizo una reverencia a la cruz. Al punto puse incienso en el incensario que tenía encendido, y nuestro obispo lo tomó de mi mano e incensó al Khan... llevábamos con nosotros algunos frutos, que le ofrecimos en un plato. Él cogió dos y comió un poco, y después nuestro obispo le impartió la bendición» [121].

Unos años después la entrada de Juan de Marignolli en el palacio del Gran Khan suena aún más exagerada. Pero quién sabe si los cánticos que escuchó el florentino eran reales, provenientes acaso del coro que décadas atrás instauró Juan de Montecorvino y que siguiera siendo utilizado por el khan. Aparte de la vanidad del florentino en este pasaje, nos encontramos con una de las descripciones cortesanas más pintorescas de la historia:

> «Y entonces fui llevado a la presencia del khan portando los más solemnes vestidos, precedido de una bellísima cruz y rodeado de luces e inciensos mientras el *Credo in Unum Deum* era cantado en su glorioso palacio. Al término de dichos cánticos el khan recibió mi bendición con total humildad» [122].

---

[120] ODORICO, *Relatio,* p. 490.
[121] *Ibid.,* p. 508.
[122] MARIGNOLLI, *Chronica,* p. 529

Pero, sigamos con Odorico, pues su apología de la orden va más allá del trato privilegiado que recibe del khan. En Mongolia los frailes menores han recibido de Dios el poder de expulsar a los demonios de los posesos. Odorico hace una cuidada puesta en escena, pormenorizando cada detalle del exorcismo. Al ser arrojadas al fuego las imágenes de los ídolos paganos se desprendían los demonios diciendo: «¡Mirad, mirad, como he sido expulsado de mi morada! Y, siguiendo este procedimiento, nuestros frailes menores bautizan a mucha gente del país» [123]. También los musulmanes son convertidos en testigos de la infalibilidad de los franciscanos. Nadie más que Odorico se ha atrevido a cruzar el Valle Terrible en el río Oxus, y «cuando se enteraron los sarracenos me hicieron grandes reverencias y dijeron que yo era un santo» [124].

Poco a poco el relato de Odorico se va revelando como una celebración de las gestas de la orden en Oriente. ¿Se corresponde este ejercicio con una defensa de la orden ante los ataques a los que estaba siendo sometida por estas mismas fechas desde el pontificado? El texto del fraile de Pordenone, a diferencia de otras Descripciones del Oriente contemporáneas, tiene una estructura clara. Está dividido en dos partes unidas y articuladas por un itinerario; un recorrido en primera persona que soluciona con unas breves frases la mayor parte de las descripciones de los lugares por los que va atravesando. La obra gira en torno a dos ejes, por un lado, cantar el alto estatus del que gozan los franciscanos en el reino del Gran Khan y, por otro, referir con todo lujo de detalles y grandes dosis de dramatismo el más célebre episodio de las misiones asiáticas medievales, el Martirio de Tana.

De los compañeros de Tomás de Tolentino asesinados cerca de Bombay en 1320 sólo sobrevivió Jordano Catalán, quien consiguió hacer llegar mediante mercaderes genoveses algunas cartas a los obispos dominicos recién instalados entre Tabriz y Sultania. Las dos cartas que se conservan muestran a un Jordano muy agitado y confundido, que en una carta afirma querer ir a Etiopía y en la siguiente ha cambiado de idea y dice estar decidido a regresar a Europa. Su relato se centra exclusivamente en narrar las penalidades por las que ha pasado desde su huida de Tana. Dice estar terriblemente asustado y se lamenta de no haber alcanzado junto a sus compañe-

---

[123] ODORICO, *Relatio,* p. 505.
[124] *Ibid.,* p. 508.

ros la corona del martirio. Lo cierto es que estas cartas no cuentan nada sustancial sobre el martirio en sí. La historia tal como la conocemos fue escrita en Tabriz por el dominico Francisco de Pisa, quien dijo haber recibido la información de unos mercaderes, Jacobino de Génova y Lafranchino Gatucci, que acompañaron por un tiempo a Jordano, le ayudaron a enterrar a sus compañeros y, por último, trajeron cartas suyas hasta Persia. Una segunda versión de la historia de los mártires fue también escrita en Tabriz, pero esta vez por un franciscano, Jacobo de Camerino, que menciona como su informador a un fraile franciscano, Hugolino de Sultania, del que no ha quedado ninguna otra noticia.

Sin embargo, la participación de Jordano en el evento está fuera de dudas. Además de estar recogida por los cronistas dominicos, Jordano mismo lo confirmó en repetidas ocasiones, en sus cartas y algunos años después en su Descripción de las Indias escrita para el papa. No obstante, en ninguna de estas instancias Jordano entra en detalles, simplemente constata que iba con ellos y que fueron asesinados en Tana. En cualquier caso, la historia, según nos la cuenta Francisco de Pisa, no alcanza a explicar satisfactoriamente cuándo y por qué Jordano se sumó al grupo de Tolentino y qué estaba haciendo mientras el martirio tenía lugar. La renuencia de Catalán a dar detalles y el tono de extremo arrepentimiento ante sus superiores dominicos de Persia refuerzan la hipótesis de que algo en el conjunto de la historia y en particular de la relación de Jordano con Tolentino no era del todo transparente y prefirió ser silenciada tanto por Jordano como por sus superiores. Las cartas de Catalán son, a fin de cuentas, una desesperada imploración de perdón a unos altos cargos de la SFP (entre ellos el mismo Guillermo Adán) que seguramente no vieron con buenos ojos la asociación de Jordano con un grupo de *fraticelli* con una larga reputación de rebeldía y ahora en pie de guerra contra el papa [125].

---

[125] La primera carta de Jordano está escrita en Caga, cerca de Cambay, el 12 de octubre de 1321, y la única copia que se conserva está en *Chonicon seu lyber plurime,* terminado de escribir por Juan Elemosina en Asís en 1336. La segunda esta escrita en Tana en 1323 y apareció por primera vez en 1734, en WADDING, *Annales,* t. VII, p. 71, *Anno Christi 1323.* A pesar de que éstas y otras cartas son citadas por Francisco de Pisa en Tabriz algunos especialistas dudan de la autenticidad de la segunda carta, como GADRAT, *Une image de l'Orient au* xive *siècle: les «Mirabilia descripta» de Jordan Catala de Sévérac* (2005). Los destinatarios de las cartas de Jordano son los mendicantes de las ciudades de Tabriz, Diagorgan y Maraga, que recientemente habían sido convertidas en obispados por iniciativa de los frailes de la SFP.

Sea como fuera, Jordano prosiguió su exitosa carrera en el interior de la SFP a la vez que su nombre iba quedando progresivamente desligado del de Tomás de Tolentino. El nombramiento de Jordano como primer obispo de la India, producido ocho años después del Martirio de Tana, coincidía con la aparición de la Descripción del Oriente de Odorico de Pordenone, gracias a la que el episodio alcanzó su máxima difusión en Europa [126]. Pero, en el relato de Odorico también el Martirio de Tana quedaba completamente depurado de la presencia de Catalán, al que no se hace mención alguna.

La historia de Odorico comienza con las primeras noticias llegadas a Tabriz sobre el trágico suceso allá por el año 1322. Odorico se puso en camino inmediatamente rumbo a Tana a recoger los restos de sus correligionarios y trasladarlos a China, para darles sepultura en el convento recientemente abierto por su orden en Quanzhou. Se trataba en primer lugar de reubicar las reliquias dentro de su jurisdicción correspondiente. Pero no cabe descartar que la misión de Odorico formara parte de los procedimientos del sumario recientemente abierto por el custodio franciscano de Tabriz, Jacobo Camerino, para promover la santificación de Tolentino y sus compañeros.

El encabezamiento mismo del texto de Odorico da razón de la centralidad del Martirio en su Descripción del Oriente: «Aquí comienzan las muchas y diversas historias del beato Odorico, franciscano, sobre las costumbres y cualidades de este mundo y sobre el martirio de cuatro frailes menores». El relato de fray Odorico desarrolla hasta el mínimo detalle toda la aventura de los cuatro franciscanos. Son representados enfrascados en multitudinarias batallas, predicando valientemente, sin rebozo, desplegando su poder tanto para provocar a unos, como para atemorizar a otros. Las dotes para el dramatismo de Odorico alcanzan su cenit en la escenificación de la ejecución. Aparece Tolentino envuelto en llamas incitando a los infieles a hacer lo mismo por su dios mientras el pueblo es presa de una gran emoción y aclaman la santidad de los monjes francos. Las autoridades divididas y desconcertadas no saben qué hacer. El cadí

---

[126] Tras los sumarios abiertos en Tabriz por Francisco de Pisa y Jacobo de Camerino, en 1329 el suceso es recogido con todo detalle en la crónica conocida como *Anonymi Minoritae*. En 1335 aparece en el códice de Juan de Elemosina. En 1336 en el *Chronicon del pseudo Johanis Capistrani*. Y en 1348 en la carta de Juan Vitodurani al emperador; GOLUBOVICH, *BBB*, II, pp. 63-143.

teme que ante tantos y tan grandes milagros todos los del pueblo se conviertan a la ley de Cristo y deprecien la de los musulmanes por lo que no tiene más remedio que mandar decapitar a los frailes en secreto.

El relato continúa con los prodigios sobrenaturales acontecidos tras la muerte de los cuatro héroes seráficos y el infierno por el que tuvieron que pasar sus verdugos, quienes, tras el asesinato, sufrieron visiones y pesadillas donde los cuatro santos les anunciaban su propia muerte. Por fin, el sultán de Delhi mandó empalar al cadí orquestando así la victoria final de los Mártires de Tana, cuyos poderes permanecen en sus reliquias y quien tomaba de la tierra sobre la que se derramó su sangre curaba milagrosamente de toda enfermedad. Los huesos de los santos salvaron en dos ocasiones la vida de Odorico en el viaje de India a China al emplearlos una vez en medio de una gran tempestad en medio del mar y otra en un incendio de la casa donde se hospedaba en Quilón. Por lo demás, todo lo concerniente a los lugares por los que pasó entre el escenario del Martirio y las casas franciscanas en China apenas ocupan unas líneas más allá de su nombre y su posición geográfica en el camino seguido por Odorico. Se trata de información descartada a propósito, en aras de la brevedad y el decoro. Así lo afirma el mismo fraile no sin confesar cuánto pesar le producía tener que pasar por alto determinados detalles de la realidad oriental circundante. Pero no cabe la menor duda de que el Oriente reproducido por Odorico no es otro que el escenario del drama franciscano, el espacio lírico de dos de las más extraordinarias gestas de los frailes de la orden menor: el favor conseguido del Gran Khan de Pekín y el Martirio del grupo de Tolentino en Tana.

Odorico de Pordenone cumplió diligentemente su misión y consiguió alcanzar las costas del sur de China con los restos de los santos. En Quanzhou hizo entrega de los huesos a Andrés de Perusa. Ningún sitio mejor para dar reposo a las reliquias que la custodia franciscana fundada entre Tomás de Tolentino y Juan de Montecorvino, quien sólo sobrevivió a su socio unos pocos años más.

La Descripción del Oriente: refugio de los espirituales franciscanos

Los textos escritos en la primera mitad del siglo XIV por los franciscanos con el fin de describir el Oriente comparten una serie de

rasgos que los sitúan en la órbita de pensamiento del movimiento
extremista denominado con varios nombres: espirituales, *fraticelli* o
zelanti. Un sector que tras el II Concilio de Lión celebrado en 1274
pasó a la clandestinidad. A partir de entonces los *fraticelli* fueron
perseguidos y encarcelados. No obstante, y dada la abundancia de
estos *zelanti,* la orden menor procuró su reinserción y encontró en
las tierras orientales de misión el lugar alejado de los centros de
poder católico donde la energía de los espirituales podría ser
empleada sin por ello comprometer la posición del conjunto de la
orden ante los ojos del papa. Esta estrategia fue abiertamente defendida por el general de la orden Raimundo Gaufredi y por importantes personajes como Angel Clareno, Ubertino de Casale, Tomás de
Celano y Tomás de Tolentino, cuya adscripción a la familia espiritual habían pagado con la cárcel.

Alejado desde temprano de las luchas de poder que tuvieron
lugar en Europa, las simpatías de Juan de Montecorvino hacia los
fraticelli no le supusieron ninguna de estas calamidades. El de Montecorvino pasó la mayor parte de su vida en Persia, India y China.
Pero en razón de sus escasas apariciones en Europa, de sus tratos
con Nicolás IV, así como de su intervención directa en la liberación
de Tomás de Tolentino y el resto de *fraticelli delle Marche,* no es
difícil situar la figura de fray Juan de Montecorvino en la órbita de
pensamiento de los espirituales. Un adscripción genealógica, la de
fray Juan, que se torna en extremo complicada de extender a los
franciscanos de las generaciones posteriores en la misma medida
que se agravaba la condición de clandestinidad de los espirituales.
La siguiente generación de franciscanos, a la que pertenecen Odorico de Pordenone y Juan de Marignolli, no pudo demostrar públicamente su adscripción a la interpretación espiritual de la vida de San
Francisco sin sufrir por ello persecución.

No obstante, el proceso instruido por el obispo de Tabriz contra
los franciscanos de Persia mostraba la extraordinaria difusión de la
herejía en fecha tan tardía como 1333. Rainiero de Florencia aseguraba que hasta una tercera parte de todos los frailes de la orden
eran espirituales y que en Oriente seguirían encontrando refugio.
De hecho, una década antes de que Rainiero hiciera pública su
rebeldía, el mismo martirio de Tomás de Tolentino mostraba la existencia de un foco de espiritualidad franciscana nutrido y bien organizado en Tabriz. La reacción de los franciscanos de Tabriz fue rápida y consiguió reunir gran cantidad de información independiente
con respecto a la versión producida por los dominicos, consiguien-

do además su rápida introducción en algunas cortes de la lejana Europa. Los franciscanos de Tabriz fueron capaces de organizar una operación de rescate de los restos de Tolentino y sus socios para ponerlos al buen recaudo de Montecorvino en China y lo más lejos de la autoridad SFP dominica. El informe hecho por Odorico no carece de alusiones implícitas a los principios básicos del programa de los espirituales. Una tendencia que es imputable a todos los demás textos franciscanos sobre el Oriente que han llegado a nuestros días.

En ocasiones, afirmaciones de este tipo funcionaron como una suerte de denuncia de los excesos acomodaticios de la orden. Los monjes budistas sirvieron a Montecorvino y a Marignolli para dar la medida de la virtud religiosa. La admiración por su austeridad y su contención es la excusa velada para censurar la vida monástica cristiana [127]. En uno de los pasajes más amables, Juan de Marignolli se recrea en la descripción de una orden monástica de Ceilán descendiente del padre de la humanidad, Adán. Estos monjes son de hábitos pulcrísimos, no entran en un hogar en el que se haya escupido, no comen más que una vez al día y no guardan alimento de un día para otro. Sólo beben agua y leche, caminan descalzos y duermen sobre el suelo. Salen en procesión por las mañanas para mendigar el alimento y se contentan con una túnica y un manto sin capucha como las que llevaban los Apóstoles y los hermanos menores. Y, sin embargo, son objeto de la admiración de todos. A ellos acuden hasta los príncipes, mostrándoles la máxima reverencia y les hacen sus donaciones, que los monjes reparten entre ellos equitativamente. Y Marignolli concluye constatando que dichos monjes le recibieron con grandes fiestas y le reconocieron como a uno de los suyos [128]. La analogía entre los monjes de Ceilán y el ideal espiritual es clara.

En otro pasaje, toma una postura aún más extrema a favor de uno de los principios básicos del ideal espiritual: el rechazo a la recaudación de décimas. Se basaba para ello en los Hechos de los Apóstoles, pero, sobre todo, en su propia experiencia oriental.

---

[127] «La vida de aquellos religiosos, sus costumbres y su estricta adherencia a la oración y el ayuno, si ocurrieran dentro de la fe verdadera, excederían toda nuestra observancia y continencia»; MARIGNOLLI, *Chronica,* p. 549. «En estas regiones hay muchas sectas de idolatras que creen cada una en una cosa... pero guardan mucha mayor austeridad y observancia que los religiosos latinos»; MONTECORVINO, *Cartas chinas,* p. 392.

[128] MARIGNOLLI, *Chronica,* p. 541.

«En tanto la Iglesia y sus ministros obtengan su provisión de alguna manera, no conviene que sea impuesta la ley de las décimas, pues ni los Apóstoles ni los Padres lo hicieron durante largo tiempo. Así lo ilustra mi propia experiencia con tártaros y otras naciones, como en la ciudad de Kamul, donde los primeros convertidos rechazaron el bautizo hasta que no les juráramos que tras el bautismo nunca les cobraríamos diezmo alguno, sino que, por el contrario, nosotros proveeríamos con nuestros bienes a sus pobres. Así lo hicimos y multitudes de ciudadanos de ambos sexos acudieron felices a recibir el bautismo» [129].

Tan enérgica crítica a la postura del pontífice y de los conventuales de su propia orden, sostenida con argumentos tan poderosos, acaso sólo encontró expresión por estar dirigida al emperador [130]. En cualquier caso, no deja lugar a dudas sobre su adscripción a una de las reivindicaciones más conflictivas de los espirituales minoríticos.

Los textos de Odorico de Pordenone o Pascual de Vitoria ensayan igualmente una suerte de alegato contra las riquezas y la propiedad. Odorico salió con vida del Valle Terrible al encontrarse grandes cantidades de oro y plata que despreció y resultaron ser una ilusión demoníaca. En realidad, se trataba de una alegoría de la acumulación cuya malignidad sólo quedó a la vista cuando el *fraticello* hizo gala de su severo compromiso con la renuncia [131]. Pascual de Vitoria también tuvo a gala resistir a la tentación en forma de oro y plata. Ambos daban a su experiencia ciertas ínfulas didácticas, convirtiéndola en paradigma de la acción seráfica en Oriente. Menos de un año después de que fray Pascual escribiera su carta fue ejecutado. Pudo deberse a una fundada sospecha en este sentido o cierta concepción apocalíptica, con reminiscencias joaquinistas, pero el escrito del monje vasco es la expresión del desprecio a la vida, cuyo final es siempre más deseado que cercano:

«Muchísimos días prediqué sin tapujos y a las claras el nombre de Jesucristo y su evangelio, explicando y descubriendo las falseda-

---

[129] *Ibid.,* p. 550.

[130] Era también en la Corte alemana donde, por las mismas fechas, autores como Guillermo de Ockman o Marsilio de Padua cuestionaban seriamente las legitimidad de las monarquía universal proclamada por el papa. En Cary NEDERMAN, *Empire and the Historiography of European Political Thought: Marsiglio of Padua, Nicholas of Cusa, and the Medieval/Modern Divide* (2005).

[131] ODORICO, *Relatio,* p. 507.

des y ceguera de su falso profeta y refutando en voz alta los ladridos
que proferían... los hijos del diablo me tentaron primero, ofreciéndome doncellas vírgenes, oro, plata, tierras, caballos, bueyes y todos
los demás solaces de ese mundo, con objeto de pervertirme. Sin
embargo, yo rechacé con desprecio todas sus promesas, y durante
dos días me arrojaron piedras, acercaron fuego a mi cara y mis pies,
me mesaron la barba y me infirieron muchísimos y muy prolongados
agravios, injurias e insultos» [132].

Montecorvino decía predicar abiertamente, sin ningún pudor, la
ley de Cristo, por lo que hacían falta hombres valientes y sobrios
que no se dejasen llevar por sus debilidades [133]. Su misión requería
de hombres duros y austeros. El escenario de la gesta oriental franciscana es la tentación, la sensualidad, la riqueza, que pone a prueba
y moldea el carácter del verdadero santo:

> «Pero no se ha de enviar sino varones de gran reciedumbre,
> pues las comarcas son muy bellas y están llenas de especiería y piedras preciosas... y tienen gran templanza y el aire es caliente y las
> gentes van desnudas, cubriendo sus vergüenzas con poco» [134].

Andrés de Perusa declaró estar muy preocupado por el destino de los socios espirituales que dejara atrás para incorporarse a la
misión del Extremo Oriente. Al final de la carta que destinó al
guardián del convento de su ciudad natal, se despide constatando
su preocupación por el destino de sus antiguos compañeros: «No
escribo a mis hermanos espirituales y a mis amigos personales,
porque no sé si están vivos o muertos, ruego por ello que me disculpen» [135].

Ciertamente las austeridades por las que pasaron todos estos
frailes requirieron de un elevadísimo ideal ascético, como el proporcionado por el movimiento mendicante. Gran abnegación y gran
sacrificio que acaso encontraran redención en alguna forma extrema
o primitiva de espiritualidad como la de los susodichos *fraticelli*. Sin
embargo, en razón de su condición de clandestinidad no será éste el
aspecto que más celebraron los mendicantes en las Descripciones
del Oriente destinadas al papa.

---

[132] Pascual, *Epístola*, p. 515.
[133] Montecorvino, *Cartas chinas*, p. 369.
[134] *Ibid.*, p. 393.
[135] Perusa, *Epístola*, p. 398.

La China de los franciscanos y la India de los dominicos

La última Descripción del Oriente franciscana es la de Juan de Marignolli, quien demostró una maestría insólita en el arte de la escenificación. El relato de su misión como legado pontificio ante el Gran Khan de Catay es un hecho inextricable del recuento de proezas del fraile. Marignolli quiso demostrar haber recibido el don de la palabra del que se sirvió en su viaje para doblegar a los griegos cismáticos en Constantinopla, a los judíos en Cambalec y a otras sectas, ganando con ello muchas almas en aquel Imperio [136]. En sus viajes fray Juan dijo haber llegado más lejos que ningún europeo, superando incluso al mismísimo Alejandro Magno. El franciscano describe como conmemoró su llegada al cabo Comorin, «el ultimo rincón del mundo, enfrente del Paraíso». Allí plantó una cruz de mármol con sus armas y las del papa inscritas para que duraran hasta el fin de los tiempos, y la bendijo en presencia de una multitud infinita, que acabó portándolo en hombros sobre un palanquín como al Salomón bíblico [137]. Marignolli nos cuenta cómo era considerado por los locales como uno que había sido enviado por Dios para mostrar el verdadero camino hacia la salvación. En Quilón un brahmán le reconoció como tal y se tiró al suelo a besarle los pies [138]. En Saba, la reina le pidió su bendición, montaba junto a él en elefante y le atendía en sus banquetes, donde Marignolli recibía los mismos honores y regalos que los demás príncipes [139].

Todas estas gestas jalonan la parte del itinerario exterior a los dominios del Gran Khan. Dentro del Imperio el fraile da cuenta del esplendor material, de la inigualable riqueza y el sobrecogedor poder del khan. Da puntual cuenta de la famosa catedral que los franciscanos tienen frente al palacio real de Cambalec, de las tres bellas iglesias de los menores en Zayton y de unas campanas que el mismo Marignolli mandó colocar y llamar Juana y Antonia [140].

La India, por el contrario, está vacía de misioneros y de importantes señores. Ni siquiera se detuvo ante el Preste Juan de Etiopía,

---

[136] MARIGNOLLI, *Chronica*, pp. 527 y 529.
[137] *Ibid.*, p. 531.
[138] *Ibid.*, p. 547.
[139] *Ibid.*, pp. 558-559.
[140] *Ibid.*, p. 536.

al que no dedica más que unas breves líneas. Más claramente que en ninguna otra Descripción franciscana, en la relación de Marignolli toda información que pudiera ser pertinente al desarrollo misionero de la jurisdicción dominica de Asia viene sustituida por las gestas de los franciscanos. En Quilón, en la catedral supuestamente fundada por Jordano, fray Juan pasó más de un año. Sin embargo, no da más indicación que el nombre de la iglesia y unos frescos que él mismo mandó pintar. Después cuenta que al partir se despidió de unos frailes sin especificar a qué orden pertenecían o si se trataba de latinos o indios iniciados por Jordano. Entre la mención a la catedral de Quilón y la rápida alusión a los frailes católicos, Marignolli inserta la que posiblemente sea la más fantástica de todas sus proezas, donde se representa a sí mismo como una mezcla de Alejandro y Salomón, rindiendo homenaje al papa en medio de una fervorosa multitud, dejando su marca en el último rincón del mundo, para que perdurara hasta el final de los tiempos. El pasaje sobre la estancia de Marignolli en Quilón, el único en el que cabía encontrar alguna noticia sobre el resultado del obispado implantado por Jordano, es solucionado por el pleonástico Marignolli aludiendo a una improbable hazaña personal, cuya exageración sólo está a la altura de la violencia con la que silencia información de vital importancia para la misión evangelizadora asumida por el papa en el Lejano Oriente.

Juan de Marignolli continuó fielmente la práctica franciscana de retratar al Gran Khan como «sumo emperador de todos los tártaros, con dominio sobre casi la mitad de las tierras de Oriente, cuyo poder y riqueza, abundancia de ciudades, de tierras y de lenguas, y los infinitos pueblos a él sometidos exceden toda narración»[141]. Juan de Montecorvino lo había llamado el *Signore de tutta l'India*[142] y Odorico no puso límite a la grandeza, la riqueza y la hermosura de su reino y su Corte. Por su parte, Jordano Catalán reconoció que el Gran Khan era «un hombre riquísimo, justísimo y dadivoso en extremo»[143]. Sin embargo, según su parecer, el señor más poderoso del mundo, el más rico en oro, plata y piedras preciosas, con cincuenta y dos opulentos y poderoso reyes bajo su dominio no era otro que el negus de Etiopía[144].

---

[141] *Ibid.*, p. 526.
[142] MONTECORVINO, *Carta india*, p. 340.
[143] JORDANO, *Mirabilia*, p. 425.
[144] *Ibid.*, p. 424.

Las diferencias en la identificación del «hombre más poderoso de la tierra» entre las Descripciones franciscanas y dominicas puede guardar alguna relación con la repartición de las tierras de misión Oriental. La jurisdicción de China acabó siendo adjudicada a los franciscanos y la de India y Persia a los dominicos. Etiopía o la India Tercera, como se la conocía entonces, había sido adjudicada inicialmente a los dominicos. El franciscano Vazimpace pudo haber hecho entrada en Etiopía en fecha tan temprana como 1267[145]. En 1289 Nicolás IV, a través del mismo Juan de Montecorvino, readjudicaba a los franciscanos la misión de establecer un obispado en Etiopía[146]. Sin embargo, con la creación del arzobispado de Sultania, Juan XXII incluyó de nuevo Etiopía en la jurisdicción dominica. Jordano afirmó en sus cartas estar dispuesto a marchar hacia allá de inmediato y dijo haber recibido abundante información de los mercaderes genoveses que con regularidad se desplazaban entre la costa oeste de la India y Etiopía. A este respecto cabe mencionar la curiosa historia que comenzó a ser difundida a finales del siglo XVI en Florencia y Valencia por Serafino Razzi y Luis de Urreta, respectivamente, que dijeron contar con evidencias sustanciales de la llegada de dominicos a Etiopía en los siglos XIII y XIV. Sin embargo, los jesuitas no quisieron renunciar a su condición de pioneros en esas tierras y de inmediato reaccionaron enérgicamente. La producción de textos sobre Etiopía alentada por los jesuitas durante el siglo XVII fue superior a la suma de todos los textos escritos en Europa durante ese siglo en relación con otras tierras como India, China y América. Después de eso no se ha vuelto a considerar como una posibilidad sería la llegada de dominicos a la Etiopía pre-jesuítica[147].

---

[145] RICHARD, *Les premiers missionaires latins en Ethiopie* (1960) ha visto en la bula del 8 de febrero de 1267 evidencia relacionada con la estancia de Vazimpace en Etiopía antes de su nombramiento, posiblemente entre 1250 y 1265, pp. 323-329. Pero OUDENRIJN, *L'eveque Dominicain fr. Barthelemy, foundateur suppose d'un couvent dans le Tigre au XIV siecle* (1947), cree que tal misión nunca se llegó a consumar.

[146] Las bulas están recogidas en el Registro Vaticano, 44, ff. 312r-314r.

[147] Las obras objeto de la polémica: Serefino RAZZI, *Vite dei santi, e beati del sacro ordine de frati Predicatori, cosi huomini come donne.* Florencia, 1588; Luis de URRETA. *Historia eclesiástica, política, natural y moral de los grandes y remotos reynos de la Etiopia,* Valencia, 1610; e *Historia de la sagrada orden de Predicadores en los remotos Reynos de la Etiopía,* Valencia, 1611. La primera reacción jesuítica fue la de Diogo DO COUTO. *Historia do reyno da Ethiopia, chamado vulgarmente Prete Joao, contra as falsidades, que nesta materia escreveo Fr. Luiz de Urreta dominicano,* 1615. Otras respuestas a las teorías dominicas aparecieron las obras de Fernão Guerrero, Pedro Paez y, en general, la enorme producción jesuítica sobre Etiopía a lo largo de todo el siglo XVII. AUBIN (1996) y THOMAZ (1994).

Volviendo al siglo XIV, la repartición de las Indias entre las dos órdenes mendicantes seguía demarcaciones un tanto imprecisas que descansaban en buena medida en iniciativas individuales como la de Montecorvino. Sin embargo, la fortuna de los frailes de una y otra orden en unos y otros reinos experimentó un dramático giro con la creación del arzobispado de Sultania. A partir de aquí los Hermanos Menores hicieron lo posible para proteger su jurisdicción, que, como vimos, también acabó siendo absorbida por los dominicos en 1404. Pero en la primera mitad del siglo XIV los textos franciscanos dejan bien claro que, con respecto a la India dominica, donde predicó y está enterrado el Apóstol Tomás, la China era tierra virgen donde no había llegado la palabra de Cristo [148]. Por tanto, el compromiso moral asumido por los franciscanos aquí era superior. Juan de Marignolli deja bien claro que, al haber sido Montecorvino el «primer Apóstol de la China», el papa no debía enviar sino frailes menores, pues sólo a éstos el Gran Khan reconoce y venera como a santos [149].

Los caminos encontrados de Guillermo Adán y Tomás de Tolentino

Sin embargo, el celo franciscano en defensa de su orden, su jurisdicción y sus métodos no fue el único que encontró proyección textual y acceso al papa. También lo consiguió Guillermo Adán y con no menos efectividad. Entre las numerosas noticias procedentes de Asia que aparecen en sus dos tratados de Recuperación no aparece mención alguna a los éxitos franciscanos en la Corte del Gran Khan. Adán, en extremo preocupado por poner a disposición de Juan XXII todos los recursos del Oriente, no hizo ni una sola mención al obispado establecido por Juan de Montecorvino. ¿No nos daba él mismo la razón cuando hacía partícipe al papa de sus sospechas a cerca de la negligencia de otros informadores latinos que con asiduidad venían del más lejano Oriente a la Corte pontificia? ¿Hacia dónde apuntaba el dedo acusador de Adán?

Sin que contemos con ninguna fuente que permita afirmarlo taxativamente, lo cierto es que Tomás de Tolentino personifica

---

[148] MONTECORVINO, *Cartas chinas,* p. 387.
[149] MARIGNOLLI, *Chronica,* pp. 529-530.

como nadie el mal al que se refiere Adán. Las vidas de los dos mendicantes corrieron paralelas en el espacio y en el tiempo, y ambas fueron igualmente determinantes de cara a los logros conseguidos por sus respectivas órdenes en Asia. Ambos desempeñaron un importantísimo papel en la movilización de energías directamente relacionadas con la agenda de Recuperación y la Descripción del Oriente. Ambos personajes dieron rostro a las dos caras de una misma moneda. Si no llegaron a conocerse personalmente, lo cual no es improbable, al menos llegaron a ejercer su tutelaje en diferentes momentos sobre un mismo fraile. En cierto sentido, la obra de Jordano Catalán describe este vaivén entre dos concepciones bien diferentes de la misión mendicante en Asia. En cualquier caso, nadie como Jordano Catalán lanzó consignas más directamente relacionadas con la agenda de la Recuperación desde la plataforma literaria de Descripción de las Indias. Pero tampoco nadie lo hizo con mayor desconcierto.

La sucesión sobre el apadrinamiento de Jordano es el momento que marca la ruptura entre dos cursos vitales que hasta entonces habían recorrido sendas similares. Guillermo y Tomás probablemente compartían un pasado turbulento, en los márgenes de la ortodoxia, bien entre *alexandrini* o bien en las prisiones italianas, ambos alcanzarían la redención y el reconocimiento del papa gracias a sus extraordinarias experiencias orientales, sus infatigables viajes por toda Asia y las promesas de colaboración arrancadas a los mongoles, al Gran Khan de Pekín y al ilkhan de Sultania. Sin embargo, con la creación de la archidiócesis dominica de Sultania ambas carreras adoptaban cursos opuestos, Adán conseguía para él y los suyos nuevas posibilidades de promoción social, mayores cotas de poder y una mayor identificación con los intereses pontificios. A Tolentino y los suyos, en cambio, tocó huir, dejar Persia y en el lejano exilio indio encontrar la corona del martirio. Quizá algo de todo ello pesara también en el ánimo de Catalán a la hora de referirse con tanta amargura a la muerte de su primer mentor, Tolentino, como a la hora de expresar con tal hesitación la consigna de su superior Adán sobre la capacidad del rey de Francia de someter a su yugo el mundo entero.

Las frecuentes coincidencias entre el texto de Jordano Catalán y los tratados de Recuperación de Guillermo Adán inciden en la posibilidad de una relación aún más estrecha entre ambos dominicos [150].

---

[150] La tabla que aparece al final del capítulo muestra algunas de las similitudes entre ambos textos. Todos los extractos de la obra de Adán pertenecen al *Directorium*

Por las mismas fechas que Jordano escribía las *Mirabilia Descripta* en algún lugar del sur de Francia, Guillermo Adán residía en las cercanías de Aviñón, probablemente en Narbona. El cofundador de la SFP y del arzobispado de Sultania había alcanzado por estas fechas el máximo reconocimiento del papa, no sólo como arzobispo, participante en los más grandes eventos de la Corte pontificia o protegido de los más influyentes cardenales de la Curia, sino además como estrecho colaborador de Juan XXII en la organización de la última Cruzada. A este efecto consta la existencia de cuatro cartas pontificias enviadas a Adán «*ordinationem generalis pasagii continentes*», si bien, no aparece por ninguna parte de qué manera los servicios solicitados por Juan XXII a Adán revertirían en la formación de la neo-cruzada [151]. No cabe descartar que el *Directorium ad passagium facendum* (uno de los más extensos tratados de Recuperación cuya confección debió consumir mucho tiempo), dirigido al rey de Francia, fuera parte de este lote de servicios contratados por el papa con el fin de organizar la definitiva cruzada de Recuperación.

En medio de este panorama aparece el *Mirabilia Descripta* de Catalán que, si bien pudo estar pensado para alcanzar algún día los oídos del papa o los del rey de Francia, no es a ellos a quienes Jordano se remite directamente. Todo apunta a la intervención de un intermediario, alguien que a la vez tuviera acceso al papa, conociera la singular peripecia asiática de Jordano y estuviera en condiciones de conseguir que el fraile pusiera por escrito información, considerada importante, sobre la realidad fenomenológica, tangible y actual de las Indias. Solo después de escribir su particular Descripción de las Indias Jordano recibió la dignidad episcopal, la responsabilidad de levantar una catedral en la *Colom* adaniana y contribuir directamente a la renovación del proyecto Sultania iniciado quince años atrás por el propio Adán. Sería realmente improbable que cualquier iniciativa en este sentido fuera adoptada por Juan XXII sin contar con el mayor experto en la materia a su disposición.

---

ad passagium facendum. Nótese igualmente que todas los pasajes citados de la obra de Jordano Catalán son del final del *Mirabilia descripta,* donde aparecen recogidos sin mucho orden en lo que no parece más que un excursus final, o incluso el resultado de un interrogatorio. La falta de elaboración de los juicios de Jordano contrasta vívidamente con el tono dogmatico de Adán, lo que sin duda contribuye a identificar el sentido en el que viajó la inspiración de uno a otro dominico.

[151] KOHLER, *Documnets relatifs,* p. 49.

Guillermo Adán pudo haber sido esa figura intermedia que da sentido a la, de otra manera desconcertante, peripecia vital y literaria de Jordano. Adán pudo ser quien le acogiera en Persia tras su trágico viaje junto a Tomás de Tolentino y quien, ya de regreso en Europa, pusiera ante los ojos de Juan XXII una de las primera Descripciones del Oriente y con ella a un hombre, su autor, del que se servirían para implantar un obispado latino bajo la autoridad directa del pontífice romano en Quilón, el gran puerto del sur de la India donde convergían miles de naves de todas las partes del Índico; que albergaba a una pequeña colonia de emigrantes latinos; que estaba bajo el gobierno de un rey hindú directamente amenazado por la expansión del sultán de Delhi, a la vez que tenía en el sultán de El Cairo a una de sus principales fuentes de ingresos. Una situación óptima que ya fue identificada quince años atrás por Guillermo Adán para acabar con el poderío mameluco en el Índico y conseguir así la victoria del papa en el Mediterráneo.

Tampoco Jordano consiguió sacar adelante el sueño adaniano. Ni el *Mirabilia Descripta* ni la fundación del obispado en Quilón dieron los frutos esperados. Adán pudo haberse precipitado y haber elevado las expectativas pontificias hasta un punto que a la postre resultó imposible de satisfacer. Sin embargo, Guillermo sí apuntaba en la dirección correcta cuando advertía a Juan XXII de la carga que pesaba sobre la tarea de describir el Oriente. Tanto los frailes franciscanos como los dominicos impusieron sobre su labor informadora concepciones bien distintas de la misión evangelizadora y del papel que tocaba asumir al papa en las relaciones de la Cristiandad latina con los reyes y emperadores de las Indias. Ambas concepciones estaban inevitablemente marcadas por el particular rumbo adoptado por los hechos tras la pérdida definitiva de Acre. La creación de los obispados latinos de Pekín, Sultania y Quilón no sólo tuvieron lugar poco después de la pérdida de Tierra Santa, sino además en torno a las Cortes asiáticas con más probabilidades de ser implicadas en la lucha contra el sultán de El Cairo.

Sin embargo, todo esto tuvo lugar en un contexto fuertemente marcado por la competitividad entre las órdenes y, más en concreto, entre los intereses montados en torno a los arzobispados de Pekín y Sultania. La proyección textual de esta rivalidad en las Descripción de las Indias de principios del siglo XIV convierte este pequeño cuerpo documental en algo relacionado de múltiples maneras con la teoría recuperacionista. Aun así, nada está más en consonancia con la tratadística de Recuperación que esa irreductible rivalidad entre distintos sectores sociales, familias y órdenes religiosas, de acuerdo a la necesidad de nuevas vías de promoción social y progreso pero irreconciliables respecto a los medios para su prosecución así como sobre la jerarquía de valores que debía presidir dicha carrera por la supervivencia.

Cabe añadir para terminar que, por improvisado que fuera el origen de la división entre franciscanos y dominicos del Oriente, la producción literaria derivada de esta presencia fue en buena medida responsable de que dicha distinción tuviera consecuencias mucho más duraderas que la misma presencia de los mendicantes en Asia. La identificación del Preste Juan, por un lado, y del Gran Khan, por otro, como «los hombres más poderosos de la tierra», y, por tanto, los mejores aliados con los que podría contar la Cristiandad latina en su lucha contra el Islam, marcó profundamente los orígenes de las empresas portuguesa y castellana que culminaron con la circunnavegación de África y la travesía del Atlántico a finales del siglo XV. Pero aquí ya estamos ante una manifestación mucho más intensa de la rivalidad en el seno de la familia europea. La división del orbe en el Tratado de Tordesillas habían convertido en definitiva la tendencia centrífuga que acompañó desde sus inicios la enunciación seminal de un proyecto unitario de expansión europea [152].

---

[152] Uno de los textos que pudieron funcionar como puente entre el siglo XIV y el siglo XV en la transmisión de conocimiento empírico sobre el Extremo Oriente es el *Libro del conosçimiento de todos los rrengos et tierras et señorios que son por el mundo, et de las señales et armas que han,* escrito en Andalucía por un autor anónimo en la segunda mitad del siglo XIV y que circuló profusamente por las Cortes ibéricas. De él hicieron uso Enrique el Navegante y los exploradores de las Canarias, Béthencourt y La Salle quienes supusieron que tan magníficos viajes sólo pudieron ser hechos por un autor franciscano. Como tal sigue aún en nuestros días considerándose que el autor del *Libro del conosçimiento* fue un franciscano, a pesar de que ninguna otra evidencia interna o externa sustenta dicha atribución de autoría. LACARRA, *Libro del Conosçimiento de todos los rregnos* (1999), p. 80. Al parecer, la estrategia narrativa de los franciscanos daba sus frutos, dotando a los frailes menores de un prestigio en materia de viajes que ha durado hasta nuestros días, por ejemplo, JIMÉNEZ DE LA ESPADA (1877), MARKHAM (1912), CONTI ROSSINI (1917) o LADERO QUESADA (1992).

Tabla I

De la obra de Adán a la de Jordano

Guillermo Adán, OP, *Directorium ad passagium facendum*, Aviñón, ca.1330.	Jordano Catalán, OP, *Mirabilia descripta*, Aviñón, ca. 1330.
Tanto los turcos como el resto de los sarracenos tienen una profecía según la cual serán derrotados y aniquilados en nuestros tiempos por un príncipe franco. Que así sea (378).	Los paganos de estas Indias tienen unas profecías que auguran que nosotros los latinos acabaremos sojuzgando el mundo entero (412).
En cuanto a la prudencia natural y la merecida, a las costumbres domésticas y civiles, a la manera de vivir ordenada, ilustre y honestamente, a las riquezas y sobre todo al uso que las convierte en lícitas y buenas, al sagaz y noble ejercicio de las armas, así como al buen régimen y justo poder del gobierno, en suma, en cuanto a todas las cosas que ennoblecen, embellecen y ornamentan a los hombres nosotros superamos a todas las otras naciones (385).	En conclusión, no hay tierra mejor, ni pueblo tan apuesto ni tan honrado, ni manjares tan buenos ni tan sabrosos, ni vestidos tan galanos ni costumbres tan excelentes como acá en nuestra Cristiandad (429).
El señor Martín Zaccaría ha sido traicionado por el emperador de los griegos que lo mantiene encarcelado injusta y cruelmente. Y si vuestra majestad así lo quisiera, fácilmente conseguiría tener a su lado al que de entre todos los hombres del mundo más hermosas, arriesgadas y justas batallas ha librado en los mares. Y nunca ha levantado arma contra los cristianos fieles sino solo contra los turcos y enemigos de nuestra fe (458).	Gobernaba esta isla de Quíos un esforzado genovés llamado Martín Zaccaría, marino avezadísimo que dio muerte y cautivo a más de diez mil turcos. Pero, ¡ay que dolor!, el muy pérfido emperador griego de Constantinopla le arrebató la isla por traición, de lo que hay mucho que dolerse sobre todo por que lo mantiene prisionero y cautivo (430).
Yo, que he visto toda nación oriental batallar, añado a todo lo dicho solo una cosa, y es que la sola potencia de Francia, sin necesidad de ayuda alguna, su proceder, su disposición, su orden y disciplina basta para someter no solo a los miserables y despreciables turcos, sino a los abominables y viles egipcios, a todas las fuerzas tártaras, a los indios, los árabes y los persas (515).	Creo que el rey de Francia puede subyugar el mundo entero en beneficio suyo y de la fe cristiana, sin necesidad de ayuda alguna (430).

Capítulo 3
LA PRÁCTICA MODERNA

Devadasi, relieve del templo Vaital, Bhubaneswar,
Orissa, siglo XIII

«Tienen muchos ídolos a los que son ofrecidas muchas
doncellas completamente desnudas y así cantan, dan-
zan, dan cabriolas y levantan las piernas hasta el cuello y
giran sobre sí mismas para agrado de los dioses. Estas
doncellas tienen la carne tan firme que nadie podría
cogerlas o pellizcarlas en ningún lugar y sus senos no
cuelgan, sino que se sostienen rectos y prominentes»
(Marco Polo, ca. 1298)

Los Tratados de Recuperación y las Descripciones del Oriente son cuerpos literarios bien distintos que, sin embargo, compartieron época, audiencia y también estilo. La realidad que llegó al lector de unos y otros textos es un tanto peculiar con respecto a percepciones anteriores de la misma realidad o, al menos, carece de antecedentes de los que nos podamos servir en la actualidad para enmarcar dichos textos en una tradición literaria preexistente. Por un lado, los tratados de Recuperación marcan una clara ruptura con la tratadística de Cruzada anterior, mientras muestran una filiación más próxima con la literatura de los siglos posteriores sobre la cuestión turca [1]. No menos problemática es la identificación de las Descripciones del Oriente con un molde literario. En uno y otro caso, todos estos textos tienen la particularidad de abordar sujetos con una larga tradición literaria (el Oriente y la Cruzada) pero de manera tan diferente que obliga a distinguirlos claramente de dichas tradiciones y de los marcos estructurales, argumentativos y semánticos que las definen.

Tanto los textos sobre cómo recuperar la Tierra Santa como los que tratan de describir el Lejano Oriente son bastante dispares entre sí en términos de extensión y contenido. Sin embargo, todos ellos están de acuerdo en cuanto a una cuestión de método: son el resultado de un análisis pretendidamente empírico de la realidad en el que los eventuales ejercicios especulativos siempre están subordinados a una serie de criterios objetivos que el mismo autor proporciona para que el lector pueda por sí mismo llevar a cabo su com-

---

[1] HOUSLEY, *The Later Crusades* (1992), p. 383.

probación. Precisamente en los casos que dicha comprobación es de hecho imposible (por ejemplo, al tratarse de tierras remotas) es donde mejor se observa la obligación asumida por los autores de uno y otro cuerpo literario de presentar tales apreciaciones como el producto exclusivo de una experiencia vital, bien de un tercero o preferiblemente del autor mismo. Por tanto, el testimonio de los sentidos sensoriales desempeñará un papel central así como las descripciones que privilegian los aspectos visuales y cuantificables. A ello se debe que la autoridad reivindicada por los autores consista en demostrar la proximidad del autor a la materia sobre la que se describe, analiza o aconseja, bien a través del viaje, la exploración o cualquier otro modo de experimentación directa.

Aquí se produce una neta distinción con los textos anteriores sobre Cruzadas y Oriente, donde la fuente de autoridad provenía de atributos exteriores al propio texto. Anteriormente la necesidad de probar con argumentos objetivos cada apreciación de la realidad estaba atenuada unas veces por el prestigio o la condición social del autor y otras sencillamente por su adscripción a la tradición. En tanto una determinada manifestación se ciñera a los límites establecidos por el uso consuetudinario no requería mayor elaboración. Por tanto, las causas y sus efectos eran preferentemente concatenados de acuerdo a un modelo preestablecido, heredado y trasmitido generacionalmente. Aquí la iniciativa de un sujeto que asume la responsabilidad de explicar de manera original el curso de la realidad, la relación entre causas y efectos o el porqué de las cosas es excepcional y ocupa un lugar marginal.

El paso de esta concepción hermética de la verdad a la concepción de una verdad siempre sujeta al cambio y al perfeccionamiento es un proceso largo (seguramente infinito) que probablemente esté relacionado con la crisis de autoridad sentida en la Europa cristiana con especial intensidad a partir del siglo XIII. Sin embargo, los efectos de esta crisis de identidad ya se hicieron notar entre determinados sectores de la intelectualidad europea del siglo XII. Por aquel entonces el polémico Pedro Abelardo, aparentemente aturdido por la incapacidad de encontrar en su entorno cultural respuesta a determinadas cuestiones existenciales, se decantó por una distinción precisa entre la costumbre (*usus*) y el talento (*ingenium*) dando un estatuto superior a este último en la resolución de su particular conflicto con la realidad[2]. Abelardo acabó siendo condenado como

---

[2] GUREVICH, *Los orígenes del individualismo europeo* (1997), p. 121.

herético y sus obras fueran prohibidas, pero la distinción encontró amplio predicamento entre las generaciones venideras que, a lo largo del siglo XIII, encontraron en la separación entre la teoría (*scientia*) y la práctica (*ars*) la mejor manera de conciliar la sabiduría procedente de la propia tradición con la procedente de las traducciones de autores árabes y griegos.

El siglo XIII europeo fue un momento de especial intensidad en el trasvase de cultura y ciencia del Islam a la Cristiandad. En vista de la cantidad de traducciones y la frecuencia con que eran citados, los europeos debieron sentir cierta fascinación por estos libros de infieles (musulmanes) y de paganos (griegos), lo que eventualmente acabaría derivando en una incómoda duplicidad en lo que a la procedencia de la autoridad se refiere. Duplicidad que encontró una solución de compromiso en la distinción entre dos esferas del saber que permanecieron por mucho tiempo incomunicadas a pesar del esfuerzo de autores como el Aquinate por dar con un estadio final donde dicha duplicidad se extinguiera.

A lo largo de la segunda mitad de este siglo y de la primera mitad del siglo XIV la que pasó a ser conocida como *Ars Nova* o Práctica Moderna se introdujo en universidades y conventos revolucionando la tecnología, la práctica jurídica, la medicina e incluso las artes plásticas y la literatura de entretenimiento. Tampoco fueron ajenas a estos cambios la ciencia política y las teorías de dominio. Pero donde más se hicieron sentir los efectos de este renovado compromiso con la dimensión práctica de la realidad fue en un nivel difícilmente accesible para el historiador: el de la vida cotidiana.

La Revolución Sensorial

Los relojes mecánicos son el paradigma de esta suerte de Revolución Sensorial que tiene lugar entre 1275 y 1325 [3]. En este ajusta-

---

[3] El término es de CROSBY, *The Measure of Reality. Quantification and Western Society, 1250-1600* (1997). Crosby trata de expresar el nacimiento de un nuevo modelo de realidad, que prima los aspectos visuales y cuantificables, y cuya aparición se concreta entre los años 1275 y 1325. A juicio de este autor, se trata de toda una *Revolución Sensorial* que individualizará el carácter posterior de la civilización occidental y asentará las bases de sus dos productos más peculiares: la Modernidad y la Expansión Europea. Crosby orienta sus análisis a la identificación de las implicaciones conceptua-

do intervalo de tiempo tiene lugar la extraordinaria difusión de estas máquinas por el Occidente europeo a una velocidad sin parangón en la historia de la tecnología anterior al siglo XVII. Si bien el inventor no tiene rostro y probablemente ni siquiera se trate de un europeo (está documentada la existencia de estas máquinas en China en el siglo X), lo cierto es que la rápida adopción por parte de los ayuntamientos europeos de costosos y aparatosos relojes mecánicos para medir el tiempo, más allá de la tautología, no siempre es fácil de comprender.

Los documentos de la época a menudo aluden al incremento del orden y el decoro en la vida urbana. El goce estético derivado de la imposición sobre la realidad de un tipo de demarcaciones (regulares y simétricas) y la relegación de otras (una hora caminando, durmiendo, hablando o escuchando es, y a partir de este momento será para siempre y exclusivamente, una hora) parece apuntar a la necesidad de regular la convivencia en las ciudades de una población en continuo crecimiento. El espectacular incremento de ciudades en una Europa, la del siglo XIII, que apenas tenía tradición urbana impuso la necesidad de dar con rápidas soluciones estructurales. La fragmentación del tiempo para sincronizar la vida de una comunidad venía siendo una tarea asumida por el clero, que mediante campanadas pautaba sus actividades devocionales. Otras actividades podían acogerse a este ritmo que, sin embargo, nunca fue muy preciso, pues dependía de la latitud, de las estaciones, así como de la conveniencia de los propios monjes [4]. Los musulmanes ya habían dado un paso más allá en precisión al estandarizar las cinco llamadas a la oración en función de la posición del sol y las estrellas, si bien seguían oscilando con las estaciones y la latitud. El reloj mecánico introducía una división aún menor y constante. La nueva unidad de medida era más concreta y ganaba independencia con respecto a la revolución de los astros. La hora mejoraba la capacidad de cálculo, pues servía para medir la vida tanto durante el día como durante la noche y no variaba ni con el verano ni con el invierno.

---

les de esta nueva tecnología sensorial y reconoce su incapacidad de asignar una génesis concreta a tan siquiera uno de todos estos vistosos acontecimientos. Sus reflexiones son, a mi entender, un encomiable intento de alumbrar el paso de lo singular a lo plural que tantas veces enuncia Pierre Chaunu para el siglo XIII sin que realmente llegue a sustanciarlo en su *La expansión europea* (1972).

    [4] Ortega Cervigón, *La medida del tiempo en la Edad Media* (1999).

Al igual que los relojes, en este mismo intervalo de tiempo rápidamente se extiende por Europa el uso de las gafas y de la perspectiva en la pintura. Al igual que el tiempo antes de 1300 era lo que ocurría dentro de sus premisas, el espacio medieval venía definido por lo que contenía. El pintor italiano Giotto (†1337) puede considerarse el primer artista en representar escenas tal y como eran vistas por un único observador en un único instante, inaugurando así el largo reinado de las leyes de la perspectiva en la pintura occidental. Lo cierto es que se trató de una genialidad intuitiva que no tuvo continuación inmediata pero que despertó la admiración de sus contemporáneos y de los insignes Dante, Petrarca y Boccaccio[5]. La obediencia a las leyes de la perspectiva óptica llevaron a la paulatina introducción de un espacio imaginado entre lo representado y el espectador que dictaminaba tanto el contenido como el volumen de las figuras. Si bien el tamaño y la posición de las figuras medievales dependía de su importancia simbólica (Cristo, la Virgen y los santos siempre más grandes y más centrados que los pecadores, los oradores o los donantes) la perspectiva óptica (gobernada por la arbitraria convención de la visión instantánea con un único ojo) introducirá representaciones virtualmente acabadas en las que cada elemento adquiría su forma y tamaño según su posición relativa con respecto al espectador (un espectador ideal).

La difusión de las gafas, con las que acercar lo que está lejos o alejar lo que está cerca, apunta también a la supervaloración de las relaciones espaciales entre el sujeto y los objetos. De nuevo, otro caso ejemplar de la sustitución producida en los sectores más dinámicos de la sociedad europea del *trecento* de unos criterios analíticos por otros y que incidirá de manera directa en el posterior desarrollo de una concepción típicamente europea del placer y de su opuesto como algo inherente a las cosas en tanto tales[6].

Los años en torno a 1300 son también el momento en que los músicos europeos dan con una forma estandarizada de representar gráficamente el sonido mediante cuatro renglones (tan sólo a un

---

[5] CROSBY (1997), pp. 165-197.

[6] BOWES, *Entre dos culturas. Dos visiones del mundo: arquitectónica y orgánica* (1986), p. 186. No está de más recordar aquí la asociación entre las gafas y Marco Polo, asociación no documentada pero persistente en el imaginario europeo que, quizá, buscó la explicación a la rápida absorción y difusión en Europa de tantas innovaciones tecnológicas (la Revolución Sensorial) en el equipaje que Marco traía de China. También la pólvora, la pasta, el helado, el *calccio*...

paso del actual pentagrama), un número reducido de símbolos (los neumas) y la introducción del concepto de «nada» (íntimamente relacionado con la idea de cero, cuya exitosa andadura en la historia de la computación universal también tiene en el siglo XIII su entrada en Europa), asignando un tiempo igualmente relevante tanto al sonido como a su ausencia. La transcripción en una sucesión de particiones o partituras cosificará la música al convertirla en algo visualizable (hasta ese momento solo podía ser escuchada y su transmisión era exclusivamente nemotécnica). Por otro lado, permitirá la interpretación musical simultánea o polifónica, cuyo espectacular desarrollo la ha convertido en una de los rasgos más prominentes de la civilización europea-occidental.

Otras innovaciones típicas del tránsito entre los siglos XIII y XIV son el álgebra (inicialmente relacionada a los números indo-arábigos conocidos en Europa a través de la obra de Al-Khawarizmi), la contabilidad de entrada doble (la *prattica veneziana,* originalmente conocida por su nombre árabe, *al-jar*), la monetarización áurea (Génova y Florencia fueron pioneras, pero las primeras monedas de oro que realmente recorrieron Europa fueron los ducados introducidos por los venecianos en 1282) y la medicina galénica. Al igual que los relojes mecánicos, el origen de todas ellas es asiático y su entrada en Europa inequívocamente mediada por la interacción con los musulmanes. Las traducciones del árabe al latín de Avicena, Averroes, Al-Kindi, Galeno, Hipócrates o Aristóteles removieron los cimientos de algunas de las ciencias aplicadas, como la medicina que, a finales del siglo XIII, comenzó a experimentar con cadáveres y a dar preeminencia a las observaciones empíricas derivadas de la cirugía.

Eminentes figuras de la nueva medicina racional como Arnau de Vilanova (†1311) encontraron en la nueva ciencia un argumento definitivo contra la nigromancia, la fetichería, la magia natural o la astrología en tanto prácticas demasiado holísticas e imprecisas. Valenciano, simpatizante de los espirituales franciscanos, con buen conocimiento del árabe, sirvió a Federico II de Sicilia y trató también a Clemente V. En 1291 veía la luz el *De intentione medicorum,* toda una declaración programática, en la que Arnau comenzaba asumiendo el desafío de compatibilizar la Filosofía Natural de Aristóteles y la práctica galénica, recibida a través de la obra de Avicena, concluyendo, en plena consonancia con su tiempo, que mientras al filósofo correspondía comprender las causas verdaderas de las cosas, al médico bastaba con comprender lo necesario para curar mediante la obtención de evidencias sensoriales. Su inclinación hacia Hipócrates y Galeno se debía a que éstos «no sólo fueron los artífices de la razón y de las técnicas, sino que además trasmitieron el *método* para encontrar la práctica correcta en la aplicación de los remedios»[7].

La distinción entre la verdad absoluta (*scientia*), y el propósito del médico, su compromiso con la praxis (*ars*), supuso un paso definitivo en el desarrollo de la medicina alopática, cuyo acceso a dicha dimensión inmediatamente verificable de la salud vino enormemente facilitado gracias al empleo de cadáveres. Eran éstos considerados una suerte de representación del cuerpo vivo, un laboratorio, cuyas lecciones adquirían así un estatuto muy superior al de la teoría, a las enseñanzas de los mayores, a la tradición[8].

El desarrollo de las universidades (algunas de las cuales contaron con protección papal ya desde 1231) fue fundamental en la difusión de las nuevas técnicas. El conocimiento allí impartido alcanzó tal prestigio que, a la altura de 1300, la titulación universitaria se impuso como obligación legal a la hora de ejercer determinadas profesiones. Este rápido ascenso en la escala social del prestigio y el apoyo institucional a la nueva ciencia, la *Ars Nova* o *Moderna,* es responsable en buena medida de la caracterización de los últimos decenios del siglo XIII y los primeros del XIV como años «revolucionarios». Años en los que tuvo lugar una violenta caída de la doctrina, probablemente debido al choque entre poderosas tradiciones contrapuestas (católico romana y arabo helénica) y que dejaron un vacío teórico que pronto fue ocupado por iniciativas hasta hacía

---

[7] GIRALT SOLER, *Decus Arnaldi. Estudis entorn dels escrits de medicina pràctica, l'ocultisme i la pervivència del corpus atribuït a Arnau de Vilanova* (2002), p. 41, tesis doctoral de la Universidad Autónoma de Barcelona distribuida en formato digital gratuito por «cbuc». La cursiva es mía.

[8] GIRALT SOLER (2002) pone de relieve otro aspecto que no es menos interesante para nuestra reconstrucción de los años de la Revolución Sensorial. Se trata de los *Consilium,* corpus terapéutico originado en el último cuarto del siglo XIII y que, en oposición a los tratados médicos anteriores, se centra en casos concretos e individuales. Los *Consilium* gozaron de gran difusión, perpetuándose en el tiempo hasta más allá del Renacimiento. Sin embargo, a partir de la segunda mitad del siglo XIV el género *consiliar* comienza a albergar la preocupación por mantener el equilibrio entre práctica y erudición, entre experiencia y doctrina, p. 98. Acababa así un período relativamente breve, de no más de cincuenta años, en el que los cimientos dogmáticos de la teoría fueron continuamente agitados por la práctica empírica, aspecto central de lo que en este capítulo hemos denominado la «Práctica Moderna».

poco arrinconadas por el saber canónico, pero que se habían venido demostrando efectivas en la aplicación de soluciones concretas a problemas inmediatos.

Pero no fueron las universidades los únicos ámbitos que contribuyeron a la producción, transmisión y consumo de la nueva inteligencia a lo largo del siglo xiii y primera mitad del xiv. Escuelas de traductores y de enseñanza de lenguas orientales patrocinadas por príncipes y reyes cumplieron una función primordial en la puesta a disposición de las élites políticas y culturales europeas de nuevo material para incrementar la explotación de recursos humanos, intelectuales y económicos. La profusión de estos centros en el siglo, que tocó techo tanto en la explotación de recursos naturales como en la expansión militar, pudo contribuir a paliar las crecientes necesidades de una sociedad cada vez más confinada.

Quizá se deba también al estrecho margen entre el crecimiento demográfico (entre el año 1000 y el 1300 la población europea pudo haberse triplicado) [9] y las posibilidades reales de abastecimiento de la población, el notable incremento en este período de las instituciones caritativas. Influyentes personajes, a menudo vinculados a las órdenes mendicantes y movimientos religiosos laicos, subvencionaron el desarrollo de una técnica médica barata y efectiva para ser aplicada masivamente en hospitales y otras instituciones destinadas a la atención de los pobres y desvalidos [10].

Otro de los núcleos más eficientes en la distribución de medios intelectuales para la optimización de los recursos existentes surgió de las cofradías gremiales. Si bien éstas se habían desarrollado a lo largo de los siglos como colectivos cerrados, cuyos conocimientos técnicos rara vez eran difundidos (a veces incluso eran mantenidos en secreto), a finales del siglo xiii y principios del xiv algunos de estos colectivos profesionales atrajeron la atención de poderosos personajes dispuestos a intercambiar sus servicios, precisamente, por oro. Es el caso de las cartas náuticas conocidas como portulanos, parientes directos de los actuales mapas.

---

[9] Crosby (1997), p. 50.
[10] Rubio Vela, *Un hospital medieval según su fundador: el testamento de Bernat dez Clapers, Valencia 1311* (1983); id., *Una fundación burguesa en la Valencia medieval: el Hospital de En Clapers, 1311* (1981).

La práctica cartográfica

Los primeros portulanos que se conservan (el de Carignano y la Carta Pisana) vienen datados entre 1275-1300. Ramon Llull menciona en una de sus obras la existencia de un portulano mallorquín en 1262. Pero lo cierto es que, según han demostrado las últimas investigaciones, el origen de los portulanos habría que retrotraerlo al 1200 [11]. Los ejemplares que han llegado a nuestros días no son por tanto los primeros de la Historia sino el producto del ascenso en la escala de valores de la sociedad de finales del XIII de este tipo de conocimiento técnico que, por estas fechas, comienzan a ser confeccionados sobre materiales resistentes al paso del tiempo y cuidadosamente elaborados. Estos mapas supervivientes eran hechos por encargo de algún noble o algún rico mercader para satisfacer necesidades más allá de las puramente navales [12]. Los ejemplos más sobresalientes son los de Dalorto (1325), Dulcert (1339), los hermanos Pizigani (1367) y el Atlas Catalán de los Cresques (1375). Algunos de ellos contenían secciones dedicadas al Índico y el Extremo Oriente como el Atlas Catalán y posiblemente el de Dulcert [13]. Otros incluían también indicaciones útiles para la recuperación de la Tierra Santa como el del genovés Pedro Visconti (1318) [14].

Todos ellos fueron producidos entre Italia y Aragón, siendo la isla de Mallorca el mayor centro de producción de estos portulanos a lo largo de todo el siglo XIV [15]. El origen de estos mapas está estrechamente ligado a la introducción del compás en la navegación mediterránea en el siglo XII. De origen asiático, el compás permitía la navegación incluso en invierno cuando las nubes ocultan las estrellas. Pero para ello era necesario tener cierto conocimiento pre-

---

[11] GAUTIER DALCHÉ, *Carte marine et portulan au XIIe siècle: Le Liber de existencia riveriarum et forma maris nostri Mediterranei. Pise, circa 1200* (1995).

[12] Por ejemplo, los contratos firmados en 1399 entre los cartógrafos, el genovés Francesco Becaria y el mallorquín Jefuda Cresques, con unos mercaderes florentinos en los que se especifica con exactitud el número de figuras y animales, naves, peces, banderas y árboles que debían contener los mapas, pues de ello dependía el precio. SKELTON, *A contract for world maps* (1968).

[13] CORTESAO (1971), vol. II, pp. 40-42.

[14] LADERO QUESADA (2002), p. 45.

[15] TERAN (1987).

vio, sino de las distancias, al menos de la orientación de las costas de destino. Los portulanos o cartas de marear son mapas con delineaciones muy precisas de las costas y de los rumbos. Lo cierto es que, a día de hoy, siguen siendo desconocidos los procedimientos técnicos que permitieron tan asombrosos resultados. Por el momento sólo cabe atribuirlos a un método principalmente intuitivo, producto de la pericia y la experiencia acumulada a lo largo de siglos por los marineros de ambas orillas del Mediterráneo [16]. El tipo de representación que aparece en los portulanos se caracteriza tanto por la precisión con que la particularidad geográfica es anotada como por una nueva articulación del espacio, mostrando mayor interés por las direcciones que por las distancias. El primado de las leyes de la perspectiva lineal o artificial permite la coexistencia de varias líneas y planos, recreando, así, un continuo que satisface la necesidad de ubicación dentro de un espacio finito y del que los sentidos sensoriales, más en concreto la vista, puedan dar testimonio.

El caso es que esta modalidad de representación espacial comenzó a finales del siglo XIII a circular en ámbitos distintos de los marineros. Gracias al dinero de aristócratas y burgueses tuvo lugar el desarrollo paralelo de un tipo de mapas que podemos llamar portulanos geográficos [17]. Éstos comenzaron por entonces a competir con los mapas alegóricos de la tradición medieval, que amparados por una longeva convención (y aún habría de sobrevivir hasta bien entrado el siglo XVII) representaban los tres continentes conocidos separándolos mediante un eje vertical (el Mediterráneo) que distinguía Europa de África y otro trasversal (formado por la continuación del Nilo y del Mar Negro) que marcaba la frontera entre Asia, por un lado (situada en la parte superior del diseño), y el conjunto compuesto de Europa y África, por otro (situado en la parte inferior). Todo ello a su vez estaba rodeado por el Océano lo que daba a estos mapas la inconfundible apariencia de una «T» inscrita en un círculo (a lo que se debe su denominación T-O) y que en ocasiones (las más alegóricas) era aprovechada para insertar al Cristo crucificado con Jerusalén en el mismo corazón.

[16] ZUMTHOR (1984).
[17] RELAÑO, _The Shaping of Africa. Cosmographic Discourse and Cartographic Science in Late Medieval and Early Modern Europe_ (2002), así distingue éstos de los que Relaño denomina portulanos náuticos puros.

Los mapas T-O son productos esencialmente conceptuales que hacen uso tanto del espacio como de otras manifestaciones de la realidad humana para trasmitir una visión del mundo caracterizada por la unidad de lo cercano y de lo lejano, de lo pasado y de lo futuro, de lo mundano y lo sublime. Este tipo de mapas está asociado al movimiento, pero no tanto a un movimiento exterior (desde donde estamos a donde podemos llegar a estar) como uno interior, de progreso espiritual.

No faltan testimonios de que a veces las mismas manos sirvieron para realizar mapas alegóricos y mapas portulanos geográficos [18]. Los efectos de la prolongada convivencia de ambos modelos supusieron la fusión de contenidos. Sin embargo, a diferencia del portulano, el mapa alegórico, en tanto siguió siendo alegórico, nunca aspiró a ser una representación de la realidad, sino, a lo más, una metáfora. El espacio en estos casos estaba invariablemente asociado a lo sagrado, a lo simbólico, a seres mitológicos cargados de un contenido místico, casi indescifrable [19]. El cosmos de estas alegorías es finito pero lleva implícito el reconocimiento de la imposibilidad de ser recreado plenamente. El mapa alegórico era capaz de totalizar la realidad mediante una modalidad de pensamiento especulativa, pero a la vez reducía los efectos prácticos de dicha conceptualización a una función exclusivamente edificante. Por el contrario, el mapa portulano a costa de concentrarse en un único aspecto (morfológico) de la realidad incrementaba las posibilidades de interactuar con la materia y de obtener ciertos beneficios tangibles e inmediatos.

El portulano moderno expresa una geografía de continuación e interconexión, donde no sólo se muestra la cualidad transitable del espacio, sino que también se contempla la posibilidad de integrar nueva información. El mundo de los nuevos mapas portulanos ya

---

[18] WESTREM (2001).

[19] Un caso que ilustra vívidamente esta compleja concepción alegórica del espacio son los dibujos de Opicinus de Canestris (1296-1350) natural de Pavia y empleado como copista por Juan XXII en Aviñón. En sus dibujos los contornos de Europa se corresponden con los de un hombre cuya cabeza es la península Ibérica y que se aproxima a una mujer que es África. El hombre-Europa susurra algo al oído de la mujer-África (la boca es Gibraltar y la oreja Ceuta). El espacio entre ambos (el Mediterráneo) tiene la imagen siniestra del diablo mientras la costa atlántica e Inglaterra tiene el contorno de un monstruo que es la muerte. GUREVICH (1997), pp. 182-194. El curioso ejemplar está publicado en http://www.henry-davis.com/MAPS/LMwebpages/LML.html.

no es el universo acabado de los mapas alegóricos, sino un universo a partir de ahora en perpetuo proceso de construcción. Precisamente esa puerta siempre abierta a la inclusión de nueva información dio cabida a los monstruos y misterios procedentes de los mapas T-O, si bien es cierto que en los nuevos mapas éstos habitaban una dimensión igual que la humana, un espacio concreto, localizable y, aún más, susceptible de ser visto con los ojos y pisado con los pies. En la medida que así fue, el espacio destinado a los enigmas en los portulanos fue cediendo a los nombres propios de puertos, ciudades, cursos fluviales, estribaciones montañosas y otras particularidades morfológicas dando lugar a una concepción del espacio independiente de manifestaciones menos tangibles de la realidad; y que eran aprehensibles exclusivamente mediante la alegoría, no la representación a escala.

Los mapas y la Recuperación de la Tierra Santa

La tratadística de Recuperación atrajo la concurrencia de autores de diversas procedencias, muchos de ellos con miles de kilómetros de viajes a la espalda por todo el Mediterráneo católico y ortodoxo, norte de África, Oriente Medio e incluso el Índico. En la paneuropea tratadística de Recuperación se dio cita información procedente desde Ceuta a Bagdad y desde Constantinopla a Bombay. Ensamblar ese conocimiento, unir todas esas piezas de información a la luz del intelecto de un europeo del siglo XIV y transmitirlo a otros hombres de su tiempo es una tarea sin precedentes inmediatos.

En tiempos aún más remotos o en otros ámbitos culturales nos encontramos con viajeros y teóricos capaces de abarcar con sus pies o sus imaginaciones espacios no menos extensos. Pero lo cierto es que, independientemente de la cantidad, dicho espacio recibía su unidad discursiva de una cualidad que le daba sentido y lo hacía asible. Los escritos de la Antigüedad a veces abarcaban extensas porciones del planeta que en su momento constituían un continuo, bien político, comercial o cultural. Es el caso del Imperio romano mediterráneo, la influencia de la lengua y del prestigio helénico desde España a Etiopía o la irradiación del budismo por Asia en tiempos de los Maurya, por poner unos ejemplos. En estos casos, determinadas manifestaciones humanas adquirían una proyección espacial cuyas dimensiones bien pudieron limitarse a un área compacta, homogénea y circunscrita por insuperables accidentes morfológicos o, por el contrario, como en el caso del Islam, abarcar casi toda la superficie del planeta medieval desde el extremo occidental al oriental. En estos casos el espacio, por muy extenso que fuera, participaba de una cualidad llamémosla meta-física (en tanto que quebrantaba precisamente los obstáculos morfológicos que afectaban al ser humano en sus desplazamientos) en función de la cual se procedía a su aprehensión.

La evidencia ante la crítica moderna del ensanchamiento geográfico que tiene lugar en la teoría de Cruzada posterior a la caída de Acre contrasta con la total elusión a extraer consecuencias de este hecho. Esto quizá se deba a una descontextualización crónica en el estudio de este cuerpo documental, al extraer las principales claves analíticas bien de sus antecedentes, bien de su proyección material futura, dentro del marco histórico comúnmente denominado de las Cruzadas. Sin embargo, la Recuperación afrontaba una realidad diferente (la ausencia de dominio latino en Oriente) que obligó a romper con el discurso tradicional de la Cruzada y a sacar adelante una propuesta de dominio original que explícitamente proponía la absorción de los dos ámbitos político-culturales inmediatamente contiguos y referenciales (Bizancio y el Islam mediterráneo) aspirando así a una unidad territorial desconocida desde los tiempos del apogeo del Imperio romano.

La pérdida en 1261 de Constantinopla y en 1291 de San Juan de Acre amenazaban con restituir las viejas demarcaciones que la misma ideología de las Cruzadas se había propuesto superar. Europa se veía limitada a una posición que ya fue considerada inaceptable dos siglos antes. Entonces (1096) se trataba de una propuesta liderada por una élite político-espiritual que contó con suficiente respaldo popular. Ahora bien, con respecto a la antigua iniciativa, un tanto improvisada y desordenada, la teoría de Recuperación de los años en torno a 1300 contaba con el apoyo de nuevos sectores sociales mucho más amplios y pujantes, cuya aparición y desarrollo es inseparable de la misma experiencia de la Cruzada. La tratadística de Recuperación es la expresión de la necesidad de expansión experimentada por un buen número de nuevos y antiguos segmentos sociales. Y si bien la realidad era del todo insatisfactoria, los europeos de 1300 estaban demostrando no tener par a la hora de extraer de la realidad nuevas posibilidades para la explotación del medio. Una mentalidad que permea todo este cuerpo literario y que adquiere su expresión más vívida en el empleo por parte de los autores de la tratadística de Recuperación de mapas portulanos.

Se trata de la primera vez que son utilizados mapas en relación con la Cruzada ultramarina. Una única mención anterior al uso de mapas tiene lugar en la crónica de Guillermo de Nangis sobre la expedición de Luis IX a Túnez en 1270. Allí se cuenta que en el camino de Aigües-Mortes a Caligari una gran tormenta amenazó con hundir la nave del mismo Luis IX y como no se divisaba tierra por ninguna parte, el rey quiso saber dónde estaban exactamente con relación a la costa. Fue entonces cuando el cronista de Nangis menciona un mapa que salió a colación con el fin de satisfacer la necesidad de ubicación de San Luis [20]. Aquí la función del mapa se limita a satisfacer improvisadamente una necesidad puntual, frecuentemente sentida entre los marineros, pero rara vez compartida por los promotores de la Cruzada. Una situación que cambiará radicalmente tras la pérdida de Acre y de la que dan testimonio los mapas portulanos empleados por los teóricos de la Recuperación.

Sólo se conservan los adjuntos a los proyectos de Fidencio de Padua, Jaime de Molay, Galvano de Levanto y Marino Sanudo. Si bien, por la valiosa función que desempeñan en estos tratados, no cabe descartar que otros autores incluyeran portulanos que luego hayan sucumbido al castigo del tiempo o, como ocurre frecuentemente con los mapas, que un momento dado su destino haya recorrido un camino distinto al del texto matriz. En cualquier caso hay algo de visual en las conceptualizaciones espaciales hechas a lo largo de la tratadística de Recuperación. No creo excederme al considerar determinados fragmentos como «portulanos verbales», pues comparten con los mapas una concepción articulada del espacio y la primacía de la perspectiva [21]. Guillermo Adán se sirve de la analogía con el cuerpo humano para representar ante el papa el espacio en la retaguardia del sultán de Egipto concentrándose precisamente en la relación estable entre sus partes así como en su articulación. Se trata de una concepción del espacio que proporciona una serie de ventajas inherentes a la propia disposición de las distintas unidades geomorfológicas.

Para Adán, el Índico es la cabeza y el mar Rojo la garganta de un cuerpo cuyo estómago está en Egipto y cuyo alimento es la mercade-

---

[20] Kedar, *Reflections on maps, Crusading, and logistics* (2006), p. 161.
[21] Tomo el término de Vicentini, *Il Milione de Marco Polo come portolano* (1994).

ría procedente de las Indias. Este alimento entra por la boca, desciende por la garganta y en el estómago se procesa para distribuirse por el resto del cuerpo compuesto, según la imagen adaniana, por las provincias mamelucas del norte de África y del Oriente Próximo. La equivalencia sirve a Adán para demostrar la necesidad de separar la cabeza del cuello, actuando en la entrada al Índico desde el Mar Rojo, para así estrangular el Imperio mameluco [22]. Sanudo echa mano de recursos analíticos muy similares. Sirviéndose de la imagen de una árbol, explica de qué manera concibe el espacio físico bajo influencia del sultán de El Cairo. Un árbol cuyas ramas y hojas se extienden por Turquía, el Levante, Arabia y África; que, como el árbol, hunde sus raíces en la tierra en busca del agua, que para Egipto es la mercancía que por mar le llega desde las Indias a través del mar Rojo y cuyos frutos son la prosperidad del sultán [23].

Respecto a las representaciones figurativas, de las supervivientes, los *Mappæ Sanudiæ* son el máximo exponente de la cartografía aplicada a la teoría de Recuperación. En la versión definitiva del *Liber Secretorum* entregada a Juan XXII incluye cuatro cartas de gran elaboración presentadas en la introducción como mapa del Mediterráneo, mapa del Mar y la Tierra, mapa de la Tierra Santa y mapa de la Tierra Egipcia. La similitud entre éstos y los del genovés Visconti sugieren un origen común. Sanudo tuvo que servirse de las mañas de un cartógrafo profesional, si bien es cierto que el propio Sanudo debió intervenir en la confección de los mapas con información proveniente de su propia experiencia personal [24]. El mapa de lo que Sanudo llama Tierra Egipcia representaba, por un lado, Anatolia y Armenia Mayor hasta Mesopotamia y, por otro, empezando en el golfo Pérsico, algunas islas del Índico, Etiopía, toda Arabia y el mar Rojo, hasta Libia. Aspiraba con ello reproducir la acción combinada del poder militar mameluco y la influencia del comercio egipcio sobre el área inmediatamente contigua a la Europa mediterránea [25]. Los *Mappæ Sanudiæ* son considerados la combinación entre portulano y mapamundi más antigua que se conoce, así como el primer mapa europeo en ser concebido con fines táctico-militares desde la Antigüedad [26].

---

[22] ADÁN, *De modo,* p. 549.
[23] SANUDO, *Liber secretorum,* p. 45.
[24] PRAWER (1972), p. 18.
[25] SANUDO, *Liber secretorum,* mapas y leyenda en pp. 285-288.
[26] ALLEN, *Eastward Bound. Travel and Travellers, 1050-1550* (2004).

La decisión de Marino Sanudo de incluir portulanos en su trata-do está destinada a insertar en la mente del papa una imagen deter-minada de la realidad. Esta imagen es relevante porque es represen-tativa, pues se presupone la equivalencia entre el mapa y el espacio volumétrico bajo dominio del sultán de El Cairo. Dicha equivalen-cia es efectiva sólo si se privilegian unos criterios con respecto a otros en la caracterización de la realidad en cuestión (en este caso la extensión de los dominios del sultán). En este sentido, los portula-nos revelan su origen utilitario en tanto la apreciación del sujeto res-ponde por encima de todo a la necesidad práctica de operar sobre la materia.

La necesidad de ubicación de los marineros en sus desplaza-mientos costeros hacía pertinente un tratamiento abstracto del espa-cio que estableciera en primer lugar unos puntos de referencia esta-bles comunicables entre sí y además que convirtiera dicha ciencia en acumulable y transmisible. Ningún tratado de Recuperación incluye mapas T-O, en cambio algunos de sus autores se sirvieron de la tecnología de los portulanos para sustanciar la teoría de domi-nio alumbrada bajo los auspicios de una nueva y definitiva Cruzada. Una voluntad de dominio que en sí misma no es distinta del impul-so tribal presente en cualquier otra comunidad humana pero que en este caso es peculiar en tanto desplaza el centro de atención al método. La importancia del método radica en la neta distinción entre el observador y lo observado, que, al ser representado, se con-vierte en un objeto pasivo, inerte, mudo, siempre igual a sí mismo y, por tanto, necesitado de agencia, del impulso de un elemento exte-rior a sí mismo, que en este caso será quien produce o participa de dicha representación de la realidad.

Esta modalidad de representación de la realidad tiene la facul-tad de incrementar el nivel de certidumbre en la toma de decisiones del sujeto con respecto al objeto. Se trata de un sistema de repre-sentación exclusivo, ya que aquello que no sirve al propósito de dicha representación (descripción, visualización, aprehensión o asi-milación), aquello que es contradictorio o atenúa la fuerza de dicho propósito es descartado o se intenta erradicar, ya que es *inútil*[27].

Puede que se deba al desarrollo de esta visión del mundo el éxi-to en la Europa de 1300 de los relojes, las gafas, la perspectiva en pintura, los mapas, la notación musical, el álgebra o la medicina

---

[27] Bowes (1986), p. 11.

galénica. Puede que el desarrollo de una visión del mundo de esta índole esté relacionada con el progresivo confinamiento que experimentó Europa a lo largo del siglo XIII en multitud de frentes (económico, militar, social, cultural). Lo cierto es que en un intervalo de tiempo muy similar, la tratadística de Recuperación (1291-1334) nos permite observar la aplicación de esta mentalidad (eminentemente orientada al logro, a la inmediatez, a la fragmentación, al desplazamiento de códigos de un contexto a otro y la representación de unidades de la realidad con un propósito excluyente) al gran ideal medieval, la posesión de la Tierra Santa precisamente cuando más remota comenzaba a ser esa posibilidad.

Nuevas prácticas de dominio aplicadas a la Recuperación

Los tratados de Recuperación compuestos entre 1291 y 1334 nos permiten observar dentro de un marco concreto una profunda y significativa transformación en la concepción del domino. El ámbito de la Cruzada estuvo desde el principio caracterizado por un fuerte discurso escatológico, incluso milenarista y apocalíptico, donde las consecuencias de la acción bélica no dependían de la voluntad exclusiva de uno de los contrincantes, sino que además intervenían factores no siempre fáciles de prever. La guerra, en un sentido general, era considerada una realidad autónoma e independiente con respecto a su desenlace. Al menos en el plano discursivo de la teoría, ni la victoria ni la derrota eran realmente centrales. La lucha, entendida como ordalía, era una expresión ciega del devenir humano cuyo desenlace estaba más allá de su control y precisamente ahí radicaba el valor de la acción bélica, al hacer intervenir a los dioses en la resolución de un conflicto mundano. En este sentido, la importancia de la Cruzada radicaba no sólo en la posesión y defensa de la Tierra Santa, sino también en su capacidad de reflejar la condición moral de la comunidad cristiana en su conjunto. La tratadística de Recuperación, si bien no rompió totalmente con esta concepción original, independiente y autónoma de la lucha, se comprometió con el triunfo y con una determinada manera de procurarlo, con un método, con un plan que anticipaba de manera sistemática las medidas que había que adoptar y las que había que rechazar para que una solo de entre varias posibilidades se convirtiera en acto.

La recuperación de la Tierra Santa es la idea germinal de una tratadística que ante una situación explícitamente adversa defendió una determinada lectura de la realidad como la opción con más probabilidades de éxito. Es precisamente esta situación adversa la que abrió las puertas a distintas lecturas de la realidad, novedosas con respecto al discurso político anterior, e inspiradas en el éxito demostrado en otras facetas de la realidad por una mentalidad ampliamente gobernada por criterios técnicos. Paradójicamente la asociación con esta suerte de mentalidad tecnócrata acabaría con la esencia de la misma idea de Cruzada. La compleja empresa paneuropea, que desde el principio se había desarrollado de manera un tanto improvisada y oportunista, por inspiradora que hubiera resultado a las generaciones posteriores, era de alguna manera incompatible con el llamamiento a la especialización hecho por la tratadística de Recuperación. Frente a un tipo de expedición, la de los *cruce signati* tradicionales, que principalmente procuraba sacar el máximo provecho de las oportunidades según se iban presentando, la Recuperación apuesta decididamente por una Cruzada precisa, bien planificada, comprometida de antemano con una serie de compromisos concretos. Este nivel de especialización hará obligatorio el establecimiento de plazos para la ejecución, lo que en la práctica se tradujo en un progresivo distanciamiento del objetivo final (la posesión del Santo Sepulcro) que acabaría por desaparecer completamente de la agenda de Recuperación.

La dilación programática. Hacia una aplazamiento crónico de la Cruzada

En sus tratados Sanudo advertía del continuo retroceso durante el último siglo de los cristianos ante los musulmanes en el Mediterráneo; Llull albergaba con miedo la posibilidad de una Cristiandad devorada por el Islam; Carlos de Anjou consideraba al sultán de El Cairo no ya superior a los cristianos sino a cualquier otro monarca sobre la tierra [28]. La eficacia del plan pasaba necesariamente por establecer con la máxima precisión la relación entre causas y efec-

---

[28] SANUDO, *Liber secretorum*, p. 32; LLULL, *Liber de fine*, p. 65; CARLOS II, *Le conseil*, p. 354.

tos, por el ingenio a la hora de optimizar los recursos propios y la identificación de los fundamentos del poder del adversario. Es lo que en más de una ocasión Guillermo Adán denominó «método alternativo; mejor por ser más fácil»[29]. La acumulación de este tipo de conocimiento es pertinente en tanto dotaba al receptor de dicha inteligencia, al menos potencialmente, de soberanía sobre la situación aprehendida, es decir, de una mayor seguridad a la hora de tomar decisiones al respecto.

Esta profunda transformación conceptual se ve más claramente reflejada en los tratados posteriores al Concilio de Vienne de 1311. En este cónclave todo lo referente a la organización de una nueva Cruzada estuvo rodeado de gran cautela. La Recuperación en el Concilio de Vienne es ya una tratadística centrada exclusivamente en la planificación de los preparativos. El explícito reconocimiento del poder del sultán aconsejó un considerable alargamiento de los plazos que llevó a los maestros generales de las Órdenes Militares a proponer una moratoria indefinida y a autores como Guillermo Nogaret y Guillermo Durant a proponer entre diez y veinte años de preparativos previos al lanzamiento de la expedición para la Recuperación[30]. De hecho, estos tratados discuten únicamente lo concerniente a tales requisitos, entre los que ocupaba un lugar destacado el aspecto financiero. Nogaret formulaba un elaborado plan de acción que a la postre no intentaba sino demostrar la conveniencia de dejar bajo control exclusivo al rey de Francia la recaudación y administración de las suculentas tasas impuestas para la Cruzada durante las próximas dos décadas[31]. Ésta fue una de las peticiones aceptadas por el Concilio que fijó el diezmo a recaudar durante los próximos seis años, al término de los cuales fue renovado ininterrumpidamente hasta 1339, no sin que pasara inadvertida para los contemporáneos la disparidad entre los medios empleados y los resultados conseguidos[32].

El asunto de la Cruzada fue uno de los aspectos que más evidenció el progresivo aumento de autoridad experimentado por la

---

[29] ADÁN, *De modo,* p. 550.
[30] SCHEIN (1991), pp. 249-50; CARDINI (1993), p. 356.
[31] DELAVILLE LE ROULX (1886), vol. I, p. 60.
[32] Algunas de las críticas contemporáneas a la cruzada, en tanto un formidable instrumento político y económico que los reyes, con las bendiciones del papa, utilizaban en beneficio de sus propios intereses vienen recogidas en DOMÍNGUEZ REBOIRAS (2003), p. 278; HILLGARTH (1971); THROOP (1938); el mismo ADÁN reproduce la queja velada en *De modo,* p. 533.

mayoría de los gobiernos seculares en sus reinos. En el Concilio de Vienne esto se manifestó principalmente a través de la renuencia de los reyes a participar en empresa alguna que no les reportara beneficios directos [33]. En el caso de los reinos españoles su concurso en la Recuperación dependería del apoyo recibido por el papa para la conquista de Granada. El último tratado de Ramon Llull solicitaba al Concilio de Vienne la financiación directa de las naves y los gastos de manutención del ejército para el ataque por mar de las costas granadinas y norteafricanas. Si bien la idea de invadir Ceuta había sido introducida por su valor estratégico de cara a la conquista de Tierra Santa, lo cierto es que a las instrucciones detalladas para hacer capitular el puerto magrebí, sigue una escueta línea sin otro contenido que la mera enumeración de las taifas musulmanas de camino a Egipto y la Tierra Santa [34].

En el consistente *De modo sarracenos extirpandi* de 1316 Guillermo Adán apenas nombra la conquista de Palestina. Toda su energía propositiva está destinada a instruir sobre la erradicación del Islam, por una parte, y de la ortodoxia griega, por otra. Su tratado toma como punto de partida la ofensa a la Cristiandad por la pérdida de Acre y la injusticia del dominio musulmán. Tras identificar los fundamentos del poder mameluco (el apoyo de los renegados, el comercio procedente de las Indias, sus tratos con griegos y turcos) procede con un minucioso plan sobre cómo proceder con la máxima efectividad y el mínimo coste contra dichos fundamentos. Sirve para ilustrar la naturaleza de este adaniano «método alternativo, mejor y más fácil» su propuesta de prohibir totalmente los palmeros, ya que éstos suponen una notable fuente de ingresos para el sultán de El Cairo [35]. La aparente contradicción de prohibir la peregrinación a la misma Tierra Santa que mediante la Cruzada se pretende ganar para proteger a dichos peregrinos no es diferente en su naturaleza de la propuesta de emplear renegados en el ataque contra los mamelucos en el Índico y en el Mediterráneo. Ambas medidas son el producto de un razonamiento que desplaza toda la atención a las cuestiones metodológicas. En la tratadística de Recuperación, la conquista de Jerusalén deja de ser la idea rectora a la que toda actuación venía sometida y ante la que cada gesto obtenía su valor en función del

---

[33] Schein (1991), pp. 251-3.
[34] Llull, *De acquisitione*, p. 269, y *Liber de fine,* p. 81.
[35] Adán, *De modo,* p. 528.

papel desempeñado en la jerarquía culminada por la posesión del Santo Sepulcro.

El complejo proyecto de Marino Sanudo no ofrece dudas respecto a la centralidad del ideario de la clase mercantil. A pesar de la diversidad de sus propuestas con respecto a las de Adán, comparte con éste la convicción de la conveniencia de acabar con el poder mameluco. La principal línea de intervención expuesta en el *Liber Secretorum Fidelis Crucis* es económica y, por tanto, la participación de las potencias mercantiles católicas es considerada indispensable ante la formación de la nueva cruzada. A este fin, Sanudo diseña una política común europea destinada a que tales agentes obtengan unos beneficios significativos que aseguren su plena implicación. La insistencia sobre dicho argumento lleva a nuestro autor a retratar El Cairo como la réplica ideal de Venecia. Al igual que hay una Jerusalén celestial y otra terrestre, el emplazamiento de El Cairo, sus ríos, canales y su marcada vocación comercial la convierten en el duplicado ideal de Venecia, el espacio en Oriente que en justicia le corresponde [36]. Sanudo dedicó la obra a la honra de su ciudad y la encomendó a la custodia eterna de su patrón San Marcos.

La obra con que cabría concluir el ciclo, el *Directorium ad passagium faciendum* de aproximadamente 1332, cierra cuatro décadas de tratados de Recuperación. Se trata de una de las obras más extensas de la colección y, sin embargo, entre sus páginas no hay mención al apoyo mongol, a la posibilidad de arruinar al sultán mediante el aislamiento ni al recurso a rutas comerciales alternativas. En realidad, ha desaparecido la idea de un *passagium generale*. La asimilación de la evidencia de cuatro décadas de infructuosos intentos de Recuperación ha llevado a sustituirla por una serie de medidas, relacionadas con el propósito inicial, pero que sirven a nuevos intereses. De hecho, ya no estamos ante un tratado para la reconquista de Tierra Santa, sino ante un proyecto destinado a instruir al rey de Francia para la conquista de Serbia y del Imperio griego. El plan concierne principalmente a los intereses de la casa real francesa. Toda la información y las consideraciones estratégicas del *Directorium* están destinadas a probar la inconveniencia de un pacto con los Paleólogos, a demostrar la precariedad de su dominio y las tácticas a emplear para la rendición de sus principales plazas (Tesalónica y Constantinopla), para, a continuación, lanzar un ata-

---

[36] SANUDO, *Liber secretorum,* p. 50.

que contra los turcos de Asia Menor. Se trata de un proyecto situado en la antesala de un nuevo objetivo político europeo, la cruzada antiturca. Como vimos, en él participó también Sanudo, quien, en esta ocasión, difiere de Adán respecto al papel que cabría asignar a los griegos, si como aliados o como sometidos.

Sin embargo, en el amplio prólogo el autor se extiende en disquisiciones geográficas sobre la proporción entre tierras ocupadas por cristianos, por musulmanes, por heréticos y por paganos. Recurre, como había hecho en el *De modo sarracenos extirpandi,* a la propia experiencia de veinticuatro años de viajes por las partidas orientales, llegando en esta ocasión a incluir noticias sobre la disposición de las tierras en el hemisferio sur[37]. El *Directorium* de Adán es también un compendio de muchas de las ideas desarrolladas en las últimas cuatro décadas de tratados de Recuperación. En lo concerniente a la dilatación espacial de la política europea Adán incorpora a sus ya ambiciosas miras los presupuestos de Llull y Dubois. El primero es el recurso al Imperio romano, que ya en Llull servía para convertir, además de Tierra Santa, todo el Levante, Asia Menor y el norte de África en objeto de Recuperación[38]. Por otro lado, Adán se adhiere a la retórica del dominio universal de la monarquía francesa, epitomizada por Pierre Dubois[39].

La última obra adaniana es el desarrollo análogo de una teoría de dominio universal madurada durante los últimos cuarenta años y de un plan preciso para la intervención de las tropas francesas en los Balcanes. Éste es el aspecto central del *Directorium* no sólo porque ocupe la mayor parte del libro y esté tratado con gran precisión y pragmatismo. En esta ocasión, tenemos la fortuna de poder observar cómo fue recibido y qué aspectos atrajeron la atención del destinatario del texto. Tras recibir el tratado, Felipe IV de Francia encomendó su evaluación al Consejo Real, que se pronunció ampliamente pero sólo respecto a los términos propuestos por Adán para invadir los Balcanes y que, por cierto, el

---

[37] *Ibid.,* pp. 383-384.

[38] En el tratado lulliano de 1292, *Tractatus,* p. 137, los sarracenos no sólo han invadido la heredad cristiana en Palestina, sino que su propio imperio es fruto de la ocupación de tierras que originalmente fueron cristianas. Es en el tratado de 1310, *De acquisitione,* p. 268, donde se hace explícita la alusión al Imperio romano para sostener los derechos católicos también sobre Bizancio.

[39] Brandt (1956).

Consejo desaprobó [40]. Lo que se produce en el *Directorium* es la clara distinción entre las diferentes fases de la Recuperación. Todo el proyecto adaniano es la enunciación simultánea del objetivo final y de la primera medida a adoptar en la prosecución de dicho objetivo. La experiencia aconsejaba la intervención contra los turcos como primer paso en la carrera por la recuperación final de la Tierra Santa, previa conquista del Imperio griego, que a su vez debía comenzar, según nuestro autor, por la invasión francesa de los Balcanes. La teoría de Recuperación proporcionó al proyecto de invasión de los Balcanes de Adán el marco apropiado: una teoría de dominio universal (suerte de *scientia*) bajo cuya sombra era alumbrada una acción precisa y con resultados inmediatos (algo así como su *ars*).

Desde el principio, la tratadística de Recuperación había apostado por el *passagium particulare,* el establecimiento de bases militares en el Mediterráneo, la conquista de Constantinopla, la alianza económica europea contra los mamelucos, la alianza con los mongoles, con los georgianos, los nestorianos, los hindúes, la toma de posiciones en la retaguardia egipcia, la introducción de galeras en el Índico, etc. Es la máxima expresión de la especialización de la Cruzada, con la consiguiente discriminación de objetivos y establecimiento de plazos. La distinción en fases consecutivas es instrumental en el avance seguro hacia el fin propuesto. Sin embargo, conllevaba un aplazamiento, sino definitivo, cuando menos crónico del objetivo inicial. La reconquista del Santo Sepulcro sigue cumpliendo una función importante en la tratadística de Recuperación. El poder evocador de la Tierra Santa funcionó como grito de guerra, un llamamiento a la movilización bajo el que pudieron desarrollarse todo tipo de propuestas; algunas con una relación de hecho remota con la recuperación del Santo Sepulcro.

Las expectativas de un abogado normando

Uno de los tratados más sorprendentes del ciclo de la Recuperación es el de Pierre Dubois, quien actuó por iniciativa propia a la

---

[40] *Avis du conseil du roi sur la route que Philippe VI de Valois devra subiré pour la croisade projetée,* en DELAVILLE (1886), vol. II, pp. 7-11.

hora de producir un documento con el que hacer valer sus opiniones ante las instancias de poder más elevadas de su tiempo. Obra cumbre de uno de los autores más aclamados por la historiografía medieval, que a menudo también lo ha considerado un adelantado a su tiempo [41], el *De recuperatione Terræ Sanctæ* duboisiano es un claro paradigma de la nueva mentalidad tecnócrata, previsora y meticulosa aplicada a la teoría de dominación. Como en una cascada, la propuesta de Dubois parte de la identificación del punto exacto donde hay que intervenir para provocar una reacción en cadena que culmine con la total redistribución del poder en Europa y el Mediterráneo.

Para comenzar propone que, una vez sea recuperada Tierra Santa, le sea concedida al rey de Francia, Felipe el Hermoso, y para que su dominio sea efectivo que se cree un reino anexo que incluya el Imperio griego y la isla de Chipre y que deberá ser regido por el segundo hijo del rey, Felipe el Largo. Para ello, será necesario compensar al resto de las casas aristocráticas involucradas en el Levante mediterráneo como los Lusignan, los Anjou o los Brienne. La nueva división política de Europa duboisiana se caracteriza por la racionalidad con que queda repartido el poder entre los señores laicos. Sin embargo, parece que Dubois no sabe muy bien qué hacer con el papa, así que determina como mejor opción a este respecto el traslado definitivo de la Curia Romana a Francia y el establecimiento de un colegio cardenalicio exclusivamente francés. Así las cosas, el papa no tendría más remedio que entregar al monarca francés la custodia del Patrimonio de San Pedro, por lo que el Sumo Pontífice recibiría a cambio una pensión vitalicia. Con ello el monarca francés conseguiría también el control de las ciudades-república italianas, la concesión de la corona imperial y, por tanto, la soberanía sobre Inglaterra, Aragón y Sicilia en calidad de vasallos papales. A todo esto, la anexión de Arles, Provenza, Saboya y Lombardía mediante tratados, así como la intervención en las disputas dinásticas por Castilla entre Fernando y Alfonso de la Cerda, completan el futuro reino de Felipe el Hermoso sobre el Este y el Oeste a cuya instrucción está dedicado por entero el tratado de Dubois.

Tan ambiciosa propuesta podría parecer quimérica, pero nada más lejos de la intención del autor, el cual todo lo ilustra con información práctica, discutiendo detenidamente los argumentos contra-

---

[41] BRANDT, *Pierre Dubois: Modern or Medieval?* (1930).

rios, adelantándose a sus opositores y anticipando respuestas a eventuales críticas. El tratado de Dubois contiene todas las instrucciones necesarias para la consecución de estos fines y, en particular, sobre las maneras que habrían de gobernar la colonización de los territorios conquistados en el Este. Pero, en realidad, ¿qué tiene que aportar a la teoría de Recuperación Dubois, un autor que se confiesa inexperto en los asuntos de Oriente y que a Saladino llama rey de los asirios? [42].

Del *De recuperatione Terra Sancta* sólo se conoce una única versión manuscrita original [43]. Sin embargo, su composición, como la del *Liber* de Marino Sanudo, es producto de sucesivos añadidos. Un primer *De recuperatione* fue dedicado al rey Eduardo de Inglaterra en condición de duque de Aquitania. Éste mismo, levemente modificado con la propuesta de dar al rey de Chipre la capitanía general de todas las Órdenes Militares unificadas, fue destinado a la atención del papa. A este primer núcleo Dubois añade una segunda parte con el fin de alcanzar la consideración de Felipe el Hermoso. A continuación, compone a modo de apéndice el *Pro Facto Terre Sancte,* donde actualiza sus propuestas añadiendo (ante la noticia de la reciente muerte de Alberto de Viena) su apoyo a la candidatura de Felipe IV al trono imperial. Y por último, compone un último apéndice, el *Oppinio cujusdam,* proponiendo la creación del Reino Latino de Egipto para entregárselo a Felipe el Largo.

Tan intensa actividad intelectual y los subsiguientes intentos por hacerse oír entre las más elevadas instancias de poder se ubican entre la celebración de los *Estates General* de 1302 y 1308, los primeros de los que quedó registro para la Historia y a los que asistió Pierre Dubois en condición de representante del Tercer Estado por su ciudad natal de Coutances. Dubois pertenece a ese segmento social que por vez primera en Europa conseguía representación política. Una incipiente burguesía que ya había sido capaz de acumular capital suficiente y que, en el caso de nuestro autor, le sirvió para estudiar en París y atender a las clases de Tomás de Aquino, así como en Orleáns, donde culminó sus estudios de Derecho civil romano. La riqueza de Dubois no hizo sino multiplicarse durante sus primeros años de ejercicio, consiguiendo el puesto de abogado real de su distrito. Entonces, a partir de 1300, comienza su activi-

---

[42] Dubois, *De recuperatione,* capítulo 26.
[43] MS Reg. Lat. 1642 de la Biblioteca Vaticana. Editado por Langlois (1891).

dad panfletaria destinada a atraer la atención pública sobre sus ideas reformistas.

La profesión de abogado que sirvió a Dubois para representar a un estamento en los Estados Generales comenzaba por esas mismas fechas a ofrecer grandes oportunidades para una lucrativa carrera, con aspiraciones incluso a alcanzar el estrecho círculo de consejeros del rey al que ya pertenecían otros juristas como Guillermo de Nogaret, autor a su vez de un tratado de Recuperación, y reputado en nuestro tiempo como uno de los primeros y más brillantes tecnócratas de la tradición política francesa [44]. Su conocimiento de la Ley civil les dotaba de la mejor calificación a la hora de procurar instrumentos para la construcción administrativa de los emergentes estados nacionales. Ya desde Luis IX, pero en particular con Felipe el Hermoso, esta casta de juristas se perfiló como poderosos y fieles sirvientes de la monarquía, contrarios a la dominación del Estado por parte de la nobleza feudal y la Iglesia [45].

¿Pudieron las aspiraciones de un abogado a formar parte del séquito del rey de Francia determinar el contenido de su *De recuperatione Terra Sancta*? Sin duda, su tratado fue concebido para la circulación entre las esferas de gobierno próximas a Felipe IV. Cabe constatar que, en función de a cuál de ellas se remite, el tono varía de una rutilante demostración de sus habilidades como asesor jurídico a una militante defensa de los intereses reales. Buena parte del tratado está dedicado a presentar una serie de ideas originales en materia de reclutamiento, modelos organizativos de los ejércitos, procedimientos en la leva de masas, estímulo de la soldadesca, empleo de mercenarios, fortificación de ciudades, y, por otro lado, sobre reformas en materia de finanzas, nuevos impuestos, políticas monetarias y medidas para la confiscación del patrimonio de la Iglesia. Ejércitos y tasas eran los principales problemas que tenían que afrontar las nuevas monarquías nacionales y a los que estaban llamados a acudir con sus originales aportaciones la emergente casta de burócratas profesionales. En la segunda parte del tratado, la parte destinada a alcanzar algún día los oídos de Felipe IV, la adhesión de Dubois a la Corona es incondicional. La articulación del proyecto de supremacía universal francesa sobre ingleses, germanos, hispa-

---

[44] Según la última monografía NARIDAS, *Guillaume de Nogaret et la pratique du pouvoir* (2003), tesis doctoral de la Ecole Nationale des Chartes.
[45] VIROLI (1992), BLACK (1992), RENNA (1973), STRAYER (1940-1956).

nos, itálicos, griegos, palestinos y egipcios será fácil de imponer dado el carácter magnánimo del rey de los francos, cuyo Imperio no será sino la liberación de sus anteriores tiranos [46]. Un Imperio que ha de ser ejercido desde París, donde una favorable conjunción de astros hace que los herederos allí concebidos sean más bellos y de mejores proporciones [47].

Mientras tanto, todo lo concerniente a la manera de conducir los ejércitos que han de recuperar la Jerusalén perdida viene solucionado aludiendo a una serie de lugares comunes. Sus limitados conocimientos sobre la materia le inducen a moverse en la abstracción, a discutir las artes de la guerra en términos generales y a salvar cuestiones de táctica con vagas disertaciones extraídas de autores clásicos como Aristóteles, al que cita repetidamente, sin que a veces resulte inapropiado pensar que simplemente se trate de un mero alarde de erudición. Ideas concretas como lo concerniente a las Órdenes Militares responden al dictado de su tiempo reproduciendo sin más preámbulos la opinión general tanto cuando está en boga la idea de unificarlas, como cuando el rey ordena la condena y aniquilación total de los templarios [48].

Pero Dubois se las apañará para disimular sus limitaciones y ensalzar sus habilidades. El jurista normando se sitúa para ello en un tiempo futuro, cuando la conquista del Levante (tratada en todo momento como algo inapelable e inminente) esté consumada. Es entonces cuando Dubois puede desplegar toda su audacia en materia de gobierno, diseño y planificación de la nueva sociedad. Desde este lugar seguro, nuestro autor propone medidas geniales y atrevidas como la unificación del sistema jurisprudencial en los territorios conquistados, la creación de órganos de arbitraje internacional para procurar la paz entre cristianos o la formación de mujeres con las que esposar a insignes griegos y musulmanes. Descarga un torrente de propuestas para la reforma de las leyes, también de la educación, de la enseñanza de lenguas, dando instrucciones para la creación de archivos e incluso algunas sugerencias sobre cómo incrementar la producción artesanal.

Por último, cabe constatar que el mismo *De Recuperatione Terre Sancte* muestra los esfuerzos hechos por Dubois para llamar la aten-

---

[46] DUBOIS, *De recuperatione,* y *Oppinio cujusdam,* capítulos 7 y 10.
[47] DUBOIS, *De recuperatione,* capítulo 139, y *Oppinio cujusdam,* capítulo 10.
[48] DUBOIS, *De recuperatione,* capítulo14, *Oppinio cujusdam,* capítulo 5.

ción tanto del rey como de algunos miembros de su Corte. En el tratado aparecen los nombres de influyentes personajes del entorno real con los que Dubois intentó establecer contacto como el obispo de Beziers o el ministro Jean de la Flôret [49]. Pero Dubois también empleó su genio en desacreditar a los actuales consejeros de Felipe IV [50]. Y no dejó pasar la oportunidad sin ofrecer su persona al rey para organizar y dirigir las escuelas de derecho en la conquistada Tierra Santa o para redactar un tipo de formulario de apelaciones reducido para ser utilizado en los litigios del nuevo reino [51]. Dubois empleó también su *De recuperatione* para dar salida a algunos de sus famosos panfletos [52].

La asombrosa conjugación de tantos y tan dispares elementos, y la reorientación de intereses, algunos incluso antagónicos hacia un mismo fin, son el producto de una lectura de la realidad típica de la emergente casta de juristas formados en las universidades y empleados por las casas reales inmersas por estas fechas en el proceso de burocratización de sus respectivas administraciones. La necesidad de recuperar la Tierra Santa experimentada por los líderes de la Cristiandad en las décadas entre 1291 y 1334 fue vista por Pierre Dubois como una oportunidad inigualable para exhibir sus cualidades y aspirar con ello a un meteórico ascenso en la escala social del reconocimiento. Sin embargo, el método ideado para su consecución proporcionaba argumentos legítimos y soberanos e independientes con respecto a la idea germinal. En el tratado de Dubois, la Recuperación funciona como una declaración de emergencia que ponía de manifiesto la necesidad de reformar la situación política europea. La contribución de Dubois y de su paisano Nogaret, del medico genovés Galvano de Levanto, del mercader veneciano Marino Sanudo y otros miembros de la nueva burguesía era pertinente en tanto una situación crítica, la crisis de la Cruzada, hacía necesaria propuestas originales. La tratadística de Recuperación proporcionó un buen número de estas ideas originales sobre cómo aumentar y optimizar el dominio del papa y del rey de Francia. Ahora bien, la mayor parte de estas ideas guardaban una relación un tanto margi-

---

[49] Dubois, *De recuperatione,* capítulos 111 y 117.
[50] *Ibid.,* capítulos 128 y 129.
[51] *Ibid.,* capítulos 96 y 100.
[52] Tres en concreto: *Raciones inconvincibiles; Super abreviatione guerrarum et hujusmodi provisionibu; Sumaria brevis et compediosa doctrina felicis expedicionis et abreviacionis guerrarum ac litium regni Francorum. Ibid.,* capítulos 5, 111 y 117.

nal con la recuperación de la Tierra Santa cuando no completamente artificial.

El sueño evangélico de Ramon Llull

Ramon Llull es uno de los autores más interesantes de la tratadística de Recuperación, no sólo porque su contribución a dicho cuerpo documental fuera la más cuantiosa, nada menos que seis tratados [53], sino porque su adscripción a la causa belicista puede parecer contraria al pensamiento llulliano anterior a 1291. Es por eso uno de los casos que más atención ha recibido a la hora de investigar la problemática relación entre Cruzada y evangelización pacífica durante los siglos XIII y XIV [54].

Considerado el padre de la lengua catalana, el fundador de una verdadera ciencia de la misionología, un doctor iluminado o un «idiota de inspiración divina» [55], Ramon Llull fue autor de 243 obras desde su conversión a los treinta años hasta su muerte en 1316 a los ochenta y cuatro. Llenó su siglo de escritos dirigidos a toda clase de públicos. Escribió en francés, en catalán, en latín y hasta en árabe. Recurrió a todos los registros literarios a su alcance llegando a componer lo que algunos especialistas consideran las primeras novelas europeas sobre temas contemporáneos [56]. Escribió a varios papas, a los reyes de Mallorca, de Aragón e incluso a Felipe el Hermoso, al que aprovechó para prevenirle contra alguno de sus consejeros, probablemente el mismo Guillermo de Nogaret [57]. Fue

---

[53] *Tractatus de modo convertendi infideles* y *Quomodo Terra Sancta recuperari potest* dirigidos a Nicolás IV en 1292; *Petitio Raymundi pro conversione infidelium* destinada al Papa Angélico, Celestino V, en 1294; *Petitio Raymundi pro conversione infidelium* a Bonifacio VIII en 1295; y dirigidos a Clemente V el *Liber de fine* de 1306, la *Petitio Raymundi ad adquiriendam Terram Sanctam* de 1311 y, por último, el *Liber de acquisitione Terrae Sanctae* de 1311.

[54] Sobre la relación entre cruzada y misión evangélica en Ramon Llull: GAYÁ, *Una teologia per le missione* (2002); PERARNAU I ESPELT, *Consideracions sobre el tema «Missió i Croada» en Ramon Llull dins publicacions recents* (2003). Distribuido digital y gratuitamente por «cbuc». Pero, puede que no sea más que una pseudo-dicotomía como dicen DUPRONT y ALPHANDÉRY (1995), CARDINI (1993), KEDAR (1984).

[55] JOHNSTON (1981), p. 39.

[56] BONNER (1984), vol. I, p. 12.

[57] De nuevo arremeterá contra Nogaret en el *Llibre de les Besties* incluido dentro del *Félix* (edición de ROSELLÓ, 1997).

la figura más prominente de su tiempo en la teoría de la confrontación con el Islam, que dominó hasta la obsesión el pensamiento llulliano. La caída de Acre en 1291 coincide con la mitad de su periplo literario que por entonces, a sus sesenta años, ya llevaba treinta embarcado en una febril producción. Aunque la contribución de Llull a los tratados de Recuperación es de las más notorias, en realidad su obra pertenece a una generación anterior, con un planteamiento distinto y a veces contrario a la Cruzada.

El pensamiento llulliano anterior a 1291 se caracterizaba por la fascinación con que las recién nacidas órdenes mendicantes contemplaban la posibilidad de una evangelización pacífica. Llull se adscribió completamente al modelo minorita que en la prédica de San Francisco al sultán encontró uno de los principales gestos a imitar. Los grandes teóricos de entre franciscanos y dominicos, los coetáneos de Llull, Tomás de Aquino, Roger Bacon, Raimundo de Peñafort o Ricoldo de Montecroce, plantearon una seria alternativa a la intervención armada que llegó a convertirse en una forma de criticismo y oposición. El mismo Llull en su famoso romance *Blanquerna* (1285) lo expresaba sin paliativos:

> «El Papa mismo y los reyes y los príncipes de los cristianos en su determinación por conquistar la Tierra Santa de Ultramar, adoptan la manera de su profeta *Mahometus,* que prendía por la fuerza de las armas todas las tierras que le pluguiese, en lugar de adoptar la manera de Jesucristo y los Apóstoles, que por la predicación y el martirio habían convertido el mundo. Y, porque los apóstoles y los cristianos no usan de las maneras de sus predecesores para conquistar las tierras, Dios ya no quiere darles la posesión de la Tierra Santa de Ultramar»[58].

Asimismo, en 1285 en el *Libre de contemplació* el mallorquín escribía «Muchos caballeros que van a la santa tierra de ultramar y creen que la pueden conquistar por la fuerza de las armas se consumen en este afán sin conseguir nada positivo». Llull abiertamente declara aquí que la Tierra Santa será conquistada «por la predicación mejor que por la fuerza de las armas». De nuevo en el *Llibre contre Anticrist,* afirmaba: «pot hom conexer e saber que per altra manera plus alta e plus noble es possibol cosa a convertir lo mon e

---

[58] *Livre de Evast e de Aloma e de lur fill Blanquerna,* en Sugranyes de Franch (1954), p. 99.

conquerre la Santa Terra d'oltramare que no es ceylla que'ls cristians han presa contra els infaels per guerres e per batalles sensuals»[59].

Sólo seis años más tarde, nada más caer Acre, Llull dirige a Nicolás IV el *Tractatus de modo convertendi infideles,* uno de los primeros de la tratadística de Recuperación y en el que aparece con igual contundencia una nueva y en principio contrapuesta postura ante la Cruzada:

> «Que el señor Papa se digne a afrontar la guerra... y como el celo del Papa debe llevarle por encima de todas las cosas a procurar la victoria de la fe, que el señor Papa en persona se ponga en marcha al frente, para mostrar el buen ejemplo tanto a los prelados que a los príncipes que al resto de los súbditos. Y si así lo hiciera muchos se harían cruzados (*cruce signari*) tras él»[60].

Qué duda cabe que la rápida y radical conversión llulliana a favor de la causa belicista está directamente relacionada con el impacto emocional que tuvo la pérdida ante el sultán de El Cairo de San Juan de Acre. Un sentimiento que pudo servir para aglutinar voluntades en torno al papa, para dejar por un momento de lado otras empresas y concentrar energías en la promesa de Recuperación de la Tierra Santa. Hubo de jugar un papel fundamental en el giro llulliano a favor de la Recuperación la presencia en el solio pontificio de un memorable franciscano, el primer papa de su orden, Girolamo de Ascoli, alias Nicolás IV. Sucesor de Buenaventura como maestre general de la orden menor, bajo su gobierno se había aprobado la iniciativa llulliana de crear un centro en Miramar para la enseñanza de árabe con fines pastorales a trece frailes. Girolamo mismo estaba dotado del conocimiento de varias lenguas, entre ellas el griego, lo que le sirvió para dirigir la embajada pontificia de Gregorio X a Miguel Paleólogo VIII. Probablemente, el episodio fuera del conocimiento de Llull a la hora de confeccionar el *Tractatus* y se sirviera de ello para proponer a Nicolás IV dirigir en persona la expedición a Bizancio, como ya había hecho en su condición de legado pontificio, predicando a los griegos en su propia lengua. Pero si antes se trataba de convencer a los griegos para que

---

[59] *Libre de contemplació* y *Llibre contre Anticrist,* en DOMÍNGUEZ REBOIRAS (2003), p. 260.

[60] LLULL, *Tractatus,* p. 337.

aceptaran la supremacía de Roma, ahora se trataba de imponerla con el fin de recuperar la Tierra Prometida[61].

Nicolás IV demostró también un vívido interés por otras cuestiones orientales. En dos ocasiones había recibido a Raban Sauma, el monje nestoriano enviado por los mongoles y acordó en 1289 con fray Juan de Montecorvino, la primera gran misión extremo oriental que culminaría con la creación del obispado latino de Pekín. Su amplio conocimiento del Oriente y la total implicación del papa franciscano en el apoyo misionero debieron inspirar en Ramon Llull la confianza cuando menos de ser escuchado. La militancia del papa quizá también ayudara al mallorquín a dulcificar su conversión a favor de la intervención armada. Conversión que con los años evolucionó hacia un mayor compromiso con el belicismo de la Recuperación.

Su primer tratado de Recuperación, el *Tractatus de modo convertendi infideles,* dejaba claro desde el principio su propósito: «restablecer el mundo entero en el camino de la verdad» y «reconducirlo hacia el fin para el que fue creado». Llull no albergaba dudas respecto a la manera de conseguirlo: «seguir las instrucciones que aquí presento»[62]. Ramon no carecía tampoco de conocimiento de las artes de la guerra. En su vida pasada había servido como mayordomo a Jaime II de Mallorca e incluso había escrito un tratado de carácter militar, el *Libre del orde de cavalleria,* que gozó de amplia difusión en su tiempo[63]. De esta experiencia se sirvió en sus tratados de Recuperación, donde abundan las instrucciones sobre cómo conducir la guerra, incluyendo algunas consideraciones tácticas realmente brillantes. Sin embargo, este despliegue de sabiduría tenía como fin allanar el camino para la conversión del enemigo[64]. Para ello exigió que le fueran respetadas tanto la vida como la propiedad a los musulmanes, pues sólo así sería posible persuadirlos de la superioridad moral del cristianismo[65].

Era de máxima importancia que, sino todos, al menos los líderes de la expedición armada pudieran dirigirse a los infieles, los paganos y los herejes en sus propias lenguas, para lo cual debería ser

---

[61] *Ibid.,* p. 292.
[62] *Ibid.,* p. 348.
[63] Yates (1982).
[64] Llull, *Tractatus,* p. 343.
[65] *Ibid.,* p. 349.

impuesta la obligación de estudiar el árabe, el griego y el tártaro según el modelo que Llull mismo había puesto en marcha en el laboratorio de Miramar [66]. Respecto a estos últimos, los tártaros, el mallorquín estudió detenidamente la posibilidad del apoyo mongol, para lo cual, ya en edad avanzada, recorrió el Mediterráneo de una punta a la otra para conocer en persona a los tártaros [67]. Llull no dudó en exigir la contribución de todos para la neocruzada: la Iglesia no pondría freno a los gastos, pero también comerciantes y señores laicos habrían de contribuir con sus posibles. Toda la abundancia material reunida por la Cristiandad debería ser empleada a este fin, pues, según dejaba claro el mallorquín, «de nada sirve la potencia que no es convertida en acto» [68].

Con el paso de los años la militancia llulliana a favor de la Recuperación fue en aumento a pesar de que los acontecimientos siguieran un curso nada favorable. Pocos autores acusaron tanto el desencanto ante la pseudo-recuperación de la Tierra Santa en 1300. En los tratados posteriores, junto a un renovado sentimiento de emergencia histórica, Llull llegó en alguna ocasión a manifestar cierta acritud hacia la política pontificia en lo referente a la Cruzada e, incluso, a denunciar la existencia de traidores en el seno de la familia católica [69]. Con el tiempo también su generosidad hacia los musulmanes evolucionaría hacia posturas más intransigentes. En sus últimos años la situación, lejos de mejorar, sigue siendo contraria a las ansias expansionistas de la Cristiandad y hasta la confianza inicial de Llull va adquiriendo tintes rencorosos. En el tratado que presentó al Concilio de Vienne recomendaba el uso de una violencia extrema contra los sarracenos para aterrorizarlos y procurar así la victoria lo más rápidamente posible [70].

El giro llulliano de 1291, su inesperada conversión a favor de la lucha armada contra los musulmanes, pudo ser entendido por las

---

[66] LLULL, *Liber de fine*, p. 89. Una concisa exposición del complejo programa llulliano para la enseñanza de lenguas orientales en RICHARD, *L'enseigment des langues orientales* (1983). Sus fundaciones en Mallorca y Barcelona, así como su infatigable arrojo, consiguieron ensombrecer por completo el programa de lenguas de los dominicos, SUGRANYES DE FRANCH (1991), BONNER (1989).

[67] LLULL, *Liber de fine*, pp. 71-72.

[68] LLULL, *De acquisitione*, p. 268.

[69] *Ibid.*, p. 277, y en *Petitio Raymundi pro conversione iunfidelium*, en ATIYA (1965), p. 489.

[70] LLULL, *De acquisitione*, pp. 269-270.

generaciones posteriores como una expresión de la irracionalidad del mallorquín, una carencia lógica o, peor aún, una contradicción [71]. Como veíamos más arriba, no pocos entre los críticos modernos, más que imputarlo a la inoperatividad del pensamiento llulliano, relacionan el giro de 1291 con la falta de nitidez en la distinción entre Cruzada y Misión, propia del siglo del mallorquín. Sin embargo, el caso de Ramon Llull pone de manifiesto como nadie el comportamiento al que venimos refiriéndonos a lo largo de este capítulo como signo distintivo de los años entorno a 1300 y, en concreto, de los tratados de Recuperación de Guillermo Adán, Pierre Dubois, Marino Sanudo, etc. Se trata de la habilidad para distinguir entre *scientia* y *ars,* entre dogma y práctica, y la libertad para moverse dentro de este último registro a expensas de cierta neutralización del primero.

A pesar, de la abundantísima producción literaria del mallorquín, de la pluralidad de recursos, registros, géneros literarios e incluso de lenguas de las que se sirvió, toda la obra de Ramon Llull gira en torno a una preocupación básica que da coherencia a toda su producción literaria. Se trata de la *Ars magna convertendi,* una *práctica* a la que el mallorquín había dedicado todas sus energías desde que a los treinta años empezaron a tener lugar una serie de sueños y visiones que finalmente le impulsaron a abandonar la familia y la vida cortesana, para entregarse en cuerpo y alma a propagar el conocimiento que le había sido concedido directamente por el hijo de Dios sobre cómo hacer para extender por todo el mundo las enseñanzas cristianas [72].

La *Ars Magna convertendi* comparte no pocos rasgos con la *Summa contra gentiles* de Tomás de Aquino. Aquí el Aquinate desarrollaba una teología filosófica o natural en la medida que era altamente independiente de las Sagradas Escrituras. De igual manera el mallorquín recurría a un sendero epistemológico original, netamente distinguido de la exégesis bíblica y otras fuentes bajo las que el legado cristiano había sido trasmitido por la tradición. En mayor medida que en Tomás de Aquino, en Ramon Llull pesaron las

---

[71] HILLGARTH, *Ramon Lull and Lullism in Fourteenth-Century France* (1971); JOHNSTON, *The reception of Lullian Art, 1450-1530* (1981).

[72] LLULL tuvo oportunidad de contar su propia vida en París a un joven monje que la consignó en una de las pocas biografías medievales la *Vita Coetánea,* en BONNER, *Selected Work of Ramon Llull, 1232-1316* (1984).

corrientes de pensamiento provenientes de Asia a través del Islam. La estrecha relación de Llull con el legado aristotélico-musulmán le hizo parecer, a los ojos de muchos de sus contemporáneos, una suerte de sufí cristiano que incluso llegó a ser censurado y declarado herético por la cúpula eclesial [73].

En realidad, la falta de coherencia del mallorquín es imputable sólo a la relación de sus propias ideas con el contexto intelectual circundante, pues no fue sino una misma *Ars magna convertendi* la que Llull se las apañó primero para armonizar con la máxima del Aquinate, el «*infideles nullo modo sunt ad fidem compellendi*» y después con la teoría de Recuperación, cuyo objetivo el propio Llull emplazaba a la «*perseverantia continuatis belli usquequo tota terra fuerit acquisita*» [74]. La fuerza con la que Ramon se acogió al sueño o revelación en la que Cristo se dirigía a él exclusivamente, la firmeza con la que defendió durante décadas la validez de este experiencia personal y privilegiada, la tenacidad con la que resistió una situación adversa, de críticas personales y, en general, de amplio retroceso de la Cristiandad latina dan una medida de la maleabilidad de la teoría de Recuperación de la Tierra Santa y la capacidad de integrar en su seno todo tipo de perspectivas, incluso algunas prácticamente antagónicas.

Bajo una misma consigna, de unión de todos los latinos en torno al papa contra los musulmanes y el resto de los habitantes del Mediterráneo para, primero, conquistar la Tierra Santa y, después, «*tota terra*», se dieron cita en la tratadística de Recuperación todo tipo de agendas programáticas que en ocasiones guardaban una relación escasa con la misma idea de Cruzada. Si el pensamiento lulliano anterior a 1291 puede parecer contrario a la intervención armada en los Santos Lugares, no menos antagónica era la propuesta adaniana de prohibir la peregrinación a Jerusalén y el empleo de penitentes en la lucha contra los musulmanes y, a cambio, negociar con los renegados los términos de su participación en esta nueva forma de Cruzada en más de un aspecto irreconocible con respecto a estadios anteriores de la misma. De igual manera, la agenda sanudiana daba

---

[73] Asín Palacios, *El Islam cristianizado* (1931), y Américo Castro, *Realite de l'Espagne, histoire et valeurs* (1963), que considera la obra de Llull una suerte de «mudejarismo literario», p. 306. También Perarnau i Espelt, *De Ramon Llull a Nicolau Eimeric* (1997), distribuido digitalmente por «cbuc».

[74] Llull, *De acquisitione,* p. 267.

preferencia a los intereses comerciales de manera tal que incluso llegó a anteponer la conquista de El Cairo a la de Jerusalén, pues la ciudad del Nilo constituía la verdadera tierra prometida a los venecianos. No menos explícito fue Dubois a la hora de someter todo aspecto de la realidad política interior o exterior de la Cristiandad a los intereses de su rey, cuyo nuevo e infinito imperio convertiría la Tierra Santa en una provincia más y periférica con respecto a París, la verdadera capital espiritual de la Cristiandad.

De hecho nos encontramos con la paradójica situación en la que una serie de autores que en principio parecen estar produciendo inteligencia para conseguir la Recuperación de la Tierra Santa podrían estar de hecho haciendo lo contrario, extraer de la gran empresa exterior de la Cristiandad europea argumentos con un alto contenido emocional para aplicarlos a agendas bien distintas. De nuevo nos encontramos en el breve período de tiempo en torno a 1300 ante otra manifestación más de lo que hemos llamado al principio de este capítulo la «Práctica Moderna»: el ascenso de una modalidad de pensamiento práctico (*ars*) que se había venido desarrollando a lo largo del siglo XIII como algo bien diferenciado del pensamiento especulativo de la tradición medieval (*scientia*); una modalidad de pensamiento esta última más ligada a lo antiguo, menos comprometida con la obtención de resultados y, por tanto, con una capacidad reducida para solucionar los conflictos y los problemas derivados de situaciones nuevas. La generación llulliana, sin embargo, no quiso o no estaba en posición de rechazar de plano este legado un tanto raquítico pero que conservaba intacto el prestigio de su origen antiguo y la coherencia con la tradición (valores objetivamente atractivos). En su lugar se produjo esa distinción que acabó por alumbrar una nueva cultura sin romper aparentemente con los viejos moldes escolásticos [75]. Pero se trataba de un trasvase de códigos a gran escala desarrollados en un contexto determinado (el de la lucha espiritual del penitente por el Reino de los Cielos) a otros que, de esta manera e independientemente de su genealogía, comienzan a participar de los beneficios inherentes a lo antiguo y tradicional, es decir, de su legitimidad y su fuerza movilizadora [76].

---

[75] Según Bottin, *La scienzia degli occamisti* (1984). En la misma línea, además de Crosby (1997) y Gurevich (1997), véase también Murray, *Reason and Society in the Middle Ages* (1985).

[76] Esto leyó Ernest Kantorovicz en los documentos de principios y mediados del siglo XIII de los que se sirvió para identificar el origen de la noción moderna de patria,

El mundo visto con ojos nuevos

La generación de Marco Polo, Ramon Llull, Pierre Dubois, Marino Sanudo, Odorico de Pordenone, Guillermo Adán o Jordano Catalán pudo haber vivido su tiempo de manera un tanto conflictiva. Se trataba de un nuevo segmento social que de manera incipiente percibía nuevas posibilidades de trascender una determinada situación social e incluso psicológica. Es aquí donde encontramos la cantera de la que se nutrieron los principales grupos de poder europeos sometidos por esas fechas a fuertes presiones que llegaron en ocasiones a comprometer los mismos fundamentos de su poder. No se trataba únicamente del debilitamiento de la operatividad de los vínculos vasalláticos, sino también del cada vez más intenso conflicto jurisdiccional que unas veces enfrentaba Iglesia y monarquías nacionales, sectores nobiliares entre sí o contra repúblicas, gremios, universidades, etc. Conflictos que alcanzarán su punto álgido ya en la segunda mitad del siglo XIV en torno a dos vectores críticos: el largo cisma de Aviñón y la no menos larga Guerra de los Cien Años. Sin embargo, con respecto a procesos similares que tuvieron lugar en sociedades de otros tiempos y otros lugares, cabe destacar que la contribución de la generación de los Polo, los Llull o los Sanudo al fortalecimiento de las formas de poder tradicionales no tuvo que mimetizar su apariencia para poder compartir su legitimidad, ni para poder participar de la autoridad de la tradición.

Uno de los casos más llamativos es precisamente el de las órdenes mendicantes, en concreto los espirituales franciscanos, que desde la segunda mitad del siglo XIII tuvieron un papel central en la

---

fiscalidad, justicia y monarquía: *Pro Patria Mori in Medieval Political Thought* (1951), *Christus-Fiscus* (1948), *La souveranite de l'artiste. Note sur quelques maximes juridiques et les theories de l'art a la Renaissance* (1961), *Mysteres de l'Etat. Un concept absolutiste et ses origenes medievales* (1955), reeditados estos últimos en *Mourir pour la patrie* (1984); así como su famoso *The Kings two bodies* (1957), también reeditado en 1985. Se trata de un cruce de códigos cuya génesis en un contexto determinado viene sucedida por su desarrollo en otro distinto, cuyas reglas son ligeramente subvertidas a cambio de obtener una ampliación sustancial de la capacidad interpretativa de la realidad y por tanto mayores opciones de progreso para las instituciones estudiadas por Kantorowicz o, en nuestro caso, para la *Ars Magna convertendi* de Llull, la burguesía mercantil de Sanudo, el régimen tecnócrata de Dubois, la ortodoxia viril defendida por Fidencio de Padua o la erradicación de musulmanes, griegos y renegados deseada por Adán.

creación de un lenguaje ético-político esencial para la transmisión de un sistema de valores y de unas categorías de pensamientos imprescindibles para la gestión del poder y la creación del consenso social en ese agitado siglo. Dicha aportación conceptual a la ciencia del gobierno descansó ampliamente en el lenguaje desarrollado dentro de la propia orden franciscana para la defensa de la pobreza voluntaria. Dentro de este registro, el distanciamiento voluntario de los bienes materiales fue presentado precisamente como la mejor manera de gestionarlos y, por tanto, la mejor manera de procurar el bien común[77]. Por una parte, el grueso de la tarea instructora de los franciscanos espirituales sobre cómo incrementar la capacidad y la legitimidad del gobierno tuvo lugar en torno a los núcleos de poder que más dificultades encontraron a la hora de procurar y conservar niveles aceptables de control territorial. Y, por otra parte, la cualidad que dio preeminencia a los espirituales sobre otras corrientes de pensamiento en materia de teoría de dominio social fue precisamente su capacidad de dominarse a sí mismos, de dominar el deseo tanto de riquezas, como de honores y poder, en suma, de experimentar en su propia piel las austeridades del autodominio[78]. Las reacciones que tienen lugar dentro de los límites del cuerpo humano podían ser extrapoladas a un cuerpo más amplio, el cuerpo social. La ciencia producida por los franciscanos para la gestión de la cosa pública era un producto de laboratorio.

Otros conflictos también encontraron solución en ese espacio vital donde la comprobación de resultados era inmediata y tangible. La entrada en la Europa del siglo XIII de nuevos textos paganos (Aristóteles) e infieles (Avicena) portadores de brillantes sistemas lógicos capaces de explicarlo todo prescindiendo completamente del legado cristiano suponía un problema cuya solución fue hallada en un sendero epistemológico intermedio y definitivamente escorado del lado sensorial. En este sentido, los años de la Revolución

---

[77] EVANGELISTI, *I pauperes Christi e i linguaggi dominativi. I francescani come protagonisti della costruzione della testualità e dell'organizzazione del consenso nel bassomedievo* (2002); LAMBERTINI, *La diffusione della Politica e la definizione di un linguaggio politico aristotelico* (1999); VIROLI, *From Politics to Reason of State. The Acquisition of the Language of Politics 1250-1600* (1992); BLACK, *Political Thought in Europe 1250-1450* (1992); TODESCHINI, *Oeconomica Francescana* (1976). Pero, como decía anteriormente, cabría retrotraer los orígenes de esta corriente analítica a Kantorovicz.

[78] A la saga de la vida de Cristo, quien eligió como acto de máxima caridad morir en la cruz por la salvación de la cosa pública, EVANGELISTI (2002), p. 32.

Sensorial tienen en Tomás de Aquino (†1274, canonizado en 1323) y su teoría de la doble verdad a uno de sus principales paradigmas. El Aquinate consideraba que «la vista es esencialmente mejor porque su objeto, que es lo visible, se encuentra en todos los cuerpos y por eso muchas cosas son manifestadas mediante la vista». La negociación entre el dominico y el Filósofo derivó en la consideración de este sentido como superior y más noble en tanto «tiene una virtud cognoscitiva más universal, se extiende a más realidades y es más eficaz en su conocimiento» [79]. Sin embargo, a pesar de la aparente obviedad de las palabras del santo, la solución de compromiso adoptada por el Aquinate fue objeto de duras críticas de quienes la consideraron una forma de corrupción teológica y degradación espiritual tachada de *ecclesia carnalis*. Una «carnalidad» que radicaba en el incremento del estatuto de las facultades cognoscitivas más universales y objetivas capaces de concatenar causas y efectos de manera tal que su verificación fuera inmediata. El reconocimiento tomístico de la superioridad de la vista sobre otros sentidos sensoriales parece estar relacionado con una asunción que no fue menos polémica en su contexto histórico: la asimilación, al menos parcial, de lo visible y lo invisible o, según sus opositores, de lo carnal y lo espiritual [80]. En suma, la victoria de la vista sobre el resto de los sentidos tiene mucho que ver con el llamado racionalismo tomista, que en esto no es muy distinto del racionalismo llulliano, en tanto ambos reconocían la necesidad de entender para creer, es decir, de encontrar en el mundo fenomenológico y factual una puerta (*ars*) por la que siempre y bajo cualquier circunstancia le fuera posible al ser humano acceder a esa otra dimensión sutil y esquiva de lo espiritual y potencial (*scientia* a la postre) [81].

---

[79] Tomás de AQUINO, *Sobre el sentido y lo sensible* y Sobre *la memoria y la reminiscencia* (edición de CRUZ CRUZ, 2001), p. 152.

[80] Elizabeth LAPINA, «*Nec signis nec testibus creditor...*». *The problem of eyewitnesses in the Chronicles of the First Crusade* (2007), ha estudiado en este contexto la fuerte inclinación de los autores medievales a «*undermine the prestige of eyewitnesses by arguing that senses could mislead and, more important, that observation did not necessarily entail understanding*», *ibid.*, p. 111.

[81] La obra de Tomás de AQUINO, *Sobre la eternidad del mundo* (edición de ARTOLA, 2002) ofrece un claro testimonio del ambiente conflictivo en el que trascurrieron los últimos años de la producción tomística. Parte de esta polémica pudo estar relacionada en un sentido más amplio con el atraso visual del hombre medieval, quien estaba acostumbrado a confiar más en el oído que en la vista, según el historiador de los *Annales* Lucien Fevre. Véase también CHENU, *Introduction a l'étude de Saint Thomas d'Aquin*

La caída del Libro

No se trata de un conflicto diferente en su esencia al afrontado por la generación de los Polo, los Sanudo, los Adán o los Catalán. A ellos tocó por primera vez, tras más de mil años, reducir un espacio vital inmenso, casi tan vasto como el reino espiritual de Ramon Llull y Tomás de Aquino o el cuerpo social de Guilbert de Tournai y Guillermo Ockhan, a los estrechos términos de lo pragmático, a aquello sobre lo que se puede proyectar una acción concreta. Y la solución que encontraron tampoco fue del todo diferente, pues se decantarían claramente por las soluciones más complacientes con lo inmediato. Para ello apelarían a sus pies, a sus manos, a sus ojos, dejando de lado las fuentes por excelencia de las que manaba la sabiduría de las generaciones precedentes: los libros.

El caso de Ramon Llull es particularmente revelador respecto al alto estatus que el conocimiento empírico disfrutó en la tratadística de Recuperación con respecto a otras fuentes de información. Llull va directo al grano y todas sus consideraciones vienen presentadas como fruto exclusivo de su conocimiento personal de la situación. Las únicas citas que aparecen a lo largo de sus tratados son a *pluribus libris meis* y en una ocasión a las obras de Ibn-Tufail y Al-Kindi [82]. Sin embargo, la erudición lluliana sí salió a relucir en otras facetas de su actividad literaria. En el resto de sus casi doscientos cincuenta títulos Llull cita profusamente a autores como Aristóteles, Agustín, Anselmo de Canterbury, Ricardo de San Víctor, Pedro Hispánico, Mateo Platero, por citar unos pocos de entre los latinos, pues el mallorquín también bebió de fuentes hebreas y árabes.

(1950). En relación con los esfuerzos hechos por la cúpula eclesiástica para implementar el pensamiento tomístico ya dimos cuenta de ello en capítulo segundo bajo el epígrafe «La canonización de Aquino y la ofensiva antifranciscana». Y sobre la racionalidad lluliana decía en su *Lògica del Gatzell:* «que si tu vols entendre lo ver fe e'ntendre t'auran mester. Ab fe comença a obrar en ço que volras encercar» en SOLÀ SIMON, «*Nisi credideretis non intelligetis*» *Lectura d'IS VII, 9 per Ramon Llull* (2003), distribuido digitalmente por «cbuc». Creo que a esto se refiere, sin mencionarlo, TODOROV, *The Conquest of America. The Question of the Other* (1999), cuando habla de un tipo de «comunicación interpersonal» que privilegia la dimensión subjetiva de las relaciones humanas, la capacidad de provocar respuestas controladas e inmediatas en el otro, y que tuvo en el siglo XVI a sus máximos exponentes en Maquiavelo y Hernán Cortés.

[82] LLULL, *Liber de fine,* pp. 72 y 88. En todo caso, que se tratara de autores musulmanes daba a la cita lluliana connotaciones más allá de las puramente eruditas.

El resto de los autores de tratados de Recuperación tampoco valoraron mucho la mera erudición. Sanudo creyó conveniente añadir una crónica del Oriente al final de su proyecto. Su viaje por los tiempos, *ad cautelam futurorum,* tuvo que hacerlo en compañía de Guillermo de Tiro, Vicente de Beauvais y Jacobo de Vitry. Su demostración de erudición parece, no obstante, estar destinada a dotar de mayor solemnidad a su tratado y probar así, de manera una tanto ritual, a aumentar su poder de persuasión. Por su parte Ayton de Armenia, que también incluyó un anexo de contenido histórico, no creyó necesario citar ni un solo libro. Guillermo Adán menciona en una ocasión un libro, la *Chanson d'Antioquie,* con el que pretendía dar mayor calado histórico a su convicción de que los griegos constituían una raza de traidores recalcitrantes. Sin embargo, no se trata sino de un ejercicio puramente retórico, redundante y, por cierto, erróneo [83]. Roger Bacon, Alberto Magno, San Agustín, San Isidoro y el Filósofo aparecen aquí y allá en los tratados de Galvano de Levanto, Pierre Dubois o Guillermo de Nogaret en lo que en ocasiones resulta un ejercicio, no exento de pedantería, destinado a ensalzar los méritos propios ante la eventual posibilidad de ser llamados al servicio del rey de Francia.

Pero, por lo general, los tratados de Recuperación pudieron prescindir de todo revestimiento de erudición y de otros mecanismos de validación exterior a la hora de trasmitir una información relacionada con la neocruzada. Una información, por lo demás, novedosa, en ocasiones atrevida y polémica, cuya violencia sólo es paliada mediante su relación empírica con el objeto de análisis. Marino Sanudo no es menos insistente respecto a su presencia física en las tierras del otro lado del Mediterráneo que Ramon Llull con relación a sus viajes a Ultramar que, en cada uno de sus siete tratados, dijo haber visto con sus propios ojos. Pero nadie lo pone más claro que Guillermo Adán: «Yo esto no lo he aprendido ni de los libros, ni de los textos, ni de otros escritores, sino que de ello dan testimonio mis propias manos, mis pies y mis ojos» [84]. La estrategia narrativa de Adán consiste en la sucesión de unidades compuestas

---

[83] «Unde legitur in istoria de passagio Anthioceno quod (...) alia vice, non audentes se opponere contra nostros, hanc maliciam cogitarunt ut scilicet calcem vivam cum farina apponerent». ADÁN, *De modo,* pp. 541-542.

[84] *Ibid.,* p. 550. Afirmación repetida en términos similares en el *Directorium,* p. 367.

de una primea parte descriptiva de la que deriva una propuesta de intervención presentada como el producto exclusivo de la experiencia personal del autor [85].

La renuencia a dar crédito a los libros sin duda está relacionada con la novedad de la tarea asumida por estos autores. Sin embargo, es evidente que los utilizaron. Buena parte de los tratadistas de la Recuperación tuvieron oportunidad de consultar otros textos sobre la misma materia y no faltan las instancias en las que es posible rastrear la apropiación por parte de unos autores de las ideas de otros [86]. Una actitud que sirve como medida de hasta qué punto el método empírico gozó de autonomía y, la acción, de prestigio sobre la erudición. Una circunstancia que acaso fuera clave a la hora de preparar a las élites políticas de 1300 para la recepción de las descripciones traídas del Lejano Oriente por los Polo, los Odorico y los Jordano, quienes realmente dispusieron de pocos libros o ninguno en los que apoyarse para sacar adelante su particular reto narrativo.

Lo que los ojos de Jordano Catalán vieron

La necesidad de generar un conocimiento totalmente nuevo y de trasmitirlo de manera eficaz y convincente se saldó en los textos de la Descripción de las Indias con el uso reiterado del «yo». La primera persona funciona como única fuente de información y única garantía de fiabilidad. Por eso Juan de Montecorvino no tuvo más remedio a la hora de justificar la procedencia del torrente de datos proporcionado en sus cartas que exagerar notablemente la extensión de su viaje. Qué duda cabe que buena parte de lo que cuenta fray Juan lo supo de los locales y, más probablemente, de los marineros y comerciantes latinos y musulmanes con los que debió haber compartido barcos y habitaciones en algunas de las principales ciudades portuarias del

---

[85] La expresión exacta utilizada entre la parte descriptiva y la propositiva por Guillermo Adán en el *De modo Sarracenos Extirpandi* es: «moneo talem esse, expereiencia novi».

[86] Sobre la evidencia de préstamos entre los autores de la Recuperación véase en el capítulo primero bajo el epígrafe «La incorporación de las Indias a la Cruzada de Recuperación». Pero permítame el lector interesado en este particular que le remita de nuevo a la excelente contribución de Leopold, *How to Recover the Holy Land: The Crusade Proposals of the Late Thirteenth and early Fourteenth Centuries* (2000), pp. 45-50.

Índico. Él por su parte sólo dice: «yo con mis propios ojos he visto la mayor parte de la India». Sin embargo, la India a la que se refiere Juan es en la que dijo haber pasado sólo trece meses, la mayoría de los cuales entre los cristianos de Santo Tomás en Madrás[87]. De igual manera, sus continuos alegatos sobre la grandeza del Gran Khan eran definitivamente supeditados a «*secundum vero auditia et visa*»[88].

La vivencia personal tuvo un papel protagonista en *La descripción de las Maravillas* entre Italia e India de Jordano Catalán. Como en todas las demás instancias de la literatura de Descripción de las Indias, el fraile catalán también ordenó la información siguiendo un itinerario recorrido en primera persona. Pero, con relación a las obras de sus contemporáneos, en el caso de Jordano la presencia del *ego* es mucho más intensa. En torno a ese *ego,* Jordano crea una clasificación cuyo criterio en esta ocasión será la fiabilidad de los datos. Más claramente que en el resto de los casos, Jordano parece tener muy presente que el «yo» es el único mecanismo del que dispone para revestir de las garantías necesarias la información proporcionada. Por tanto, será su grado de implicación en la producción de inteligencia, el nivel de presencia del «yo», el elemento del que se sirva para proporcionar dicha escala de fiabilidad.

Un primer nivel en esta escala lo ocupa la información producto directo del *ego vidi* o *ego audivi*. Expresiones del tipo «quien no lo haya visto no alcanzará a comprenderlo»[89] no dejan lugar a dudas respecto a la autoridad que el fraile concede a este método de conocimiento. En caso de necesidad, ante la posible incredulidad del destinatario de su informe, el fraile no titubea en proclamar la supremacía de su percepción sobre su capacidad de transmitirla: «Es cosa maravillosa en verdad; ni mi boca ni mi lengua alcanzan a explicar bien lo que vieron mis ojos»[90]. En ocasiones, la primacía atribuida a la experiencia es más explícita: «no lo podrá creer quien no haya pasado por ello»[91]. Aquí la autoridad que el observador reivindica es absoluta.

---

[87] MONTECORVINO, *Cartas chinas,* p. 386.

[88] «Por lo que he visto y he oído, no creo que ningún rey o príncipe del mundo pueda compararse con el señor Khan en extensión de tierras, número de pueblos y magnitud de riquezas. Fin»; *ibid.,* p. 390.

[89] JORDANO, *Mirabilia,* p. 408.

[90] *Ibid.,* p. 409.

[91] «Non posset credere nisi qui expertus est» que Juan Gil traduce como «Nadie que no los haya sufrido lo podrá creer», *ibid.,* p. 401.

Pero, no toda la información goza de un mismo estatus de fiabilidad. Un grado por debajo, la exactitud de determinados datos viene matizada con expresiones del tipo «si bien creo», «si no recuerdo mal», etc. No se trata sólo de la seriedad del compromiso asumido por el fraile en la transmisión de inteligencia sobre el Oriente, sino también del reconocimiento de su percepción y su memoria como fundamentos esenciales de la veracidad de su informe [92].

Aún queda una parte importante de información que el fraile considera oportuno recopilar pero que procede de un campo ajeno a su propia experiencia sensorial. Aun así, Jordano también ofrece criterios relacionados con su implicación personal para evaluar el grado de fiabilidad de la información que oyó contar a terceros. Cuando el fraile recurre a aquello que oyó decir a gente *fide dignis* no renuncia a métodos de validación con los que sigue comprometiendo su palabra. Jordano comprueba la fiabilidad de sus testimonios y expone, si es preciso, las razones por las que sus fuentes merecen el crédito del lector: «Esto me lo contó un arzobispo católico nuestro, un varón muy grande, poderoso y fidedigno, señor de aquella tierra» [93]. Jordano busca atributos sociales que doten de autoridad la palabra que representa. En otra ocasión, su testimonio es presentado «según me contó un noble y honesto varón que lo vio» [94]. Aquí los rasgos son más abstractos pero aspiran igualmente a garantizar la infalibilidad de la información mediante la asociación del objeto con los sentidos sensoriales de un tercero, si bien expresamente avalado por el compromiso con la verdad y la sinceridad del Catalán.

Jordano renuncia a cualquier otra fuente de información que no pueda ser corroborada por sus sentidos o los de un informador de confianza. De la India Tercera dice que «no la vi porque no estuve en ella» [95] y, por tanto, el capítulo concluye rápidamente repitiéndo-

---

[92] Algunos ejemplos en su contexto: «Ibi, si bene teneo, noctes sunt clariores...», *ibid.,* p. 418; «Ibi, inter sero et mane si bene teneo, semper videri possunt omnes planete...», *ibid.,* p. 419; «Et ego, prout credo iam ibidem fui, sed tempore hyemali», *ibid.,* p. 420.

[93] En referencia a unas vides enormes que plantó Noé al descender del arca en Armenia, *ibid.,* p. 402.

[94] A propósito de unas enormes serpientes que se tragan lobos enteros, *ibid.,* p. 402.

[95] *Ibid.,* p. 421.

se la advertencia: «no sé qué más decir de Etiopía puesto que no estuve allí» [96]. Los límites de su exploración son los límites de su experiencia física. En contadas ocasiones se aventura el fraile a citar a terceros y cuando lo hace toma tantas precauciones como le es posible para justificar tal decisión. En estos casos, la credibilidad también viene supeditada a la relación carnal entre el testigo y el testimonio.

Aquí la necesidad de acortar la distancia entre el emisario y el receptor del texto se soluciona fortaleciendo el vínculo entre las palabras y los objetos que designan. En el caso del *Mirabilia Descripta*, Jordano (sujeto emisor), el papa (sujeto receptor) y las Indias (objeto observado) forman un triángulo en el que la enorme distancia entre el primero y el segundo de sus vértices (el papa y las Indias) se saldará con la aproximación del primero al último. En el *Mirabilia Descripta*, las Indias están en los ojos, las manos y los pies de Jordano Catalán.

Esta continua reafirmación de la presencia física del *ego* como garantía de fiabilidad no es un mero recurso legitimador. De verdad, todo aquello que los pies, las manos y los ojos del *ego* pudieron pisar, tocar y ver forma el núcleo de las Descripciones de las Indias de principios del siglo XIV. La necesidad por parte de Odorico de Pordenone de poner de manifiesto la grandeza del Gran Khan a menudo se saldó con viñetas como esta que viene a continuación, donde todo el acento recae en la evidencia del contacto físico entre el observador y el objeto de su descripción:

> «En medio del palacio se eleva un gran jarrón de más de dos pasos de altura, labrado enteramente de una piedra preciosa llamada *merdicas,* está todo él engastado en oro y en cada extremo hay una serpiente dorada que bate las mandíbulas con gran fuerza; del recipiente cuelgan asimismo unas redecillas de grandes perlas, redecillas que tienen como un *jeme* de largo» [97].

Jordano nos proporcionaba un ejemplo de naturaleza muy similar (la viñeta de las termitas que citábamos al principio del primer capítulo) cuyo contenido no parece estar relacionado tanto con la demanda real de información por parte del destinatario del texto como por la necesidad de asegurar la presencia física del narrador

---

[96] *Ibid.,* p. 424.
[97] ODORICO, *Relatio,* p. 489.

234   Antonio García Espada

en el teatro de acción y, quizá de paso, constatar su excepcional agudeza visual.

El jarrón de Odorico y las termitas de Jordano dan una medida de los esfuerzos hechos por los autores de la Descripción por presentarse como testigos oculares, por neutralizar las más que probables reacciones de escepticismo de la audiencia con pruebas irrefutables de su relación corporal e inmediata (esto es, sin mediación alguna) con el objeto descrito. En las Descripciones de las Indias confluyen infinidad de apreciaciones similares cuya presencia en el conjunto de la obra está justificada por su naturaleza escénica. Juan de Montecorvino, quizá limitado por el formato epistolar, desarrolló su descripción de manera casi telegráfica, sucediéndose sin pausa afirmaciones sobre los habitantes locales exclusivamente inspiradas en lo visual. En referencia a los indios dice que llevan a sus muertos en hombros y en vez de sepultarlos les prenden fuego entre cánticos, aunque en un lugar aparte se les ve llorar al igual que lloramos todos [98]. Dice también que comen con las manos, sin cuchara, metiendo todo el puño y que a la vista parecen más cerdos que hombres [99]. Continúa, fray Juan, con su color de piel, que no es negro completamente sino más bien color aceituna; tanto los hombres como las mujeres son de bella complexión, van descalzos y semidesnudos, se lavan muy a menudo, pero nunca se afeitan; en suma, le parecen «gente como la de los pueblos, muy dados a la casa y la familia, y de pocas palabras» [100].

Desde esa misma región de lo estrictamente sensorial, Jordano se las apañó para ser todavía más amable con los indios. Le pareció, al igual que a Marco Polo, que tanto hombres como mujeres eran más bellos cuanto más oscuros de piel; coincidió con Montecorvino en constatar su extrema afición al baño pero, en cambio, discrepó en lo referente a su manera de comer, que Jordano encontró decorosa a pesar de que se llevaran la comida a la boca con las manos. Por el contrario, los tártaros le parecieron muy sucios en el yantar, apreciación que, sin entrar en otras particularidades gastronómicas, estaba construida sobre una imagen plana y detallada: «se chupan los dedos con su lengua y labios y se los limpian así a modo de servi-

---

[98] Montecorvino, *Carta india*, p. 343.
[99] *Ibid.*, p. 342.
[100] *Ibid.*, p. 343.

lleta, después si les queda algo de grasa en las manos, se la enjuagan
en sus botas» [101].

Este tipo de contacto con la realidad, visualmente muy detallado y continuamente circunscrito a lo tangible, será también la plataforma de la que se sirven nuestros autores para, en última instancia,
producir una imagen global del ente descrito. Si bien Jordano no
fue muy dado a los juicios de valor sobre las gentes objeto de su
descripción, al final del *Mirabilia Descripta* se produce un cambio
notable respecto a esta actitud ecuánime de la que venía haciendo
gala a lo largo de toda su obra. Entonces, tiene lugar un curioso alegato a favor de la superioridad latina que está fundado exclusivamente en una apreciación, como dirían los antitomistas, carnal de la
realidad:

> «En conclusión, no hay mejor tierra, ni pueblo tan apuesto ni
> tan honrado, ni manjares tan buenos ni tan sabrosos, ni vestidos
> tan galanos ni costumbres tan excelentes como acá en nuestra Cris-
> tiandad» [102].

Los ojos de Adán

Casi contemporáneamente Guillermo Adán produce un juicio
muy similar al de Jordano Catalán en el que una serie de aspectos
sensorialmente relevantes sirven para dar una medida justa de la
supremacía de la propia civilización occidental. En el *Directorium
ad passagium facendum,* tras la desesperada afirmación sobre la condición periférica que ocupan los católicos en el mundo, expulsados
a un rincón de la tierra, Adán añade que el «Nosotros los verdaderos cristianos» no ocupa ni una décima parte del mundo habita-
do [103]. Pero, precisamente éste es el argumento del que se sirve el
autor para afirmar taxativamente la superioridad del susodicho
«Nosotros»:

> «Y así, pequeños como somos, que estamos reducidos a un
> pequeño ángulo de la tierra, afirmo y reafirmo, según mi experien-

[101] JORDANO, *Mirabilia,* p. 405.
[102] *Ibid.,* p. 429.
[103] ADÁN, *Directorium,* p. 382.

cia, que si nuestra pequeña porción fuera puesta en un brazo de la balanza y en el otro el resto del vasto mundo, sería como el oro comparado con los demás metales: más valioso y virtuoso. Y, no sería solamente por la verdad de la doctrina y la pureza de la fe, ni tampoco por la recepción del don de la gracia divina, ni por la evidente operación de milagros de la que carecen el resto de las gentes del universo pues Dios nos tiene especial gratitud. Sería por la prudencia natural y la merecida, por las costumbres domésticas y civiles, por la manera de vivir ordenada, ilustre y honesta, por las riquezas y sobre todo por el uso que las convierte en lícitas y buenas, por el sagaz y noble ejercicio de las armas, también por el buen régimen y justo poder del gobierno, en suma, por todas las cosas que ennoblecen, embellecen y ornamentan a los hombres, en las que nosotros superamos a todas las otras naciones» [104].

El centro del razonamiento adaniano es la concepción de un espacio ético y, sobre todo, estético donde la supremacía del observador no admite discusión ni está sujeta a los caprichos de la opinión, en tanto no descansa exclusivamente en razones doctrinales o de fe. La Cristiandad es superior por una serie de logros materiales, por las riquezas y su uso, por las costumbres, el orden y el civismo, por las formas de gobierno y el ejercicio de las armas, en definitiva, por ser la más bella. Tales indicadores requieren la intervención de los sentidos sensoriales pero tienen la virtud de ser significativas y verificables de inmediato.

Sus largos viajes, sus infatigables pesquisas, el conocimiento acumulado a lo largo de todos esos años marcan una profunda brecha entre el observador, en tanto sujeto portador de intenciones, y lo observado, en tanto objeto pasivo, aprehendido empíricamente. En numerosas ocasiones los griegos son representados como pusilánimes y vagos porque «no conocen el uso de las armas, no se ejercitan en las artes mecánicas, no siguen los estudios literarios, se dejan llevar por la inercia, rodeándose de fábulas insulsas, habitando las tierras donde hay mayor lisonja, rodeándose de abundancia de pan y es así como son felices» [105]. Un retrato distinto, pero articulado según el mismo principio, corresponde a los egipcios: «Entre ellos hay innumerables prostitutas y muchos hombres afeminados que se rasuran la barba y se pintan la cara; llevan vestidos de mujeres, pul-

---

[104] *Ibid.,* pp. 384-385.
[105] ADÁN, *De modo,* p. 538.

seras en los brazos y en los pies, collares de oro en el cuello y gargantillas sobre el pecho; y, así bajo pecado, se ponen a la venta insolentemente ofreciendo su cuerpo y hombre con hombre se satisface vilmente» [106]. Respecto a los habitantes de las Indias, Adán no los considera racionales porque ignoran completamente la guerra, no les ha visto utilizar arma alguna, ni para atacar, ni para defenderse, sólo cuando es necesario protegerse de la inminente muerte, con inusitada audacia y sin práctica alguna de guerrear, sacuden la pusilanimidad y, más instintiva que racionalmente, hacen uso de piedras o cualquier instrumento que tengan a mano, «de esta manera escapan a la muerte y a la esclavitud y siguen vivos. ¡Y, sin embargo, por más que así sean, pasa por sus manos todas las especias, sedas y otras mercancías preciosas que circulan por todo el mundo!» [107]. Aquí de nuevo la autoridad que reclama el observador para sí es total. Pero en este caso, además, la intervención de los ojos, en tanto portadores de realidad, servirá a Adán para independizar definitivamente la Cruzada de la posesión del Santo Sepulcro, pues

> «ya es bastante motivo para llevar a cabo la Cruzada que tan gran cantidad de pueblos sea presa de sus propios errores y esté privada del conocimiento de la verdad y de la fe» [108].

La tratadística de Recuperación se sitúa en medio de un cruce de caminos entre el gran sueño medieval de una Tierra Prometida y una nueva percepción de la realidad que comienza a privilegiar lo cuantificable, lo observable y lo inmediato. A las alturas del 1330 Guillermo Adán dirige toda su energía propositiva hacia la consecución de objetivos de esta segunda naturaleza, pero todavía se sirve de la capacidad evocadora y movilizadora de la vieja idea de Cruzada. De igual manera, la distinción que tiene lugar en la obra de Adán entre un «Ellos» y un «Nosotros» parte de la distinción básica que alimentó la antigua idea de Cruzada entre enemigos y defensores del Santo Sepulcro. Sin embargo, con respecto a esta dicotomía, se han introducido variaciones significativas que siguen demarcaciones bien distintas.

---

[106] *Ibid.*, p. 524.
[107] *Ibid.*, p. 534.
[108] ADÁN, *Directorium*, p. 388.

Un nuevo principio de identificación

Respecto a los autores de tratados de Recuperación, su heterogénea procedencia geográfica y social es uno de los factores determinantes a la hora de construir un tipo determinado de plataforma compartida con el destinatario del texto (un Nosotros) desde la que se puedan realizar observaciones fiables de un objeto exterior (un Ellos). Reyes y aspirantes al trono, maestres generales de Órdenes Militares, obispos y arzobispos, mercaderes, abogados, médicos, frailes mendicantes y trovadores son algunos de los tipos humanos que, procedentes de París, León, Venecia, Padua, Génova, Sicilia, Mallorca, Albania y Armenia, contribuyeron con su pluma a la instrucción de la neocruzada. La autoridad que cada uno de estos autores reclamó a la hora de enunciar sus consejos no dependía de estas cualidades exteriores al propio texto: su procedencia o condición social. Si bien éstos u otros factores extra-textuales (como en algunos casos el hecho de haber recibido el encargo directamente del papa) pudieron influir en cómo fueron leídos por los destinatarios, dentro de los límites de cada texto el criterio por excelencia de legitimación es el conocimiento acumulado por sus autores sobre el susodicho objeto, exterior con respecto tanto al autor como al receptor del texto: el «Ellos».

Entre las cualidades reivindicadas por los autores no figuran las relacionadas con su vida privada, su condición social o sus méritos personales, sino que se recurre constantemente a la acumulación de conocimiento sobre el teatro de acción. Las notas autobiográficas introducidas por Fidencio de Padua nada nos aclaran sobre su procedencia o su condición, sino sólo sobre los años transcurridos en Palestina y Egipto. Otro tanto ocurre con el tratado de Ayton de Armenia o el de Marino Sanudo, quien nada más comenzar su voluminoso libro deja claro que fue en Chipre, Armenia, Oriente Medio, Egipto y los Balcanes donde adquirió el conocimiento privilegiado que ahora ponía a disposición del papa y del rey de Francia. Guillermo Adán, por lo demás hermético hasta la desesperación sobre su propio origen, el propósito de sus dilatados viajes por Oriente o la razón de su excelente conocimiento de renegados y piratas en el Mediterráneo y el Índico, no perdió oportunidad de dejar bien claro que esto o aquello lo supo cuando estaba en Grecia, en Persia o en India. Ramon Llull no fue menos insistente, ya que toda su teoría sobre la supremacía cristiana está construida en torno al conocimiento personal de primera mano de los musulmanes, los judíos y los paganos.

La multitud de grupos humanos que se formaron en torno a nuevos vectores de prosperidad son la cantera de la tratadística de Recuperación. Por supuesto, sus autores no dejan de ser una élite, letrada y con cierta capacidad de acceso a las instancias de poder. Pero lo cierto es que en tanto grupo ya no participan de un código común. La tratadística de Recuperación no está bajo la protección de un grupo cerrado con unos códigos preestablecidos en la transmisión de conocimiento. No se trata de una comunidad establecida en torno al gremio, el convento, ni siquiera la *sagiesse e prouesse* de los caballeros andantes, por poner unos ejemplos. La falta de otra fuente de autoridad obliga a los autores a contextualizar el conocimiento de otra manera, a relacionarlo empíricamente con el objeto de estudio y a recoger cada paso dado en la construcción de la nueva ciencia.

De esta manera se da salida a la percepción de una nueva identidad determinada esencialmente por su posición geográfica, así como por una serie de valores que proceden de distintos grupos sociales y de ninguno de ellos en particular. La alcurnia, el parentesco, el juramento, la revelación o el destino son algunos de los criterios inherentes al ser humano que durante la Edad Media sirvieron para establecer vínculos y dotar de unidad a unos grupos humanos con respecto a otros. En torno a ellos surgen comunidades aristocráticas, guerreras, monásticas, conventuales, gremiales, artesanales, criminales, etc. En cambio, el nuevo «Nosotros», al que se remiten explícitamente tanto Guillermo Adán como Jordano Catalán, quebranta un orden social dado aspirando a crear otro. Este nuevo orden es el producto de la posición central que adopta el observador, el «yo», con respecto tanto al objeto de estudio como a la audiencia. En este triangulo, el incremento de la autoridad del testigo presencial se proyecta directamente en la atribución de una identidad geomorfológica tanto al ente observado como al ente al que se dirige el autor. La dualidad del «Nosotros» y el «Ellos» no es distinta que la dualidad en la que se mueve el viajero, cuyo prestigio procede exclusivamente de su capacidad de dotar de sentido a su experiencia en un mundo con el que tiene una relación imperfecta o al menos con el que no puede identificarse enteramente. Desde la perspectiva del viajero, la primera cualidad estable de la que puede servirse para fijar empíricamente el ente descrito es su localización, su emplazamiento físico. Al afirmarse en la validez de su relación empírica con la realidad, el testigo, convertido en narrador a su regreso, se sirve del mismo método para identificar a su audiencia.

El ensanchamiento del Oriente que se produjo bajo el signo de la neocruzada y los apóstoles de la unidad de la Cristiandad en torno al papa y el rey de Francia abrió un inmenso espacio vital que debía ser reducido a las dimensiones de lo aprehensible. El viajero que explora, que observa y, después, escribe encuentra en aquello de lo que pueden dar testimonio sus sentidos sensoriales el elemento que da unidad a ese discurso. Estos autores estaban desprovistos de una identidad social significativa de cara tanto a la Recuperación de la Tierra Santa como a la tarea de describir el Oriente, pues ni se trataba de *cruce signati* ni, estrictamente hablando, de obtener la posesión del Santo Sepulcro.

El recurso a los sentidos sensoriales, a lo que el «yo» solitario puede ver y tocar, constituye el espacio por excelencia que comparten el autor y su audiencia. Constituye por eso un continuo que pudo funcionar como un principio de identidad común. El recurso a los sentidos no requería ningún elemento exterior para su verificación, satisfacía por eso la necesidad de los hombres de su tiempo de moverse dentro de la dimensión fenomenológica de lo práctico y lo actual. Como principio identitario, su formulación discurría en pleno acuerdo con lo que aquí hemos denominado la «Práctica Moderna» en tanto estaba, al menos parcialmente, libre de compromisos con las imposiciones de la tradición. Es en el breve intervalo de tiempo que va desde finales del siglo XIII a principios del XIV que con una inusitada vitalidad asaltó la escena pública una serie de comportamientos decididos a extraer del estrecho ámbito de la experiencia personal fuentes de autoridad equiparables al dogma. Cabe preguntarse, qué cotas tuvo que alcanzar el desencanto de la generación de 1300 no sólo hacia el legado político de la Europa latina, sino también hacia el espiritual de la Iglesia Romana para apoyarse con tanta determinación en una dimensión de la realidad, acaso la única, libre del alcance de dicho legado. En cualquier caso, difícilmente habrían surgido y prosperado principios identitarios tan sólidamente fundados en el limitado alcance del *ego* autónomo y solitario sin que previamente otras señas de identidad preexistentes no hubieran sido neutralizadas o al menos puestas en cuarentena temporalmente.

Capítulo 4
LA DESCRIPCIÓN EN LA TRADICIÓN MEDIEVAL

Rangjung Dorje III Karmapa (1284-1339)

«El *abassi,* esto es el "papa" en su lengua, que es el jefe de
todos los idólatras, a los que da y reparte a su usanza todos
los beneficios de que dispone»
(Odorico de Pordenone, ca. 1330)

La literatura de Descripción de la primera mitad del siglo XIV es rica en información práctica sobre la naturaleza física y humana de los lugares visitados en Oriente. Información de esta índole no ha perdido rigor y, durante siglos hasta nuestros días, ha continuado siendo factible su verificación [1]. Sin embargo, resulta imposible sustraer esta información de su contexto simbólico, cuya operatividad dejó de ser efectiva poco después de la composición de estas primeras Descripciones de las Indias. Aun dirigiendo concienzudamente los ojos a ese lienzo de datos verificables es imposible ignorar el grueso marco de prodigios, fantasías, quintaesencias, arquetipos y, en definitiva, todo aquello que constituye el bagaje cultural de la sociedad que produce dicha descripción.

La ardua tarea de separar el trigo de la mies ha supuesto el reconocimiento de algunos de estos textos como ancestros de la etnografía moderna. Sin embargo, una antropología propiamente dicha no tiene lugar hasta que la Modernidad se muestra capaz de distinguir con nitidez las fuentes del conocimiento, la experiencia, la tradición libraria, la razón, la intuición y, en función de dicha distin-

---

[1] En las ediciones decimonónicas de estos textos, los coleccionistas y anticuarios de la Royal Asiatic Society encontraron fuentes de información valiosa para la gestión de sus colonias, como admitía el propio Henry Yule, teniente del destacamento de Bengala. También los estudiosos de hoy de la historia de la expansión mongola tienen en los textos de Polo, Montecorvino u Odorico fuentes de información insustituibles. HAW (2006). Sólo citamos dos ejemplos que, sin embargo, contrastan vívamente con las conclusiones de los especialistas contemporáneos que desde la perspectiva del «Travel Writting» desestiman completamente la aportación positiva de los textos del siglo XIV a la ciencia antropológica e histórica.

ción, ordenar los datos, establecer relaciones entre ellos y jerarqui-
zarlos. El prodigioso encuentro con el Lejano Oriente del que dan
testimonio las Descripciones del siglo xiv ha puesto de manifiesto,
ante los ojos de buena parte de la crítica actual, tanto la necesidad
de una nueva ciencia, como el bloqueo que el legado medieval
supuso al desarrollo de una nueva epistemología[2]. Dicha sentencia
ha servido para acentuar la importancia y la ruptura del Humanismo en relación con su propia tradición y la antropología en relación
con formas anteriores de percepción de otras culturas.

La evolución hacia formas de observación consideradas más
«puras» por la crítica actual parece estar ligada a la ruptura con las
pretensiones edificantes de una cultura ampliamente inspirada por
la élite clerical[3]. Desde esta perspectiva, el contenido descriptivo de
la literatura de viajes bajomedievales viene enfrentada a su contenido narrativo. El establecimiento de dicha oposición se traduciría en
las Descripciones del Oriente de principios del siglo xiv en la renuncia a la exactitud en beneficio de la persuasión retórica[4]. Por tanto,
el camino tomado por los autores de las Descripciones de las Indias
a menudo viene identificado con una merma, con deficiencias cien-
tíficas, una inferioridad de las dotes de análisis producto de una
observación eminentemente apriorística, que rechaza sobre el terreno lo que no se somete a determinadas expectativas[5]. Mientras tanto, la aparición de un código con vocación universalista con el que
gestionar la información extraída de otros pueblos y tierras lejanas,
y en el que tiene su verdadero origen la antropología moderna, viene siendo razonada como el producto del encuentro casual, los
grandes descubrimientos transatlánticos, que empiezan a tener
lugar a finales del siglo xv[6].

Ciertamente, el encuentro con los nuevos mundos, las Indias y el
Catay, que tuvo lugar en torno a 1300 tuvo que ser afrontado con una
falta total de referencias. Pero, en relación con esta escasez de antecedentes, igualmente violenta, sino más, hubo de ser la particular relación establecida entre el emisario y el receptor de la información, una

[2] Dicen CAMPBELL (1988) y AMORIN (1999).
[3] Dice RUBÍES (2000).
[4] Dicen ZUMTHOR y PEEBLES (1994).
[5] Dicen MOLLAT (1990), PERCIVAL NEWTON (1949), OLSCHKI (1937), HODGEN (1964),
quien como Mary CAMPBELL (1988), califica el encuentro de los Polo, Montecorvino,
Jordano, Odorico y Marignolli con las Indias de «oportunidad perdida».
[6] Interesante discusión al respecto en HÖFERT (2000), p. 63.

comunicación que recorrió vías hasta entonces tan inexploradas como el Lejano Oriente descrito por nuestros autores. Cabe por tanto detenerse en los recursos narrativos empleados en las Descripciones de la Indias en relación a estas dos exigencias paralelas: por un lado, la obtención del crédito de un lector en buena medida inaccesible y, por otro, dar cuenta de una materia no menos remota. En este capítulo veremos hasta qué punto los autores de Descripciones encontraron en su propia tradición literaria satisfacción a dichas necesidades y cuáles fueron los límites impuestos por los usos literarios de su tiempo a la hora de articular el triángulo compuesto por un escenario físico nuevo y remoto (las Indias de la era de la Recuperación), unos emigrantes (improvisadamente convertidos en escritores) y la audiencia inicialmente concebida para tales textos, la más insigne que cabría imaginar (el papa, el rey de Francia...).

La mediación entre la Descripción y la audiencia

Apuntada en los capítulos anteriores la posibilidad de una nueva y basta audiencia para la información traída desde el Lejano Oriente, queda precisar la naturaleza de los instrumentos con los que contaron los viajeros para llevar a cabo tal demanda. El viajero escritor sale de un contexto y regresa a él, adquiere una experiencia exterior que elige convertir en interior. El valor práctico que el autor concede a dicha experiencia debe pasar por esta conversión. Así, conocimiento producido en la periferia renuncia voluntariamente a su excentricidad para encontrar cabida en el centro. Compromiso de por sí revelador de la posición que toma el viajero, el valor último que atribuye a su propia experiencia.

Esta concesión por parte del autor a la audiencia que presupone para su discurso explica, a mi parecer, en un buen número de casos el apriorismo en las Descripciones de 1300. La voluntad de comunicar se verá optimizada mediante una serie de concesiones a las expectativas del destinatario, que, éste sí, acaso sólo goza de un conocimiento apriorístico, condicionado tanto por la larga tradición fabulosa de las Indias en las letras latinas como por las nuevas exigencias impuestas por la teoría de dominio de la Recuperación.

La apropiación por parte del lector de la experiencia del autor depende en buena medida del éxito del emisor en la invocación de parámetros culturales compartidos. A menudo, dicho diálogo pre-

textual entre el viajero y el lector vino optimizado por la intervención de un escriba. Éste, en tanto primer espectador, convertía su
intervención en una mediación garantizada entre la experiencia
excéntrica del explorador y la capacidad cognitiva del receptáculo
social sobre el que verter dicha inteligencia. Así, por ejemplo, dis-
culpaba Henry Yule la disparatada ocurrencia de Odorico de Pordenone de comparar el caparazón de una tortuga china con la cúpula de San Antonio de Padua. Toda la culpa iría a parar a Guillermo
de Solagna, el entusiasta monje al que correspondió recoger el dictado de Odorico, cuya intervención en este pasaje consistiría en
proporcionar al viajero franciscano imágenes cercanas o familiares
con las que comparar la prodigiosa criatura [7].

Cómo medir la realidad

La experiencia narrativa Odorico/Solagna muestra una particular predilección por el empleo de analogías por encima de cualquier
otro instrumento de medida, incluso a la hora de remitir información puramente cuantitativa. *Checala,* por ejemplo, es tres veces
Venecia; *Chaiton* el doble que Bolonia; *Manchi* tiene más de dos mil
ciudades más grandes que Treviso y Vicenza; sólo los suburbios de
Cansay son más vastos que Venecia y Padua. De igual manera la
comparación con figuras familiares sirve al equipo Odorico/Solagna
para expresar su admiración por las ciudades chinas, el reconocimiento del orden y la eficacia de sus habitantes, la apreciación del
poder de khanes, reyes y emperadores y el asombro por sus bienes
materiales. El emperador recibe sólo de la ciudad de *Tauris* más
rentas que el rey de Francia de todo su reino; Italia entera no tiene
tan gran número de barcos ni tan grandes como los de la ciudad de
Cansay; el rey de Ceilán tiene más piedras preciosas que ningún
otro monarca de la Cristiandad [8].

---

[7] YULE (1913), vol. II, p. 27. A la pluma de Solagna, de quien intuye una procedencia social humilde, atribuye el deterioro del conjunto narrativo del relato de Odorico. En cualquier caso, fue efectivamente bajo la cúpula de San Antonio de Padua
donde se produjo el encuentro del que habría de salir la Descripción de ODORICO,
Relatio, p. 494.

[8] *Ibid.,* p. 454. Jordano afirma que no menos de doscientas ciudades de *Manchi*
son más grandes que Tolosa, también que el Gran Khan tiene bajo su dominio cuatro

Más explícito es el fin didáctico de la equivalencia cuando viene aplicada a la definición de elementos políticos, culturales o religiosos, como «las mezquitas, esto es, las iglesias»; «el *mélic,* esto es, el alcalde»; «los astrólogos, esto es, los sacerdotes». La Meca del texto del viajero friulano es como el Santo Sepulcro para los cristianos, el lugar al que los musulmanes acuden en peregrinaje. Acaso no sea más que una descuidada prolongación de la equivalencia su localización allí de la tumba de *Macometus.* Buda es equiparado a San Cristóbal, y a su templo acuden los paganos como los cristianos a San Pedro [9]. El sacrificio humano ante las deidades hindúes llega a ser razonado equiparándolo con la consagración a la vida monástica de los hijos por parte de sus pías familias cristianas. Odorico/Solagna estiraron al máximo la capacidad expresiva de la analogía. Rozando incluso el agravio, el establecimiento de figuras de comparación familiares a la audiencia fue llevado prácticamente a sus últimas consecuencias por uno o ambos frailes implicados en la composición de la *Relatio.*

El *Mirabilia descripta* de Jordano explora sendas similares de expresión. La minuciosa descripción de las inmolaciones hindúes a sus dioses es completada recurriendo a la correlación con las procesiones en honor a la Virgen María. El movimiento de grupos de sufíes musulmanes, su infiltración entre los hindúes, sus dotes de persuasión, no es del todo recreada hasta que es equiparada con la misión evangélica de los mendicantes en Asia. La práctica budista en China es directamente emparentada con la católica solucionando con ello de un plumazo todo el ejercicio descriptivo:

> «En este imperio hay templos de ídolos y monasterios de hombres y mujeres, como entre nosotros y guardan el coro y rezan sus oraciones igual que nosotros, y los sumos pontífices de los ídolos llevan mantos y capelos rojos como nuestros cardenales» [10].

Los objetos familiares a la audiencia, los elementos reconocibles por el espectador, son en estos textos la principal herramienta

---

reinos tan grandes como Francia y mejor poblados, y que el Imperio del negus etíope «creo sin mentir, que su reino dura tres veces más que toda nuestra Cristiandad, por lo menos». JORDANO, *Mirabilia,* p. 429.

[9] Lo hace en dos ocasiones en Ceilán y de nuevo en *Zayton.* También Rubruck en sus viajes por Mongolia comparó a Buda con el gigantesco patrón católico de los viajeros.

[10] JORDANO, *Mirabilia,* p. 425.

descriptiva. Odorico estira al máximo la apariencia de un cocodrilo de la India y la de una serpiente de Italia para poder equipararlas. Jordano se muestra mucho más preocupado por la precisión y dedicó grandes esfuerzos a describir con todo detalle hasta el más extravagante objeto de su conocimiento. Su cocodrilo, «que el vulgo llama *calcatrix*», es grande como un caballo, con el dorso como un lagarto y la cabeza como un cerdo. Sus bandicotas o zorros voladores son grandes como gatos, con alas como las de los murciélagos. El elefante da a Jordano nuevamente posibilidad de mostrar toda su capacidad de extraer de la realidad compartida con el espectador elementos con los que recrear realidades nuevas: cabeza grande con ojos de caballo, orejas como las alas de un búho, patas como las de un buey e inteligencia superior a la de todos los animales del mundo.

El árbol de la canela es, según Juan de Montecorvino, muy similar al del laurel y los cocos de la India son grandes como los melones, verdes como las calabazas y cuelgan de ramas como los dátiles. Jordano Catalán coincide con Juan de Marignolli al compararlos con una cabeza humana en tamaño y con un líquido en su interior como la leche de almendras, dulce como la miel. Marignolli dice de la fruta del jack que es grande como un cordero o como un niño de tres años y más dulce que el mejor melón de Italia. De Java trae el Catalán la imagen del orangután convirtiéndolo en «hombre chiquitito como niño de tres o cuatro años, peludo como un macho cabrío». La grulla bengalí es entrometida como un perro y «emite chillidos de noche como hombre que llorara desde el infierno». El blanco de las aves indias es como la nieve, el rojo como la granada, el verde como la hierba.

No pasa inadvertido para el fraile los excesos de su método. Su principal instrumento de medida tiene sus fallos y así lo advierte cuando describe al rinoceronte como un caballo con un cuerno en la cabeza para, a continuación, dejar claro que no se trata de un unicornio. Tras haber equiparado el mango a la ciruela en tamaño, vuelve a hacer manifiesto los límites de su método y reconoce que «son de sabor tan dulce y agradable que no hay palabras para explicarlo» [11]. ¿Se hubiera aventurado Jordano a una definición tan extendida y precisa de la pimienta, parecida a la hiedra con

---

[11] *Ibid.*, p. 407. A Marignolli le pareció más similar a un melocotón, *Chronica* (en la edición de YULE, *Cathay*, III), p. 237.

frutos como los de la vid, si no hubiera dado por hecho que su producto final, «según podéis comprobar», era sobradamente reconocido entre su audiencia? [12].

La autocensura en la Descripción

Uno de los episodios más célebres de la aventura odoricana es su estancia en el Tíbet. Se trata del primer testimonio europeo, marca no superada hasta el siglo xvii, del Reino de las Nieves, del que el friulano describió sus principales ciudades, las costumbres gastronómicas de sus habitantes, los yaks, los poderosos licores de leche fermentada, el uso de cráneos humanos para beberlos, las mil trenzas de sus mujeres, sus extraordinarias costumbres funerarias, su incondicional tranquilidad y otras cosas que no son difíciles de comprobar sobre el terreno incluso en nuestros días. Allí también tuvo oportunidad Odorico, y fue el primer europeo en constatarlo, de ver al por aquel entonces lama supremo del budismo tibetano, el Karma Pakshi, «el *Abassi,* esto es, el papa en su lengua» que a menudo la crítica contemporánea identifica erróneamente con el Dalai Lama. Precisamente estos mismos estudiosos consideran que el capítulo tibetano de Odorico carece de detalles precisos que no hubieran pasado inadvertidos ante un viajero que de verdad hubiera estado allí o hubiera acometido su tarea exploradora con diligencia [13]. Ciertamente, es ilustrativa la ausencia en las Descripciones de 1300 de alusiones a características que posteriormente han pasado a ser consideradas quintaesencias del Lejano Oriente. Asuntos del Oriente que prácticamente se habrían de convertir en

---

[12] JORDANO, *Mirabilia,* p. 416. Juan de Marignolli las asemeja en todo a la vid, la planta, los racimos y los frutos. Su extensa analogía también se refiere a un producto con el que considera familiarizada a su audiencia, «*ut mencitur scriptoris*», MARIGNOLLI, *Chronica,* p. 530.

[13] Según LAUFER, *Was Odoric of Pordenone ever in Tibet?* (1909); GUGLIELMI, *Odorico da Pordenone* (1987), p. 147; LARNER, *Marco Polo* (2001), p. 129. Para una lectura diferente permítanme remitirles a GARCÍA ESPADA, «Fray Odorico y el Karmapa. El Tíbet de los viajeros medievales» (1999). El siguiente europeo en pisar el Tíbet fue el portugués Andrade, que dejó escrito el *Nuevo descubrimiento del Gran Catayo, o Reino de Tíbet, por el padre Antonio Andrade de la Compañía de Jesús, portugués, en el año 1624* (Miraguano y Polifemo, 1983). Antes que Odorico, Marco Polo y Guillermo de Rubruck se refirieron al Tibet pero reconociendo que sólo de oídas.

tópicos de la exploración posterior pasan aquí casi desapercibidos, como la existencia de otras lenguas, su aprendizaje o sus peculiaridades, que no aparecen por ningún lado en las Descripciones de las Indias del siglo XIV.

Montecorvino nos brinda la oportunidad de comprobar, dentro de los límites de un mismo autor, la inclusión en un contexto (el de las cartas personales dirigidas a una autoridad concreta) de algunas particularidades sobre las lenguas y la exclusión del mismo en la carta escrita desde India (carta abierta que explora una infinidad de posibilidades estilísticas y temáticas). Aquí el asunto de los idiomas, en tanto avatar exclusivo de la experiencia personal del narrador y de quienes estuvieran o quisieran estar en su misma situación, es descartado de la narración, quizá por ser considerado inadecuado para propiciar la complicidad de un espectador más abstracto.

Ni Montecorvino, ni Marignolli, ni Perusa, ni Catalán optaron por incluir en su narración el uso de billetes en Catay, pero en Odorico ocurre de manera accidental, «unos papeles que tienen por moneda», mencionados de pasada, sin ningún énfasis, ni ninguna otra implicación. Lo mismo ocurre con la costumbre de vendar los pies a las niñas, pues «la belleza de la mujer consiste en tener los pies pequeños». Un detalle que escapó completamente al, por otra parte, excelente observador Marco Polo y por lo que ha sido numerosas veces tachado de embustero que en realidad nunca puso un pie en China [14]. El veneciano prefirió ocuparse de las prácticas sexuales de las chinas, o de las tibetanas, que, según cuenta Polo, no descansaban hasta haber perdido la virginidad con algún viajero, lo que Marco se sintió obligado a constatar para animar a todos los varones europeos entre dieciséis y veinticuatro años a que visitaran el Reino de las Nieves [15]. También fray Odorico tuvo palabras ambles para las chinas, que consideró las mujeres más bellas del mundo, mientras sus hombres le parecieron delgados, pálidos y con una barba tan rala y larga como la de los gatos [16]. En cambio, la práctica india de la sati, que desde el siglo XVI, hasta incluso después de ser abolida a mediados del siglo XIX, no falta en ninguna descripción, estudio o guía de viaje, en Odorico no ocupa más que unos

---

[14] La última que yo sepa WOOD, *Did Marco Polo Go to China?* (1996).
[15] MARCO POLO, *Divisament,* capítulo 26.
[16] Interesante reflexión al respecto en REICHERT, *Odorico da Pordenone and the European perception of Chinese beauty in the Middle Ages* (1999).

renglones en los que la somera descripción viene justificada con un no menos escueto razonamiento: «pues dicen las esposas que se van al otro mundo a vivir con su marido» [17].

En Jordano los aspectos centrales del hinduismo vienen completamente relegados por coloristas descripciones de las ofrendas, de los cuidados y cariños dedicados a las vacas o los sacrificios humanos. Sin embargo, lo que cabría considerar el centro del dharma hindú, el núcleo teodiceo que Jordano demuestra haber comprendido en profundidad, pues es capaz de reconocer el monoteísmo último de las diferentes sectas hindúes, es en el texto una suerte de nota al pie, un comentario erudito que ocupa un lugar marginal entre las prioridades narrativas del autor [18]. De la misma manera pasa sobre asuntos de sumo interés para el lector moderno como la organización social en castas, cuyo comentario apenas basta para comprobar tanto el conocimiento del dominico como su renuencia a darle salida en el relato [19]. Factores que ponen de manifiesto la dualidad en la Descripción de Jordano, entre percepción y reproducción, entre experiencia vital del viajero y experiencia narrativa del escritor.

En ocasiones, dicha discriminación, la renuencia a compartir determinada experiencia con el auditorio, es hecha explícita. Tras describir cómo los buitres acuden a la exposición de cadáveres de los parsis, sobre su religión se limita a constatar su creencia en dos principios, mal y bien, luz y tinieblas, comentario que cierra con premura simplemente porque «de éstos no quiero tratar por el momento». En numerosas ocasiones, Jordano vuelve a censurar su propio relato en aras de la brevedad, «porque la premura de tiempo me impide describirlo» [20], o simplemente por sentirse incapaz de reproducir fielmente con sus propias palabras su propia experiencia [21]. Manifestaciones de este tipo, en las que se hace explícita una

---

[17] ODORICO, *Relatio,* p. 470. Mandeville lo interpretó como un signo de la seriedad con que los indios se tomaban el Paraíso.

[18] «Es verdad que sobre todos los dioses ponen a un solo Dios omnipotente creador de todos aquellos, y creen también que el mundo ya existe desde hace 28.000 años»; JORDANO, *Mirabilia,* p. 413.

[19] «Conservan las libertades de cada cual según su estado, libertades que tienen desde antiguo», *ibid.,* p. 411.

[20] *Ibid.,* p. 411, en referencia a la India Menor, y de nuevo en relación a los árboles, p. 408, a las piedras preciosas, p. 406, o a la fauna de la que «no podría contar ni en un año», p. 413.

[21] Declaraciones en este sentido se repiten en cuatro ocasiones, *ibid.,* pp. 409 y 411.

suerte de criterio de selección de la información, son frecuentes. En Odorico no menos de quince veces se enuncian las razones que justifican la exclusión de determinados datos en su relato. Guillermo de Solagna debió de tener mucho que ver en tamaña insistencia. Mientras en alguna ocasión el narrador confiesa su deseo de dejar de narrar [22], en la mayoría de los casos restantes es el escriba el que se rinde, según parece, ante una tarea que en algún momento pudo resultarle abrumadora. Solagna además pudo haber contado con mayor iniciativa de la que quiso reconocer públicamente a la hora de censurar el relato de Odorico [23].

La actitud mostrada por Solagna es de gran importancia. Se trata de la reacción del primer espectador de Odorico. El resultado de este encuentro deja traslucir algunas de estas primeras impresiones del espectador europeo ante el relato de Odorico. Solagna considera que se trata de «muchas novedades, que serían muy agradables de escuchar». Pero también se trata de novedades a veces en extremo foráneas que conviene dejar fuera: «Hay infinidad de otras cosas en esta comarca que causarían estupor al ser contadas y oídas, por lo que no me he preocupado gran cosa en ponerlas por escrito». En otra ocasión el escriba vuelve a señalar el carácter excesivamente excéntrico de la narración de Odorico como argumento para excluirla del texto: «hay muchas otras novedades que no pongo por escrito, pues nadie les daría crédito de no haberlas visto con sus propios ojos». A continuación, parece que sigue siendo la voz de Solagna la que sale a relucir en defensa no tanto del narrador como del escriba: «las antedichas las hice escribir porque estoy seguro de ellas y no abrigo duda alguna de que no sean como afirmo». Pero el razonamiento no fue ajeno al propio Odorico, que al menos en tres ocasiones confiesa la foraneidad extrema de su propia experiencia [24].

Esta necesidad de acotar, de circunscribir la información a unos límites determinados, se incrementa a medida que el viajero avanza

---

[22] Argumento que al menos en dos ocasiones claramente proviene de la voz del narrador y no del escriba. Odorico, *Relatio,* pp. 440 y 441.

[23] No menos de siete veces Solagna se muestra sobrepasado por la tarea de reproducir en el texto lo que Odorico le cuenta: *ibid.,* pp. 459, 462, 463, 464, 465, 469 y 471. En una ocasión dice: «Se podrían decir muchas cosas de la comarca, pero no escribo más», p. 461. Sin embargo, Solagna asegura al final de la obra haber procedido «tal como él lo contaba yo lo ponía por escrito», p. 509.

[24] *Ibid.,* pp. 458, 476 y 491, en estas ocasiones la decisión claramente proviene del narrador.

por un espacio narrativo menos familiar a la audiencia latina. Es en la India Menor y Mayor, en el Catay y la India Tercera donde el texto incurre en una mayor contención, una mayor conciencia de la vastedad de la distancia que separa las experiencias del narrador y del espectador. El tedio del lector se convierte en barrera infranqueable para el narrador, que convierte la incredulidad del receptor en un riesgo inasumible. Dos argumentos, brevedad y amenidad, en torno a los que también gira toda la justificación poliana del contenido de su obra.

Mirabilia Descripta

La maravilla juega un papel fundamental en la tarea de hacer reconocible el Oriente. Ningún otro concepto está más asociado a la literatura de viajes bajomedievales, hasta el punto de ser identificada como la piedra angular de las Descripciones de las Indias de entorno a 1300. Qué duda cabe que se trató de una herramienta básica en el ejercicio de transmisión de la experiencia vital adquirida por estos viajeros [25].

El uso del término maravilla, maravilloso, tanto en su forma adjetiva como sustantiva y verbal, es un valor recurrente dentro de estos textos. Juan de Marignolli se sirve del concepto para aplicarlo al puerto de Zayton y a la ciudad de Campsay dentro de sucesiones de superlativos destinados a declararlos los más grandes y esplendorosos «que el mundo haya conocido nunca». Odorico de Pordenone fue especialmente prolijo en el recuento de maravillas. Al friulano maravilló el tamaño de las ocas de Guinea, la cantidad desorbitada de navíos que posee la ciudad de Cantón y de Cansay, la enormidad del Gran Desierto persa, la cantidad de peces en las riberas de Vietnam, que literalmente venían a echarse en las redes de los pescadores, la

---

[25] «Mais on constate chez la plupart le desir de faire connaitre les "merveilles" qu'ils ont vues ou dont ils ont ouï parler (...) Les merveille de l'Inde, depuis la diffusion de la Lettre du Prête Jean, font travailler les imaginations; elles font le principal argument des Mirabilia descripta du bon missionnaire Jourdain de Severac». RICHARD (1983), p. 212. Una correlación entre maravilla y fantasía en relación con la literatura de Descripción de las Indias del siglo XIV y, en concreto al texto de Jordano, que no resite una lectura detenida y libre de compromisos con el estereotipo de una Edad Media fabulosa y arcana.

riqueza y diversidad de animales en los cotos de caza del Gran Khan. Maravillosa incluso le parece una imagen de Buda en Ceilán, ésta, sin duda, por su colosal aspecto, gigantesco como un San Cristóbal, y toda recubierta de oro puro y piedras preciosas. La grandeza, la abundancia, la provisión más allá de toda mesura, la maravilla merece ser recogida por escrito. El franciscano reconoce la utilidad del inventario de maravillas también para fines puramente mercantiles, pues las maravillas de Cansay la convierten en «la mejor tierra y las más noble para el tráfico de mercaderías que haya en todo el mundo».

Con la maravilla Odorico confía estar aportando algo familiar para la audiencia de su relato. En los montes Caspios el fraile ha oído de unos melones enormes que contienen en su interior una pequeña bestia parecida al cordero. Se trata de una considerable maravilla, pero nada tiene de extraño, pues de todos es sabido que en «Irlanda hay árboles que por frutos dan pájaros». Las maravillas entre las que se mueve Odorico son dignas de mención porque son reconocibles para el espectador. Uno de los compromisos asumidos consiste precisamente en traer de tierras lejanas perlas de la realidad que involucren al lector en la experiencia del viajero. En uno de los pasajes más íntimos del relato, Odorico es convencido por su anfitrión y amigo para ir a visitar a un monje de la región de Cansay. El franciscano nos cuenta, con un sosiego inédito hasta entonces en el ritmo de la *Relatio*, cómo acompaña al budista a alimentar a unos curiosos animales del monasterio, cómo intercambian impresiones acerca de la reencarnación y cómo los infructuosos intentos de persuasión recíproca acabaron entre risas. En la manera de introducir esta viñeta Odorico revela un aspecto fundamental del papel que se asigna a sí mismo en la comunicación de su experiencia personal. Una vez llegados al monasterio, el anfitrión de Odorico le presenta con unas palabras que son significativas de cara a desentrañar el sentido de la maravilla en la Descripción de las Indias, así como su posición central en la peripecia literaria del franciscano:

> «Viene de donde se pone el sol, y ahora va a Cambalec a rezar por la vida del Gran Khan. Por tanto, haz el favor de mostrarle alguna de las maravillas que hay aquí, para que la vea y al volver a su país pueda decir: tal novedad vi en Cansay» [26].

---

[26] ODORICO, *Relatio,* p. 483.

Pero, en ninguna otra obra como en la de Jordano [27], la maravilla adquiere tanto relieve en la economía narrativa. Su listado comienza en la primera línea de la narración. Las corrientes marinas del estrecho de Mesina le parecieron *unum mirabile*. En su siguiente etapa, en Grecia, nada consideró digno de mención a no ser las famosas mareas del estrecho de Euripo, *mirabile valde*. En Tabriz, sus doscientos mil hogares, los regadíos y el maná de sus sauces eran *multum mirabile*. Las *infinita mirabilia* de la India Menor, que la convertían en «casi otro mundo», se deben a que sus habitantes son negros, no llevan más que un trapo atado a la cintura, se alimentan de trigo, arroz, manteca, leche y aceite, no tienen caballos y asnos muy pocos; maravillas sin duda de lo más prosaico. El árbol baniano, el cocodrilo, el elefante son, como vimos más arriba, minuciosamente descritos para adjetivarlos finalmente de maravillosos. Al preambular su descripción de Sri Lanka anuncia *multa mirabilia*. Consisten éstas en la cantidad y abundancia de piedras preciosas, perlas y barcos recogiéndolas. Las de Java, son sus excelentes especias aromáticas. El firmamento, sus estrellas y constelaciones, así como los gusanos y otros insectos de la India Mayor, también le parecieron «tan grande maravilla que es imposible contarlo».

El uso recurrente por parte de Jordano a lo maravilloso nos remite, como en el caso de Odorico, a una pluralidad de acepciones. Aun así, cabe establecer cierto criterio: *notabile, admirabile* y *mirabilia* forman una secuencia cuántica en el *Mirabilia Descripta* que va de la abundancia a lo desmesurado. La aproximación a lo superlativo, esto es, a la maravilla, parece ser la principal arma empleada por Jordano para reclamar la atención del receptor y, si bien pudiera parecer que abusa (no menos de treinta veces echa mano del término), el dominico no lo hará de manera fraudulenta. Las maravillas de Jordano cesan por completo cuando su testimonio llega a la India Tercera. De allí sólo nos puede contar lo que de ter-

---

[27] Tampoco ninguna otra Descripción de las Indias ha sido identificada tan a menudo por la crítica con la fantasía y la encendida imaginación medieval. Prejuicio en este caso alimentado también por el titulo mismo de la obra, *Mirabilia Descripta,* a pesar de que se tratar de una interpolación añadida posteriormente y por una mano distinta a la de Jordano. La precipitada equiparación del titulo dado a la obra y su contenido se da en, entre otros, Jean RICHARD, *Croises, missionnaires et voyageurs. Les perspectives orientales du monde latin medieval* (1983), p. 212; Christine GADRAT, *Une Image de l'orient* (2005), y Paul FREEDMAN, *Out of the East. Spices and the Medieval Imagination* (2008), p. 139.

ceros oyó decir: dragones con carbunclos en la frente, pájaros rukh capaces de elevar elefantes por los aires, serpientes con cuernos, islas habitadas sólo por mujeres, hombres con cabeza de perro y grifos que custodian montes de fuego y oro. En ninguno de estos casos aparece palabra alguna relacionada con las *Mirabilia*. Mientras los rinocerontes que vio en India pudieron parecerle maravillosos, el verdadero unicornio, que según le habían contado se encontraba en Etiopía, no merece tal adjetivo.

Jordano convierte la maravilla en un concepto llave del que se sirve insistentemente, constreñido acaso por una exigua formación literaria, para acabar con éxito una tarea que a todas luces le supuso un gran esfuerzo[28]. Dicho esfuerzo está dirigido a trascender la particularidad de su experiencia personal. La Maravilla fue empleada por nuestros autores como herramienta para romper las barreras de una comunicación difícil, desempeñando, por tanto, un papel fundamental en la economía expresiva del narrador. La maravilla sirvió para acortar la distancia con el espectador, para incrementar su implicación en la información reproducida. Generalmente la Maravilla funciona en el contexto de la Descripción bajomedieval de las Indias como apelación a un sentimiento cotidiano, quizá un anhelo, el de la abundancia, un ideal compartido, a partir del cual el nexo es posible.

Sólo ocasionalmente la maravilla evoca un sentimiento religioso, si bien circunscrito a la milagrería ortodoxa, desplegando una capacidad evocadora muy similar a la maravilla cuántica en tanto invita al lector a transitar un sendero común y familiar, el de los prodigios de los santos, las vírgenes y los dioses cristianos. Fray Odorico empleará en alguna ocasión el término con esta connotación. En su extenso relato del martirio de sus Hermanos Menores en Tana, éstos sobreviven por tres veces consecutivas a la hoguera en la que han sido arrojados por los musulmanes, lo que la población presen-

---

[28] He aquí algunos ejemplos: JORDANO, *Mirabilia,* p. 407, «tan dulce y agradable que no hay palabras para explicarlo»; p. 407, «describirlos por menudo sería largo en demasía»; p. 408, «quien no lo haya visto no alcanzará a comprenderlo»; p. 409, «escribir sobre los demás árboles sería demasiado prolijo y tampoco se entendería»; p. 409, «ni mi boca ni mi lengua alcanzan bien a explicar lo que vieron mis ojos»; p. 410, «tal belleza que me faltan palabras para describirla»; p. 411, «dejo de escribir por no caer en la prolijidad»; p. 413, «no lo podría contar ni un año»; p. 419, «en cuanto a los gusanos hay tantas maravillas que es imposible contarlas todas»; p. 421, «¿para qué seguir? no puedo describiros con palabras la magnitud de esta India»; etc.

te reconoce como una gran maravilla. El capítulo trigésimo sexto trata sobre las maravillas que hacen los franciscanos en China, de la forma milagrosa con la que exorcizan a los posesos y cómo de tal guisa consiguen bautizar a muchos. La función de la maravilla en el contexto hagiográfico medieval también puede ser leída en razón de su valor didáctico y referencial, *non imitandun sed admirandum* [29]. La ortodoxia de los siglos XII y XIII pudo someter la maravilla a un proceso de regularización, especie de racionalización que circunscribía la maravilla dentro de los límites del orden natural de los misterios administrados por la Iglesia y destinados a ejercer cierto control sobre la credulidad popular [30]. Las maravillas que Odorico relaciona con las proezas franciscanas forman parte, en el caso de los Mártires de Tana, del proceso instructivo para su canonización, empezado por cuenta propia, según confiesa el mismo fraile. Los milagros franciscanos reivindicados por Odorico forman parte de una estrategia persuasiva donde la maravilla asegura, tras cada pormenorizada descripción, un certero impacto emocional.

Las Descripciones de las Indias reconocen y aprovechan el atractivo psicológico de la maravilla en la transmisión de experiencias. Esta conciencia se manifiesta en cierta capacidad de control por parte de sus autores en la distribución de maravillas. El gran valor de la maravilla como vínculo es aprovechado para satisfacer las necesidades, las expectativas, del receptor, pero sin dejar de satisfacer las del emisor [31]. Por eso Juan de Marignolli manifestaba

---

[29] WALKER BYNUM, *Wonder* (1997), p. 10. Las maravillas medievales de la autora son el principal recurso para llamar la atención dentro de una sociedad característicamente emocional, dentro de la que, precisamente la naturaleza no aprensiva de la maravilla, la convierte en el vehículo primordial de transmisión no sólo de emociones, sino incluso de saber. Postura similar a la de GREENBLATT, *Marvelous Possessions. The Wonder of the New World* (1988).

[30] LE GOFF, *Lo maravilloso y lo cotidiano en el Occidente medieval* (1985). Las maravillas de Le Goff son esencialmente una forma de contracultura, una forma de resistencia a la ideología oficial del cristianismo ante la que se arma, lo que el autor denomina el humanismo cristiano con el fin de interiorizar y domesticar la maravilla.

[31] LARNER (2001), pp. 122-124, distingue seis tipos de maravillas invocadas por Marco Polo: maravillas racionales, como el petróleo; las relacionadas a la grandeza cuántica, tamaños de ciudades, puentes, etc.; los milagros cristianos ortodoxos; las historias de hombres célebres en Europa como Alejandro Magno o el Viejo de la Montaña; las relacionadas con la magia negra de las prácticas tántricas de los tibetanos; y, las asociadas a manifestaciones coloristas de la naturaleza de las que Marco Polo afirma no haber sido testigo directo, como el Cipango. Considera Larner asombrosa la omisión de cualquier mención en el *Divisament* a razas monstruosas, p. 125, omisión que Larner

haber dedicado grandes fatigas a la investigación «de las maravillas del mundo» hasta averiguar que en el Oriente no existen las naciones de gentes monstruosas. Juan de Montecorvino no eludió tampoco el asunto de «los hombres y los animales maravillosos, es decir, los hechos al contrario de los demás, así como del paraíso terrestre, que mucho busqué y pregunté sin que pudiera encontrar cosa alguna». Aquí las posibilidades de la maravilla son explotadas al máximo ensanchando su contenido, reconduciendo su efecto emocional para aplicarlo a nuevas parcelas de la realidad pero sin llegar a exceder los límites de un valor consensuado. En este caso también, la maravilla forma parte del conjunto de recursos extraídos de los usos narrativos de su tiempo, para ser empleados con el máximo rigor como unidad de medida de la realidad con la que está comprometida la Descripción de las Indias [32].

Descripción y lugares comunes

Cabría añadir una palabra respecto a las condiciones extremas bajo las que se realizaron estos viajes. Distancias de miles de kilómetros recorridas a lomos de todo tipo de monturas, en ocasiones, incluso a pie, a través de montañas y desiertos, en barcos y juncos por mares inmensos sacudidos por «maravillosas» tempestades. No pocos mendicantes y comerciantes murieron a causa de la dureza del viaje, del clima, de enfermedades, de fatiga o de la incomprensión de los locales. Enormes distancias y precarios medios que supusieron para estos viajeros bruscas sucesiones de paisajes tanto físicos como humanos. Acusados contrastes que frecuentemente dejaban al viajero aislado, inmerso en la extrañeza y la angustia,

---

razona en base al compromiso de Polo con la realidad así como por participar plenamente, tras casi tres décadas en la Corte yuan, de la tradición corográfica china, p. 128.

[32] MOLLAT (1990), p. 101, persevera en una acepción, a mi juicio estereotipada y esclerótica, del término «Maravilla» que no es capaz de distinguir entre la diversidad de contextos y de funciones asignada a la categoría, por ejemplo, entre los viajeros y su uso folclórico: «Etimológicamente, designa lo que asombra, y su significado se extiende desde lo que es insólito hasta lo que parece extraño, e incluso lo que es contrario a la naturaleza. La noción de maravilloso se aplica, pues, a los aspectos contrarios a la belleza y al horror. Reúne también los conceptos de exotismo y de fantástico, e incluye los fenómenos de inversión moral y social, comprendiendo la perversión», en referencia al _Divisament_ de Marco Polo y al _Mirabilia_ de Jordano Catalán (!).

como muestran las cartas escritas por nuestros protagonistas. Montecorvino se siente perseguido por los nestorianos. Durante once años permaneció solo en China, sin noticias de Roma, más que las de un lombardo que sólo traía improperios acerca del estado de Occidente. En su segunda epístola desde Pekín el franciscano se queja amargamente de su aislamiento, de no haber recibido carta de sus compañeros, de haber sido olvidado de todos, incluso, dado por muerto. A Andrés de Perusa le parecía sorprendente que, dada la inmensa cantidad de tierra y mar que le separaba de sus paisanos, le llegaran sus cartas. Tras la muerte de sus socios franciscanos, Jordano escribió cartas de profunda desesperación donde reconocía no poder aguantar más sin compañero y por ello suplicaba le fueran enviados más frailes. Declaraciones que contrastan con la total ausencia en la literatura exclusivamente descriptiva de alusiones a la lejanía, la extrañeza o la soledad. La diferencia entre los materiales incluidos en las cartas y en las Descripciones de las Indias, nos sitúan de nuevo ante una elección consciente de sus contenidos.

Si bien el viajero medieval por las Indias pudo haber recorrido nuevas estradas, en su papel de narrador evitó en la medida de lo posible presentarse ante la audiencia como «descubridor». Mientras la literatura contemporánea sobre cómo recuperar la Tierra Santa contenía una clara pretensión innovadora, la Descripción de las Indias tiene una relación mucho más compleja con la novedad. Ineludible en ocasiones, en la mayor de las medidas se procuró mitigar, recurriendo de nuevo a elementos con los que pudo estar familiarizado el receptor europeo. De hecho, el viajero/narrador de la Descripción no se posiciona ante un espacio vacío, sino, por el contrario, parcialmente cubierto por la sabiduría común de su siglo. De este conocimiento parte el explorador medieval que hace un uso máximo de este legado cultural, alargando en todo lo posible su validez como herramienta para contextualizar y hacer reconocible el sentido de su peripecia.

De Noé a Alejandro

La localización de las sucesivas etapas del itinerario muestra una continua voluntad de identificarlas con elementos familiares a la audiencia. La descripción de la Armenia Mayor indefectiblemente viene asociada al Arca de Noé. Rubruck u Odorico incluso intentaron alcanzar los restos del Arca en la cima del monte Ararat: eso sí, confesaron no haberlo conseguido. Jordano, entre las noticias de la región, no omite la de las prodigiosas uvas de las viñas plantadas por el mismo Noé tras el diluvio. Otros acontecimientos bíblicos sirvieron para dar una primera identificación de los lugares sobre los que a continuación verter más información. En Turquía está enterrado San Juan, en Armenia fueron martirizados los apóstoles Bartolomé, Simón y Judas, allí fue donde luchó San Gregorio contra el león y el dragón. Asiria es la tierra de Abraham y Job. Tabriz el lugar de nacimiento del susodicho profeta. La mayoría de los elementos bíblicos escogidos están ampliamente transfigurados por la añadidura de tradiciones posteriores. El Árbol Seco del sueño apocalíptico de Nabuconodosor en el Libro de Daniel, se verá enormemente enriquecido a lo largo del Medievo, mediante anexos y pseudos, por romances caballerescos y obras de teatro, así como por leyendas bizantinas, como la Manzana Roja, símbolo de la lucha antiturca [33]. En las Descripciones de las Indias de 1300 acabó por venir asociado al extremo poblado de la tierra o con el fin de la Cristiandad, por lo que unas veces fue encontrado en Azerbaiyán y otras en Jorasán quizá intentando conciliar alguna leyenda local que situaba en el Dasht el Kabir el final de la tierra habitada.

Las variaciones medievales a partir de los originales bíblicos de determinados episodios orientales ampliaron las posibilidades de dichos hitos para contextualizar subsiguiente información. Así los Magos, convertidos por la tradición en reyes y en adoradores del fuego, sirvieron de preámbulo para el retrato del antiguo esplendor de ciudades reales persas. Aquí el petróleo, precioso ungüento por su valor terapéutico, también sirvió para alimentar los restos dispersos de cultos zoroastristas que los autores de Descripciones refirieron como descendientes de los Tres Reyes Magos [34]. Nuestros autores hicieron un uso bastante libre de estos mojones culturales. Parte de la ductibilidad que permitieron estas referencias se debe precisamente a la prolijidad con la que se añadió a tradiciones germinales y consensuadas, elementos enriquecedores de origen bien diverso. A

---

[33] YERASIMOS (2004). También Odorico, el *Libro del conosçimiento* y el Mandeville recogieron parte de la leyenda, sobre algunas de sus variantes; YULE, *Cathay*, II, p. 102.

[34] Odorico los sitúa en Kashan, Jordano en Bakú y Marco Polo en Saveh. Pero Marignolli da una localización completamente suya, en algún lugar del Índico, entre el monte Gybeit (?) y el reino de Saba (?). MARIGNOLLI, *Chronica*, p. 558.

la historia bíblica de los pueblos Gog y Magog se sumó un prodigioso muro construido por el Dhu Al-Karnain árabe para encerrarlos en el extremo noreste de la tierra. Marco Polo encontró en esta superposición de tradiciones la manera de razonar ante la audiencia la maravillosa Gran Muralla china.

Alejandro Magno, símbolo de la lucha de Occidente contra Oriente, es también exponente de la complejidad genealógica de la mitología medieval que, por lo común, presenta una serie de capas superpuestas cuya procedencia es en muchos casos desconocida. El Alejandro más histórico, el de las crónicas de sus propios generales, Aristóbulo, Clitarco, Onesícrito, Ptolomeo o Nearco, es sólo la raíz de un símbolo mucho más fecundo[35]. Al Alejandro medieval le fueron atribuidas nuevas y prodigiosas correrías por Asia. La *Alejandreide* de Gualtero de Chatillon, la *General estoira* de Alfonso X o el *Roman de Alexandre,* creado por entregas aumentadas sin cesar a lo largo de todo el Medievo, sin olvidar las aportaciones del Iskander islámico, son algunas de las fuentes que alteraron considerablemente la fisonomía del mito alejandrino. Y es también probable que tradiciones locales del Hindu Kush, de los Himalayas y de regiones más puntuales, que siguen, aún en nuestros días, proclamándose descendientes puros del macedonio, contribuyeran al conjunto de señales distintivas del Oriente, a la vez que reconocibles en el Occidente, traídas por los autores de Descripciones[36].

Preste Juan

Ahora bien, el enigma más ineludible en la recreación del Oriente es, sin lugar a dudas, el Preste Juan. Si nos limitamos a la recepción escrita en el Occidente de la historia del rey sacerdote, se trata de más de cien textos manuscritos en latín, en diversas lenguas

---

[35] HAMMOND, *Alejandro Magno* (1992); CARY, *The Medieval Alexander* (1956); LIDA, *La leyenda de Alejandro en la literatura medieval* (1975).

[36] Odorico sigue su rastro hasta cerca de Bombay, Marco Polo debió escuchar algo al respecto en Afganistán, Marignolli sin duda se excedió al identificar su presencia en el cabo Comorín. Los habitantes de Malana, un curioso pueblecito a los pies del Himalaya en el estado indio de Himachal Pradesh, siguen hoy en día declarándose descendientes directos del macedonio Alejandro, privilegio que protegen observando una escrupulosa segregación del resto de los vecinos, visitantes o turistas que se dejen caer por allí.

vernáculas y hasta en hebreo. Todos ellos difieren en algún aspecto y, de haber existido una primera versión original, no ha quedado rastro. Y es que la leyenda escrita pudiera ser el resultado postrero de una tradición oral [37]. La famosa *Carta* bien puede ser entendida como producto eminentemente alegórico, proyección literaria de una sociedad utópica. Un estado teocrático y feudal, tolerante, feliz, pacífico, con un único enemigo, el Islam, un mundo sin avaricia, sin envidia, sin propiedad privada, rico en tesoros naturales y en justicia. Un ejercicio netamente edificante en los orígenes de una saga continuada más adelante por la *Monarchia* de Dante o la *Utopía* de Moro [38]. Surgido a la luz de las Cruzadas, y posiblemente relacionada con la pérdida de Edesa en 1144, la *Carta* también pudo haber servido para dar expresión a un proyecto imperial expansivo que tenía en el papa a su primer rival y en el Islam a su gran enemigo externo. Reunidos en el Preste la carne y el espíritu, dotado de un fuerte elemento militarista, la alegoría pudo haber salido de alguna chancillería imperial en el fragor de la batalla entre Alejandro III y Federico Barbarroja, a quien pudo estar destinado el original de la *Carta* [39]. El contenido de la *Carta*, su gusto mesiánico y a la vez colorista, la emparenta también con la estética caballeresca, el ciclo artúrico y alejandrino, y con el Apocalipsis de San Juan [40].

Y, sin embargo, la *Carta* del Preste Juan de las Indias no puede ser sustraída de elementos procedentes del Oriente real tanto en su génesis como en su desarrollo. Dos décadas antes de la aparición de la *Carta,* en 1145, en la *Historia de duabus civitatibus* aparece cierto *Presbyter Johannes* que el autor, Oton de Freising, conoció a través de Hugo, obispo de Jabala, que con este nombre se refería a un rey tártaro victorioso contra los seljúcidas. Probablemente se trata de Yelu Tashi fundador de los Cara Kitay y precursor de Gen-

---

[37] BEKINGHAM y ULLENDORF, *The Hebrew Letters of Prester John* (1982); RAMOS, *Carta do Preste João das Indias* (1998), no albergan dudas al respecto.
[38] Según OLSCHKI, *Storia letteraria delle scoperte geografiche* (1937).
[39] Según NOWELL, *The Historical Prester John* (1953); SLESSAREV, *Prester John. The Letter and the Legend* (1959); HAMILTON, *Prester John and the Three Kings of Cologne* (1996). Hamilton se atreve a dar incluso un autor, Rainaldo von Dassel, arzobispo de Colonia y canciller de Barbarroja, que compondría el fraude a la vez que él mismo comenzaría el proceso de canonización de Carlomagno y el traslado a Colonia de las reliquias de los Tres Magos de Oriente convertidos también por Rainaldo en reyes.
[40] Según RAMOS (1998), p. 50. El portugués no cree que la *Carta* gozara de excesiva credibilidad tampoco en su tiempo y que ni siquiera su composición tuviera una intención claramente manipuladora sino simplemente poética.

gis Khan [41]. A lo largo de los siglos XI y XII Palestina fue el lugar de encuentro de peregrinos cristianos procedentes de los tres continentes. Allí los latinos supieron de un poderoso rey etíope, el *Zân,* apetente de relaciones con los europeos en su lucha contra el Islam. A este fin pudo haber despachado embajadas a este lado del Mediterráneo, como la de cierto Juan que en 1122 dio fe de las intenciones de su rey en Constantinopla y Roma [42]. El descubrimiento de una versión original hebrea de la *Carta* vino a cuestionar seriamente la teoría propagandística imperial cristiana y puso el fenómeno en relación con la mitología judía epitomizada en el siglo IX por Eldad Ha-Dani, lo que también apoyaría la tesis de la mediación de la comunidad falasha etíope [43]. Algunas de las cartas de 1370, fecha tardía no obstante, dan nombres propios e indicaciones precisas de la Corte del negus Wedem Arad [44]. Como ésta, sucesivos ejemplares de la *Carta* aparecen actualizados con datos prácticos, lo que indica una acumulación de capas de información vigente sobre otras de información indemostrable. En definitiva, estamos ante una realidad histórica imposible de interpretar bajo un único paradigma.

Ya hemos discutido anteriormente el papel del Preste Juan en la literatura de Descripción. Su escasez de brillo en esta instancia literaria es un tanto sorprendente y podría estar relacionada con la responsabilidad de reproducir lo más fidedignamente posible el Oriente asumida por la generación comprometida con la Recuperación de la Tierra Santa tras la pérdida de San Juan de Acre. El Preste Juan de Montecorvino es el jefe de la tribu nestoriana de los Ongut, cuyo nieto y sucesor le construyó una iglesia y acabó sirviéndole como monaguillo durante las misas. Marco Polo también lo identifica con Ongut, el jefe de una tribu de nestorianos al borde del Gobi, eso sí, su Preste Juan fue otrora un gran señor que llegó a tener bajo su yugo al mismísimo Gengis Khan, con el que mantuvo las mayores

---

[41] La gran tesis asiática enunciada por Friedrich Zarncke en 1879.

[42] MARINESCU, *Le Prete Jean: son pays, explication de son nom* (1923), y *Encore une fois le probleme du Pretre Jean* (1945), defendido también por RICHARD, *L'Extreme-Orient legendaire au Moyen Age: Roi David et Pretre Jean* (1957), y ROSS, *Prester John and the Empire of Ethiopia* (1949).

[43] CONTI ROSSINI, *Leggende Geografiche giudaiche del IX secolo – il Sefer Eldad* (1925); BECKINGHAM, *The Quest for Prester John* (1980), y *An Ethiopian embassy to Europe, c.1310* (1989).

[44] ULLENDORF y BECKINGHAM (1982), p. 8.

batallas conocidas en aquellas comarcas [45]. Jordano dice de él que es el monarca más poderoso de la tierra. Sin embargo, parece decirlo con la boca pequeña, pues, como afirma repetidamente, sobre Etiopía habla de oídas y aun siendo consciente de la expectación de la audiencia a este respecto, su firme compromiso con la exactitud no le permite extenderse sobre el asunto. Contemporáneamente Odorico se refiere al Preste como un caudillo menor del que «no es cierto ni la centésima parte de lo que cuentan».

Santo Tomás

Otra reminiscencia del Oriente cristiano, algo menos controvertida pero de origen igualmente indescifrable, es la de la tumba del Apóstol Tomás. Los evangelios sinópticos hablan poco de Tomás, que gana estatura y gran relieve ya en los Actos de los Apóstoles. A partir de una versión apócrifa, el Apóstol del dedo en la yaga aparece vendido como esclavo por el propio Jesús a un enviado del rey indio Gondofares con el propósito de construirle un palacio real. Así, tuvo oportunidad el Apóstol de predicar el Evangelio por las riberas del Índico y crear una de las más peculiares comunidades cristianas de Oriente y Occidente, la Iglesia Siro-Malabar. La leyenda, sin embargo, concluía con el traslado de los milagrosos restos mortales de Tomás a Siria. Allí los localiza en el siglo VII Gregorio de Tours, en Edesa, quedando ésta como la versión ortodoxa de la Iglesia romana hasta nuestros días. Sin embargo, a partir del siglo XII los restos del Apóstol aparecen desplazados a la India en algunas estancias narrativas como la misma *Carta* del Preste Juan.

---

[45] Marco Polo y Juan de Montecorvino se refieren a Ong Khan de la tribu Keriyida, quien entregó en matrimonio su sobrina al hijo menor de Gengis Khan como parte de las concesiones derivadas de la derrota. Sorghaghtani Beki fue conocida por Juan de Pian del Carpini, que como tantos otros testigos de la época destacaron las excelencias de la noble dama. Gracias a ella sus hijos alcanzaron las posiciones más elevadas entre los mongoles y Hulegu, Mongke y Kublai Khan llevaron el Imperio a su máxima expansión y esplendor. Sin embargo y a pesar de ser cristiana Sorghaghtani Beki no parece que influyera decisivamente en este sentido sobre sus hijos. ROSSABI (1990), pp. 30-34; RYAN (1998) *Christian wives of Mongol Khans: Tartar Queens and Missionary expectations in Asia.* Un decepcionado Montecorvino pudo haber minimizado sus tratos con el primo de Kublai mientras Polo, mucho más próximo emotivamente al Gran Khan, optó por mantener la estatura moral y militar de su tío abuelo, el Preste Juan.

La variación está ya presente en algunas crónicas de la Iglesia nestoriana, en breviarios caldeos de la Iglesia malabar e incluso en una versión mozárabe del siglo IX de la vida del Apóstol[46].

En relación con la tumba de Tomás los autores de las Descripciones de las Indias dan cuenta de la adoración compartida con musulmanes e idólatras, del empleo de la tierra de la tumba con fines medicinales y otros rituales típicos de la cristiandad oriental. Juan de Marignolli recogió varias leyendas: la prodigiosa apertura anual de los mares frente a la tumba, la conversión del rey local pasmado por los milagros tomasinos, sus viajes en vida al Paraíso, o su muerte por una flecha perdida en Mailapor, en el monte de los pavos reales, la actual Madrás; historias que sólo pueden proceder de la tradición local[47].

Las imágenes del Preste y del Apóstol fueron empeladas sin excepción por todos estos autores. El recurso a ambas figuras era ineludible, sin embargo, por no tratarse de imágenes estáticas, sino dinámicas, permitieron un uso libre y adaptado a las necesidades descriptivas. Por un lado, tenemos el recurso constante al nombre, al *topo,* y, por otro, una libre disposición del contenido del mito. Jordano se sirvió de esta polivalencia semántica para emplazar al Preste, por primera vez dentro de la tradición literaria latina, en África. No se conoce otra referencia anterior o contemporánea al Preste en Etiopía, de hecho Odorico, que escribe unos años des-

---

[46] KLIJN, *The Acts of Thomas* (1962); D'SOUZA, *In the Steps of St. Thomas* (1983). La comunidad Siro-Malabar, que actualmente no supera los dos millones de miembros, ha resistido a las duras presiones de los portugueses y el Vaticano. Siguen hoy proclamándose iniciados por Tomás directamente a pesar del juicio de buena parte de la critica moderna. Sometidos tradicionalmente a la jerarquía de la Iglesia nestoriana persa no cabe descartar momentos históricos de mayor relación con los cristianos etíopes. Un último intento de unificar las iglesias locales india y etíope tuvo lugar bajo los auspicios de Hailie Salassie a mediados del siglo XX en un contexto profundamente marcado por la reacción al colonialismo europeo. MUNDADAN, *History of Christianity in India. From the beginning up to the Middle of the Sixteenth Century* (1984); TISSERENT, *Eastern Christianity in India. A History of the Syro-Malabar Church from the earliest time to the present day* (1957); MILNE RAE, *The Syrian Church in India* (1892). Sobre la versión mozárabe FÁBREGA GRAU, *Pasionario Hispánico* (1955).

[47] MARIGNOLLI, *Chronica,* pp. 544-545. CHERIYAN, *A Histroy of Christianity in Kerala from the mission of Saint Thomas to the arrival of Vasco da Gama* (1973). Algunas de estas leyendas típicamente tamiles fueron recogidas en términos muy próximos a los locales por Marco Polo, YULE, *The Book of Ser Marco Polo* (1903), pp. 353-358. Como de costumbre el veneciano enfatizó el valor del culto compartido entre musulmanes, hindúes y cristianos locales. MARCO POLO, *Divisament,* pp. 444-448.

pués, sigue dándole cuna en Asia. A él se refiere Jordano como aquel al que «vosotros llamáis Preste Juan» en clara concesión a los oídos del espectador sin por ello renunciar al rigor de su información, al prurito explorador. Por el momento no hay manera de saber de qué manera el testimonio de Catalán consiguió tal predicamento entre las generaciones posteriores, pero en tan sólo unos años Juan de Marignolli no titubeó al emplazar el reino del Preste en África. De todas maneras, el florentino también dio a entender que sus palabras al respecto venían a satisfacer una demanda por parte de la audiencia europea. El florentino se dejó llevar un tanto por tales expectativas y dijo del Preste que tenía el poder de desviar el curso del Nilo y que por ello recibía tributo del sultán de El Cairo [48]. En todos estos casos sólo una descentralización crónica de la información y la ductilidad de los mitos europeos permitirían a estos frailes (a todas luces nada duchos en el arte de la escritura) hacer un uso tan acomodaticio, deformar las celebridades para dar cabida a sus propias deducciones. Deducciones que, como en el caso de Catalán, gozaron de una fortuna desaforada.

El caso de Juan de Marignolli

Estas referencias a lugares comunes, donde el narrador busca el encuentro con el espectador, no siempre provinieron de tradiciones locales, populares o extraeuropeas. En una feliz ocasión su proveniencia es claramente retrotraíble a fuentes librarias. Se trata de la *Chronica* de Juan de Marignolli, donde tenemos la oportunidad de comprobar un esfuerzo muy similar al de sus menos letrados antecesores por ensanchar la capacidad significante de estos *topoi* culturales.

El toscano fue enviado por Benedicto XII en 1338 al Gran Khan, ahora en Pekín, en misión que recuerda mucho a las de los también franciscanos Pian del Carpine y Rubruck casi un siglo atrás. Como en las primaverales embajadas a Karakorum, la comitiva de Marignolli contaría entre sus filas con algún profesional de las letras, acaso el mismo fray Juan. Nuestro fraile debió nacer antes de la caída de Acre en el seno de una familia de aristócratas pertenecientes a la facción güelfa. Desterrados

---

[48] MARIGNOLLI, *Chronica,* p. 532. Teoría que también gozará de extraordinaria proyección y continuidad en las letras europeas. RAMOS (1998).

en alguna ocasión de Florencia, Juan consiguió por fin vestir el hábito de la orden menor e ingresó en la congregación de Santa Croce. Tuvo una envidiable formación. Llegó a dar clases en Bolonia y fue autor de varios tratados de teología, así como de algunas importantes obras en toscano: una historia de San Onofrio, la vida de San Juan Bautista, los actos de los Apóstoles, una historia de su propia orden, un tratado sobre la canonización de Francisco y una versión de las *Flores* del santo de Asís [49].

Tras sus quince años en Asia y unos cuantos más deambulando por Europa [50], el emperador Carlos IV debió ver con buenos ojos la mezcla de erudición y experiencia del viejo Marignolli y le encargó la confección de una crónica de Bohemia desde los orígenes del tiempo hasta el presente (1356). Es en esta *Chronica* donde Marignolli echa mano de su propia experiencia asiática para iluminar algunos aspectos de la geografía, la botánica, la geología, la astronomía, la filosofía, así como el resto de las parcelas del saber con las que le tocó lidiar en su papel de proto-historiador. Se las apañó también para introducir su propia aventura personal, en tanto celebración del método empírico de conocimiento, del que se muestra lleno de orgullo y que también le sirvió para deleitarse en recuerdos no exentos de cierta vanidad. Además, el latín empleado por Marignolli es en ocasiones un tanto farragoso y oscuro. Henry Yule lo atribuyó a los síntomas de una incipiente demencia senil, mientras Raymond Beazley lo calificó, sin más, de infantil, incoherente, aberrante y aburrido. Quizá se deba a la gran difusión que conoció la obra del ceñudo Beazley que no se haya vuelto a hacer ninguna traducción de la fascinante obra de Marignolli desde la acometida por Yule a mediados del siglo XIX.

Las negociaciones de Marignolli con la tradición

El planteamiento narrativo de Marignolli es el de integrar su conocimiento personal recientemente adquirido sobre el Oriente en el receptáculo convencional de la cultura de su tiempo. En esta tierra de nadie, nuestro fraile hizo equilibrios para no romper con la

---

[49] YULE, *Cathay,* III, pp. 178-179, y BEAZLEY (1906), vol. III, pp. 288-309.

[50] Nombrado obispo de Bisignano por Inocencio VI mediante bula del 12 de mayo de 1354. No hay constancia de que Marignolli ocupara su puesto en Calabria, YULE, *Cathay,* III, p. 200.

tradición a la vez que se lanzaba a la aventura un tanto demencial de revisar todo aspecto de la historia del mundo al dictado de su propia experiencia. En el primero de los tres libros de la *Chronica,* el *Thearchos,* inmediatamente después de la *Creatione* procede el toscano a proclamar su condición de testigo del Oriente y de ello se servirá en adelante para, en ocasiones, desafiar a la autoridad establecida. Por ejemplo, cuando identifica el desierto del Gobi con la zona tórrida, declarada infranqueable por los filósofos. No sólo los tártaros la habían sobrepasado, también Marignolli, demostrando así el error manifiesto de los Antiguos. La siempre pertinente descripción de la pimienta concluye, contra «lo que dicen otros escritores», que el fruto ni es salvaje ni es tostado como «estos ojos míos vieron y estas manos tocaron». Desmiente también a otros escritores que dicen que los propietarios de la pimienta son los sarracenos. Más adelante volverá a hacer mención a otras relaciones de viajes orientales bien para ratificar la existencia de diez mil puentes de Cansay bien para denunciar las afirmaciones sobre la existencia de razas monstruosas en la India, alusiones ambas que pueden deberse al conocimiento por parte de Marignolli de los escritos de un Odorico de Pordenone o acaso un Marco Polo[51].

Pero Marignolli se atreve incluso con las Sagradas Escrituras: tras la expulsión del Paraíso, Dios condenó a la serpiente a arrastrarse sobre su vientre, pero el monje añade de su propia cosecha que él ha visto en India grandes serpientes con medio cuerpo erecto cual mujer caminando por el mercado, si bien es cierto, que sin mantenerlo en alto durante mucho tiempo[52]. Los elefantes que él mismo montó en el reino de Saba le parecieron estar dotados de raciocinio, si tal afirmación «no fuera contra la Fe»[53]. Dice el Génesis que nuestros primeros padres llevaron túnicas *pelliceas.* Sin embargo, según el toscano, debieron tratarse de túnicas *filiceas,* es decir, hechas de fibra de coco como la que emplean los indios para vestir a sus porteadores, que en su lengua son llamados *camalls.* A propósito de este término, Marignolli propone también la relectura del Evangelio respecto al vestido de Juan el Bautista. Allí donde se lee *camellorum* debería entenderse *camallorum,* nombre que en la India reciben los vestidos de fibra de coco. Por tanto, San Juan tam-

---

[51] MARIGNOLLI, *Chronica,* pp. 536 y 546.
[52] *Ibid.,* (en la edición de YULE, *Cathay,* III), p. 227.
[53] *Ibid.,* p. 540.

poco vestiría pelo de camello sino de coco. El mismo Marignolli lucía una de estas prendas a su regreso a Florencia que depositó en la sacristía de Santa Croce[54].

Los monjes que encontró en Sri Lanka afirmaron que a ellos no les tocó el Diluvio. Si bien San Agustín y todos los demás teólogos han mostrado que eso es absurdo, los ceilaneses «cuentan a su favor con argumentos convincentes»[55], pues dicen descender de un tercer hijo de Adán y Eva. Marignolli mismo ha visto con sus ojos a los aborígenes de la isla, nómadas de tez horrible que montan burros y asustan a la demás gente. Los locales conocen a estos seres antediluvianos con el nombre de hijos de Caín. Ante la evidencia el fraile toscano debe tomar una decisión y decide «callar, pues esto está en contra de las Sagradas Escrituras»[56], retrocediendo sólo cuando el conflicto ha llegado a sus últimas consecuencias.

Los desafíos a la autoridad planteados por Marignolli son producto de su diligencia y su integridad moral, cuyo resultado es tan ineludible como fastidioso. La actitud del fraile es abiertamente conciliadora, llegando incuso a admitir que su intención es no entrar en conflicto con el saber canónico, en especial con sus dos obras más relevantes: las Sagradas Escrituras y la *Ciudad de Dios* de San Agustín[57]. Y así afirma, con cierto alivio por su parte, que su viaje a Ceilán le ha servido para corroborar lo dicho por Juan Duns Scoto sobre la altura de la montaña del Paraíso rozando la esfera lunar. Dice también que los filósofos no se equivocaron cuando hablaban de los cuatro ríos que nacen en la isla, el Éufrates, el Gyon, el Abasty y el Phison, si bien deja constancia de los pseudónimos con que son conocidos por los locales, como el Caromoran que «yo crucé»[58]. Aristóteles tampoco se equivoca al afirmar que el oro y el bronce son mejores que el hierro con fines quirúrgicos, pues «así hacen también los médicos de Catay como yo mismo vi»[59]. El *Panteon* de Godofredo de Viterbo dice verdad sobre la existencia de los árboles del Paraíso. Fray Juan los ha visto, los describe y constata el uso que los nativos siguen haciendo de sus hojas tanto como platos, como para vestir a los recién nacidos. Fue de

---

[54] Lo dice tres veces *ibid.*, pp. 535, 539 y 540.
[55] *Ibid.*, p. 583.
[56] *Ibid.*, p. 539.
[57] *Ibid.*, p. 542.
[58] *Ibid.*, p. 533.
[59] *Ibid.*, p. 557.

estas mismas hojas que Adán y Eva se sirvieron para cubrir sus ver-
güenzas tras el Pecado [60]. Fray Juan no dejará pasar la oportunidad,
cuando ésta se le presente, de corroborar la voz de los clásicos: se
debe a que los indios no se avergüenzan de nada que San Agustín
llama a los filósofos de la India caninos, pues enseñan a hacer como
los perros [61].

Uno de los pasajes más asertivos del franciscano ocurre a propósito de los monstruos que pueblan las Indias, en respuesta a las
mentiras de algún escritor al que no nombra pero que parece serle
muy próximo [62]. Afirma haber dedicado más fatigas a la investigación de este particular que a ningún otro, para al final concluir, afir-
mando en consonancia con San Agustín, que la existencia de seres
monstruosos aislados es posible, pero en ningún caso suponen la
existencia de razas monstruosas en Oriente [63]. Sin embargo el argumento en el que Marignolli se apoya realmente es en su propia
experiencia sensorial, pues dice haber visto en Europa gigantes y
hombres peludos sin que por ello nadie afirme que existen razas de
ogros o de hombres lobos en Toscana o en Bohemia. De igual
manera los habitantes del interior de Sri Lanka, aun siendo muy
feos y peludos, son seres racionales que cultivan la tierra y que ocasionalmente salen del bosque para comerciar con los habitantes de
la costa «según yo vi» [64].

Esta confianza en la experiencia personal sirve a Marignolli
incluso para dar un nuevo giro a las palabras agustinas y ensanchar
su significado. Respecto a los esciápodos, acaso una de las mons-
truosidades más ingeniosas y celebradas del Medievo, Marignolli
está en condiciones de revelar su secreto, de zanjar la confusión
entre realidad y ficción. No se trata más que de una sombrilla que
siempre portan los indios en razón de su desnudez y que utilizan

---

[60] *Ibid.* (en la edición de Yule, *Cathay,* III), p. 236.

[61] *Ibid.,* p. 544. SAN AGUSTÍN, *De Civitate Dei,* libro XIV, capítulo 20.

[62] *Ibid.,* p. 545. YULE cree que concretamente se refiere a la *Relatio* de Odorico
(*Cathay,* III, p. 256), a mí, en cambio, me parece más probable que se trate de otro texto, acaso alguno que no conozcamos en la actualidad, ya que el relato del friulano, al
menos las versiones que han llegado a nuestros días, no son particularmente prolijas en
la identificación de monstruos en Oriente.

[63] MARIGNOLLI, *Chronica,* p. 546. SAN AGUSTÍN en el libro XVI del *De civitate Dei*
simplemente deja abierta la posibilidad teológica de que existan advirtiendo contra los
excesos de la fantasía.

[64] MARIGNOLLI, *Chronica,* p. 548. Aquí también parece estar haciendo referencia a
otra Descripción contemporánea.

para protegerse tanto del sol como de la lluvia, se llama *cyatir* y fray Juan también trajo uno consigo que depositó en la sacristía de Santa Croce. Dice Marignolli que es este paraguas lo que los poetas han convertido en el pie único y gigantesco con el que los presuntos monstruos de las Indias se dan sombra a sí mismos.

Adán padre cristiano, budista y musulmán

El compromiso de Marignolli es excepcional dentro del conjunto de las Descripciones de las Indias porque, a diferencia de Marco Polo, Jordano u Odorico, se trata de un escritor con amplia formación literaria. Esto le hizo ser más exhaustivo, más riguroso y también más rígido. El fraile renunció a cierta capacidad descriptiva en beneficio de extensas digresiones sobre la compatibilidad, la probabilidad o conveniencia de sus propias conclusiones. La seguridad manifiesta en Marignolli contrasta especialmente con la renuencia a afrontar aparentes contradicciones entre el conocimiento establecido y el conocimiento adquirido de, por ejemplo, un Jordano Catalán. Pero, en ocasiones, dicha autoridad impulsó al toscano a problematizar en exceso, a buscar conflictos sin solución o concordancias excesivamente artificiales [65].

La vocación de un hombre culto del Medievo para conciliar la voz de la autoridad con la suya propia encontró frecuentemente en la etimología el arbitrio de la razón. Desde San Isidoro de Sevilla y a lo largo del Medievo, las palabras, como los números, se concebían como signos reveladores de la realidad última de las cosas, como puentes entre las regiones conscientes y ocultas del saber. Una senda epistemológica a la que no renuncia Marignolli, quien, hasta en lo que podríamos considerar aspectos puramente retóricos, encuentra un instrumento de conocimiento y una manera de ampliar su capacidad persuasiva. De vuelta del reino de Saba una magnífica tempestad desvió la nave de Marignolli, que acabó fondeando en las

---

[65] Particularmente embrollado es el asunto de la localización del reino de Saba, cuyas reminiscencias llevaron al toscano por un tortuoso sendero que a la postre resultó no tener salida. Marignolli consultó al eminente astrólogo Limón de Génova, que conocía la obra de Marco Polo, para que le ayudara a ubicar con más exactitud el reino sabático. Sin embargo, la localización que dan es imposible. La discusión en YULE, *Cathay*, III, p. 192.

costas de Sri Lanka. Allí fue averiguando que se trataba de la tierra inmediatamente anterior al Paraíso, donde la montaña más alta es conocida por los nativos como *Zindanbaba,* «*baba,* esto es, padre, lo mismo que *mama* significa madre en todos las lenguas, y *zindam* que significa infierno» [66], por lo tanto debe tratarse del Infierno de Nuestros Padres, que es lo que les debió parecer a Adán y Eva tras ser expulsados del Paraíso.

La montaña a la que se refiere el toscano es la de Samantakuta en la que también estuvo Marco Polo, que sí distinguió la coincidencia en dicho lugar de los cultos budistas y musulmanes. Sin embargo el fraile toscano sólo recoge la tradición islámica sobre la localización en las proximidades de Ceilán del Paraíso. De ésta extrajo otras noticias que son expuestas ante la audiencia de su *Chronica,* unas veces mostrando su desavenencia, como cuando desestima que las gemas de la isla sean las lágrimas de Adán, y otras, su acuerdo, como sobre la separación temporal de Adán y Eva tras ser expulsados [67]. Allí además se encuentra grabada en la roca una huella del pie derecho que, medido por el monje toscano y un *sarracenus hispanus* al que curiosamente cita como testigo, superaba los «dos palmos y medio de los nuestros o lo que es lo mismo media vara de Praga». Se trata de la impresión que dejó por causalidad Adán cuando fue sacado por el Ángel del Paraíso y depositado en la Tierra. A pesar de la novedad y de que se trate de una tradición musulmana «no contradice la sagradas Escrituras» y, por tanto, sirve a Marignolli para completar su descripción de la isla [68].

Continúa Marignolli este complejo ejercicio de integración en el marco ortodoxo cristiano de una adaptación musulmana del culto budista theravada de Ceilán. Así, la misma leyenda adaniana sirve al franciscano para describir con todo detalle las estatuas sedentes de Buda con sus atributos e incluso sus mudras o su templo en la ladera, identificado como la primera casa de Adán. La conversión, no obstante, no traiciona la realidad descrita, no oculta sus detalles, su particularidad, su objetividad. La adaptación sirve al toscano para reclamar la atención del espectador sobre la realidad a la que somos

---

[66] Marignolli, *Chronica,* p. 538. *Zindan* significaría mazmorra en persa según Yule, *Cathay,* III, p. 232.

[67] Marignolli, *Chronica,* p. 539 También Odorico oyó una historia similar de sus anfitriones musulmanes. En concreto sobre las lágrimas de Adán, Odorico también se muestra crítico. Odorico, *Relatio,* p. 473.

[68] Marignolli, *Chronica,* p. 535.

transportados por la Descripción de Marignolli. Los monjes que habitan, cuidan y dan continuidad al culto en la zona son objeto de la profunda admiración del fraile toscano. En numerosas instancias se deshace en palabras de halago por estos ascetas a los que se refiere como «hijos de Adán». Su vegetarianismo lleva a Marignolli a convertir al propio Adán en vegetariano y es por continuar su práctica que dichos monjes no matan animal ni para comer ni para vestir. El culto telúrico, o al menos la tradición theravada de plantar árboles pipal en los claustros de sus monasterios, es también dotada de una legitimidad histórica, aún más, sagrada, pues concuerda con los versos de Salmos XCV, 10, de la versión Vulgata de la Biblia utilizada por Agustín de Hipona en la que David menciona el poder curativo de la madera [69]. Lo cierto es que la voluntad de Marignolli es más clara cuanto más se aprecia lo rebuscado de sus recursos literarios. Hasta para la recitación de mantras, Marignolli encuentra un antecedente bíblico en la instauración por parte de Enoch, hijo de Seth, de la práctica de dirigirse a Dios con oraciones audibles, una suerte de regla monástica continuada hasta nuestros días sólo por los brahmanes de la India y los budistas de Sri Lanka [70].

En última instancia, la desviación de la ortodoxia de los «hijos de Adán» es justificada por su desconocimiento de Cristo. Por lo demás, Marignolli los descarga en todo lo posible de errores y proclama su satisfacción por haber tenido oportunidad de encontrarse con dichos monjes y haber recibido su respeto. La simpatía e incluso la amistad que Marignolli trabó con los monjes budistas y sus anfitriones musulmanes fue expresada en la *Chronica* mediante la investigación en la propia tradición cristiana y primando una serie de aspectos exteriores comunes a estas tres expresiones religiosas. Una suerte de sincretismo religioso, ciertamente excepcional, y que permea toda la obra del florentino [71]. En este sentido, la atención de la audiencia es reclamada de

---

[69] *Ibid.,* p. 541. La identificación de la *Vulgata* de Agustín es de Yule, *Cathay,* III, p. 243.

[70] Marignolli, *Chronica* (en la edición de Yule, *Cathay,* III), p. 245. Rubruck, en cambio, conoce el rosario latino y lo relaciona con el canto de mantras de los budistas tántricos de Mongolia; Gil (1993), p. 347.

[71] Sin embargo, algunos años antes de que Marignolli saliera de Florencia, Dante dejaba escrito en su «divina» Commedia, Paraíso, Canto XIX: «un uom nasce a la riva/ de l'Indo, e quivi non é chi ragioni/ di Cristo né chi legga né chi scriva/ e tutti suoi voleri e atti buoni/ sono, quanto ragione umana vede/ senza peccato in vita o in sermone». Términos que situaban el testimonio traído por los franciscanos italianos en un contexto concurrido e de alguna manera preparado para dar sentido a los polémicos

nuevo en relación con una imagen de Avalokitesvara en Cansay. Las grandes celebraciones en torno suyo al comienzo del año nuevo chino coinciden exactamente con los cálculos de todos los filósofos y astrólogos de Babilonia, Egipto y Caldea sobre el nacimiento de una niña que daría a luz en Israel sin haber conocido hombre [72]. De la adoración a María hace partícipes también a los musulmanes. Marignolli dice haber leído en la tercera azora del Corán que María es pura y santa por encima de todas las mujeres [73].

Miguel el brahmán

Marignolli inserta en la *Chronica* varias anécdotas personales que el mismo autor reconoce carentes de justificación. El relato de su recorrido por el Índico, los pormenores del viaje, sus tropiezos con piratas, tormentas y otras aventuras hasta su llegada a Ceilán son puestas por escrito con el fin de entretener al emperador alemán y si no es así, pide el toscano que no se lo tenga en cuenta y haga como si no lo hubiese leído [74]. De nuevo procede a justificar de esta extraña manera la inclusión de sus aventuras en Saba, los deleites y agasajos recibidos de la reina, la riqueza y el poder de esta ginecocracia instaurada en sus orígenes por Semiramis. Sin embargo en esta ocasión la disculpa no llega hasta haber finalizado el relato de su romance sabático cuando Marignolli simplemente dice que espera que dicha anécdota no haya desagradado a su Majestad [75]. Precisamente, la medida de la osadía del fraile la da su propia conciencia de estar transgrediendo ciertos límites.

Desde la perspectiva contemporánea, quizá una de las viñetas más atractivas sea la del «Indio bautizado» que ocupa todo un capítulo de la *Chronica* [76]. Estando Marignolli en Quilón un buen día vino a su presencia un indio que, en pura reverencia hacia el fran-

---

razonamientos traídos por las Descripciones de las Indias de principios del siglo XIV. Algo en este sentido en Leonardo OLSCHKI, Marco Polo, Dante Aligheri e la cosmografia medievale (1957b). Agradezco a Teodolinda Barolini la indicación.

[72] MARIGNOLLI, *Chronica,* p. 559.

[73] *Ibid.* (en la edición de YULE, *Cathay,* III), p. 269.

[74] *Ibid.,* p. 536.

[75] *Ibid.,* p. 559.

[76] *Ibid.,* pp. 546-549.

ciscano, quiso besarle los pies. La descripción del indio está hecha con gran efectismo: de venerable estatura, de barba blanca como el alba, cubiertos sus hombros simplemente con un manto y un cordón a modo de estola de diácono. En toda su larga vida el brahmán sólo había conocido mujer una única vez, nunca había probado la carne, sólo arroz, frutas y yerbas, ayunaba cuatro meses al año, gastaba sus noches en rezos y se prodigaba en baños purificadores. La excelencia del indio obligó al demonio al que adoraba a hablarle en sueños para advertirle de su extravío y de la llegada al sur de la India de «un mensajero de los dioses que te ensañará el camino hacia la salvación». El rostro que el indio vio en sus sueños coincidía exactamente con el de nuestro fraile que, atónito, aceptó convertirse en su gurú. Tras tres meses de evangelización, el indio fue bautizado con el nombre de Miguel y enviado por las Indias para predicar la nueva fe adquirida. A Marignolli acompañaba un nativo que hacía de intérprete para la compañía y del que se sirvió para comunicarse e instruir al asceta indio. El trujamán había sido comprado por un mercader genovés a los piratas que lo habían capturado en el Índico. Y, casualmente (*et caso tunc* es la expresión empleada por Marignolli), el esclavo intérprete resultó ser hijo del brahmán traído por la providencia. Probablemente la emoción impidió al fraile toscano dudar de las intenciones del padre y el hijo, ni siquiera a la hora de reproducir ante el emperador la extraña coincidencia. Para Marignolli «esta historia sirve para probar que, como dijo San Pedro a Cornelio el centurión, Dios no mira a las personas sino a lo que está escrito en sus corazones»[77].

Las Descripciones de las Indias del siglo XIV buscaron paralelismos estructurales entre el objeto y su descripción y extrajeron recursos de cualquier ámbito que sirviera para potenciar la comunicación con la audiencia. La conjugación de éstos dependía también del bagaje cultural del narrador y de su actitud. Marignolli nos muestra que esta voluntad integradora fue tan propensa a la elusión de conflictos como, en último término, incapaz de evitarlos. Nos enseña también que en las Descripciones de 1300 tal actitud consumió mucha energía y que no se trató de un ejercicio exclusivamente condescendiente con el lector, sino que fue afrontado desde el compromiso con la exactitud en la medición de la realidad recreada.

---

[77] La cita proviene de *Colonenses,* III, 25.

La Descripción como peregrinación

La descripción del Oriente manifiesta un reiterado esfuerzo por dar una idea clara y precisa, en primer lugar, del escenario físico. La reproducción de la realidad oriental no sólo consistió en desgajar sus partes y hacerlas reconocibles para el destinatario, sino también en su ordenación en función de un molde narrativo determinado. Dicha necesidad de estructuración vino invariablemente satisfecha mediante la adopción del formato clásico del itinerario. En torno a este eje se ordenan y agrupan los datos bajo una sucesión de lugares que son depositarios de un patrimonio célebre del que es susceptible de participar el espectador. A los personajes bíblicos, a los más insignes mártires y héroes cristianos, a los prestes, santos y alejandros, suceden otros acaso menos célebres pero igualmente reconocibles. Raro es el caso en el que se renuncia a situar en el itinerario narrativo islas habitadas por mujeres con reminiscencias amazónicas, ciudades de sabios *bragmanes,* tierras donde se cultiva la pimienta, mares que dan perlas, el curso de los ríos del Paraíso, etc.

Algunos de estos mojones culturales provienen de la tradición helénica y otros, como el enorme pájaro rukh, la isla imantada, los diamantes protegidos por serpientes o el Viejo de la Montaña, forman parte del legado musulmán del que probablemente también participaron los habitantes de la cuenca cristiana del Mediterráneo. Lo cierto es que el Señor de los Asesinos pudo ser localizado y reproducida su historia, pero los monstruos alados y las viles serpientes son negados o advertidos sólo de oídas, aunque aprovechando su poder evocador como nuevo recurso ubicador.

Al final de su recorrido narrativo por las Indias, Jordano se propone dar una visión de conjunto de todos los reinos y sus reyes. Tras haber dado abundante información de las diversas regiones de las Indias, en su síntesis escoge un elemento preponderante para adjetivar cada reino: *Molebar,* la tierra donde cultivan la pimienta; *Molepor,* donde se pescan las perlas; *Silen,* donde se encuentran las piedras preciosas; *Java,* donde nacen las especias más aromáticas; *Mohebar,* la tierra de Santo Tomás. Juan de Marignolli, de igual manera, distribuye el Oriente sobre los cuatro ríos que brotan del Paraíso, no lejos de Ceilán, seleccionando de toda la información aportada previamente el signo distintivo más inmediatamente reconocible: el Gyon abarca desde el reino del Preste Juan al escenario del apostolado de San Bartolomé; el Phison comprende la tierra de Evilach, donde se encuentra la piedra del ónice; el Tigris desde la Asiria de Abraham y el rey Abagarus al que Jesús envió una epístola a la Nínive en la que predicó Jonás; y, el Eufrates, que separa ésta de la tierra del Santo Sepulcro.

La ordenación del discurso siguiendo la *Itineraria* se remonta a la tradición clásica, que ya proporcionó un esquema compositivo fijo como patrón de panegíricos de ciudades y países. Sustancialmente, el orden allí recomendado debía comenzar por la antigüedad y los fundadores de la ciudad, seguir con su emplazamiento y fortificaciones, la condición de sus campos y aguas, las costumbres de sus habitantes, los edificios y monumentos y sus hombres célebres. Tal esquema fue muy difundido por toda la Edad Media[78]. Sin embargo, tal esquema no encontró cabida en las Descripciones de las Indias. La ciudad fue un elemento preponderante en la distribución solamente para el caso de Catay, y aun aquí la función venía también satisfecha mediante unidades descriptivas o epígrafes dedicados a desiertos, montañas, monasterios, fauna o flora. Únicamente Marco Polo emplea cierto patrón en la descripción de algunas ciudades chinas, pero completamente distinto al de la tradición latina, pues pudiera haber seguido cierto tipo de formulario empleado por la Corte mongola con fines administrativos[79]. El resto de los autores no parece que dispusiera de un esquema compositivo fijo ni consensuado. Incluso, dentro de cada texto, cada unidad descriptiva reproduce un orden distinto. La carencia de sistema puede deberse al carácter retroactivo, la precariedad de la memoria, la ausencia de notas tomadas en el transcurso del viaje o al desconocimiento de dichas tradiciones retóricas. Quizá, sencillamente resultaran inservibles[80].

En el siglo XIV, frente al modelo literario de la élite latina, experimentaba su momento de mayor esplendor una forma de religiosidad popular, la *peregrinatio,* con una considerable proyección literaria. En los relatos de peregrinos la información venía ordenada

---

[78] CURTIUS, *Letteratura europea e Medio Evo latino* (1992), pp. 228-229.

[79] HEERS (2004), p. 148.

[80] Sin embargo, algunos especialistas siguen dando preeminencia a los modelos clásicos también en los textos de Descripción de las Indias de principios del XIV, por ejemplo, RUBIO TOVAR, *Libros españoles de viajes medievales* (1986); PÉREZ PRIEGO, *Viajeros y libros de viajes en la España medieval* (2002); LOPES, *Os livros de viagens medievais* (2006), distribuido digital y gratuitamente por «Medievalista on Line».

siguiendo un criterio bien distinto, dictado por el propósito piado-
so del viaje, en una jerarquía colmada por el encuentro con la divi-
nidad, la gracia o la redención. La abundantísima literatura de
peregrinación a los Santos Lugares también pudo proporcionar a
las Descripciones de las Indias una primera justificación, un potente recurso narrativo para orientar al espectador, para ayudarle a no
perderse dentro del periplo literario al que ha sido invitado. En
tanto práctica espiritual, la peregrinación teóricamente establecía
un continuo entre viajeros contemplativos y beligerantes a Palestina y más allá. Los beneficios espirituales decretados por el pontífice romano fueron los mismos para unos y para otros, sin que tal
prerrogativa pasara desapercibida para los frailes que llegaron al
Lejano Oriente. Odorico en el prólogo de su obra, Jordano Catalán
y Pascual de Vitoria en sus cartas hacen mención explícita a las
indulgencia pontificias que esperan obtener por sus viajes extremo
orientales [81].

La Peregrinación en la era de la Recuperación

La *peregrinatio,* si en rigor no constituye un género, es el fenómeno literario de mayor duración en las letras europeas. Si bien la
distinción entre la peregrinación a Roma, a Compostela y a Jerusalén es, desde el punto de vista espiritual, improcedente, los libros de
viajes a Tierra Santa constituyen una categoría aparte, siendo los
más abundantes y tempranos, retrotrayéndose su primer ejemplar al
año 333 [82]. A partir de aquí, siguieron el tortuoso curso de la historia palestina, primero ligada a los avatares del Imperio romano
oriental y después a las conquistas persa, árabe, latina, etc. El primer texto de un europeo occidental es de un peregrino lombardo
del año 562, pero los primeros éxitos, de amplia difusión en Europa, fueron los *De locis sanctis* del obispo Arculfo y de Beda el Venerable, cuando el Santo Sepulcro está ya bajo la autoridad de los cali-
fas Omeyas. Los sucesivos textos reproducirán las cambiantes
condiciones de una convivencia más o menos armónica, la mudanza

---

[81] «Todos los frailes que venimos a estas partes tenemos la misma indulgencia que
los que van con licencia a Jerusalén, esto es, la plenaria o absolutoria de pena y culpa»,
PASCUAL DE VITORIA, *Epístola*, p. 514.

[82] El *Itinerarium a Burdigala Hierusalemusque.*

de califatos, las destrucciones y reconstrucciones: la atención siempre fija en lo atemporal, en el reino material y a la vez invisible de Cristo; como los recuerdos.

La peregrinación a la Tierra Santa desde el siglo XI es cada vez más un fenómeno colectivo, la respuesta óptima a una demanda creciente. Los penitentes se reúnen, parten juntos desde puertos de Italia, avanzan agrupados y, a menudo, armados incrementando así su seguridad, tanto como su libertad para disponer de las bendiciones de las tierras de ultramar. Urbano II convierte la aventura en empresa universal. Con la creación del Reino Latino incrementa el número de textos relacionados con la visita a los Santos Lugares. La pérdida de Jerusalén en la segunda mitad del siglo XII y la de Acre un siglo después no se tradujeron en retroceso, sino al contrario, supusieron un aumento de peregrinos y de literatura al respecto. En el siglo XIII los venecianos se habían convertido ya en los primeros proveedores de servicios, desplazamiento y avituallamiento de los palmeros. Incluso el sultán de El Cairo valoró positivamente los ingresos obtenidos de los visitantes europeos, y entre unos y otros, con la mediación incluso de reyes como los de Aragón y Nápoles, se firmaron tratados y acuerdos con el fin de garantizar la seguridad, el bienestar y la continua afluencia de peregrinos. Dichos arreglos no fueron del agrado de todos. Guillermo Adán apuntó a las rentas derivadas de la peregrinación y los beneficios asegurados por los sarracenos como un fuerte obstáculo para la cruzada de Recuperación:

«Los peregrinos que van a Jerusalén mucho ayudan al príncipe de Babilonia para mayor mal de Tierra Santa. Éstos no temen la excomunión de su superior y no piensan en el respeto que deben a la autoridad de la Iglesia y en el daño que con ello infieren a los cristianos, y no comprenden las nefastas consecuencias de todo esto. El sultán exige y recibe de cada peregrino alrededor de los treinta y cinco turonensis grandes. Y como de todas partes del mundo confluyen innumerables peregrinos, se verá lo que digo cuando se multiplique este tributo. Así, bajo esta piedad del peregrino se esconde la maldad, su devoción engendra desobediencia, su fervor actúa como injusticia. Por lo tanto, permitir la peregrinación conviene a los sarracenos, persecutores de la cruz de Cristo, y perjudica a la Iglesia e insulta a los cristianos» [83].

---

[83] ADÁN, *De modo,* p. 528. Siempre hubo entre lo más alto de la ortodoxia latina cierta preocupación y desconfianza hacia el peregrino, como forma de religiosidad

Sin embargo, en los años de mayor boga de la teoría de Recuperación se llevaron a cabo negociaciones entre los Anjou y el sultán Muhammad Al-Nasir para dar solución jurídica a una situación una tanto imprecisa. Al final, en 1340, se consiguieron títulos de propiedad del Cenáculo, una capilla en el Santo Sepulcro, la gruta de Belén y la tumba de la Virgen, así como la instalación en el monte Sión de una pequeña comunidad franciscana. El historiador Jean Richard ha constatado el espectacular incremento de la producción escrita de *Peregrinatios* en las décadas posteriores a la caída de Acre, en lo que sin duda constituye otro valioso testimonio de la relación directa entre el ascenso de la teoría de Recuperación y el creciente interés en los asuntos orientales de un público mucho más amplio y diverso; aunque, como dice Adán, se satisficieran necesidades y deseos distintos e incluso antagónicos [84].

Lo cierto es que es imposible reducir a un único criterio el contenido de la literatura conectada con la visita a los Santos Lugares ultramarinos. A propósito de la experiencia jerosolomita fueron compuestas auténticas biografías como la de Willibaldo, centrada en torno al escenario de la Pasión pero comenzando con el nacimiento del peregrino, su drama personal, sus enfermedades, sus logros y frustraciones a lo largo de una vida a la saga de la de Cristo [85]. Ciertos ejemplares contienen elaboradas cosmografías como la de Burcardo de Monte Sión, a base de sucesivas divisiones en cuartos del mundo con centro en Acre [86]. Las cruzadas son un *iter Hierosolmytanum* y los cruzados, peregrinos que también, escriben añadiendo a sus pías reflexiones información netamente militar [87]. El mismo tratado de Recuperación de Marino Sanudo fue presentado por el autor como la prolongación del *Via crucis* por excelencia. Otros peregrinos compusieron especializadas hagiografías y buena parte de lo que podemos considerar literatura de *peregrinatione* no son sino meros catálogos de topónimos bíblicos como el *Onomasticon* de Eusebio de Cesarea. La *peregrinatione* alumbró suculentos tratados de información práctica sobre vituallas, alojamientos y precauciones para los penitentes, y también sobre pe-

---

popular, anárquica y desordenada. Entre la multitud de teólogos baste citar en los extremos del Medievo y la fama a San Agustín y Tomás de Kempis; Dansette, *Les Relations du pèlerinage Outre-Mer: des origines àl'âge d'or* (1997), p. 882.

[84] Richard, *Les recits de voyages et de pèlerinages* (1981), p. 22.

[85] *Vie ou plutôt pèlerinage de saint Willibald* (edición de Regnier-Bohler, 1997).

[86] Laurent, *Peregrinatores medii aevi quatuor* (1864).

[87] Richard (1981), p. 23.

drería, telas y demás sustancias valiosas para el mercader. El itinerario jerosolomita representa también la esencia narrativa de la que participaran los manuales comerciales y los portulanos orales [88]. Nos encontramos ante un vastísimo cuerpo documental cuya unidad radica exclusivamente en su emplazamiento, pero no sólo geográfico, pues la Tierra Santa no es exclusivamente de este mundo.

La actitud del peregrino

La Tierra Santa es el escenario donde tienen cabida desde los más trágicos a los más cotidianos actos del drama humano. Además de un lugar, la Tierra Santa es una actitud. El *peregrinus,* esto es, el extranjero, sale de su mundo en busca de la eternidad que, si bien se escapa al espacio y al tiempo, tiene un punto de aproximación en el lugar donde Dios decidió tomar cuerpo y compartir la contingencia humana. La realidad constatable de ese espacio sagrado es la oportunidad por excelencia del cristiano de aproximarse a su verdadera esencia. Escribir a propósito amplía el calado de la reflexión, en tanto que es nuevamente materializada y es susceptible de ser compartida. Su diversidad, su falta de sistematicidad, su raigambre popular, su vocación pía constituyen también un punto de partida válido para los autores que entorno a 1300 asumieron como propia la tarea de describir las Indias. Las narraciones de viajes cristianos al ultramar tanto palestino como cispalestino están construidas como itinerarios que parten desde el escenario doméstico, Europa o el Mediterráneo latino, para, a continuación, reproducir un orden ideal que no deja vacíos, sino que cubre con su descripción todo el espacio asignado a su misión. La constante presencia de la primera persona narrativa en las Descripciones de las Indias de principios del siglo XIV se ha convertido también en el signo distintivo de los relatos de peregrinos al Santo Sepulcro de esos mismos años [89].

---

[88] Los más célebres, sin duda, Francesco SURIANO, *Il Trattato di Terra Santa e dell'Oriente* (edición de GOLUBOVICH, 1900); Emmanuel PILOTI *Traite sur le Passage en Terre Sainte* (edición de REGNIER-BOHLER, 1997); y Félix FABRI, *Traite sur le passage en Terre Sainte* (edición de REGNIER-BOHLER, 1997).

[89] No falta, en ejemplares anteriores, un uso abundante de la primera persona, pero es a partir del siglo XIV que la narración de un viaje personal es la forma por excelencia de conducir la descripción de Tierra Santa; RICHARD (1981), p. 22.

También es en la comunicación escrita de la experiencia latina en Tierra Santa donde empezaron a encontrar cabida las primeras noticias verificables sobre las Indias. En la *peregrinatio,* el protagonismo de los lugares comunes de la Cristiandad, la dimensión atemporal del viaje en el que confluyen las experiencias de todos los peregrinos habidos y por haber, convive con la realidad circundante y evanescente de pueblos y costumbres que median entre el penitente y su objeto. En la transmisión de este conocimiento «trivial» dentro de la *peregrinatio* rara vez falta la mención a otras comunidades cristianas tales como georgianos, maronitas, jacobitas o nestorianos. La procedencia, la particularidad ritual, la divergencia dogmática, los signos exteriores de aquellos con los que se comparte el culto tienen una poderosa justificación narrativa tanto como exaltación de los Santos Lugares, como reflexión sobre la contingencia de la comunidad a la que pertenece el propio observador. Burcardo de Monte Sión estimó que los cristianos del Oriente superaban en treinta veces el número de musulmanes y en muchísimo más el de los cristianos occidentales. Declara, con cierto afán polemicista, que dichas comunidades cristianas orientales no eran heréticas en absoluto, pues tenían su propia jerarquía eclesiástica, que era legítima y de la que el dominico alemán confesó haber aprendido grandes cosas[90].

No menos pertinente fue la descripción del grupo humano predominante en el Próximo Oriente. La observación del Islam es otro de los fenómenos que más influyó en el ensanchamiento del marco espacial objeto de *peregrinatione.* El paso de los años incrementó la sensibilidad hacia las características de la religión vecina, su Libro y su Profeta, su origen en Arabia, su extensión desde el Mediterráneo al Índico, su centro de poder político ora en Bagdad ora en El Cairo, que a partir del siglo XIV comienza a formar parte de la ruta de un buen número de palmeros. Una de las primeras grandes aportaciones al conocimiento del Islam fue vertida en Europa desde el *Liber peregrinationes* del dominico florentino Ricoldo de Montecroce[91]. Su prolongada estancia en el actual Irak y todo el conocimien-

---

[90] BEAZLEY (1906), vol. III, p. 389.

[91] MONNERET DE VILLARD, *Il Libro della peregrinazione nelle parti d'Oriente di fratre Ricoldo de Montecroce* (1948), se preguntaba si la manifiesta diferencia en el estilo de la primera parte, que discurre dentro del acostumbrado registro del peregrino convencional, y la segunda, donde la información topográfica decrece en beneficio de material puramente etnográfico, no se deba a una composición por separado y una posterior fusión por parte de Ricoldo de ambos textos (p. 26).

to derivado se manifiesta narrativamente como continuación del *iter hyerosolomitanum*. Tras la acostumbrada descripción de los lugares sagrados, donde Cristo se dirigió a sus discípulos, donde la Virgen lloró, donde se produjo tal o cual milagro, Ricoldo continúa, sin sobresaltos, por la Tarso de San Pablo, por la Erzorum de Noé y, así hasta alcanzar Tabriz y luego la Bagdad del Califa. En esta parte del *Liber* las costumbres, leyes, tradiciones y creencias de los musulmanes dejan lugar también a noticias de pueblos aún más alejados: los kurdos, los sabayos, los uighures, los tártaros. En particular, estos últimos merecen pormenorizadas descripciones y una detallada investigación sobre sus orígenes, su relación con las Tribus Perdidas y con los pueblos de Gog y Magog, del que recibirían su nombre los mongoles, *magogoli*. En esta joya de la literatura de peregrinación encontraron salida también noticias sobre el budismo y su adscripción a «unos hombres indios muy sabios, ordenados y de nobles costumbres» [92].

La ampliación del espacio que concierne al narrador de la *peregrinatio*, comienza a dar cabida a información precisa sobre el Lejano Oriente ya desde principios del siglo XIII. El franciscano Thietmar en 1217 recogió en Palestina, e incluyó en su *Iter*, datos sobre la disposición de las Indias, la condición de la mar *Oceana*, de sus magníficos ríos, sobre la tumba de Santo Tomás, la procedencia y particularidades de las especias, etc. [93] Tampoco faltaron dentro de las *peregrinationes* alusiones a las Indias en sintonía con la agenda de Recuperación, como las de Niccolo da Poggibonsi, quien aseguraba que el sultán de El Cairo no permitiría jamás a un latino atravesar su Imperio en dirección a las Indias por miedo a que estableciera alianzas con señores cristianos de Oriente en la lucha contra el Islam [94]. A mediados del siglo XIV es ya generalizada la incorporación de noticias sobre las Indias en el itinerario jerosolomita. Así ocurre en los textos de Semeonis, Sudheim, Schiltber o, ya en el siglo siguiente, en los egregios Suriano, Fabri y Piloti. Una de las primeras copias de la *Relatio* de Odorico viene precedida de un *Liber de Terra Sancta* cuya autoría fue atribuida durante muchos siglos, hasta casi nuestros días, al propio fraile de Pordenone [95].

---

[92] MONTECROCE, *Liber peregrinationes* (edición de LAURENT, 1864), p. 117.

[93] THIETMAR, *Le Pelerinage de Maitre Thietmar* (edición de REGNIER-BOHLER, 1997), p. 95.

[94] POGGIBONSI, *Libro d'oltramare* (edición de COSSAR, 1985).

[95] BEAZLEY (1906), vol. III, p. 392.

Pero se trató de una confusión frecuente en su tiempo y que acabó posibilitando la aparición de la primera gran novela de viajes de la historia de Europa.

La fórmula de Mandeville

El momento culminante de la integración en una misma narración de todos los Orientes tuvo lugar también a mediados del siglo XIV con el famoso libro de Juan de Mandeville. La crítica más actual está de acuerdo en reconocer la sinceridad del viaje por Palestina y Egipto. De las restantes contradas no parece que *Sir John* tuviera conocimiento personal [96]. Cuando en 1356 Mandeville, treinta años después de haber comenzado sus viajes, echa mano de la pluma, su itinerario narrativo por Tierra Santa no sólo transcurre por las sendas recorridas por el peregrino convencional, sino que recurrió también a obras previas como la de Guillermo de Bondensele, Brunetto Latini y Guillermo de Trípoli para hacer más reconocible su relato. La referencia a otros autores le permitirá también dar el salto a tierras que acaso no visitara más que con la imaginación, cubriendo todas las Indias, el Oriente desde Catay a Etiopía. Para ello debió disponer de un vasto cuerpo literario sobre el tema por el que se movió libremente extrayendo de aquí y allá lo que le pareció más relevante y más plausible. Entre otras fuentes que no nos es posible identificar o que se hallan perdidas en el tiempo, son claros los préstamos procedentes de Juan de Pian del Carpini, a través del *Speculum* de Vicente de Beauvais, así como de Ayton de Armenia, de Marco Polo y especialmente de Odorico de Pordenone, del que se sirvió generosamente [97]. El Romance de Alejandro y la *Carta* del Preste

---

[96] Los primeros en reconocer la autenticidad de la sección próximo oriental fueron LETTS, *Mandeville's Travels. Texts and Translations* (1954), y BENNETT, *The Rediscovery of Sir John Mandeville* (1954), quien más insiste en la veracidad de los datos biográficos aportados por Mandeville. A éstos se suman en las siguientes generaciones MOSELEY, *The Travels of Sir John of Mandeville* (1982), y DELUZ, *Le Livre de Jehan de Mandeville, une geographie au XIV° siecle* (1988). En contra citaremos de entre la abundancia a BEAZLEY (1906) y después SEYMOUR, *Mandeville's Travels* (1967), quienes entienden la totalidad del libro como un ejercicio de compilación, también para Tierra Santa, hecha por algún clérigo francés que no habría salido nunca de Europa.

[97] Una vez reconocida la extraordinaria capacidad epitomizadora de Mandeville no ha habido límite a la hora de atribuirle posibles fuentes de las que se sirviera para su

Juan fueron profusamente utilizados por Mandeville. A éstos se debe la inspiración, el marco fabuloso, la tramoya con que es construido el escenario Oriental, si bien es cierto que en lo particular quedaron subordinadas a los textos de la Descripción, narrados por viajeros en primera persona. El Gran Khan de Odorico ha arrebatado al Preste Juan de la tradición latina el señorío sobre el Oriente.

El camino a Jerusalén

El libro de Mandeville se estructura siguiendo diversos itinerarios que confluyen en Jerusalén, concebida como el centro de la Tierra. Son descritos los diversos caminos desde Europa a la Tierra de Promisión, pero también desde el África Mediterránea, desde Arabia y desde Rusia, que el autor no ha recorrido personalmente pero constata para servir a quien así lo desee. El último acceso y el que ocupa buena parte de la obra, es el oriental, en el que se suceden en línea los reinos de Persia, Etiopía, Catay del Gran Khan e India del Preste Juan.

El libro comienza aportando información práctica sobre varios itinerarios a modo de guía para palmeros europeos. Pero a medida que tales caminos se aproximan a la Tierra Santa comienzan a participar, digámoslo así, de la verdadera esencia religiosa de todos los caminos que conducen a la Jerusalén celestial. Ya en Etna el espec-

---

libro de maravillas, BEAZLEY (1906), vol. III, p. 323, en su acostumbrado hiperbolismo, encuentra huellas de Solino, Ricoldo de Montecroce, Rubruck, Alberto de Aix, John de Wurzburg. Para descifrar el presunto anonimato de *sir* John sin duda hay que tener en cuenta su capacidad de acceso a los libros de viajes compuestos recientemente y mandados copiar en los ambientes cortesanos y eclesiásticos más vanguardistas. Un monje benedictino de Saint Omer, Jean Le Long d'Ypres, fue uno de los principales compiladores y traductores de mediados del siglo XIV de relaciones de viajes como las de Odorico, Ayton y Boldensele que son precisamente las más presentes en el Mandeville y por tanto convierten a Le Long en candidato al título según la opinión de RUBÍES (2000), p. 49. De haber sido así, cabe señalar que el acceso de Le Long a las Descripciones pudo deberse también a su tarea como traductor y compilador de tratados de Recuperación. Una posibilidad que de nuevo explica la primera difusión de las Descripciones de las Indias como el resultado de su asociación con la tratadística de Recuperación. Otro compilador, pero proveniente de la novela caballeresca, ha venido siendo sugerido también como verdadero Mandeville, Jean d'Outremeuse, según DELUZ (1988). Desde luego, de haber sido su autor clérigo, sus veleidades anticlericales, su dura crítica al Pontífice, sus continuas denuncias a la corrupción de la Iglesia y de los cristianos, justificarían plenamente su pretendido anonimato.

tador se encuentra con el volcán que da entrada al Infierno; en Constantinopla, con las sagradas reliquias rescatadas por Santa Elena; en Turquía, con la tumba de San Juan el Evangelista; en Rodas, con las rosas eternas enterradas bajo su suelo; en Egipto, con los graneros de José y la cueva donde María se escondió de Herodes. A medida que el círculo se estrecha aumentan las manifestaciones de la eternidad. Jerusalén es el centro de la Tierra, no por una azarosa situación geográfica, sino porque en ningún otro lugar tendrá mayor oportunidad el peregrino de escapar del tiempo. Es el lugar donde el Dios cristiano se ha manifestado repetidas veces hasta escenificar allí su definitiva encarnación, muerte y resurrección. Pero es también el escenario donde discurrió la vida mundana de los más insignes pobladores del Cielo.

El drama repetido ocurrió dentro de los parámetros humanos del tiempo y el espacio, lo que precisamente da al hombre la oportunidad de trascender dichos parámetros. La tradición recogida por Mandeville en torno a la Vera Cruz nos sitúa a la entrada de dicho vórtice temporal. La madera donde murió Jesús es la del árbol del Paraíso que costó a Adán su expulsión. Al final de su vida en este mundo de enfermedad y vejez, pidió a su hijo Set le trajera del Paraíso aceite de dicho árbol para que le sirviera de alivio. Set no llegó a tiempo y enterró a su padre con las semillas que el ángel le había dado. Y de la boca de Adán crecería el árbol en el que Jesús completaría con su sufrimiento la redención del Hombre. De nuevo el padre de la humanidad señalaría el lugar que habría de ocupar la Vera Cruz. En la hendidura del Gólgota quedó tras el Diluvio la calavera de Adán, humillándose así a los pies del Cristo venidero. Esta manifestación cíclica, de lo que en realidad es eterno, es particularmente intensa en Jerusalén, pero es asimismo perceptible en otros lugares donde los hechos vinieron anticipados por profecías y todo adquiere un profundo sentido teleológico.

En Hebrón lloró cien años Adán, David engendró a Salomón, están los sepulcros de Lot, Abraham y Jacob. Allí sitúa Mandeville el Árbol Seco, que se marchitó cuando Jesús fue crucificado y que reverdecerá cuando un príncipe cristiano cante misa bajo su sombra. En Tabor Jesús se transfiguró ante sus discípulos. De esta guisa vieron a Lot y Moisés. En el mismo monte habrá de asentarse Cristo el Día del Juicio y los ángeles sonarán allí (dice Mandeville, como si estuviera señalando con el dedo) sus trompetas. El monte Sinaí es el escenario privilegiado donde Moisés habló con una zarza ardiente, allí Mandeville palpa en la roca la huella dejada por el Profeta.

Encima de la misma montaña está la capilla del profeta Elías, la viña plantada por Juan el Evangelista y el cuerpo de Santa Catarina. El lugar es testimonio de un milagro actual. Todos los años pasan por encima golondrinas y cuervos sin número portando en el pico un ramo de olivo que sueltan al pasar. De esa manera los habitantes del monasterio de Santa Catarina reciben todo el aceite que precisan para comer y quemar. Etcétera.

Esta ansiosa búsqueda de la atemporalidad dentro del tiempo se manifestó también mediante la identificación de los bienes inmuebles del Reino de los Cielos: la piedra sobre la que Jesús fue azotado, la cadena con que fue atado, la roca en la que se sentó. Alrededor se constata también una realidad pasajera, como el señorío sobre Palestina que, «por mal de nuestros pecados, todos al presente son moros. Más cuando al Señor placerá toda esta tierra será de cristianos»[98]. Las extensas y certeras reflexiones de Mandeville sobre otras sectas cristianas y, en particular, sobre los rudimentos del Islam pertenecen a otro registro donde aumenta la presencia del observador, haciendo pertinentes valoraciones, juicios, comparaciones y anécdotas, cuya veracidad depende precisamente del testimonio en primera persona. El mismo patrón continúa siendo válido para la descripción del Oriente más alejado. El Medio Oriente sigue prestándose a la identificación bíblica y pseudobíblica: Damasco fue fundada por un criado de Abraham, allí San Pablo enseñó física a San Marcos; Beirut escenifica la batalla de San Jorge con el dragón; Armenia guarda los restos del Arca de Noé; en Persia estuvo la torre de Babel y el lugar de reunión de los Reyes Magos. Pero aquí otras tradiciones aportarían instrumentos descriptivos no menos célebres. A continuación de Caldea están las amazonas de Plinio y la primera ciudad que Alejandro fundó con su nombre. El siguiente capítulo convierte Etiopía en el reino que ostentaba uno de los tres Magos que fueron a adorar al Niño Jesús. Allí también están el reino de la Saba bíblica, los esciápodos agusti-

---

[98] MANDEVILLE, *Libro,* I, p. 78. En el texto aparece también información sobre las islas y los puertos con valor estratégico con vistas a un ataque de la Cristiandad latina contra turcos, mamelucos y griegos. Mandeville declara haber pasado varios años en Egipto y a la sazón estar en condiciones de informar sobre el potencial militar del sultán al que dice haber servido en su Corte. Curiosamente Mandeville se está autoproclamando, desde una plataforma íntimamente ligada a la Recuperación de la Tierra Santa, lo que Guillermo Adán denominó en sus tratados «alejandrino», esto es, un renegado al servicio del sultán.

nos y los más verdaderos diamantes del mundo que, agrupados de esta guisa, sirven a Mandeville de elemento estable con el que estructurar el itinerario. Volverá a recurrir a esta estrategia narrativa para identificar el bosque de *Combra* en la India Mayor como único lugar donde crece la pimienta.

Tras los pasos de Odorico

En este punto Mandeville ya está haciendo uso del relato de Odorico. El fraile friulano dejó dicho que toda la pimienta del mundo crece en un bosque de diez y ocho jornadas de perímetro entre las ciudades de Flandrina y Chingli. Juan de Marignolli anduvo igualmente presto a identificar Quilón como «el lugar donde crece toda la pimienta del mundo». La sustancia, bien conocida y codiciada en el Mediterráneo, sirvió también a Jordano para asignar coordenadas reconocibles al reino de *Molebar.* Ya vimos más arriba cómo se valió igualmente de las perlas para situar *Molepor,* de los rubíes para *Silen,* de la canela para Java y de la tumba del Santo Tomás para *Mohebar.*

La falta de conflicto de Mandeville con la realidad le permitió echar mano de recursos a los que el compromiso empírico de los autores de Descripciones de las Indias obligó a renunciar. Nada de la preocupación de un Montecorvino o un Marignolli en verificar la existencia de razas monstruosas en las Indias está en Mandeville, que reconoció sin rodeos la autoridad de Agustín de Hipona, Isidoro de Sevilla, Plinio y otros poetas en la identificación de amícteres, ictiófagos, cenocéfalos, pigmeos, fuentes de la eterna mocedad, etc. La ficción de Mandeville, sin embargo, sí está comprometida con lo plausible. La experiencia real del peregrino Mandeville en Tierra Santa encontró continuación en la experiencia posible de los exploradores bajomedievales del Lejano Oriente y, en menor medida, en la autoridad escolástica. El legado de la tradición latina es absorbido a veces mediante meros elencos de monstruos y prodigios. Le sirve también para dar unidad a la experiencia fragmentaria de los textos de los viajeros de su siglo.

Sin embargo, el grueso de la sección extremo oriental sigue, en ocasiones al pie de la letra, las narraciones de Odorico, de Pian del Carpini, acaso de Marco Polo o de algún otro texto que la crítica actual desconoce. De aquí, sin duda, proceden los excesos en la naturalización del Oriente. Los monjes budistas de Ceilán, siempre vistos con simpatía por

Polo, Montecorvino, Odorico o Marignolli, son convertidos por Mandeville directamente en cristianos, si bien, renegados[99]. También encontrará una sorprendente explicación para la idolatría. A los ídolos llama «simulacros», y no tienen que ver con el politeísmo, sino con el Dios único y todopoderoso que también reconocen las naciones orientales. Se trata de valientes hombres que hicieron grandes cosas en su tiempo que de ninguna manera hubieran hecho sin especial gracia de Dios, «pues que a Él le ha placido de darle aquella virtud, más que a otra cosa alguna, que es razón que ellos le adoren y le fagan reverencia»[100].

De todos los milagros constatados en las Indias, Juan de Mandeville considera por encima de todos la abundancia de pesca en el Vietnam odoricano. El razonamiento que lo sostiene es que razas monstruosas, árboles que dan corderos, aves fénix y grifos volando forman parte de *natura* mientras que los peces «que tienen gran mar para ir por do quieren a su libertad, que hayan de venirse allí a ponerse a la muerte de propia voluntad, por cierto que no es de natura»[101]. El testimonio de Odorico está más allá de lo que puede verificar Mandeville con sus obras de referencia y, sin embargo, termina por darle todo el crédito. Este diálogo oculto entre Mandeville y Odorico se produce muy a menudo, siempre con el fin de normalizar, de justificar la relevancia del testimonio del franciscano. La anécdota de los animales alimentados en los monasterios budistas precisa, a los ojos de *Sir John,* una última justificación como la pesca vietnamita. Mandeville continúa la conversación con el monje budista para que aclare por qué esa limosna no se destina a los mendigos. Responde el anfitrión que, siendo las bestias la cárcel de las almas penitentes necesitan ayuda mientras los mendigos pueden valerse por sí mismos. La anécdota verídica de Odorico es dotada de mayor veracidad por Mandeville al aumentar sus implicaciones lógicas y morales.

Sin embargo, donde más se deja sentir la preeminencia de la ciencia aportada a lo largo de la primera mitad del siglo XIV por los autores de Descripciones de las Indias es cuando entra en conflicto con las restantes fuentes de información sobre un mismo sujeto y Mandeville tiene que elegir un héroe o un hito procedente de uno u otro ámbito. El Preste Juan de Mandeville sigue rodeado de la pom-

[99] *Ibid.,* II, p. 9.
[100] *Ibid.,* I p. 157.
[101] *Ibid.,* II, p. 24.

pa y boato de la *Carta*. Pero no sólo está por encima suyo el Gran Khan de Odorico, sino que a la ya generosa atribución de poder y riqueza por parte del friulano, añade Mandeville elementos extraídos precisamente de la *Carta* del Preste, hasta el punto de convertirlo en cristiano, conquistador de Tierra Santa y descendiente de Membrot el Grande, hijo de Cam, hijo de Noé, y primer rey que el mundo tuvo [102]. Su poder no está sólo definido por su riqueza y ejército; la moralidad y la continencia en su Corte no tienen par en el mundo, no hay hombre en todo su reino que le pueda dañar, ni conspirar, ni traicionar; «ni el preste Joan de las Indias, ni el soldan de Babilonia, ni el emperador de Persia, no tienen que facer con él en comparación de la nobleza, potencia e riqueza, en que excede a todos los príncipes terrenales» [103].

El razonamiento no es muy distinto al observado en los viajeros franciscanos. Se trata más de una cuestión de grado, acaso necesario para dar predominio al Gran Khan sobre el otrora gran señor de Oriente. Mandeville, siempre renuente a entrar en conflicto o a adoptar una postura crítica, no está dispuesto a disminuir la gloria del Preste Juan sino es aumentando la del Khan. Comportamiento similar le lleva a exagerar los datos procedentes de sus fuentes sobre el número de ciudades en China, el de puentes que cruzan sus ríos, que son dotados de aún más grandes caudales y de procedencia paradisíaca.

La integración de todos los Orientes

Estos préstamos provenientes de las Descripciones de las Indias funcionan en Mandeville como topos: constataciones de poder extremo, de riqueza inigualable, de engoladas ciudades, de comercio abundante, de barcos, de postas, de puentes, de puertos, sin número, más allá de lo que las palabras pueden expresar. Son aproximaciones al absoluto, a realidades sin medida, a manifestaciones atemporales. Mandeville calca la búsqueda incesante de los autores de Descripciones de las Indias de la ciudad más grande, del emperador más poderoso, del mar con más perlas, del bosque de toda la

---

[102] *Ibid.*, II, p. 62.
[103] *Ibid.*, II, p. 73.

pimienta, del mayor rubí del mundo. La dotación de cualidades superlativas constituye absolutos que cumplen una función similar a la tumba de Santo Tomas, la huella de Adán, el reino de Saba, los hitos de las conquistas alejandrinas o la cuna de los Reyes Magos en la Descripción del Lejano Oriente. De esta estructura topográfica sólida cuelga la información que podríamos considerar de valor etnográfico, los modos de habitación humana, diversos e impermanentes, sujetos a la mudanza y la degradación, inscritos en el espacio en contraposición a lo inmutable. Aquí el observador aumenta su presencia, interviene intentando persuadir a los monjes budistas de sus errores, su culto religioso le parece ser una forma deteriorada de cristianismo, muchas de las tradiciones locales vienen razonadas en base a su casuística o su finalidad. En fin, se trata de aspectos abordados como manifestaciones relativas, dentro de las que el narrador se reserva una amplia presencia [104].

La particular relación de Mandeville con la Descripción de las Indias le permitió, por un lado, aproximar un poco más sus contenidos a los de la tradición escolástica y, por otro, aproximar un poco más su estructura a la del *iter hyerosolomitanum*. Ambos movimientos se tradujeron en cierta deformación de la información producida por Marco Polo, Odorico, etc., sin embargo, el producto último ganó considerablemente en verosimilitud. Así lo certifican los testimonios de Cristóbal Colón, Enrique el Navegante, Leonardo da Vinci, Samuel Purchas, Tomás Moro o Walter Raleigh, por citar los más insignes y crédulos lectores de *Sir John*. A mi entender aquí radica también el extraordinario éxito, los cientos de ediciones primero manuscritas y después impresas del *best-seller* de viajes de la Edad Media [105].

---

[104] *«Mandeville's appropriations are signaled by an intensification of the personal; the principle of the eyewitness received in this text an unusual elaboration, perhaps in imitation of the wonderful note of intimacy struck by the great Franciscan traveler* (Odorico)», GREENBLATT (1988), p. 32. RUBIO TOVAR (2005) ha sido más sensible a un aspecto estructural, que, si bien distinto, es similar en más de un sentido al aquí expuesto. Se trata de la superposición de dos tramas temporales, el «ahora» y el «antaño», p. LI.

[105] Aún en el siglo XVIII el texto de Mandeville se dio al menos en veinte ocasiones a la imprenta. PIMENTEL (2003), p. 227.

El anónimo andaluz

El modelo iniciado por las Descripciones de las Indias fue continuado también por dos obras contemporáneas a la de Mandeville. La de Juan de Marignolli cabalgaba por las mismas sendas de integración de la información empírica sobre Asia en un marco espacial reconocible y en una tradición cultural familiar. La suya era una obra construida en parte con ayuda de otras Descripciones de las Indias hechas en los años anteriores. Aunque la realidad de los viajes del toscano es superior a la de Juan de Mandeville, su difusión quedó confinada dentro de los límites de la *Chronica,* lo que permitió al toscano mantener una relación mucho más conflictiva con el saber canónico sobre la materia.

La otra obra, en cambio, es mucho más próxima a la sensibilidad de Mandeville. Se trata del *Libro del conosçimiento de todos los rreinos e señoríos* de autor desconocido. Como la primera, está compuesta en lengua romance, gozó de cierto predicamento, si bien circunscrito al ámbito local del castellano, y añadió, a una serie de viajes reales del autor otros ficticios, valiéndose de la experiencia de otras Descripciones del Oriente y, sobre todo, de la nueva serie de mapamundi bajomedievales. Particularmente evidentes son los préstamos de Ayton de Armenia y del portulano de Angelino Dulcert, aunque, como en el caso de Mandeville, no cabe descartar el uso de fuentes de las que no disponemos en nuestro tiempo [106]. El anónimo andaluz recoge en el *Libro* viajes por el África mediterránea y subsahariana, así como por el archipiélago Canario, que se corresponden con una experiencia personal y, por cierto, bien valiosa por su rareza. Se trata también del primer testimonio occidental sobre las rutas del oro de Guinea a Sigilmasa. También sobre Etiopía aporta información exclusiva, habla del negus vigente dando correctamente su nombre propio, Abdelsalib, y da noticia de la aventura emprendida por los hermanos Vivaldi de Génova en 1291

---

[106] *Libro del Conosçimiento de todos los rregnos et tierras et señorios que son por el mundo, et de las señales et armas que han* (edición de Lacarra y Montaner, 1999). En base a este ejemplar piensan que su composición podría ser de finales del siglo xiv, aunque sin ser suficientes las pruebas para descartar la tesis clásica sobre su datación a mediados de siglo defendida por Jiménez de la Espada (1877), Conti Rossini (1917) o Gil (1995).

con el fin de circunnavegar África. Según el andaluz, los Vivaldi habrían logrado su propósito llegando con sus naves hasta Somalia doscientos años antes que Vasco de Gama. En todo caso, se trata de una información que tiene todos los visos de proceder de la experiencia personal del autor.

Sin embargo, los viajes probablemente verdaderos por África y el Mediterráneo no son distinguibles de los viajes pretendidamente verosímiles por el resto de Europa hasta Islandia y el resto del Oriente hasta China. Todo transcurre bajo la percepción de un testigo de hecho, que dota todo su periplo de indicaciones plausibles. Estamos, por tanto, ante la descripción más vasta y, por lo general, precisa del mundo conocido hasta entonces a la que dieron amplio crédito personajes tan insignes como el historiador aragonés Jerónimo de Zurita, Enrique el Navegante, Béthencourt y La Salle, quienes se sirvieron de la ciencia aportada por el *Libro del Conosçimiento* para llevar a cabo la exploración del África atlántica y de las Islas Canarias [107].

La construcción de esta semificción comparte los rasgos característicos del Mandeville: el itinerario de un viajero en primera persona por un universo diverso pero dotado de un elemento común, función desempeñada en el *Libro del conosçimiento* por la tradición heráldica. La descripción del mundo es posible mediante la creación de un continuo de señoríos con sus blasones. La representación de dichos motivos está, por lo demás, plenamente inscrita en la tradición caballeresca europea. El armorial pasa por muchos de estos reinos sin constatar más que su nombre, su situación geográfica, su particularidad orográfica y poco más. En otros, en cambio, introduce datos históricos, escenas costumbristas, prodigios e incluso anécdotas personales. En estas ocasiones el parentesco con las andanzas de los héroes de la novela caballeresca es claro.

El romance geográfico

Las obras de Marignolli, de Mandeville y del anónimo andaluz están escritas casi simultáneamente, en los años cincuenta del siglo XIV, en ambientes diversos (Viena y probablemente Inglaterra y

---

[107] *Libro del Conosçimiento,* p. 83.

Andalucía, respectivamente) y, sin embargo, adoptan soluciones similares a la hora de llevar a cabo la Descripción ya no sólo del Oriente, sino de buena parte del mundo conocido. La similitud de estos rasgos no sólo temáticos, sino también estéticos son suficientes para permitir su agrupación bajo una misma categoría literaria que, de acuerdo con Jean Richard, denominaremos romance geográfico [108]. Las analogías entre las tres obras deja en un segundo plano el hecho de que Marignolli sólo estuvo en China, India y Persia; que Mandeville no fuera más allá de Egipto y Palestina, y que el Andaluz probablemente no hubiera recorrido más que el Magreb y acaso una parte del África subsahariana.

Estamos, por tanto, ante la consolidación de un determinado modelo de escritura que sigue bien de cerca el modelo ideado por los autores de Descripciones de las Indias. Marco Polo y Juan de Montecorvino, a principios de siglo XIV, y Jordano Catalán y Odorico de Pordenone, en los años treinta, escribieron textos de los que se sirvieron unas décadas después los escritores de romances geográficos, en ocasiones hasta el extremo de parafrasearlos punto por punto como en el caso de Mandeville. Los romances geográficos de mediados del XIV recorren las mismas sendas que las Descripciones originales de principios de siglo, acentuando una serie de rasgos que, en el caso de Mandeville y del Andaluz, les supusieron un éxito de difusión y de credibilidad excepcional. Se trata, por tanto, de la consolidación de una fórmula literaria que fue rentable tanto para transmitir saber y ciencia como para procurar deleite y gozo en el espectador.

Dicho modelo de escritura siguió muy de cerca la senda literaria recorrida por la *peregrinatio* a base de crear superlativos y emplazarlos como cabecera de las distintas unidades descriptivas. El uso por parte de los autores de Descripciones de las Indias de la primera mitad del siglo XIV de la estructura típica de los relatos de peregrinos, sancionada por siglos de vigencia, les proporcionaría cierto nivel de armonía con los usos literarios de su tiempo. La Maravilla, la analogía cuántica, la creación de superlativos o la concentración de atributos familiares a la audiencia en un único lugar permitirían

---

[108] RICHARD (1983), p. 217. También refiriéndose a las obras de Mandeville y del anónimo andaluz aplica la categoría de romance geográfico RUSELL, *Temas de la Celestina y otros estudios: del Cid al Quijote* (1978), quien además las considera obras hermanas. BENNETT, *The Rediscovery of Sir John Mandeville* (1954), utiliza el término *«romance of travel»*.

a los autores de Descripciones combinar potentes recursos ubicadores con unidades narrativas originales con las que trasmitir información nueva sin por ello incurrir en el caos.

Sin embargo, la estructura sólida y estable que en las Descripciones forman la sucesión de absolutos no es sino un recurso narrativo en el que la experiencia real del viajero apenas cuenta. La estructuración de la narración en torno a un itinerario recorrido en primera persona a través de un espacio articulado mediante un continuo de lugares célebres satisface sólo en parte las necesidades narrativas de los viajeros a las Indias de la primera mitad del siglo xiv, pues la construcción de estos hitos es en la mayor parte de las ocasiones un recurso puramente narrativo, hecho desde el recuerdo y en clara concesión al conocimiento apriorístico del espectador. Mientras el autor de la *peregrinatio* seguía una senda establecida, una serie de lugares dotados previamente de un patrimonio célebre, el autor de Descripciones del Lejano Oriente tiene que inventar al menos parte de tales celebridades localizadoras. Si bien la huella de Adán o la tumba del Apóstol Tomás mantienen la correspondencia entre su emplazamiento físico y su emplazamiento literario, otros, como el reino de Saba, el lugar de reunión de los Reyes Magos o el señorío del Preste Juan, requirieron cierto ejercicio interpretativo. Sin duda que la identificación del reino de la pimienta, de los diamantes, de los zafiros, la ciudad más grande del mundo o la montaña más alta del planeta están hechas desde el recuerdo, responden a una decisión posterior a la experiencia del viaje, motivada principalmente por expectativas literarias.

Nos encontramos de nuevo ante la irresoluble dualidad entre la experiencia vital del viajero y la experiencia narrativa del autor. Una vivencia que debe buscar la horma literaria que la limite para hacerla posible discursivamente. Es el anclaje, sin cuya sujeción no es posible la innovación, esto es, la incorporación a las letras latinas de la experiencia de los mercaderes y mendicantes europeos en las Indias. Los autores de Descripciones pudieron alcanzar cierto grado de identificación con los recursos estéticos proporcionados por la literatura de su siglo, pero no la completa satisfacción [109].

---

[109] Buena parte de la justificación última de los textos de la Descripción de 1300 es edificar al lector, proporcionarle ocasión para una reflexión pía, para excitar su devoción, cual *peregrinatione pro Christo,* según RICHARD (1983), p. 211. LADNER (1967), p. 237, apuntó que el topoi peregrinatio se cuenta entre los más empleados a lo largo de toda la Edad Media.

Capítulo 5
EL CONFLICTO DE LA DESCRIPCIÓN CON LA REALIDAD

Estatua de Buda en Lalitagiri, Orissa, siglo XII

«Dicen los sarracenos que es el monumento de Adán, nuestro primer padre, pero los idólatras dicen que es el monumento de Sagamoni Burcán. Desde luego, si hubiera sido bautizado como cristiano, habría sido gran santo con Nuestro Señor Jesucristo»
(Marco Polo, ca. 1298)

Hay un hecho sobre el que ahora cabe insistir antes de ir más allá en la identificación de los modelos literarios de los que pudieron servirse los autores a la hora de llevar a cabo la Descripción de las Indias durante la primera mitad del siglo XIV. Se trata de la pluralidad de motivos asimilados en el plano temático y de registros en el plano estilístico y que, en último término, proporciona a estos textos su apariencia típica, esto es, una clara vocación enciclopédica. Qué duda cabe que la misma tarea de describir una parte del mundo poco o mal conocida requiere el tratamiento de numerosos aspectos de la realidad y, de hecho, esta pluralidad temática caracteriza buena parte del desarrollo posterior del género literario de viaje [1]. Sin embargo, los viajes, en tanto género, aún tardarán siglos en proporcionar un espacio literario de referencia autónomo. Con respecto al siglo XIV, habrán de pasar varios siglos hasta que la literatura de viajes constituya un modelo literario útil para los viajeros que pretendan apoderarse de su experiencia y asignarle un valor superior al estrictamente personal.

---

[1] Sólo en relación con la pluralidad temática aún en el Siglo de las Luces la descripción etnográfica no se ha emancipado de la historia natural. La literatura de viajes a finales del siglo XVIII participa del mismo aire misceláneo y enciclopédico interpolando «observaciones naturales con discursos históricos, descripciones geográficas con otras que trataban sobre cómo vivían sus habitantes, con qué comerciaban, como eran gobernados», PIMENTEL (2003), p. 301. Permítanme remitirles a uno de los últimos «libros de viajes» españoles a la India precisamente por la ingente labor acometida por su autor para no dejar fuera prácticamente ningún aspecto relacionado con el complejo, antiguo y superpoblado universo indio, se trata de Álvaro ENTERRÍA, *La India por dentro. Una guía cultural para el viajero,* Barcelona, 2006.

El aspecto enciclopédico de los textos de viajes de la primera
mitad del siglo XIV no es en manera alguna reflejo de un modelo literario de referencia previo, pues esta pretensión de abarcar con las
palabras un número máximo de manifestaciones de la realidad, además de no aspirar a ser exhaustivo, carece por completo de un
método y de un orden sistemático. Las primeras Descripciones de
las Indias carecen incluso de tono dogmático, en lo que parece un
intento por evitar al receptor enfrentarse a una colección de valoraciones indemostrables, sostenidas por una experiencia personal
exclusiva y apabullante. Por el contrario, se comprueba una suerte
de tibieza asertiva, un empeño por trasladar no sólo datos sino
incluso los mecanismos bajo los que fueron producidos, recondu-
ciéndolos constantemente a un terreno donde el espectador se sienta involucrado.

Manifestaciones éstas que pueden estar asociadas al sentido de
extranjería, por lo demás nada extraño en los viajeros convertidos
en autores de Descripciones de las Indias medievales. Una falta de
identificación con los potenciales receptores que de alguna manera
es inherente a la naturaleza misma de la información requerida, producto de una vasta experiencia vital en un lugar remoto. Marco
Polo, en el momento de su primera narración, había pasado más
tiempo en Asia que en Europa. Igual Jordano pudo haber pasado
más tiempo en Oriente que en Occidente, cuando aparece en Aviñón redactando su libro. Montecorvino pasó más de tres décadas en
Asia. Odorico y Marignolli pasarían también décadas entre las
Indias y el Catay, aunque éstos comenzaran sus viajes a una edad
avanzada.

Este sentido de extranjería no es ni mucho menos privativo de
la literatura de viajes del siglo XIV. Pero en relación con instancias
posteriores, las primeras Descripciones de las Indias apenas contaron con medios consensuados para superar esta desubicación del
autor con respecto a su audiencia. La insólita experiencia de los viajeros al Lejano Oriente de 1300 alcanzaría proyección en sus textos
manifestándose en una forma de desconcierto expresivo cuyo remedio sólo provendría de la capacidad individual de cada autor para
combinar recursos provenientes no de uno sino de varios registros
expresivos, tanto antiguos como nuevos, tanto escritos como orales.

La retórica medieval

La Descripción del Lejano Oriente de principios del siglo xiv mantiene una relación un tanto imperfecta con el ámbito general de la tradición retórica medieval. La retórica venía siendo uno de los pilares de la enseñanza y una actitud fundamental en la transmisión de conocimiento y, en general, en el arte de persuadir. El fin primordial de la retórica es conseguir una predisposición favorable del lector, su beneplácito. A este fin son consagrados no pocos esfuerzos. Toda la amplia maquinaria retórica, cuya evolución o degeneración acabaría sumiéndola en la esclerótica retahíla de fórmulas convencionales, revela cierta preocupación inicial respecto a las posibilidades de éxito real de la comunicación, especialmente a través de medios tan minoritarios como la escritura. La retórica está destinada a nivelar la relación del receptor y el emisor de un mensaje, lo que se tradujo a lo largo del Medievo latino en una actitud literaria general pretendidamente humilde, conservadora e, incluso, complaciente [2]. La fuerza de la retórica no radica tanto en el contenido de verdad que posee como en la capacidad de armonizar opiniones dispares dentro de un sistema de referencias comunes. Un sistema así, que en la Grecia aristotélica estaba bajo vigilancia de la filosofía, en la Edad Media requería igualmente de la garantía proporcionada por el consenso consuetudinario. Todo ello devino durante el Medievo latino en la creación de una extensa reserva de *topoi* literarios que, a la postre, quedó reducida a una suerte de clichés que han posibilitado a la crítica actual su desglose y catalogación. No sólo las expresiones de humildad y modestia, las exhortaciones y los halagos funcionaron como fórmulas literarias estáticas. Incluso determinados ejercicios de exaltación de la belleza, de admiración de la naturaleza o de exposición de sentimientos íntimos funcionaron como tópicos cuyo recurso anteponía la capacidad de reconocimiento del receptor a la de expresión del autor [3].

El gran filólogo alemán Ernest Curtius identificó, incluso en la rendición ante lo inexpresable, las declaraciones por parte del autor

---

[2] Racionero, *La Retórica de Aristóteles* (2000), p. 12. Véase también Barthes, *La antigua retórica* (1974).

[3] La obra más completa en este campo sigue siendo el clásico de Curtius, *Letteratura europea e Medio Evo latino* (1992), 1.ª ed., 1948.

de su incapacidad de trasmitir información nueva al lector, temas que forman parte de esa reserva *topica*. Como vimos más arriba, la obra de Odorico/Solagna recurrió a estos *topoi* para afirmar la imposibilidad de conseguir con las palabras una descripción plena. Sin embargo, en casos como éste la extraordinaria insistencia convierte el tópico en el techo expresivo de los coautores. De hecho, se aprecia una diferencia sustancial entre el uso de estas fórmulas de modestia dentro de los mismos textos de Descripción de las Indias. Marignolli declara en alguna ocasión su ineptitud sobre un asunto que acto seguido procede a relatar o al final de una larga anécdota personal, dándole a esta falsa modestia un aspecto puramente ritual. Por el contrario, Jordano Catalán interrumpe con esa misma fórmula una fatigosa descripción que a continuación intenta continuar a trompicones en el intento sincero de superar los límites expresivos de un miembro del bajo clero con una formación literaria evidentemente exigua.

La misma India es uno de los *topoi* más ubicuos en las letras latinas medievales de los identificados por Curtius. Su valor convencional radica en la capacidad de evocar lo lejano y lo extremo. Lo digno de ser aplaudido hasta en la India es una forma convencional de expresar el merecimiento de ser aclamado masivamente. La India es la identificación por excelencia de lo remoto y, al tomar el todo por sus partes, de lo universal. Indias continuó siendo el *topo* con el que se identificó la remota América. La prolongada inclusión del Nuevo Mundo y de sus pobladores nativos dentro del complejo de significados del concepto «Indias» quizá tenga más que ver con esta capacidad alegórica que con el error manifiesto de Colón y la terquedad castellana [4]. Pero incluso la Maravilla, en el sentido de inconmensurable, de rendir las cosas cuantitativamente extraordinarias, es igualmente un *topo,* una técnica narrativa de uso frecuente a lo largo de todo el Medievo y parte de la Modernidad, en tanto que constituía la instancia última de lo mesurable [5].

De todas las instancias de la Descripción de las Indias del siglo XIV probablemente ninguna se preste mejor a la identificación de

---

[4] CURTIUS (1992), pp. 180-181; WASHBURN, *The Meaning of Discovery in the Fifteenth and Sixteenth Centuries* (1962); TERAN, *Del Mythos al Logos* (1987).

[5] OLSHCKI, *Storia letteraria delle scoperte geografiche* (1937), p. 122. Según TODOROV, *Introduction à la littérature fantastique* (1970), será sólo partir del siglo XVII cuando la firmeza de la razón arrincona las restantes alternativas cuyas manifestaciones como «maravilla» se tornan grotescas.

recursos literarios de este tipo como la larga relación del martirio de Tomás de Tolentino hecha por Odorico de Pordenone. La actitud desafiante de los frailes, la perversidad de sus verdugos, el ambiente de confusión entre el populacho, los milagros durante la ejecución o las prodigiosas manifestaciones de la naturaleza tras el asesinato no son sino tópicos en plena vigencia en el momento de la confección de la *Relatio.* Ya vimos más arriba cómo se trataba también del único momento de la Descripción de las Indias donde la categoría «Maravilla» funciona plenamente dentro del registro de lo sobrenatural. Pero, qué obviedad que un fraile franciscano recurra a la fecunda tradición hagiográfica medieval para ilustrar el martirio de cuatro de sus compañeros en la India siguiendo bien de cerca una serie de fórmulas literarias que, a las alturas de 1300, constituían uno de los pilares de la identidad católico romana [6].

La narración del Martirio de Tomás de Tolentino no debió de ser muy problemática para Odorico de Pordenone, quien en este episodio prácticamente desaparece tras la intervención de Guillermo de Solagna, el escriba profesional que trató el asunto con gran soltura y consiguió dar al episodio una unidad narrativa excepcional dentro del conjunto de la obra. Pero precisamente dicha unidad no hace sino poner de manifiesto la violencia con que se alternan registros distintos dentro de los límites de un único texto. Una vez superado el Martirio, no volveremos a encontrarnos a un Solagna tan seguro de sí mismo, mientras que la presencia de Odorico aumentará considerablemente con sus analogías, unas veces torpes otras ingeniosas pero siempre originales.

El martirio de Tolentino permitió al equipo Odorico/Solagna recurrir a unos parámetros finitos, la *topica,* reconocidos y protegidos por la tradición dada su capacidad de armonizar niveles de entendimiento y posibilitar la comunicación. También Juan de Marignolli pudo servirse de estas fórmulas de uso corriente entre la élite letrada latina a la que podríamos adscribir al florentino, pero de ninguna manera al resto de los autores de Descripciones de las Indias. De hecho, este conjunto de textos sobre los viajes al Lejano Oriente nos sitúa en un punto de inflexión, un ámbito en que la función por excelencia de la retórica medieval no puede ser satisfecha plenamente por un sistema determinado y hace pertinente el recurso a otros. Allá donde las Descripciones pudieron echar mano

---

[6] CURTIUS (1992), pp. 93-123.

de los *topoi* su función no es diferente del recurso a lo excepcional y a lo superlativo que analizamos en el capítulo anterior: un medio consensuado para traspasar la experiencia común de lo antiguo y dar salida a la experiencia personal de lo nuevo.

Las lenguas romances y la codificación de la novedad

El uso por parte de los autores de Descripciones de las Indias de las lenguas romances, además de indicativo de su fuerte ascendente popular, pone estos textos en sintonía con un complejo fenómeno literario que tuvo lugar entre los siglos XIII y XIV y que estaba destinado a satisfacer una serie de nuevas necesidades expresivas. No sólo Marco Polo/Rustichello de Pisa y Juan Mandeville eligieron el occitano para dar salida a sus experiencias asiáticas, también el *Mirabilia descripta* de Jordano Catalán pudo haber sido compuesto originalmente en alguna lengua vernácula, el provenzal o el catalán, si bien sólo ha sobrevivido su traducción al latín[7]. Por su parte, la única copia de la primera carta de Juan de Montecorvino, la más descriptiva, está escrita en italiano sin que haya rastro de una composición original en latín. Y Guillermo de Solagna, aunque escribe en latín para Odorico, hace manifiesta su intención de sobrepasar los límites de una audiencia exclusivamente latina y tener resonancia en los medios menos letrados, a través también de la vía oral[8].

La expresión en lenguas romances alcanzó una primera proyección literaria en el ámbito épico de los siglos XI y XII, como adaptación de temas escritos en latín y como fijación de tradiciones orales, así la *Chanson de Roland,* el *Boewulf* o el *Cantar del mío Cid.* A partir del siglo XIII, el latín y las lenguas vulgares funcionaron como alternativas retóricas que permitían al escritor ensayar nuevas formas expresivas que no implicaban necesariamente una alternativa temática. Ya en la época en que tuvo lugar la Descripción del Oriente, el catalán sirvió a Llull, como a Dante el toscano, para abordar algunas de sus principales preocupaciones filosóficas, polí-

---

[7] CORDIER (1925) se decanta por el original catalán. GIL (1995), en cambio, por el francés.

[8] «Y no me preocupé de esmerarme en el latín ni de adornar mi estilo, sino que tal como él lo contaba yo lo ponía por escrito, para que lo que se escribe esté más al alcance de todos», ODORICO, *Relatio,* p. 509.

ticas y religiosas. Los *Blanquerna, Romanç d'Evast, Llibre del gentil, Llibre de meravelles* o *Llibre de les bèsties* cuentan entre las primeras novelas europeas que tratan sobre temas contemporáneos. Sin embargo, no dejan de trasladar al lector la peculiar ciencia de la vida, el *Ars magna* llulliana. Con respecto a su expresión latina, el catalán permitió a Llull trascender unas convenciones retóricas y explorar nuevos vínculos con el objeto de estudio y con el espectador. Acaso también con un espectador nuevo.

Paralelamente a este lento desarrollo de las lenguas romances, el latín recorre un camino inverso demostrándose cada vez menos adecuado para desentrañar la riqueza de matices de la realidad cotidiana. El latín en el siglo XIV ya muestra signos inequívocos de estancamiento, adolece de una rigidez extrema que sólo lo convierte en apto para satisfacer las necesidades del estilo elevado mientras se revela incapaz de reproducir satisfactoriamente la realidad sensorial, el acaecer del día a día [9]. Tenemos, por tanto, que este lento desarrollo literario de las lenguas romances es el reflejo de otra necesidad también de orden expresivo pero mucho menos tangible, sentida cada vez con mayor intensidad con el paso del siglo XIII al XIV. Se trata de lo que numerosos especialistas denominan el paso de lo Universal (hechos, situaciones o personajes que mediante generalización ven potenciadas sus características esenciales en detrimento de lo coyuntural) a lo Particular (en tanto expresión más proclive a dar salida a lo irrepetible y circunstancial del acontecer). Se trata de una tendencia difícil de identificar dado su lento fraguar, pues, si bien sus primeras manifestaciones se dan en los albores del siglo XIII, no será hasta bien entrado el siglo XVI que alcanzará una identidad propia y bien delimitada dentro del conjunto de las letras europeas. Pero a esta primera dificultad hay que añadir otra mayor: su anclaje en la tradición oral. Tanto su origen como su evolución se configuraron en la lenta transmisión de boca a boca de historias, cuentos y anécdotas que sólo en casos excepcionales alcanzaron proyección escrita. Sin embargo, estos casos ejemplares constituyen la arqueología de una de las formas literarias más características y fecundas de la cultura europea: la novela [10].

---

[9] AUERBACH, *Mimesis* (2002), 1.ª ed., 1954, p. 217.
[10] GUILLEN, *L'uno e il moltiplice. Introduzione a la letteratura comparata* (1992); RIQUER, *Los trovadores. Historia literaria y textos* (1983); LUCKACS, *The Theory of the Novel* (1971); MENÉNDEZ PIDAL, *La epopeya castellana a través de la literatura española* (1945).

En este territorio de transición, los antiguos modelos narrativos comienzan a experimentar variaciones, no tanto temáticas, como estilísticas. Mediante interpolaciones que respetaban la integridad de las estructuras narrativas, la fenomenología romanizante inicialmente se manifiesta en la presentación, al lado de monótonas sucesiones de duelos y batallas, de escenas cortas de amor y aventuras, moralizantes y didácticas portadoras de una nueva sensibilidad particularmente efectiva en el establecimiento de relaciones entre el sujeto y el objeto recreado [11].

Por el contrario, en el universo perfecto de la épica, en el que la representación de la realidad es total, en tanto nada hay más allá de lo recreado, no tenía cabida lo impenetrable, la zona oscura en la personalidad, el rasgo impreciso, el carácter interpretable. El placer proporcionado por las antiguas canciones de gestas se basaba antes que nada en su previsibilidad, en su capacidad de generar reconocimiento entre la audiencia. La literatura de entretenimiento medieval discurría por los senderos expresivos fijados de antemano por una tradición plenamente compartida entre el autor y espectador. Dentro de un círculo primordialmente cerrado e idealmente estable los arquetipos épicos son tan conocidos por el emisor como por el receptor. La satisfacción de expectativas era inmediata.

La novela, en cambio, está construida sobre datos y hechos que, sin dejar de ser importantes, reciben su verdadera esencia de la capacidad de remitir al espectador a significados para él hasta entonces insospechados. Novela etimológicamente significa «nueva que viene de alguna parte», es la noticia de algún acontecimiento que despierta la curiosidad y que merece ser referida a quienes no lo han presenciado [12]. La novela tiene sus orígenes en la búsqueda de nuevos mundos, en descubrir ante la audiencia la parte desconocida bien de una historia, de una vida o de un sentimiento, la cara impredecible del avenir: la aventura [13].

---

[11] «Situar la acción en un espacio concreto, anclar la ficción en el tiempo presente, apartándola de un pasado más o menos borroso, individualizar a los personajes genéricos del cuento, desechando los estereotipos, hacer que los personajes se configuraran progresivamente según progresara la acción, escribir por fin un texto dándole el toque que únicamente confiere la mano del escritor», CHEVALIER, *Cuento y novela corta* (edición de LACARRA, 1999), p. 13.

[12] *Ibíd.*, p. 11.

[13] ZUMTHOR (1970), p. 820.

La aventure *de Marco Polo*

De todos los textos del conjunto de Descripciones de las Indias el más próximo a este sistema expresivo alternativo es el *Milione* o *Divisament dou monde* de Marco Polo, no tanto por estar escrito originalmente en lengua vulgar, como por la profusión con la que se suceden estos cambios de registros y la interpolación de células narrativas y recursos literarios procedentes de la nueva prosa aún a medio camino entre la canción de gesta y la novela. Las similitudes de la Descripción del Lejano Oriente poliano con el *roman courtouis* sin duda tienen que ver con el importante papel en su composición de un especialista en la expresión romance, Rustichello de Pisa, alias Rusticiano. La intervención de Rustichello ha ido creciendo a los ojos de la crítica que inicialmente lo tomó por mero escriba. Sin embargo, el cotejo con el resto de la producción del trovador toscano ha permitido verificar su autoría exclusiva de importantes elementos de la narración poliana. La intitulación de la obra a «*seignors emperaor et rois, dux et marquois, cueus, chevaliers et boirgois, et tous gens que voles savoir les deverses jenerasions des homes et de deversetés des deverses regions du monde*», es calcada de las compilaciones hechas por el pisano del ciclo artúrico, cuya expresión más elaborada circuló bajo el título de *Meliadus* [14].

Asimismo, el extenso epílogo, que recrea una extensa serie de sagas bélicas de los khanes, no hace sino seguir fielmente el patrón literario de las gestas artúricas. No menos evidente es su imposición de anacrónicos discursos en las bocas de los caudillos a sus ejércitos en los albores de la batalla, los vínculos de vasallaje establecidos entre el khan y sus barones tártaros, las minuciosas secuencias de *fechos de armas* y otros elementos dispersos a lo largo de la obra que están plagados de reminiscencias literarias extraídas de las canciones de gesta y, en particular, del *roman courtois* [15]. Pero, a la interpo-

---

[14] En Heers (2004), Larner (2001), Critchley (1993), Gil (1987). Se trata, sin embargo, del aspecto menos trabajado, quizá producto de una inercia secular de no restar ningún triunfo al «Príncipe de los viajeros». Por lo general y siguiendo la estela de los especialistas de más prestigio, como Leonardo Olsckhi, Henry Yule, Paul Pelliot, Henri Cordier, el papel del escriba es completamente subestimado.

[15] El primero en advertirlo y llevar a cabo un trabajo de comparación entre las obras de Rustichello y Marco Polo fue Benedetto, *Il Milione* (1928), donde se hace el cotejo entre pasajes enteros referidos a las gestas tártaras calcadas palabra por palabra

lación de células de procedencia exterior a la experiencia asiática de Polo, que tanto contribuyeron a la complejidad del *Milione,* cabría añadir otros rasgos intrínsecos a la composición de la obra que dan una medida aún mayor del ascendente que pudo tener Rustichello en el producto final de su encuentro con el otro viajero. El Libro comienza siendo una relación, una transmisión de información valiosa, y en algún punto se transforma en narración, en el regocijo de una extraordinaria experiencia humana. A medida que avanza el *Divisament,* orador y transcriptor se deleitan en la rememoración de tradiciones orientales, de costumbres pintorescas, de anécdotas divertidas, en detrimento de la información técnica de pesos, medidas y distancias.

Si consideráramos exclusivamente la vocación pragmática de los datos mercantiles, que difiere notablemente del estilo fluido del resto de la obra y se presenta bajo un formato extremadamente esquemático, reiterativo, árido y monótono, el *Milione* se nos aparece como un exhaustivo manual de comerciantes de la misma familia que la famosa obra del florentino Pegolloti. No cabe descartar la hipótesis de que los datos presentados por Marco Polo sirvieran originalmente al propósito de componer otra *Pratica della mercatura* desde el Mediterráneo a China como la encargada por los Bardi [16]. En la misma línea, atendiendo a las constantes indicaciones de las distancias en millas, la dirección de las costas, la posición relativa de los lugares y las rutas indicadas según el sistema italiano del compás, el *Milione* puede leerse cual portulano, como el *Zibaldone da Canal,* compuesto en Venecia en 1310. Toda la información sobre puertos, naves, tripulaciones, aspectos técnicos de la navegación, aparejos, timones, anclas, velas, etc., que puebla el itinerario narrativo de Polo también forma parte de la tradición transmitida oralmente durante generaciones por los marineros del Mediterráneo para mejorar la navegación y a la que Marco Polo pudo haber contribuido con información procedente directamente del Índico y el Mar Amarillo [17]. Pero tampoco han faltado especialistas que han detectado en la obra poliana la influencia de moldes literarios desarrollados en la China de la era Yuan. Marco Polo pudo haber

---

de las batallas artúricas del *Meliadus.* LARNER (2001), pp. 81-87, añade algunas reveladoras coincidencias filológicas, así como las recepciones de Tristán en la corte de Camelot y el duelo entre los caballeros de Cornualles e Irlanda como modelo de sendos pasajes de *Il Milione.*

[16] Tesis de BORLANDI, *Alle origine del libro di Marco Polo* (1962).

[17] Según VICENTINI, *Il Miltone de Marco Polo come portolano* (1994).

hecho uso en el *Milione* de los mismos formularios empleados por los mongoles para reconocer el terreno y hacer efectiva su administración. Tarea que le fue confiada a Marco Polo por el Gran Khan y de cuyo resultado también pudo haberse servido para componer en la prisión genovesa su Descripción del Lejano Oriente[18].

Sin embargo, el *Divisamente dou monde* (división más que divisar) apela, y de hecho consiguió, a una audiencia mucho más amplia y heterogénea, tan difícil de precisar, como difícil es atribuir la habilidad de saltar de uno a otro auditorio, dentro de los límites de un único texto, exclusivamente a Polo o a Rustichello[19].

La parte que trata la India tiene prácticamente el mismo peso en la estructura narrativa que la que trata de China. Teniendo en cuenta que las estancias de Marco Polo en el sur de la India fueron pocas y breves en comparación con los lustros de viajes por el resto de Asia, cabe atribuir en este caso a la experiencia literaria de Rustichello al menos parte de la asimetría entre la experiencia vital del viaje y su producto literario. La obra muestra gran preocupación por distribuir y acumular todo el material correspondiente a la India en un lugar determinado por criterios puramente narrativos. En su recorrido por Persia el viajero llega a Ormuz, la puerta de la India, donde toma la decisión explícita de callar y volver sobre sus pasos. Sigue el itinerario narrativo por la región de los Asesinos y vuelve por segunda vez en el relato a Bagdad. Desde allí desciende a Cachemira adentrándose de nuevo en la India. Otra vez el discurso es contenido, pues la voluntad reconocida del narrador es desplazar todo lo referente a la India a una sección independiente, el tercer libro de la edición zeliana o el viaje de regreso en otras versiones.

---

[18] Dice LARNER (2001), p. 136. Ya, sin embargo, OLSCHKI (1937) había sugerido la posibilidad de que algunas de las historias a las que se refiere Marco Polo las hubiera oído de trovadores tártaros en la Corte de Kublai Khan.

[19] No vendría mal recordar aquí la famosa novela de Italo CALVINO, *Le città invisibili,* de 1972, en la que Polo aparece como un excelente cuenta-cuentos cuyas virtudes como narrador serían antes que ningunas otras las que atrajeran la atención y el cariño de Kublai Khan. Sin duda, de esas virtudes hizo gala a su regreso a Italia y quizá pudo haber dado origen a varios relatos recogidos por otros compañeros de prisión, a parte de Rustichello, como ya sugirió Denison ROSS en 1934. Recientemente otra novela, precedida de una poderosa campaña publicitaria, plantea otra no menos interesante posibilidad. Graciella Montes y Ema WOLF, *El turno del escriba* (2005), imaginan a un Rustichello de Pisa como verdadero promotor de *Il Milione.* El olfato literario del viejo poeta le serviría para identificar en la historia de un despistado Marco Polo recién regresado de las Indias un producto literario novedoso pero con un gran potencial.

Sin entrar en el gozo que pudieron experimentar los autores y, presumiblemente, el espectador al encarar este apartado, lo cierto es que la cuidadosa conversión de la India en una sección diferenciada no está exenta de cierto afán efectista. La capacidad evocadora de la idea de India es protegida dotándola de una entidad singular mediante usos propios del ingenio trovadoresco. Haciendo explícitos estos emplazamientos a un momento posterior, no sólo se deja ver cierto control por parte de Rustichello de la extraordinaria capacidad evocadora de Polo, sino que emplea una técnica típica del *roman courtois* en la estructuración del conjunto de la obra, manteniendo en el aire un componente esencial, convirtiendo la India en un instrumento con el que sostener la expectación del lector[20].

No menos próximo a las técnicas del *roman courtois* son las aclamaciones a la fama universal merecida por el héroe, las reiteraciones en este sentido respecto a Polo no son menos persuasivas que respecto a Perceval. Otro tanto cabe decir de la continua invocación a la audiencia del *Milione* mediante fórmulas propias de la trova, como «sabed y oíd», «como ahora oiréis»... Cabría preguntarse también si la sensibilidad poliana hacia las prácticas sexuales y, en general, el comportamiento femenino no fueran potenciadas por Rustichello justo en una época en que las artes amatorias bien podrían considerarse parte de los recursos que conforman la nueva *topica* de la emergente narrativa romance[21].

El escriba de Marco, como el de Odorico, pasa desapercibido, de hecho le separa del anonimato una única mención al nombre propio y a su estricta vocación de reproducir fielmente las palabras del héroe. También Guillermo de Solagna desaparece tras el beato, aumentando con su ausencia el carácter empírico, verídico, de todo lo acontecido en la narración. El ambiente trovadoresco del que sale Rustichello de Pisa venía ensayando, como fórmula de éxito, la adscripción de sus productos a una solemne paternidad. Los tres principales ciclos de la novela bajomedieval fueron atribuidos falsamente a prestigiosos iniciadores. El de Alejandro a Calístenes, el de Carlomagno al arzobispo de Turpin y el de Troya nada menos que a testigos presenciales, a los soldados Dictys y Dares[22]. Mientras tanto, sus verdaderos autores pretendieron

---

[20] Cercas y Rico, *Amadis de Gaula* (1999), p. 40.

[21] Riquer, *Vidas y amores de los trovadores y sus damas* (2004).

[22] Palermo, *Il romanzo di Ettore ed Ercole: Nuove prospecttive critiche* (1977).

pasar inadvertidos, enfatizando así su puesto al lado de la audiencia con la que se comparte sorpresa y expectación ante la recepción de la prodigiosa historia. Por un lado, se trata de una tendencia decreciente, pero el mismo Cervantes trató de parodiar con su Cide Hamete Benengali tan poderoso y, al parecer, aún vigente artificio narrativo.

El asalto de la psique

Una de las peculiaridades más notables de la antigua literatura medieval es el predominio del estilo sobre el contenido y a ello se debe la total dependencia de modelos expresivos preexistentes. La creación literaria medieval cumplía por lo general una función eminentemente conservadora: la de superar las contradicciones inherentes a la realidad[23]. La búsqueda de significados nuevos era, por tanto, innecesaria. En su lugar, la experticia de un autor venía determinada más por su capacidad de combinar hábilmente una serie de motivos, metáforas y tópicos extraídos de entre un número limitado de posibilidades. De esta manera se procuraba el acceso a un mundo del que no importaba tanto constatar su existencia (subjetiva por estar sujeta al cambio y a la variedad de percepciones), sino su esencia (que como ámbito figurativo es el único donde cabe encontrarse con lo objetivo). En este tipo de construcciones la presencia del creador cuanto más desapercibida pase mejor, pues la individualidad del autor no es sino un obstáculo a la hora de dar salida a una forma de representar la realidad que busca por encima de todo dar con su aspecto seguro, invariable, universal. De ahí el anonimato de buena parte de la creación literaria medieval y, en general, de la artística.

Por su parte, es a través de interpolaciones cortas que el nuevo fenómeno romanizante se manifiesta, mediante la introducción de la multiplicidad de significados, de lo imprevisible, de la evolución o degeneración de la realidad. Los ancestros literarios de la novela occidental se caracterizan por su escoramiento hacia los márgenes conflictivos de la realidad, las zonas oscuras de incomprensión en el individuo así como la complejidad social expresada en gradaciones, jerarquías y estructuras, movilidad y resistencia. Por eso el fenómeno

---

[23] Zumthor (1970), p. 816; Auerbach (2002), p. 119.

romanizante comenzó a distinguirse de sus precursores tan pronto como situó la acción dentro de un momento preciso incrustado de manera ordenada en el devenir temporal. Con el paso del tiempo comienza a ser irrenunciable para el nuevo romance occidental la sujeción de la acción a un entorno geográfico concreto, con una toponimia conocida, en un tiempo próximo, por lo común asociadas al bloque católico de las empresas colectivas, primando los aspectos estratégicos, los datos cuánticos y la fuerza psicológica de los personajes, predominando el ingenio y la astucia sobre la fuerza[24].

En este nuevo contexto, el papel del autor experimentará también un cambio importante, pues a partir de entonces buena parte de la aprehensión de la realidad será hecha indagando en las profundidades del acontecer humano que deja de ser percibido exclusivamente a través de sus manifestaciones exteriores. La novela occidental consigue hacer de la mera y multiforme existencia algo significativo al proporcionar al espectador una sucesión ordenada de fragmentos de experiencia humana. Al nuevo autor ya no sólo corresponde constatar los sucesos, sino también sus efectos, para lo que debe adoptar una perspectiva lingüística que le permita trasladar los hechos junto con sus múltiples posibilidades semánticas y su significado. La voz que se escucha en las creaciones romances, bien sea la del narrador disfrazado de testigo, de protagonista o bien desnudo, tiene que compartir con el espectador la toma de decisiones, la enunciación de juicios, sus reacciones de extrañeza, su admiración, su miedo, su desconsuelo. Esa voz es desde ahora indispensable, pues de ella depende que los hechos estén bien ordenados y así cobren sentido dentro de un nuevo marco a menudo definido en términos de *pugna spiritualis*[25].

---

[24] Esta transición prefigura la sucesión de dos modelos denominados por Martín de Riquer (1983) novela de *caballerías* y novela *caballeresca*.

[25] Cardini, *Guerre di Primavera. Studi sulla cavalleria e la tradizione cavalleresca* (1992), p. 102. Según Helene Adolf, *Visio Pacis. Holy City and Grail* (1960), el Santo Grial actuaría como símbolo del Santo Sepulcro y por tanto los romances del Santo Grial funcionarían como una suerte de sublimación de la Cruzada. La pérdida de Jerusalén impulsaría a la caballería cristiana en busca de su «corazón interno», pasando de la exteriorización de la Cruzada a la interiorización de la búsqueda del Grial.

La queste *de Marignolli*

Las Descripciones del Lejano Oriente a menudo revelan una similitud extraordinaria con los códigos empleados en la novela emergente a la hora de iluminar la relación entre los personajes y el escenario de sus avatares. La Descripción de las Indias se enfrentó a una problemática no muy diferente de la que acabó derivando en el nacimiento de la novela occidental. La necesidad de concretar, de superar la falta de antecedentes, de encontrar la manera de dar salida a la experiencia de lo nuevo, fueron sentidas tanto por los autores de Descripciones de las Indias como por quienes contemporáneamente encontraron mayor satisfacción en la transmisión no de los antiguos modelos clásicos de la épica y la fábula, sino de las historias portadoras del cuño de lo moderno, de lo novedoso y a la vez cercano. Por tanto, las soluciones a menudo son también similares.

La Descripción de las Indias de Juan de Marignolli pone de manifiesto con particular intensidad dicho paralelismo con la proto-novela occidental. La similitud resulta particularmente potenciada por el efecto que producen este tipo de interpolaciones en uno de los formatos literarios más anquilosados de la Edad Media, la *Chronica*. Y todo a expensas de una información cuyo valor objetivo llega al lector envuelto en las connotaciones subjetivas de la más íntima vivencia personal en el Lejano Oriente de nuestro fraile. Para empezar, Marignolli afirma con total seguridad lo que el resto de los autores de Descripciones sólo se atreve a sugerir: que en algún lugar entre el sur de la India y Ceilán está el auténtico Paraíso terrenal. Contrariamente a las apariencias, el extraordinario conocimiento sobre el Jardín de Adán no es transmitido a la audiencia exclusivamente por su valor sapiencial, sino que sirve al autor para trasladar al lector un complejo proceso psicológico fruto de todo un viaje iniciático protagonizado por el mismo Marignolli.

El viaje de regreso a Europa, según anda presto a confesarnos el franciscano florentino, estaba proyectado inicialmente en tres etapas: de China al reino de Saba, de allí a la tumba del Apóstol Tomás y por último hasta la Tierra Santa. Así presentado, no es de extrañar que nada más comenzar esta auténtica *queste* espiritual, la nave en la que viajaba el florentino fuera abordada por una tempestad sobrecogedora que el narrador quiere poner ante los ojos del espectador haciéndole ver «el mar rodeado de llamas y de dragones vomitando fuego». Es por la exclusiva gracia divina que Marignolli llegó a las proximidades del Paraíso en Ceilán, desde donde «Dios, conmovido por nuestras lágrimas», le permitió contemplar el amanecer sobre la montaña del Edén. Pero antes de tan excelsa recompensa el proceso purificador debe completarse y a su llegada a tierra firme tras la hecatombe, Marignolli pasa por las manos del astuto gobernante musulmán Coya Jan, quien, cual hechicero, se vale del engaño y las malas artes para desposeer al fraile de todas sus riquezas materiales. La secuencia de consumación del sacrificio, castigo corporal y psicológico, redención de la culpa y súplica, constituye toda una prueba por la que, siguiendo el código caballeresco, es necesario pasar para ser digno de merecer la recompensa divina²⁶.

El Paraíso topografiado en la *Chronica* por Marignolli da cabida a un episodio de buscada complejidad psicológica, registro del que se servirá repetidas veces a lo largo de su obra. Acaso la candidez de Marignolli al retratar el encuentro imprevisto de padre e hijo en la estampa del indio bautizado también encontrara salida por las reminiscencias con los encuentros providenciales, como el del Amadis en su camino a Bretaña cuando ordena caballero a Galaor sin saber que se trata de su propio hermano. En la representación de sí mismo a su llegada al cabo Comorín, Marignolli tampoco escatima recursos propios del universo de la caballería. Allí traspasó la última marca dejada por Alejandro Magno, para erigir un pilar frente al Paraíso con el ánimo de resistir hasta el fin de los tiempos, marcado con las armas del papa y las suyas propias, en presencia de una multitud infinita que acabó portándole en hombros cual Salomón. El poder evocador de las historias romanzadas está también presente en la reconstrucción de su experiencia sabática. A él correspondió el honor exclusivo de montar el elefante de la reina, de recibir suntuosos banquetes organizados en su honor y regalos personales como los que correspondían a los principales señores de la Corte. Cual caballero andante que llega a la Ínsula malherido, sólo los cuidados de las médicas personales de la reina logran salvar la vida del fraile. Todo un caudal de imágenes vecinas al ideal caballeresco del amor cortés que, como vimos más arriba, son traídas a colación por Marignolli no sin cierto pudor y una excusa por adelantado ante el emperador.

También Marignolli emplaza al lector a momentos posteriores de la obra mediante el *alibi recitandum* que, como referíamos más arriba respecto a Rustichello, son técnicas típicas del *roman cour-*

²⁶ Abeydeera, *Jean de Marignolli: l'envoyé du Pape au Jardin d'Adam* (1988).

tois. Pero con respecto a otras instancias de la Descripción de las Indias, Marignolli se permitió una serie de licencias que, en relación con los usos propios de la literatura de entretenimiento contemporánea, inciden especialmente en la fusión de las tareas de describir el Oriente y de transmitir a nuevos públicos historias nuevas. En ambas el establecimiento por parte del narrador de una determinada perspectiva está explícitamente vinculado al tratamiento del objeto de análisis [27].

La curiosidad

Ciertamente también el *roman courtois* se presta sólo parcialmente a la identificación de modelos narrativos empleados por los autores de Descripciones de las Indias. El realismo cortesano desarrolló una capacidad notable de lidiar con la realidad multidimensional pero únicamente de un segmento social, del estamento caballeresco que además estuvo siempre envuelto en una atmósfera mágica desprovista de todo nexo con los fundamentos políticos de la realidad historicista (realidad compuesta de una sucesión secuencial de hechos históricos). En este sentido, el compromiso de la Descripción de las Indias era mucho más profundo en tanto le correspondía dar testimonio de una realidad mucho más amplia e interconectada de múltiples maneras.

Sin embargo, el aspecto de la cultura cortesana de las novelas de caballerías que más pudo influir en la tarea de describir el Oriente es, a mi entender, su novedosa y ciertamente extraña manera de concebir el acontecer. Se trata de una particular manifestación del devenir que no sólo tiene lugar allende las fronteras de lo conocido, sino que también encuentra su unidad discursiva en un tipo de individuo muy peculiar, un tipo de héroe que no sólo es capaz de transgredir todo límite, sino que de su suerte, de su destino, depende el sentido de ese mundo externo que precisamente deja de serlo en cuanto el héroe lo convierte en íntimo. La posición de este individuo es tan sólida y central que su intervención puede prescindir tranquilamente de toda finalidad. El mero deseo del héroe de

---

[27] Quizá hubiera acertado más Yule al comparar Marignolli con Cervantes que con don Quijote. YULE, *Cathay,* III, p. 258.

ponerse a prueba es un impulso vacío pero suficientemente poderoso como para ordenar en torno suyo el universo entero [28].

Con el tiempo el ideal caballeresco acabará siendo adoptado por las clases urbanas, especialmente italianas, adaptándose a los gustos de la burguesía mercantil, la burguesía liberal y, permítanme la expresión, la burguesía mendicante, pero manteniendo la fuerza de un ideal característico por estar desprovisto de toda causalidad [29]. Pero antes incluso de que dicha transferencia fuera completa, esta particular manera de relacionar al individuo con la realidad pudo tener eco en obras como la de Marco Polo. Como ya dije más arriba, las obras de Marco Polo y de Juan de Marignolli hacen alusión, a modo de justificación, al deseo de procurar asueto con sus narraciones al eventual lector. Pero incluso la experiencia vital del viajero no pareció necesitar otro propósito que el mero afán de aventura que se explica a sí misma, ya que no aparece por ninguna parte otro argumento justificativo. A pesar de que ni la obra de Polo ni la de Marignolli mencionan la curiosidad, es ese mismo impulso, potencialmente infinito pero que al no estar dirigido sobre ningún objeto en particular está vacío de contenido, el que anima continuamente a uno y otro viajero en su imparable proceder hacia una meta que es desconocida tanto para el protagonista como para el narrador y el espectador. La curiosidad aquí también funciona como cualidad espiritual que no difiere sustancialmente del deseo caballeresco de ponerse a prueba a sí mismo siguiendo los dictados irracionales de un impulso irrefrenable que viene de lo más hondo de su propio ser [30].

---

[28] AUERBACH (2002), pp. 130 y 136.
[29] _Ibíd.,_ p. 133.
[30] «La serie de aventuras alcanza el rango de constatación gradual, y prefijada por el destino, de un ser elegido, y se convierte así en la base de una doctrina del perfeccionamiento personal a través de un desarrollo impuesto por el destino, doctrina que más tarde rebasó los límites estamentales de la cultura cortesana». _Ibíd.,_ p. 132. El viaje al más allá, al Oriente y también a la Tierra Santa, en tanto viajes iniciáticos están estrechamente ligados a la _aventure_ de la novela caballeresca del siglo XIV también según CARDINI, _L'acciar de' cavalieri. Studi sulla caballería nel mondo toscano e italico, secc._ XII-XV (1997), p. 102.

La transmisión oral de imágenes

El tratamiento de estas escenas tiene algo de visual y es a la vez indicador del importante peso de la transmisión oral en las Descripciones de las Indias. Un fenómeno que contó, tanto en la génesis, como a lo largo de todo el proceso creativo, hasta su recepción por parte del espectador. La oralidad está presente desde el comienzo; en la misma procedencia de buena parte de la información recolectada. El origen de buen número de estas historias está en los círculos de marineros, como el Gran Rukh, la Isla Imantada, o en el de los sunitas persas sobre los pérfidos Asesinos, o entre los colonos musulmanes de determinadas islas del Índico sobre las tribus locales del interior con cara y aspecto de perro. Legado oral que quizá por ser musulmán fue el más rápidamente absorbido por nuestros viajeros latinos [31]. También a la hora de llevar a cabo la composición del texto, en al menos dos de los casos más ilustres (Odorico/Solagna y Polo/Rustichello), se trató de una transacción oral. La interacción del viajero con el escriba mejoraría el producto literario último, ya no sólo por los conocimientos técnicos que pudiera aportar éste a la fijación por escrito de una historia contada, sino también por ser el encuentro entre orador y escritor una suerte de simulacro, un ensayo de la forma primordial bajo la que se difundiría la obra.

El fenómeno oral es, a lo largo del Medievo, la expresión de una forma de entretenimiento colectiva. La lectura en voz alta ante varios oyentes tendía a reforzar el deleite del asentimiento, de la experiencia compartida y ratificada por el vecino. Esta teatralidad marca profundamente la literatura de entretenimiento del Medievo y buena parte de la Modernidad, donde la confirmación de una expectativa, aclamada conjuntamente, predomina sobre la violencia de la novedad. De aquí la predilección por los elementos que remiten al público a un ámbito familiar [32].

---

[31] Sobre el importante papel de tradiciones musulmanas en las Descripciones de las Indias del siglo XIV merece especial mención la obra de RUBIÉS (2000).

[32] «Pero esos otros elementos no eran tampoco extraños a los lectores y oyentes: si no estaban en su mundo cotidiano, sí se albergaban en su trasmundo en su sentimiento inconsciente de cómo debían ser las cosas que no tenían ante los ojos», CERCAS y RICO (1999), p. 15.

Josafat y Barlam

Tres de los textos de la Descripción de las Indias se entretuvieron, de manera un tanto inusual en relación con otras tradiciones espirituales, en contar la historia de Buda según la escuela theravada de Ceilán. En los años en que tuvo lugar la primera Descripción de las Indias, el budismo prácticamente había desaparecido de su región natal, así como del resto de la India, mientras que en China y en Tíbet había alcanzado unos niveles de sincretismo con tradiciones locales que acabaron mitigando considerablemente el papel central de Siddharta Gautama, el hombre. Sin embargo, Sri Lanka, donde el budismo llegó ya en tiempos del emperador Ashoka en el siglo III a. C., fue uno de los principales lugares donde se habían conservado algunos de sus rasgos más primitivos como la relación directa del practicante con el ejemplo establecido por Siddharta. Pero, más que la fuerte unicidad del Buda ceilanés, debió de ser el poder evocador de este gran mito de validez universal el que atrajera de manera tan excepcional la atención de la mayor parte de los autores de Descripciones de principios del siglo XIV. Eso y la equiparación hecha por los musulmanes entre Buda y Adán [33].

Como vimos más arriba, Marignolli supo potenciar la equivalencia al máximo para transmitir una historia que la audiencia europea no tendría problema en reconocer como propia. Fray Juan se mostró especialmente complaciente con los monjes de la isla a los que llamaba hijos de Adán buscando con ello la alusión a una forma de espiritualidad próxima a la sensibilidad del *fraticello*. Marignolli transmitió una imagen igualmente fascinante de su fundador, basada en la sobriedad, la humildad y la solemnidad que caracteriza la versión theravada de la vida de Buda.

Pero la vida de Buda encontraría en el equipo formado por Marco Polo y Rustichello de Pisa una aproximación al gusto europeo aún mayor y caracterizada por la multiplicidad de niveles de lectura. El aspecto más importante de la historia del *Sagamoni Burcan* poliano es el conflicto entre su vocación ascética y su condición de príncipe por la que le correspondería, según la ley humana, heredar el reino de su padre. La historia tiene el comien-

---

[33] No podía faltar la alusión en el famoso *Rîhla* del tangerino, contemporáneo de Marignolli, Ibn Batuta. *A través del Islam* (edición de FANJUL y ARBOS, 1987), p. 689.

zo convencional de un rey que, frustrado, ve pasar los años sin hijos que le sucedan en el trono. Por tanto, cuando por fin nace *Sagamoni* la ocasión ya lleva el cuño de lo excepcional y es celebrada con especial regocijo. Pero la naturaleza inexorable del príncipe le impulsa desde la infancia a rechazar los asuntos mundanales. La preocupación del padre ante el desapego del hijo le llevó al extremo de construirle un palacio de altísimos muros del que no tendría que salir nunca, pues dentro de la Corte diez mil doncellas se encargarían de proporcionarle todo lo necesario y de seducir al príncipe con sus encantos femeninos para hacerle olvidar sus impulsos ascéticos. Todo en vano, pues el destino del futuro Buda se concretaría cuando a su paso salen una serie de personajes que atraen poderosamente la atención del príncipe hacia el sufrimiento, la vejez y la muerte.

La tensión que centra la biografía poliana del Buda, la victoria última del destino sobre la voluntad, es una de las inquietudes esenciales del ideario caballeresco europeo. Se trata del núcleo temático del ciclo literario artúrico, al que estuvo relacionado Rustichello. La historia de Percival es, de todas, quizá la instancia donde el escenario del dilema central del espíritu de la caballería europea presenta más similitudes con el escenario de la batalla espiritual librada por el *Sagamoni Burcan* poliano. Percival, hijo de caballero, es criado por su madre en la soledad del bosque, con la vana esperanza de evitar que el niño conozca su origen y desee seguir la carrera de armas que acabó por costarle la vida al padre y al hermano. El enfermo, el anciano y el cadáver, que despiertan en el príncipe *Sagamoni* la curiosidad instintiva y la búsqueda espiritual, es, para Percival, la visión del caballo, la armadura y la espada del caballero andante extraviado en la selva que impulsan de manera inconsciente al joven mozo a emprender su *queste*.

Sin embargo, la historia del *Sagamoni* poliano cabalga sendas con un poder evocador todavía más amplio. Tras el inesperado encuentro con las tres manifestaciones por excelencia de la miseria humana, *Sagamoni* abandona el palacio y se refugia en una cueva donde se entregará de por vida a la meditación y la mortificación. Según nos cuenta el propio Polo, se trató del «mejor hombre que hubo entre ellos» hasta el punto que podría haber sido considerado «un gran santo junto a Nuestro Señor Jesucristo». De hecho su nombre es traducido por Polo como «San Sagamoni».

Ya advirtió Henry Yule las semejanzas estructurales entre la leyenda budista recreada por Polo-Rustichello y la historia de los santos católicos Josafat y Barlam [34]. En el libro de Marco Polo no aparece mención a esta tradición hagiográfica, lo cual sorprende dada la extraordinaria difusión que tuvo en Europa. La primera versión latina escrita que se conoce data de 1048 y fue encargada por el mismo papa. De 1202 existe incluso una versión escandinava; en ese mismo siglo, Vicente de Beauveais empleó todo el libro XVI del famoso y ampliamente difundido *Speculum Historiale* en dar vida a los dos santos; y también Jacobo de la Vorágine en la no menos famosa *Leyenda dorada* escrita a finales del siglo XIII dedicó un capítulo entero a la historia cristianizada de Buda.

La versión tibetana de la vida de Gautama Siddharta, el *Lalita Vislara,* debió adquirir su aspecto cristiano en algún lugar entre la Cachemira y el Afganistán gandárido, donde tuvo comienzo el proceso de depuración de sus connotaciones iluministas y la dotación del carácter iniciático semítico, por lo que el Buda único se desdobló en dos, en el maestro Barlam y el discípulo Josafat. En el siglo VII ya había atravesado las tierras sasánidas y sido traducida al griego. Allí alcanzaría la máxima popularidad y en el siglo XI aparecen versiones etíopes, hebreas y árabes, islamizado el Buda bajo los nombres de Yus Asaf y Balauhar. La Península Ibérica fue por eso un escenario privilegiado en la difusión de esta historia, pues aquí confluyeron la tradición latina y la musulmana. En el siglo XIII junto al *Barlaam e Josafat* se traducían desde el árabe los otras dos grandes aportaciones indias a la cuentística europea: el *Calila e Dimna* y el *Sendebar* [35]. Habría de ser esta versión católica la protagonista de un conflicto que desde la llegada de los portugueses a las Indias hasta nuestros días ha dado mucho que hablar. En 1559 Diego da Couto se refería a *Sogomon Barcao o Budao* como el nombre bajo el que los gentiles de toda la India veneran a nuestro San Josafá [36]. El romance acabaría atrayendo la atención de los dramaturgos europeos más célebres desde Shakespeare a Lope de Vega [37]. Aún

---

[34] YULE (1913). Y más recientemente también por VOFCHUK, *Primeros diálogos entre el Budismo y Occidente. La diversidad en los testimonios* (2004). Distribuido digital y gratuitamente por «Transoxiana».
[35] LACARRA (1999).
[36] DIOGO DO COUTO, *Decadas,* Lisboa, 1778, década V, libro VI, capítulo II.
[37] Lope de Vega en la obra de teatro titulada *Barlán y Josafá* hacía al maestro dirigirse al príncipe cuando todavía está encerrado en el palacio con estos célebres versos: «Para que viva/ tu real persona cautiva/ no hay, señor, culpa ni ley./ Pero no le aflija más./ Ese invicto corazón/ sabrá que no está en prisión».

en 1915 el obispo de la India Ladislas Zaleski seguía firme en su distinción entre Josafat y Buda como dos personajes independientes[38]. No fue hasta la segunda mitad del siglo XX que las investigaciones de los jesuitas concluyeron con la erradicación del culto a Josafat y Barlán, señalado hasta entonces en el calendario gregoriano el 27 de noviembre. Efectivamente se trataba de la vida de Buda y, por escrúpulos historicistas, acabó siendo declarada improcedente[39].

Marco y Rustichello reproducen aquí fielmente una historia local, si bien concentrándose en los elementos más afines a la sensibilidad de la audiencia imaginada para su relato, por ejemplo, al decir que Buda salió en busca del «que no muere y lo había creado» en vez de en busca de la verdad desnuda y agnóstica de la doctrina budista; o al presentar al joven príncipe encerrado en palacio «libre de lujuria, casto y de buenísima vida» en vez de como un hombre normal que es lo que predica la tradición theravada[40]. El *Sagamoni Burcan* es transferido a la audiencia presupuesta para el *Milione* dotándolo de una fisionomía que sorprende por su afinidad con la transformación natural experimentada en su lento avance, pasando de mano en mano a lo largo de siglos, de la mitología hindú a la cristiana. El desconocimiento por parte de Marco Polo de la versión cristiana de Josafat y Barlam es indicador, por una parte, de la severa descentralización cultural de la Europa medieval y, por otra, del acceso limitado ya no sólo del viajero Marco, sino incluso del poeta Rustichello a algunos de los motivos más celebrados de este legado cultural. Ciertamente, y a pesar de que ya circularan versiones latinas desde el siglo XI, es en la segunda mitad del siglo XIII cuando tiene lugar un intenso trasvase de cuentos de procedencia oriental (del *Ramayana* y del *Lalita Vislara*) en la cultura europea. Precisamente por eso el Buda del *Milione* revela la fuerza que conservaron en la composición de las primeras Descripciones europeas de las Indias unos usos milenarios en la transmisión oral de historias.

---

[38] ZALESKI, *The Saints of India* (1915).
[39] MARSHALL LANG, The *Wisdom of Balahvar. A Christian legend of the Buddha* (1957), y *The Balavariani* (1966); STERN y WALZER, *Three unknown Buddhist Stories in an Arabic version* (1971); WALLIS BUDGE, *Barlán and Yewasef. Being the Ethiopic version of a Christianised recension of the Buddhist legend of the Buddha and the bodhisattva* (1923).
[40] MARCO POLO, *Divisament,* pp. 455-460

La imaginación

La presencia de estos usos en las Descripciones de las Indias aumenta su incardinación dentro de un registro literario popular, sistema alternativo del que los autores extrajeron importantes registros expresivos para llevar a cabo la reproducción textual de las Indias. De alguna manera, al emplearlos, el narrador estaba limitando la difusión de su obra dentro del contexto cultural del que proceden dichos recursos. Pero el hecho es que la mayor parte de las Descripciones de 1300 probablemente fueran más solventes escuchadas de boca de un narrador que leídas. Todas las instancias de las Descripción del Lejano Oriente bajomedieval se apoyan en un lenguaje notoriamente visual plagado de referencias a objetos cotidianos con los que la descripción, la medida, es satisfecha con la contemplación fáctica de lo que está más a mano. Una tortuga convertida en cúpula, un cocodrilo en lagarto con cabeza de cerdo, frutas del tamaño de un niño de tres años... Infinidad de metáforas visuales cuya capacidad de transferir significados depende de la capacidad de insertar imágenes en la mente del espectador.

Cómo averiguar cuán grande fuera el deleite procurado para la vista con la recreación del brillo extremo de los diamantes del Sind, la pureza de las perlas de Ceilán o el fulgor de las tejas de oro de los palacios chinos. Qué sensación tuvo que haber causado en la constreñida Europa de principios del siglo XIV la pléyade de alusiones a la abundancia, a la maravilla, a la bonanza del clima y la tierra, con tres cosechas anuales y frutos inmensos capaces de alimentar a veinte personas a la vez. Cuánto se deleitarían los espectadores de las Descripciones de las Indias con la constante alusión a los sabores, la dulzura del mango, la delicadeza del coco o los perfumes de la mejor pimienta, del jengibre fresco, de la canela en rama... El lugar preferente que ocupan estas referencias a la realidad oriental dejará espacio a la reproducción de ritos, costumbres y comportamientos sociales varios. Sin embargo, las prácticas religiosas son invariablemente abordadas desde sus aspectos externos, los más proclives a una reacción emotiva inmediata, repugnancia, estremecimiento, risa, simpatía, etc.

Del jainismo llega a Europa el hábito de taparse la boca, barrer el suelo antes de pisarlo y cubrirse los cuerpos desnudos sólo con cenizas, con unas brevísimas y superficiales indicaciones sobre su fundamento teórico. De los banian gujaratis sólo se menciona lo que entonces parecía una costumbre puramente ritual, esto es, frotarse con jabón por todo el cuerpo. De los parsis se da cuenta de los cadáveres que exponen para que los buitres los devoren. De la mezcla de tantra y bon del lamaismo tibetano llega a la audiencia latina su costumbre de almorzarse los cadáveres y emplear sus cráneos como vasos. Del resto de las sectas de la gran familia hindú, las Descripciones se centran casi en exclusiva en sus ritos más pintorescos, deleitándose en los agasajos que hacen a sus vacas, en los baños de orina y heces de los yogis, en las autoinmolaciones de los más píos. El devoto hindú que ocasionalmente aparece en las Descripciones de las Indias se está cortando pedazos de carne con un cuchillo afilado de dos mangos, desgarrándose la piel, cubierto de sangre y arrojándose a los pies de la carroza procesional que parte su cuerpo en dos mitades. En todo caso, el narrador desempeña buena parte de su cometido intentando crear una plataforma desde la que el espectador obtenga la sensación de ser él por sí mismo quien contemple, experimente y sienta la virtualidad creada por el autor.

Buena parte de la medición de la realidad con la que están comprometidos los autores de Descripciones está hecha mediante una particular presencia del individuo que lleva a cabo dicha tarea. Ese *ego* es omnipresente, su vivencia da orden al relato e interviene en cada unidad descriptiva, en cada dato que le es ofrecido al espectador. Ese *ego* todavía carece de rasgos propios, de una personalidad exclusiva con apellidos y antecedentes sociales. Aparte del nombre y poco más, no se da cuenta del resto de las características personales del viajero. En cambio, ese *ego* diluido en el abstracto de la condición humana despliega una voluntad insólita hasta entonces por dar referencia de todo lo experimentado, por convertir su vivencia personal en testimonio colectivo. Recurre para ello a analogías, a mimetismos, a la ordenación de la realidad mediante jerarquías colmadas por superlativos y absolutos. Esta conversión requiere fórmulas cuyo rendimiento depende de la capacidad de insertar imágenes en la mente del receptor, no menos que de implicar sus sensaciones, provocar su asentimiento, su reconocimiento, indagando para ello en los espacios sensoriales comunes, en los estados anímicos compartidos, como en la tan humana inclinación a la imaginación.

La construcción de la realidad

Una antigua teoría que aspiraba a desentrañar el porqué del asalto de las nuevas potencias expresivas que acabarían dando nacimiento a la novela occidental consideraba todo el proceso como el resultado de un empeño por hacer inteligibles y significativos los términos de la épica tradicional para un público extranjero que repentinamente había entrado en contacto con dicha tradición literaria, bien mediante conquista u otros medios de penetración pacífica. Por tanto, la transición de los cantares de gesta a los romances no sería sino el producto de la adaptación de los antiguos modelos épicos a nuevos sectores sociales con sensibilidades distintas [41]. Ciertamente la complicación social del Bajomedievo, la expansión y contracción de fronteras, la colonización de inmensas áreas, la movilidad social, el desarrollo urbano y del comercio en el siglo XIII bien podrían estar en la raíz de una transformación expresiva provocada por la falta de confianza en la posibilidad de alcanzar un entendimiento común en torno a las historias transmitidas.

La misma literatura de viajes de esta época es el mejor testimonio de esta extraordinaria movilidad que afectó a la sociedad europea de los siglos XIII y XIV. Si bien aún no ha sido posible establecer con un mínimo de precisión el peso cuantitativo de los emigrantes latinos a Asia, sólo por el testimonio que ofrecen las Descripciones del Lejano Oriente, debió tratarse de un movimiento muy considerable. Movimiento ampliamente asentado en otro mucho mayor, el de los mongoles centro-asiáticos, que supuso una reacción en cadena (karakitai, tibetanos, uigures, kazakos, turcomanos, otomanos, kwarazmianos, persas, etc.) que afectó intensamente a todo el hemisferio norte desde Pekín a Gibraltar [42]. Otros estudios también hacen referencia al extraordinario flujo de mercenarios, esclavos, misioneros y renegados a lo largo y ancho del Mediterráneo [43]. Y todo ello ocurre en una época marcada por las repoblaciones masivas incentivadas por todas las instancias de poder europeas. Nótese que mismamente Odorico de Pordenone, Jordano Catalán, así como Marco Polo pertenecen a familias de emigrantes recién implantadas, la primera en el Friul procedente de Bohemia, la segunda en Provenza

---

[41] GRIFFIN, *The Definition of Romance* (1923), p. 66.

[42] BENTLEY, *Hemispheric Integration, 500-1500 CE* (1998); GOMMANS, *The Silent Frontier of South Asia. AD 1100-1800* (1998); GOUSSET, *El imperio de las estepas. Atila, Gengis Kan, Tamerlan* (1991); ABU-LUGHOD, *Before European Hegemony: the World system, AD. 1250-1350* (1989); CURTIN,´ *Cross-Cultural Trade in World History* (1985); HEYD, *Histoire du Commerce du Levant au moyen age* (1923).

[43] ABULAFIA (2000), LADERO QUESADA (1995), CHAUNU (1972), LEWIS (1958).

procedente de Cataluña y la tercera en Venecia procedente, a lo mejor, de Croacia [44]. Se trata, por tanto, de viajeros al Extremo Oriente cuyo contexto familiar estaba igualmente marcado por el desarraigo.

Viajero y desarraigado, Ramon Llull es también en esto paradigma de su época. Por un lado, procede de una de las zonas recién convertidas en frontera, donde su familia tuvo un papel importante en el establecimiento del dominio cristiano. A su familia Llull se refiere como nobles burgueses instalados en la recién conquistada Mallorca hacia 1230, al amparo de las huestes de Jaime el Conquistador. Fue Jaime I, después de dos generaciones de endeble unión, quien hizo efectiva la fusión de las Coronas de Aragón y Barcelona. Bajo su reinado, uno de los más largos de la historia de Europa (1213-1276), el mapa político de los reinos peninsulares experimentó un drástico cambio al enfrentarse al mismo tiempo a un refortalecimiento de la presencia francesa en el norte y al colapso del Imperio almohade en el sur. A este fenómeno se debe la compleja composición de la sociedad mallorquina, la cual, como la valenciana, tuvo que hacer frente a un repentino cambio de dominio y a la vez estimular en todo lo posible la instalación de pobladores. Los conquistadores atrajeron mercaderes y artesanos de todo el Mediterráneo, de los que barceloneses, pisanos, genoveses y judíos constituyeron importantes comunidades, sin renunciar al mismo tiempo a la población musulmana que constituiría no menos de un tercio del total de la isla [45].

En situación muy similar a la de Llull se encuentran otros autores de tratados sobre cómo recuperar la Tierra Santa. Enrique II de los Lusignan franceses, cuyo reinado sobre Acre y Chipre se proyectaba sobre una gran variedad de pueblos, sostuvo su dominio en buena medida gracias a la promesa de extraordinarios beneficios

---

[44] El caso de Polo es particularmente oscuro. La tesis del origen croata fue propuesta inicialmente por Moule y últimamente defendida enérgicamente por el croata Zivan Filippi y el galés James A. Gilman. El libro escrito por Rustichello los sitúa originalmente en Estambul. Tras su larga estancia en China la familia decidiría instalarse en Venecia, donde fueron sepultados el padre en 1300 el tío en 1307 y el propio Marco en 1324, si bien la tumba de éste desapareció en el siglo XVI cuando Ramusio afirmaba enfáticamente el origen veneciano de los Polo.

[45] Soto Company, *La población musulmana en Mallorca bajo el dominio cristiano. 1240-1276* (1978). Por las mismas fechas en Valencia sería la población musulmana la que constituiría un 25 por 100 del total de la población; Bonner (1989), p. 172.

hecha por Enrique a los colonos provenientes de todas partes. Cuentan escandalizadas las crónicas de la época cómo zapateros, albañiles e incluso ladrones cristianos y musulmanes eran ordenados caballeros con tal de contribuir a la repoblación de la isla chipriota[46]. Ayton, hijo de un rey armenio y una princesa francesa, o Carlos II de Anjou, expulsado de Jerusalén, Albania y Sicilia, dependieron igualmente del movimiento de colonos e incluso ellos mismos no eran sino producto de una movilidad geográfica extrema. Los autores continentales experimentaron intensamente otras formas de desplazamiento si cabe aún mayores, como por ejemplo Pierre Dubois, Marino Sanudo y Galvano de Levanto, pues sus continuos movimientos de los círculos mercantiles a las Cortes reales eran movimientos entre compartimentos sociales que hasta entonces habían estado fuertemente incomunicados.

Este movimiento vertical de individuos provenientes de zonas geográficas y sectores sociales periféricos en relación con las instancias de poder que patrocinaron tanto las Descripciones de las Indias como los tratados de Recuperación de la Tierra Santa pudo incidir poderosamente en la creación de un tipo de lenguaje capaz de reducir el impacto de este repentino encuentro entre individuos de tan diversa procedencia. La generación que vivió la pérdida de Acre reaccionó alzándose por encima de la derrota para mirar más allá. Un nuevo horizonte, más ancho y más próximo, pasó a formar parte de la agenda de papas y reyes, de aristocracias fronterizas, Órdenes Militares, misioneros, teólogos y teóricos en la confrontación con el Islam, de salvaguardas de la ortodoxia, amonestadores, inquisidores, juristas, consejeros, burócratas y otros recién llegados a la órbita de los emergentes gobiernos estatales, así como del interés público, del mercader, del peregrino o simplemente del cristiano con una atención creciente en el destino de la empresa colectiva más ambiciosa del Occidente latino. Una amplia constelación de intereses e inquietudes que presupone para los autores de Descripciones de las Indias y de Recuperaciones de Palestina una audiencia potencial extraordinariamente heterogénea y amplia que exigía el recurso a múltiples registros expresivos, en especial a aquellos capaces de conseguir una reacción inmediata del espectador. Factor sin duda tan determinante en la configuración de un discurso descriptivo sobre el Oriente como en la enunciación de un princi-

---

[46] EDBURY (1991), p. 17.

pio de identidad común compartida entre el escritor y esta amplísima audiencia.

La administración de emociones en la primera obra de Guillermo Adán

Detengámonos un instante en el caso de Guillermo Adán, al que cabe atribuir al menos dos tratados de Recuperación. Mientras el *De modo sarracenos extirpandi,* escrito en 1316, no ofrece duda alguna respecto a su autoría, el *Directorium ad passagium facendum* apareció como obra anónima hacia 1332 y desde entonces hasta nuestros días ha venido siendo atribuido a autores distintos de Adán. Como hemos venido viendo, las similitudes entre ambas obras son significativas y, a mi entender, suficientes para atribuirlas a una misma mano [47]. Las referencias en el *Directorium* a una obra

---

[47] Durante el siglo de su composición no pareció haber mayor problema en la identificación del creador del *Directorium* que, no obstante y quizá por ello, circuló de manera limitada. Es en el siglo XV cuando se da la primera atribución errónea de autor por Jean Mielot (traductor al francés de la obra) quien cree que fue escrito por el viejo Bocardo de Monte Sión, que cuarenta años antes del *Directorium* había escrito una peregrinación a Tierra Santa. Como Pseudo-Bocardo fue impreso por primera vez el *Directorium* por la Imprimerie National francesa en 1906. Por las mismas fechas publicaría el manuscrito Beazley en *The American Historical Review* (1907), sin pronunciarse al respecto de la posible autoría. QUETIF y ECHARD, *SOP,* t. I, p. 571, dejan abiertas todas las posibilidades. Sin embargo, según el criterio de algunos historiadores, Quetif y Echard parecen estar identificando a Raimundo Esteban, miembro de la misma compañía dominica de Adán, la Sociedad de los Frailes Peregrinos, y compañero en sus misiones pontificias a Armenia, como posible autor o coautor. Mientras tanto, LEQUIEN, *Oriens Christianus,* t. III, Appendix, p. 1365, se decantaba abiertamente por Juan de Cori, sucesor de Adán en el arzobispado de Sultana. Los historiadores de nuestro tiempo siguen estas líneas. Henry Yule asigna la autoría a Juan de Cori y Delaville Le Roulx y Jean Richard a Raimundo Esteban. Sin embargo, Kohler que en un principio prefirió dejar abiertas todas las posibilidades, acabó decantándose, en el estudio preliminar del *Directorium* publicado por Imprimerie National francesa en 1906, por Guillermo Adán. Desafortunadamente Kohler falleció antes de editar el texto en el número siguiente de la revista y el *Directorium* acabó por salir a la luz bajo el nombre de Pseudo-Bocardo. La candidatura adaniana fue aceptada por BECKINGHAM, *The achievements of Prester John* (1966). La obra de Sylvia Schein sobre los tratados de Recuperación se concentra en el intervalo temporal entre el II Concilio de Lión de 1274 y el Concilio de Vienne de 1312, dejando fuera, entre otras, toda la obra de Guillermo Adán. La última obra que aborda la autoría del *Directorium ad passagium facendum,* la de Anthony Leopold, recoge todos los argumentos a favor de Adán como autor del *Directorium.* Leopold que reconoce todas las posibilidades de que así fuera,

Antonio García Espada

anterior del mismo autor respecto a sus disquisiciones geográficas sobre la proporción entre las tierras emergidas y los mares, la posición de los astros en el hemisferio sur, la distribución de los climas y más en concreto sobre los dos años pasados por el autor en la isla de Socotra y el conocimiento de su clima, sus gentes y la disposición de dichas tierras, coinciden plenamente con lo expuesto en el *De modo* de 1316. En el *Directorium* también son revelados parte de los resultados de la embajada enviada por Juan XXII a Armenia, conducida por Guillermo Adán en 1323 [48]. El consejo dispuesto por Felipe IV de Francia para someter a escrutinio la propuesta del *Directorium* de invadir los Balcanes, a pesar de conocer con bastante exactitud la identidad del autor, no pronunció su nombre, lo que refuerza la posibilidad de que la obra y la identidad del autor estuvieran inicialmente concebidas para recorrer vías distintas hasta alcanzar el reconocimiento del destinatario [49].

De hecho, el *Directorium* hace un uso más extenso de referencias personales, lo que aprovecharemos ahora para analizar dos estrategias bien distintas a la hora de establecer la autoría y su huella en la configuración de un discurso sobre el Oriente en la era posterior a la caída de Acre. El anonimato del *Directorium* de 1332 pudo ser una operación calculada por el autor, pues no faltan en la obra claves seguras para su identificación. Un caso similar sería el de Pierre Dubois, cuyo *De recuperatione Terræ Sanctæ* apareció también como obra anónima, si bien entre los principales propósitos del autor estaba el aumentar sus méritos personales para ser empleado por el rey francés. El *Directorium* también está dirigido al rey de Francia, e igualmente su autor aprovecha para ofertar sus

opta por referir en adelante la obra como anónima, en línea con el empirismo radical y antipolemicista que caracteriza su análisis de la Recuperación. Dupront, *Le Mythe de croisade* (1997), vol. I, p. 168, quien prefiere concentrar toda su energía en la polémica ideológica y espiritual, y evita pronunciarse contra la tradición historiográfica en sus particulares, concluye atribuyendo la autoría del *Directorium* a «ce Brocardus qui resemble à Guillaume de'Adam comme un frère».

[48] Adán, *Directorium,* pp. 487-489.

[49] En el *Avis du conseil du roi sur la route que Philippe VI de Valois devra subiré pour la croisade projetée,* el consejo se refiere al autor del *Directorium* con estas palabras: «Un sage prélat, qui jadis fut de l'ordre des precheurs, et de présent archevesque d'un archevesché en l'Empire de Contantinople et ez marchez delà» publicado por Delaville le Roulx (1886), vol. II, p. 7. Adán fue nombrado obispo de Esmirna en 1318, arzobispo de Sultania en 1322 y de Antivari en 1324. En fecha desconocida abandonó su diócesis y pudo haber abandonado la orden. Kohler, *Documents relatifs.*

servicios personales ante el rey de Francia para servirle en la ejecución del proyecto[50].

La materia discernida en el *Directorium* es tratada en todo momento como «*secretum regium*». El autor está en condiciones de trasladar al rey francés los deseos del papa, así como confidencias de numerosos señores, reyes y príncipes europeos implicados directamente en la agenda de la Recuperación. Un conocimiento privilegiado del que disponía Guillermo Adán en tanto venía siendo empleado por Juan XXII en tareas relacionadas con la organización de una nueva cruzada. También en el *De modo* de 1316 se apela al secreto necesario para la instrucción de la Cruzada de Recuperación y al rango de confidencialidad de la información recopilada[51]. Sin embargo, ambas obras difieren en un aspecto fundamental: la relación entre el emisor y el destinatario, que moldea completamente el entorno de referencia construido por el autor para uno y otro caso.

En el *Directorium* abundan las referencias a personajes próximos a la Corte francesa. El autor apela constantemente a los intereses señoriales más directamente relacionados con la causa de Felipe VI. Ante el monarca es desplegada una pléyade de nombres propios que son traídos a colación con el propósito de aumentar la identificación del rey de Francia con la causa recuperacionista sabiamente administrada por el autor del *Directorium*. En el planteamiento de la cuestión griega, el autor demuestra un notable conocimiento de las querellas dinásticas, los derechos adquiridos y la implicación de varias casas nobiliarias francesas. Aparecen reiteradamente nombrados Felipe de Courtenay, su esposa Beatriz de Anjou y su hija Caterina de Courtenay, candidata al trono griego, esposa de Carlos de Valois y madre de Caterina de Valois, hermana a su vez del rey Felipe VI. Aparece también Andronico III Paleólogo, toda su ascendencia y su matrimonio con Ana de Saboya, hija del conde Amadeo V el Grande y hermana del conde Eduardo el Liberal, forzada a renegar de la fe latina por su marido, enemigo manifiesto de los intereses franceses en Oriente. No menos prolijo es en la identificación de los agentes implicados en la trama serbia. Denuncia cómo, a la muerte del rey Esteban Ouroch I, su hijo, Esteban Miloutine (Ouroch II), usurpa los derechos al trono de su hermano, Esteban Dragoutine, casado con María de Hungría, her-

---

[50] Adán, *Directorium*, p. 369.
[51] Adán, *De modo*, pp. 528-529.

mana de Isabel, cuñada de Ouroch II y madre de Margarita de
Anjou, madre, a su vez, de Felipe VI. Este paseo por las sagas nobiliarias viene además aderezado con numerosas anécdotas. Príncipes
que matan a sus padres, reyes que sacan los ojos a sus hijos, damas
engañadas con deshonrosas argucias, incestos, traiciones cuyo
recuento en el *Directorium* proclama un conocimiento privilegiado
y compartido entre el autor y el destinatario.

Con relación al conflicto entre Génova y Aragón, en guerra desde 1331, el autor está en condiciones de revelar las intenciones de
Roberto el Sabio, rey de Nápoles, y de Federico II de Aragón, rey
de Sicilia. La intervención en el conflicto de Felipe VI conllevaría
beneficios seguros, como se desprende de ciertas confidencias
hechas personalmente por el rey de Sicilia a nuestro autor, cuyo
mérito a este respecto queda puntualmente recogido en el *Directorium* [52]. Aparte de las muestras de excelencia diplomática demostra-
das por el autor del *Directorium,* la reiteración de nombres propios
carece en ocasiones de contenido, como cuando recuerda al rey que
su madre María es reina de Sicilia y Hungría [53]. No se agota aquí el
arsenal de referencias que Adán considera asibles por el destinatario. La conquista de Salónica, en tanto prioridad estratégica, viene
ilustrada mediante el ejemplo proporcionado por el marqués de
Monferrat [54]. También las conquistas de Durazzo, Otrante y Corfú
son iluminadas con los ejemplos de Felipe de Anjou, Roberto de
Flandes, Roberto de Normandía o Tancredo de Tarento [55]. Los
ejemplos de otros héroes *cruce signati* del entorno francés son también traídos a colación, como Balduino de Flandes, Luis de Blois o
Esteban de Partoise [56].

Un vasto entramado de referencias concretas con las que Adán,
a buen seguro, persigue aumentar su capacidad persuasiva. Felipe VI está constantemente ubicado, las propuestas adanianas están
continuamente emplazadas en un contexto compartido entre el
autor y el destinatario. Y ¿qué hay de todo esto en el *De modo sarracenos extirpandi*? El tratado adaniano de 1316 anticipa también la

---

[52] ADÁN, *Directorium,* p. 404. Respecto a Aragón es también referido con todo lujo
de detalles el desarrollo de lo que después fue dado en llamar Vísperas Sicilianas entre
Pedro de Aragón y Carlos de Valois, p. 433.
[53] *Ibid.,* p. 436.
[54] *Ibid.,* p. 461.
[55] *Ibid.,* p. 416.
[56] *Ibid.,* p. 442.

preocupación constante del *Directorium* por buscar motivos próximos a la sensibilidad del destinatario. El *De modo* cita en un par de ocasiones el ejemplo de San Luis y su política con los tártaros y en una al marqués de Monferrat por sus victorias contra los griegos. También aparece el papa Clemente V, cuyo nombre era temido y respetado incluso en Persia e India [57]. Sin embargo, el nombre propio al que más se recurre en el *De modo* es el de los hermanos Zacarías, señores genoveses de la isla de Quíos. A ellos se refiere Adán en una ocasión en el *Directorium,* donde aparece la noticia del secuestro de Martín por el emperador bizantino [58]. En el *De modo,* en cambio, aparecen citados numerosas veces en relación tanto con su heroicidad en la lucha contra los renegados cristianos, los alejandrinos, como con la organización de un *passagium particulare* en la isla de Quíos, situada óptimamente tanto para preparar las acciones, no sólo contra el sultán sarraceno sino también contra el emperador griego, cuya aniquilación supone el objetivo primordial de los dos tratados de Guillermo Adán.

El resto de nombres mostrados en el *De modo* es el de los más importantes señores orientales: el emperador de Bizancio, el rey de Georgia, el sultán de El Cairo y los khanes de Chagatai, de la Horda de Oro y, en especial, el ilkhan de Persia. De éste quiso exponer ante el papa sus más íntimas intenciones, toda su animadversión hacia los mamelucos y su predisposición a la alianza con los latinos, pues en el *De modo* las confidencias de las que presume Adán no provienen de las Cortes europeas como en el *Directorium,* sino de las asiáticas [59]. No hay ninguna otra mención a señores, ni reinos occidentales en el *De modo.* De hecho, el autor no parece ser capaz de individualizar a los latinos del Mediterráneo occidental, que invariablemente vienen denominados como genoveses. Éstos siempre aparecen citados con relación a sus negocios orientales, como los Zacarías en Quíos; los Segurano Salvago, embajadores genoveses en Chipre; Roger de Flor, almirante de la Compañía Catalana de los Almogávares, que también es considerado genovés por Adán; así como los comerciantes y renegados latinos en Egipto, el Mar Rojo y el Golfo Pérsico. Guillermo Adán, de posible origen albanés y entretenido en viajes durante años por el Mediterráneo oriental, el

---

[57] ADÁN, *De modo,* p. 533.
[58] ADÁN, *Directorium,* p. 458.
[59] ADÁN, *De modo,* p. 535.

Medio Oriente y las Indias, no parece tener, a las alturas de su primer encuentro con Juan XXII en 1316, un conocimiento sólido de la realidad política de la Europa católica. El *De modo* revela una distancia mucho mayor entre el autor y su destinatario que el *Directorium ad passagium facendum* de 1332. Una impresión que hubo de tener el mismo autor que, a modo de justificación, compone unas líneas con las que defiende el valor de sus informaciones ante el papa a pesar de que procedan de personajes desconocidos y márginales, condición que el propio Adán se aplica a sí mismo refiriéndose a «*ego et mei similes*» [60].

La primera obra de Guillermo Adán manifiesta una preocupación constante por explicitar la naturaleza empírica de sus averiguaciones. Una medida igualmente tomada en el *Directorium,* pero adoptada con mucha mayor profusión en el *De modo,* donde se detecta una especial predilección por convertir sus palabras en el testimonio de los sentidos. La reiteración con que es manifestada la procedencia sensorial de sus indicaciones está concebida para asegurar su capacidad de persuasión. El rechazo abierto a la información procedente de los libros, de las apreciaciones de terceros, así como la insistencia con que hace intervenir sus ojos, sus oídos, sus pies y sus manos como instrumentos registradores nos conducen a una afirmación última sobre el valor de su aportación: «El celo de la fe no entiende de estilos sino que habla con devoción, ni la caridad atiende a la forma del discurso sino a lo que es manifiesto (*quid videatur*) y contiene la verdad» [61].

Como en el *Directorium,* en el *De modo,* además de contener su propio nombre, no faltan alusiones veladas a la identidad del autor. Se da cuenta de los años pasados en las Indias y sus islas, se refiere en un par de ocasiones a su compromiso con la predicación de la fe

---

[60] *Ibid.,* p. 535. En otra ocasión afirma «Meo autem judicio et omnium illorum qui morantur in partibus Orientis», *ibid.,* p. 533. Declaraciones de este tipo no ofrecen duda respecto a la condición periférica que el autor asume con respecto a la Cristiandad latina. Dado que Adán en 1316 no parece ser capaz de identificar con seguridad la situación del Mediterráneo Occidental, Charles Beckingham, apoyado en otras evidencias internas, así como en su definitivo nombramiento como arzobispo de Antívari, intuye que Adán era de origen albanés, región particularmente afectada por la pérdida del Imperio Latino y cuya población estaba dividida entre los leales a los Paleólogos y los leales a los Anjou. La extrema identificación de Adán con la causa recuperacionista y el odio visceral hacia los griegos sitúan en un contexto como el albano de principios del siglo XIV el origen más probable del autor del *De modo* y el *Directorium.*

[61] ADÁN, *De modo,* p. 555.

y a su labor pastoral entre los esclavos cristianos en Persia. En el *De modo* no cuenta nada más de sí mismo, ni siquiera su implicación dentro de la Sociedad de los Frailes Peregrinos dominicos en las negociaciones con el ilkhan Karbenda para la creación de la archidiócesis de Sultania. En el *Directorium,* a excepción de su embajada a Armenia, tampoco da noticia de los importantes cargos desempeñados durante los últimos quince años en la administración pontificia del Oriente. Su origen, su condición, sus circunstancias personales, en suma, todo aquello que individualiza la vivencia de cada ser humano, no interviene en absoluto en la composición de sus obras escritas. En ambas instancias, por ejemplo, cuando dice haber compartido confidencias con el sultán persa, no faltan indicios de una omisión planeada, como si tales rasgos diferenciadores fueran un obstáculo a la hora de entablar la comunicación con el destinatario de sus textos. La condición de diligente explorador que Adán reivindica en el *De modo* está prácticamente exenta de otra identidad que no sea la de cualquier ser humano dotado de sus sentidos sensoriales, creando así un espacio que bien puede ser ocupado por el lector. Esta manera de involucrar al destinatario, de buscar un nivel donde la identificación esté asegurada, lleva a Adán a emplear otros recursos narrativos, esta vez, con un amplio calado emocional.

A menudo el *De modo* da salida a episodios con un alto contenido dramático. Estando en Persia, Adán se encuentra con un cristiano cautivo que lamenta amargamente su suerte. Obligado por su cruel amo musulmán a matar a otros cristianos, no cree poder soportar más la tentación de renegar de su fe. Sin embargo, las cotas más altas de efectismo son alcanzadas cuando Adán decide dar voz al pobre esclavo que se dirige en primera persona al lector con «los ojos envueltos en lagrimas» [62]. En otra ocasión Adán hecha mano del recurso teatral para ampliar la información del papa. Se trata de las muchas esclavas griegas que Adán vio en Tabriz:

> «Se podía ver a las madres con sus hijos alrededor del cuello refugiándose en su pecho y en su vientre, cogidos en brazos y arrastrados de la mano. Las madres deseaban no haber sido madres y que sus hijos no hubieran nacido, aborreciendo sus propios instintos femeninos, arrepentidas y atormentadas sin consuelo... Los nacidos allí como no sabían hablar, se comunicaban con signos con sus ma-

---

[62] *Ibid.,* p. 544.

dres... preguntando y ¿que va a ser de nosotros?, ¿dónde nos llevas, madre?».

Las altas dosis de efectismo derramadas por el autor con la interpretación de los gestos de los niños es incrementada a continuación representando el diálogo interior de una mujer consigo misma:

> «Yo, lo cuento según he visto: cierta mujer presa de tales angustias estando embarazada fue inducida al aborto, y contemplando al hijo amado decía: "Hay de mi, fruto de mi vientre ¿a esta luz has venido para que te posea este torbellino tenebroso?, ¿quién te engendró, que en vez de un hijo parirá un siervo y obligado por tu bien tendrá que elegir entre darte la leche materna o darte la muerte como a un enemigo, no sea que vivas y reniegues de Dios y el error sarraceno te lleve a la condena eterna?"»[63].

Adán deja claro el impacto emocional que busca con estos recursos narrativos cuando, tras pormenorizar las vejaciones y abusos sexuales a los que son sometidos los niños vendidos como esclavos a los mamelucos de Egipto, asegura al papa:

> «Con horror y rubor se lo hago saber, pues no hubiera puesto yo ante vuestros santos oídos tanta palabra infame y obra repugnante si a vuestra eminencia no conviniera saberlo, para así poder remediar tanto mal y para que con yo decirlo descargue mi conciencia y la deje tranquila»[64].

¿Pudo Adán haber escrito una Descripción de las Indias?

El tono de Guillermo Adán es inconfundible pero su estilo no es muy diferente del de los autores de Descripciones de las Indias. Viñetas como las citadas no desentonarían dentro de un texto consagrado por entero a la Descripción del Lejano Oriente. Igualmen-

---

[63] *Ibid.,* p. 543. En el *Directorium,* p. 450, ambas viñetas son rescatadas y referidas en los mismos términos, las conmovedoras imágenes de una madre angustiada por su hijo y de un atormentado cautivo obcecado por el odio y la miseria, si bien esta vez con mucho menor despliegue de recursos teatrales.

[64] ADÁN, *De modo,* p. 524.

te, la particular posición adoptada por el autor en relación con su objeto de análisis, ese *ego* hecho a base de ojos, pies y manos, es tan característico de las Descripciones como de buena parte de tratados de Recuperación, no sólo los de Adán. La continua presencia del autor, la afinidad y empatía emotiva de la que se sirve para introducir al destinatario del texto en el escenario vital recreado están hechos en uno y otro caso recurriendo a estrategias narrativas similares, sino idénticas.

Guillermo Adán proviene de un contexto social indistinguible del de personajes como Juan de Montecorvino, Tomás de Tolentino, Odorico de Pordenone o Jordano Catalán con los que posiblemente compartiera parte de su vida en Asia y Europa. Al igual que todos ellos Adán comenzó su carrera profesional en los niveles más bajos del, por otra parte anchísimo, estamento clerical. A las alturas del *De modo,* Adán tiene un conocimiento del Occidente igualmente abstracto, sino más, que del Oriente. En 1316 el medio con el que realmente está familiarizado es el de los *alejandrinos* del Mediterráneo oriental, una amalgama de comerciantes, mercenarios y renegados procedentes de todas las partes del mundo y donde los latinos son vagamente identificados como genoveses. A alguno de ellos Adán pudo haber llegado a conocer con cierta intimidad. La mención al pasado de Roger de Flor dentro de las órdenes dominica y templaria, así como el matrimonio con su sobrina son noticias exclusivas y aún hoy son la única fuente de la que disponemos sobre el misterioso pasado del famoso fundador y caudillo de la banda de almogávares, la Gran Compañía Catalana, que acabó protagonizando uno de los episodios bélicos más pintorescos de la historia. Sin embargo, es el profundo y amargo rencor de Adán contra tipos como los Roger o los Segurano el que da la medida de su estrecho vínculo con un universo clandestino.

Otro de los rasgos más importantes y compartidos entre los textos de Adán, Montecorvino y Catalán es la estrecha relación entre su obra escrita y sus logros profesionales. Inmediatamente después de la confección de estos textos su destinatario, en los tres casos el papa, recompensó a cada uno de los mendicantes con la dignidad episcopal con sedes en Persia, China e India, respectivamente. A partir de aquí la andadura de los tres frailes vuelve a separarse. Catalán desaparece y Montecorvino permaneció en China sin que en realidad consiguiera hacer avanzar su misión apostólico-diplomática sustancialmente. Sólo Guillermo Adán siguió acumulando méritos ante el papa que acabarían encumbrándolo a posiciones más altas de las que una persona de su rango hubiera podido imaginar: como arzobispo, testigo de la canonización del Aquinate, nuncio pontificio en las principales Cortes europeas y protegido de los cardenales más influyentes de su siglo.

Ciertamente, determinados aspectos de la obra de Adán difieren sustancialmente del resto de los autores de Descripciones de las Indias. En éstas no hay alusiones a la Recuperación de la Tierra Santa, ni al establecimiento de bases militares, de un bloqueo comercial a los mamelucos, de patrullas para vigilar a los turcos, ni tampoco instrucciones para invadir Bizancio. Pero si bien estas diferencias de contenido son sustanciosas, el registro en el que se mueven los autores de uno y otro cuerpo literario no es tan distinto [65]. Los textos de Descripción y de Recuperación apelaron a una misma audiencia y en todo caso se dirigieron a ella con un lenguaje similar, un lenguaje que describe un movimiento ascendente y transgresor de un sistema social hasta entonces (y aún después durante muchos siglos más) caracterizado por su fuerte compartimentación estamental.

Este movimiento ascendente reportó a Adán éxito, fama y prestigio en vida. Pero con el paso del tiempo fueron los textos de Descripción de las Indias los que consiguieron el reconocimiento de un público más amplio y heterogéneo hasta el punto de convertir a sus autores en héroes y a sus obras en paradigmas de la civilización occidental y de su expansión por el resto del mundo. Veamos si antes de acabar podemos arrojar algo de luz sobre esto último.

El destino de la Descripción

Tanto la tratadística de Recuperación como la de Descripción de principios de 1300 nos ofrecen la extraordinaria oportunidad de observar a miembros de estratos sociales bajos, emigrantes, exiliados, monjes de extracción humilde, algunos incluso con anteceden-

---

[65] A este respecto, esto es lo que los especialistas en literatura medieval dicen: LÁZARO CARRETER, *Sobre el género literario* (1979), p. 116: «El parentesco genérico de dos obras depende del uso de sus funciones comunes y no de la sencilla similitud temática o argumental»; ZUMTHOR, *From the Universal to the Particular* (1970), p. 816: «Style is the very essence of the medieval work. The only positive element which constitutes it is its formal structures (...) No medieval work can be adequately defined by its contents».

tes de rebeldía, otros casi iletrados, dirigiéndose a maestres generales, cardenales y papas, nobles embajadores, príncipes y reyes. Estas realidades sociales que dejan de estar incomunicadas y que a través del texto escrito establecen vínculos hasta entonces inéditos, hacen necesarios nuevos registros expresivos. Esta necesidad se hizo sentir más intensamente en la Descripción de las Indias que, para poner en contacto sectores sociales anteriormente aislados, carecía por completo de antecedentes, de los códigos seguros y limitados propios de un grupo cerrado. Sin duda, la escisión y el ascendente conseguido por la dimensión práctica del acaecer cotidiano (*ars*) sobre la doctrinal heredada de la tradición (*scientia*) con singular intensidad a lo largo de los últimos años del siglo XIII y los primeros del XIV ayudaría a satisfacer la necesidad de los Polo, Montecorvino, Jordano, Odorico y Marignolli de trasngredir tanto límites temáticos como estilísticos, tanto geográficos como estamentales.

Una idea de la complejidad del reto asumido por los autores de Descripciones de las Indias nos la dan precisamente los autores de tratados de Recuperación, especialmente aquellos que atribuyeron una función de máxima importancia al conocimiento empírico de las Indias y que, no obstante, fue una responsabilidad que en cierta medida eludieron. En la primera obra de Guillermo Adán todas las disquisiciones sobre el Golfo Pérsico, la India y Etiopía menudean en datos sobre las costumbres de sus habitantes, la vegetación y la fauna, sobre sus creencias religiosas y sus prácticas sociales. A pesar de su prolongada estancia en las riberas del Índico occidental, Adán se conforma con dar indicaciones sobre la orientación de sus costas, la posición de las estrellas, el clima y unas someras alusiones a las técnicas de navegación y combate. En cada una de estas ocasiones Adán no deja de advertir al destinatario del texto sobre la novedad de estos datos insistiendo de manera casi obsesiva en disquisiciones sobre las razones por las que dicha inteligencia no había llegado antes a oídos de su audiencia. Adán especula sobre las dificultades de identificar los intereses de los latinos en las Indias con los intereses del papa romano. Quizá por ello la idea de introducir buques armados en el Índico prácticamente acaba desapareciendo en su tratado escrito quince años después y no fue retomada por la parte de ninguna otra institución europea hasta casi dos siglos después, ya por parte de las monarquías portuguesa y castellana.

En torno a 1300 esta difícil tarea fue, sin embargo, plenamente acometida por Marco Polo, Juan de Montecorvino, Jordano Catalán, Odorico de Pordenone, Juan de Marignolli y quien sabe si

algún otro emigrante latino que a su regreso a Europa quisiera y
pudiera hacer de su experiencia vital algo significativo para una
reducida élite que por aquel entonces comenzaba a mostrar cierto
interés por la mudable realidad fenomenológica del inmenso espacio vital que se extendía desde la retaguardia del sultán egipcio hasta los confines de la tierra. Si dicho individuo hubiera existido, si
además hubiera sabido escribir y si tal texto hubiera sido capaz de
trasmitir un tipo de conceptualización de la realidad que no era
nada habitual en su tiempo, ahora habría que lamentarse de que tal
cúmulo de excepciones hubieran acabado siendo devoradas por el
tiempo. Los que afortunadamente han sobrevivido cumplieron
como pudieron con todos estos requisitos y lo cierto es que habrían
de pasar muchos años para que se volvieran a dar las condiciones
que permitieran la aparición de nuevos textos de esta índole [66].

De la verdad a la veracidad

Volviendo a la vieja teoría que identificaba los orígenes de la
novela en la extraordinaria movilidad social y el consiguiente desarraigo cultural que afectó a buena parte de la población de la Europa de los años anteriores a las catástrofes biológicas y políticas (la
peste negra, la Guerra de los Cien Años, el cisma de Aviñón) que
asolaron el continente a partir de la segunda mitad del siglo XIV,
vimos también cómo la literatura de Descripción de las Indias se
nos aparecía como un fenómeno plenamente concurrente. Hasta
ahora hemos venido identificando algunos de los efectos más llamativos introducidos en la práctica literaria europea por el fenómeno
romanizante a partir del siglo XIII. Pero, en relación con las antiguas
épicas y fábulas en las que autor y audiencia compartían un mismo
código, una noción bastante precisa del desenlace de la historia y

---

[66] Con esta hipotética posibilidad jugó el filólogo David Selbourne, que en 1997
sacó a la luz un manuscrito de finales del siglo XIII sobre los viajes de un judío italiano,
Jacobo de Ancona, por toda Asia y el Océano Índico (*La ciudad de la Luz,* 2001). Mi
impresión, como la de tantos otros, es que se trata de un fraude, pero lo cierto es que
también ha conseguido el crédito de algunos especialistas. A pesar de no ser una novela
brillante y de rezumar a la ideología reaccionaria y sombría de Selbourne, lo cierto es
que el filólogo ha encontrado la manera de burlar la autoridad del historiador, lo que,
por otra parte, no es de extrañar teniendo en cuenta el escaso desarrollo de los estudios
sobre los viajes medievales al Lejano Oriente.

gran seguridad respecto al sendero por el que discurría la narración: ¿cómo habría de solucionarse la ausencia de dicho código, asentado en la reserva tópica, los registros estilísticos y en el contenido mismo de las historias narradas?

Dicha solución se satisfizo en buena medida con el empleo de un tipo de diálogo familiar y natural, una suerte de estilo *mediocrus* [67]. Se trata de una forma particularmente intensa de imitar la experiencia sensible de la vida cotidiana, entre cuyas características esenciales forma parte el historicismo, la degeneración y el progreso, así como otras asunciones concretas y demostrables sobre la naturaleza del mundo y del lugar que en ella ocupa el individuo. Dentro de esta particular forma de imitar la realidad, no importa cuánta libertad se tome el autor, pues en ningún caso podrán ser quebrantadas dichas asunciones, las cualidades esenciales de esta realidad principalmente definida en términos sensoriales [68]. Es lo que algún crítico literario también ha llamado «realidad moral», una experiencia personal y subjetiva que es transmitida a la audiencia siguiendo un sendero epistemológico exclusivo: el de lo plausible [69]. Se trata de una serie de recursos expresivos cuya validez está circunscrita por el espacio y el tiempo determinado para cada grupo humano, pero que proceden tanto de la visión exterior del mundo como de la visión íntima e interior del individuo [70].

La insólita preocupación de la novela occidental por el modo de construir la realidad no es distinta de la preocupación de los autores de Descripciones de 1300 por construir un Oriente plausible. Sus autores demostraron una actitud siempre proclive a involucrar al destinatario. Un destinatario abstracto, sujeto sin identificar plenamente, con el que se ensayan varias posibilidades de entablar comunicación en torno a la sensibilidad básica que el emisor presupone en el receptor. Este complejo conjunto de asunciones determina las

---

[67] Chevalier, *Cuento y novela corta* (edición de Lacarra, 1999), p. 16.

[68] Auerbach (2002), p. 182.

[69] Post, *A Theory of Genre: Romance, Realism, and Moral Reality* (1981), p. 369.

[70] Johnston, *An Aristotelian trilogy: Ethics, Rhetoric, Politics and the Search for Moral Truth* (1980), p. 3. Al respecto escribía Ernesto Sabato, en la *Revista Sur de Buenos Aires*: «Europa inyecta en el viejo relato legendario o en la simple aventura épica esa inquietud social y metafísica para producir un género literario que describirá un territorio infinitamente más fantástico que el de los países de leyenda; la conciencia del hombre. Y lo llevará a sumergirse cada día más, a medida que el fin de la era se acerca, en ese universo oscuro y enigmático que tanto tiene que ver con la realidad de los sueños»; Sabato (1962), p. 158.

herramientas con que está construida la idea de realidad que el escritor pretende transmitir, su verdad. O mejor sería decir aproximación a la verdad, la veracidad, pues las leyes que gobiernan dichas asunciones no son absolutas, y dependen tanto de la pericia con que el comunicador sepa manejarlas como de las cambiantes convenciones que rigen la comunicación entre los miembros de los distintos grupos sociales. Las posibilidades de una comunicación transversal, traspasando varios escalafones sociales, compartimentos tradicionalmente estancos, explican el recurso a fórmulas narrativas, el empirismo, el drama, la sensación, en suma, un código indistinguible del de la emergente novela occidental del que también pudo servirse un comunicador aturdido, como el autor de Descripciones de las Indias, para conseguir identificar a un destinatario desconocido y acaso impenetrable.

La polivalencia de lo plausible

La relación imperfecta entre la literatura de Descripción de las Indias y la tratadística sobre cómo Recuperar la Tierra Santa pudiera deberse a la necesidad de los autores de lo primero de abordar una materia remota aproximándola en la máxima medida de lo posible a lo contemporáneo y popular. Esto explicaría la extraordinaria afinidad entre la primera literatura de viajes al Lejano Oriente y la novela; tanta que libros como el de Marco Polo y el de Odorico parecen haber sido creados sin otro propósito más que el de entretener. Los escritos de Juan de Montecorvino y Jordano Catalán difícilmente podrían ser tomados por literatura de entretenimiento y quizá sólo por eso se ha conservado una única copia manuscrita de cada uno de ellos. Tampoco se ha conservado más de una copia de la obra de Juan de Marignolli que, por lo demás, no ofrece dudas respecto a su propósito; la suya era una obra científica, una crónica universal que, sin embargo, en lo referente a la experiencia vital del autor en Asia fue la que más se aproximó al universo poético de la contemplación y el asueto. En cambio, en los textos de Odorico de Pordenone y Marco Polo pesa sobremanera la apariencia engañosa que les proporcionó la intervención de escribas profesionales. Digo engañosa porque, al igual que en el caso de Mandeville, el registro expresivo empleado es tan poderoso que relegaba a un plano secundario el contenido mismo de la obra. En definitiva, tan novedosa, sino más, era la materia reportada como el vehículo literario empleado para tal fin[71].

El intervalo temporal que separa la obra de Rustichello y de Mandeville constituye la primera fase en la creación de un lenguaje válido para la descripción del mundo, desde luego bien recibido y, a partir de la segunda mitad del siglo XIV, extraordinariamente aclamado por el público europeo. Con medio siglo de distancia ambos escritores elaboran sendas obras de gran éxito, construidas sobre las experiencias de viajeros en las Indias, Rustichello de la viva voz de Marco Polo y Mandeville de los textos de viajeros no menos reales. La escrupulosidad que Polo impuso sobre Rustichello en la reproducción de su propia experiencia no significó un aumento de veracidad. Ésta fue mejor obtenida por Mandeville. La famosa anécdota ramusiana sobre el sacerdote que pide sinceridad a Polo en la postrera hora de su muerte y que con su último aliento afirmó no haber contado ni la mitad de lo que había visto incide en la tensión entre estas dos realidades: la propia y la de aquel designado para compartirla. Mandeville, en cambio, obtuvo mayor crédito. Su despreocupado uso de recursos puramente narrativos le aproximó al sentido de realidad de su siglo. La paradoja no hace sino demostrar la subordinación última de la experiencia del viajero a la capacidad cognitiva del receptor y el extraordinario papel asumido por los autores de Descripciones por ensanchar dicha capacidad.

No es, por tanto, de extrañar que uno y otro mundo se fusionaran, intercambiaran elementos y compartieran audiencias, como ocurrió en los casos de Marco Polo y Odorico de Pordenone. En uno de los doscientos cincuenta manuscritos del Mandeville, la versión liejesa, se fusiona por completo la descripción del mundo con la célebre historia del caballero Ogier de Dinamarca, favorito de Carlomagno. Ogier sale de la *Chanson de Roland* para protagonizar

---

[71] PIMENTEL (2003), en el excelente capítulo «La ficción natural: Defoe, Robinson y la escritura de la vida», recoge las impresiones de Ian Watt al respecto, p. 258: «en el ámbito anglosajón *la novela compartió con la nueva ciencia y las nuevas teorías de conocimiento la búsqueda individual de una verdad no dada por la tradición, sino adquirida a través de la experiencia particular y sensible*. En efecto, cuando Defoe subordinó la trama del *Robinson* al modelo de la memoria autobiográfica, supuso una defensa de la primacía de la experiencia individual tan desafiante en el dominio de la ficción como el *cogito ergo sum* cartesiano en el de la filosofía». En cursiva va todo aquello que considero extrapolable al proceso literario que hizo discurrir a la Descripción de las Indias del siglo XIV por los mismos senderos epistemológicos de la primera novela europea.

la *Geste d'Ogier* y de ahí al *Livre de Messire Jean de Mandeville,* donde aparece como conquistador de todo el Oriente, El Cairo, La Meca, Jerusalén, China, las islas del Índico y Etiopía, donde dejó por emperador a su sobrino, el Preste Juan [72]. Nadie como Mandeville difundió entre las generaciones venideras el conocimiento producido por las Descripciones de las Indias de 1300. El poder del Gran Khan, el oro del Cipango, los budistas en Ceilán, los cristianos de Santo Tomás en India, alcanzaron gran difusión especialmente entre las generaciones que en la segunda mitad del xv impulsarían las grandes navegaciones transatlánticas. A ellos también debió persuadir la vehemencia con que *Sir John* afirmaba la redondez del planeta y la posibilidad de circunvalarlo [73].

Entre las *verdades* transmitidas por los Mandevilles, la historia de Ogier tendría consecuencias similares. En 1445 un hidalgo danés se presenta ante Enrique el Navegante portando una carta de su soberano para organizar una expedición en demanda del reino de la India fundado por Ogier en beneficio del Preste Juan. Diez años más tarde la Corte danesa vuelve a negociar con Portugal una nueva expedición de reconocimiento instruida a partir de la versión liejesa del Mandeville [74]. Otro caso ejemplar de la capacidad de la Descripción de las Indias y el *roman courtois* de establecer un continuo de cara a una audiencia incapaz de distinguir (precisamente, no era otro el objetivo de los autores de uno y otro palo) entre la ficción plausible y la descripción probable de las regiones más remotas de la tierra.

La multiplicidad de significados de la Descripción

La incapacidad de los autores de Descripciones de discriminar una audiencia en beneficio de otra, de concentrarse en un único auditorio especializado, puede estar en la raíz del curioso periplo

---

[72] *Le livre de messire Jean de Mandeville, Version liegeoise, 1396* (edición de DELUZ, 1997).

[73] Sobre el peso de la obra de Mandeville respecto a la posibilidad de circunvalar el planeta en Cristóbal Colón tenemos el firme testimonio de Andrés Bernáldez, confesor de Isabel la Católica, recogido por RUBIO TOVAR (2005), p. L.

[74] *Le livre de messire Jean de Mandeville, Version liegeoise, 1396* (edición de DELUZ, 1997), p. 1397.

literario que experimentaron algunos de los textos de este cuerpo. La Descripción de las Indias es un conjunto literario al que pudieron acercarse con igual entusiasmo reyes y molineros. Pero además pudieron acercarse con propósitos completamente opuestos.

Uno de los rasgos más notables de estos textos son sus altas dosis de resistencia a la tradición y a la cultura de la Europa de 1300. A pesar de la actitud más o menos conciliadora de los autores con las voces provenientes del pasado, las Descripciones no pudieron evitar mostrar cierta desconfianza hacia la sabiduría oficial. El ataque contra cuestiones dogmáticas pudo unas veces estar camuflado y otras dulcificado, como cuando Marignolli afirmaba la redondez de la tierra y que el Océano Atlántico se comunicaba con el Índico, para a continuación añadir que aun así Dios lo había dispuesto todo para que el hombre no pudiera moverse libremente por este mundo infinito[75]. Sin embargo, la mayor parte de las veces la desarticulación del dogma ocurría como por casualidad, sin ningún afán polémico, como cuando Montecorvino simplemente constataba que estaba convencido que desde lo alto de una montaña en el sur de la India se podría observar la curvatura de la tierra[76].

Inservible también le pareció a nuestros autores la ciencia de los antiguos respecto a la existencia en el planeta de zonas tórridas e inhabitables, lo que dio lugar a críticas de mayor o menor calado dependiendo del talante de cada autor. La cuestión de los monstruos varió considerablemente de uno a otro texto, pero en los casos de Montecorvino y Marignolli dieron lugar a denuncias muy subidas de tono sobre la incompetencia de venerables autores clásicos. La Biblia misma o el gran San Agustín no habrían de salir indemnes del choque contra la experiencia sensible adquirida por los viajeros-narradores. No podía ser de otra manera toda vez que nuestros autores echaron mano de un sistema de valoraciones, analogías y expresión cuya procedencia era eminentemente exterior al legado tradicional. Tan pronto como los viajeros-narradores tuvieron que recurrir a la ciencia acumulada por marineros, comerciantes y musulmanes, tan pronto decidieron darle salida a través de medios de expresión similares a los empleados en la transmisión oral de historias populares, tan pronto hicieron uso de un lenguaje que toda-

---

[75] MARIGNOLLI, *Chronica,* p. 549.
[76] MONTECORVINO, *Carta india,* p. 341.

Antonio García Espada

vía estaba en fase experimental, buena parte de los aspectos de la cultura oficial protegida por una élite cerrada e inaccesible habrían de ser puestos en entredicho.

Menos inevitable, aunque más vigoroso, fue el ataque consciente a algunas de las prácticas de poder de dichas instituciones. Ya vimos en el capítulo segundo lo explícito de la crítica por parte de autores como Odorico, Montecorvino y Marignolli a la política de los conventuales franciscanos, cuya elaboración culminaría con el rechazo no menos abierto de cuestiones centrales de la política pontificia como la recaudación de impuestos, el atesoramiento de la riqueza o el diseño jurisdiccional. De nuevo, cabe imputar este ramalazo popular de la Descripción a la baja procedencia social de algunos de sus autores, cuya experiencia asiática pudo tener su origen en una clara desavenencia con las instituciones dominantes de la Europa tardomedieval.

Sin embargo, la fuente de la que emana el grueso del contenido antisistémico de los textos de Descripción de las Indias es precisamente esa necesidad de dar individualmente con «una verdad no dada por la tradición, sino adquirida a través de la experiencia particular y sensible». Desde esta perspectiva, la identificación de nuestros autores con la causa de los grandes bloques institucionales medievales, los mismos que dieron origen a la tratadística de Recuperación y abrieron hueco en las letras europeas a las Descripciones del Lejano Oriente, tenía que ser imperfecta. Las afirmaciones en los textos de la Descripción sobre la superioridad del «Nosotros», los latinos, sobre la belleza, las costumbres y la preeminencia estética de Europa, estaban construidas con los mismos mimbres que el reconocimiento de universos sociales paralelos, donde se mantenían unos niveles aceptables de orden y concierto, donde sus componentes eran capaces de gozar y progresar, y los conflictos entre ellos eran solucionados de manera, cuando menos, tan efectiva como entre las sociedades de origen de dichos viajeros. Los viajeros que entre finales del siglo XIII y principios del XIV tuvieron oportunidad de vivir durante varias décadas entre indios, mongoles, chinos y demás, tuvieron que alcanzar niveles de adaptación aceptables de los que se desprendía el reconocimiento de la validez de sus respectivas opciones vitales. Algo inevitable desde la posición desde la que estaba enunciada la Descripción de las Indias.

Así, cuando Marco Polo se refería a los rituales de los paganos de Catay, haciendo ver cuán extraños y crueles podían llegar a ser, o al tratar sobre las supersticiones de los indios, los «tantos presagios en tantas coyunturas buenas como malas que es un quebradero de cabeza»[77], lo hacía dejando claro que «se guían por estas cosas, que conocen por experiencia»[78], la misma experiencia de la que él mismo lleno de orgullo se sirvió para proclamarse «justo y excelente, tenido en gran estima por señores y príncipes»[79]. La experiencia había dotado a sus propias averiguaciones de un estatus único e inapelable, y de la misma manera la experiencia de los indios, los chinos, los tártaros, los tibetanos, los javaneses o los etíopes dejaba sin efecto la sabiduría doctrinal, las especulaciones de quienes, por carecer de experiencia, veían a partir de ese momento relativizada su autoridad. A partir de aquí la tradición de los distintos pueblos asiáticos merece ser respetada, cuando no admirada. A la hora de hablar de la adoración de los ídolos, Marco Polo hacía de ello partícipe a la mayor parte de la población mundial y a continuación tomaba la precaución de poner en boca de uno de estos idólatras una justificación definitiva: «Nuestros antepasados nos los dejaron y eran así; nosotros los dejaremos a nuestro hijos y a los que vengan después de nosotros, y así pasaran siempre de unos a otros»[80]. El prudente veneciano parecía estar leyendo en la mente de cualquier latino de ese «Nosotros» medieval, poniéndole ante los ojos formas de razonar no muy distintas de la suya, a la vez que le situaba ante alternativas vitales igualmente efectivas y sólidas o igualmente contingentes y mudables que las propias del tal «Nosotros»[81].

Pero, de nuevo será *sir* Juan de Mandeville quien llevará al paroxismo el contenido «revolucionario» de la Descripción del Lejano Oriente. Mandeville se apoyará especialmente en Odorico para alabar las soluciones a la pobreza dadas por los chinos. También se servirá del gobierno justo del khan y del Preste para satirizar al papa y al emperador. La costumbre de incinerar a las viudas le pareció a Mandeville una prueba definitiva de la seriedad con que los hindúes se tomaban la existencia del Paraíso. Igualmente sus

---

[77] Marco Polo, *Divisament,* p. 451.

[78] *Ibid.,* p. 437.

[79] *Ibid.,* p. 14.

[80] *Ibid.,* p. 402.

[81] También lo tiene claro Debra Higgs Strickland, Artists, Audience, and Ambivalence in Marco Polo's Divisament dou monde (2005), p. 502: «While their courtly audiences assumed a vast cultural gulf between Western civility and Eastern barbarity, the Divisament authors deigned to narrow it [...]. In direct contradiction to the expectations of its readers, the Divisament text raised the cultural status of the Eastern, non-Christian Other to a level that compared favorably to —or even surpassed— that attained in the West».

Antonio García Espada

sacrificios ante los ídolos ponen en evidencia la falta de devoción de los cristianos que rara vez hacen lo propio por Cristo. El Karmapa tibetano de Odorico es la oportunidad de la que se sirve Mandeville para burlarse del papa y de su secuestro en Aviñón. Pero, aún más, *sir John* muestra una actitud no sólo renuente a reconocer la superioridad del cristianismo, sino incluso a dotar al cristiano de una moralidad y una fe adecuada[82].

Nada en tal grado provocativo pudo salir de la pluma de los viajeros-escritores de Descripciones. Sin embargo, Mandeville nos ofrece la posibilidad de comprobar los diversos niveles de lectura a los que se prestaron los textos de Odorico de Pordenone y Marco Polo, textos que fueron originalmente dirigidos al papa y a los príncipes más implicados en la Cruzada para Recuperar la Tierra Santa y que casi contemporáneamente se prestaron a ser leídos justo como lo contrario, como proclamas contra la autoridad del papa y del resto de las instituciones cristianas. Se trata además de un nivel de lectura que tuvo una continuidad extraordinaria. En los albores de 1600 nos encontramos con un molinero, Domenico Scandella, alias Menocchio, que fue dos veces procesado y finalmente ejecutado por la Inquisición por su perseverancia en una concepción del cristianismo que los investigadores de la Iglesia consideraron subversiva, peligrosa, en suma, herética. Se trataba de una lectura de la experiencia cristiana un tanto particular cuya procedencia no era atribuible a una corriente de pensamiento determinada o un secta religiosa concreta, sino sólo a la iniciativa individual de un molinero con un conocimiento básico de las letras, cierto complejo mesiánico y una curiosidad inagotable. Entre las piezas que formaban parte del arsenal de ideas subversivas del molinero estaban entre otras una versión apócrifa de la Biblia, el Corán, la Leyenda Dorada o el Decamerón. Sin embargo, el propio Menocchio confesó ante la autoridad inquisitorial que sus conocimientos como sus errores provenían en su mayor parte del libro de *Il cavallier Zuanne de Mandavilla*[83].

---

[82] Así lo creen un buen número de críticos de Mandeville: SCHLAUCH, *English Literature and its Social Foundations* (1956); ZACHER, *Curiosity and Pilgrimage: the Literature of Discovery in Fourteenth Century England* (1976); MOSELEY, *The Travels of Sir John of Mandeville* (1982); Rosemary TZANAKI, *Mandeville's Medieval Audiences* (2003). Pero de todos el que más peso otorga a la crítica antisistémica en Mandeville es GREENBLATT, *Marvelous Possessions. The Wonder of the New World* (1988).

[83] GINZBURG, *Il formaggio e i vermi. Il cosmo di un mugnaio del' 500* (1976), y DEL COL, *Domenico Scandella detto Menocchio. I processi dell'Inquisizione, 1583-1599* (1990).

El texto de Mandeville había conseguido con éxito crear un contexto apropiado, familiar y reconocible, para dar sentido a los datos traídos del Lejano Oriente por los Polo y los Odorico, y acabó poniendo ante los ojos de los europeos la existencia de una sociedad, una religión y un sistema de valores alternativos, tan reales como los propios y al alcance de la mano. Algo que tanto entonces como ahora se presta a numerosas lecturas[84].

[84] Sobre la pluralidad de lecturas en relación con la literatura de viajes, LÓPEZ DE MARISCAL (2004) recurre al concepto de «resignificación» en tanto proceso más o menos espontáneo, más o menos dirigido, de alteración semántica; y RUBIO TOVAR (2005) aborda la cuestión mediante la distinción entre «género de creación» y «género de recepción». Con respecto a estas perspectivas espero haber expuesto con suficiente claridad que, desde la mía, se trata de la particular posición enunciativa adoptada, en el caso que nos toca, por los escritores de Descripciones de las Indias y no únicamente por una cuestión de recepción.

CONCLUSIÓN

Marco Polo

«No he contado ni la mitad de lo que he visto»

El objeto de esta investigación ha sido un número muy reducido de textos que, sin embargo, tienen la particularidad de ser los primeros en las letras europeas tras casi mil años en proclamar un conocimiento privilegiado, fiable y empírico, del Lejano Oriente. Tras tan largo intervalo nos encontramos ante un lenguaje notoriamente diferente en la práctica de transmitir dicho conocimiento. Este cúmulo de novedades es particularmente relevante en la evolución hacia un género literario que, desde la Antigüedad clásica hasta nuestros días, ha acabado por adquirir forma entorno a un sujeto de estudio, de análisis o de interés, enunciado desde la virtualidad del «Nosotros» con respecto a la virtualidad equivalente del «Ellos». Los textos de Descripción de las Indias compuestos en torno a la primera mitad del siglo XIV significan un momento de particular intensidad en el proceso de solidificación de estas dos virtualidades, tanto por concretar el significado del «Nosotros» como por ampliar enormemente el contenido del «Ellos».

La amplitud, variedad y sutileza de las realidades capturadas por los autores de Descripciones bajomedievales del Lejano Oriente constituyen en su conjunto una unidad. Superado el Ultramar sarraceno, la *dar el-Islam* es topografiada minuciosamente y, más allá, se adquiere conciencia de nuevas entidades geopolíticas, socioeconómicas y filosófico-culturales: idólatras, cristianos y musulmanes de uno y otro tipo; tribus mongoles, aristocracias indias, reinos etíopes, imperios chinos. No se trata, sin embargo, de una unidad de razas, ni de credos, ni de costumbres, ni de algún otro rasgo intrínseco de los percibidos por los autores de Descripciones, que de hecho consumieron buena parte de su energía narrativa en transmitir dicha pluralidad como un hecho consustancial a la misma experiencia del mundo y sus gentes. La unidad que caracteriza la literatura de Descripción, la que la convierte en un cuerpo literario homogéneo, no está construida en torno a un hecho diferencial sostenido por la evidencia empírica [1]. Se trata, por el contrario y ante todo, de una unidad que emana de la posición adoptada por el sujeto con relación al objeto de su interés: apriorística por definición.

Éste es el apriorismo que centra la presente discusión. Por supuesto que hay muchos otros apriorismos en los textos de Descripción del tardomedievo. Monstruos, prodigios y milagros también pueblan estos textos y han acabado ocupando buena parte de los estudios hechos al respecto en los últimos ciento cincuenta años por coleccionistas, anticuarios, biógrafos, historiadores y antropólogos. Desde esta perspectiva, la innovación de la Descripción bajomedieval ha resultado relativizada por su fuerte anclaje en una determinada tradición retórica, en el particular imaginario medieval, en una escatología primitiva [2]. Dicha predisposición analítica se ha traducido en un sobredimensionamiento de este legado arcaico en la literatura de Descripción de las Indias, tendencia que ha sido combatida por otras voces disidentes entre las que debe ser encuadrado lo dicho en el capítulo cuarto de esta exposición.

Esta investigación no aspira a dar un sentido completo y acabado de un fenómeno tan singular y al mismo tiempo tan vasto como la literatura de Descripción del siglo XIV, sino a dar respuestas a cuestiones relacionadas tanto con el resurgimiento del interés por tierras tan lejanas tras siglos de silencio en las letras europeas, como con la consecuente refundación de un lenguaje efectivo a tal fin. Dentro de esta búsqueda, lo que se ha revelado como el aspecto central es la posición desde la que está enunciada la Descripción tardomedieval del Oriente. Una posición que, si bien raramente se hace explícita en los textos mismos, constituye su marco de referen-

---

[1] Respecto a la asunción central de Joan Pau RUBIÉS: «Descriptions of peoples with ethnographic value – that is, descriptions predicted on the idea of an empirical difference – became a distinct (if exceptional) genre which accompanied the expansion of Europe from the twelfth century, in the north and west of Europe as well as in the Mediterranean from Spain to Jerusalem» (*Travel and Ethnology in the Renaissance,* 2000, p. 41).

[2] Así Mary CAMPBELL: «One might expect this encounter between the eyewitness and the factitious to be a meeting of matter and antimatter, in which explosion, a host of images will perforce be smashed. But images are hardier than that» (*The Witness and the Other World: Exotic European Travel Writing, 400-1600,* 1988, p. 87).

cia, su vara de medir, el término último contra el que es realizada la definición del objeto observado. La unidad del *Nos latini* de la literatura de Descripción, si bien pudo encontrar corroboración en la experiencia directa de los viajeros europeos, es, antes que eso, el marco que da sentido al ejercicio literario, el punto de partida y el contexto respecto al cual cabe establecer una primera idea de alteridad. Alteridad, por lo demás, en extremo compleja, pues su principio fundacional no es inherente a los seres humanos sobre los que tal alteridad es proyectada. Sin embargo, esta imperfecta enunciación de un «Ellos» en relación con un singular «Nosotros» probablemente sea el rasgo que más distinga a estos textos de sus ancestros; con toda seguridad, es el principal responsable de los siete siglos de lectura apasionada e ininterrumpida hasta nuestros días de textos como el de Odorico de Pordenone o el de Marco Polo.

Los duraderos efectos de la particular posición enunciativa adoptada por los autores de Descripciones vienen, no obstante, contrarrestados en los textos mismos por la falta de nitidez, la parquedad a la hora de hacer visibles los elementos que constituyen dicha plataforma narrativa. Del susodicho *Nos Latini* sólo se nos dice esporádicamente y sin mucho convencimiento que es superior al resto de las naciones orientales en el ejercicio de las armas, en la navegación y en todo aquello que «ennoblece, embellece y ornamenta a los hombres». Poco más nos cuentan los autores de Descripciones sobre cuál es su audiencia, quiénes son los interesados en conocer con tanta precisión la situación actual y objetiva de las Indias medievales, qué perspectiva dotaba de valor a la tan fatigosa labor de describir el Oriente. Más aún, la literatura de Descripción de las Indias pone de manifiesto cierta incapacidad (o sencillamente renuencia) para abordar la realidad de una manera analítica, para convertir la vivencia personal en una sistematización de la experiencia y ubicar así al lector dentro de unas coordenadas ideológicas estables. Incluso los criterios de selección y de organización de la información son bastante confusos. Aparecen mezclados todo tipo de manifestaciones fenomenológicas de la realidad. Las prácticas rituales, las peculiaridades arquitectónicas, las costumbres sexuales, el comportamiento de los gusanos, las sobrecogedoras fuerzas de la naturaleza, las anécdotas personales, los miedos, las simpatías, las alucinaciones de los viajeros convertidos en autores de Descripciones ocupan todas un mismo plano indiferenciado, son todas igualmente relevantes y significativas. Característica no del todo ajena a la tradición literaria medieval, en buena medida marcada por el desprecio a la abstracción y la falta de compromiso con la sistematización.

Sin embargo, se detecta en la literatura de Descripción de las Indias del siglo XIV un ulterior intento de imponer un último y más amplio significado, una tentativa por extraer de la vasta y compleja experiencia vital de estos hombres al menos una lección edificante, útil, valiosa en relación con una finalidad determinada. Los textos de Descripción de las Indias están salpicados de afirmaciones sobre la gran utilidad de su contenido, pero son incapaces de explicar para qué exactamente. Es aquí donde más evidente se hace la estrecha relación de dependencia que guardan estos textos con su medio de producción; ese «Nosotros» que apenas aparece mencionado en la Descripción de las Indias pero sin el que dicho ejercicio literario carecería de sentido por completo.

Si para identificar dicho contexto seminal, y a falta de indicaciones específicas en los mismos textos de Descripción, nos servimos de indicadores como el lugar y la fecha de composición, los manuscritos en que fueron copiados los textos, las bibliotecas que los acogieron por primera vez, los primeros receptores de las narraciones, el medio social en el que se desenvolvieron sus autores y la afinidad estilística con otros cuerpos documentales, los tratados sobre cómo Recuperar la Tierra Santa constituyen una referencia ineludible a la hora de reconstruir dicho contexto germinal del que surgió la primera Descripción europea de las Indias. Los Tratados de Recuperación, además, se caracterizan por abordar de lleno ese nuevo «Nosotros» que pasa casi inadvertido en las Descripciones del Lejano Oriente pero del que se sirvieron sus autores para aventurar la enunciación de un «Ellos» equivalente. Ese escurridizo y aun así instrumental «Nosotros» de las Descripciones no es otra cosa que la esencia misma de la tratadística de Recuperación, no sólo porque sus autores dirigieran toda su energía propositiva a satisfacer los requisitos de una colectividad reunida en torno a figuras políticas (el papa romano y el rey francés) con una larga tradición legitimadora y renovadas pretensiones universalistas. El susodicho «Nosotros» es además central en la tratadística de Recuperación porque la misma procedencia social y geográfica de los propios autores constituía una suerte de ensayo a escala reducida de ese nuevo, complejo y ambicioso «Nosotros».

La excepcionalidad de la literatura de Descripción de las Indias es sólo parangonable con la de los tratados de Recuperación de la Tierra Santa. Éstos igualmente irrumpieron en el panorama documental de la época con una clara pretensión innovadora y, en el breve intervalo de cuarenta años, acabaron constituyendo un corpus al que nuevos autores pudieron adscribirse para dirigirse a las instancias de poder más elevadas y poner ante sus ojos formas de entender la realidad caracterizadas precisamente por su ruptura con las formas tradicionales de abordar los asuntos de poder. En la tratadística de Recuperación junto a reyes y maestres de las Órdenes Militares se dieron cita autores duchos en la práctica jurídica, en la práctica evangelizadora, en la nueva ciencia enseñada en las jóvenes universidades, también afortunados mercaderes con vastos conocimientos sobre mercadería y mercados, medios y vías de comunicación e, incluso, autores procedentes del concurrido universo de los renegados y malcontentos, con un privilegiado conocimiento del adversario. Se trata de un conjunto de autores cuya información sobre el teatro de operaciones, así como de los nuevos rudimentos técnicos para la optimización de recursos limitados, pasaron a ser altamente demandados por dichas instancias del poder supremo. Por su parte, la oferta lanzada desde las Cortes parisina y romana de prestar oídos a nuevas propuestas de dominio relacionadas con la recuperación de Palestina fue extraordinariamente acogida entre una serie de autores, cada uno con adscripciones e intereses distintos, pero de acuerdo respecto a la conveniencia de actuar conjuntamente, al parecer, convencidos de que sólo la convergencia sinergética de distintos intereses proporcionaría opciones reales de permanencia y progreso al susodicho «Nosotros».

Este «Nosotros» que en torno a 1300 articulaba los discursos tanto recuperacionista como de Descripción de las Indias parece surgir antes que nada de un fuerte sentido de emergencia histórica, una acuciante necesidad que pudo comenzar a ser advertida desde mediados del siglo XIII con la reducción de tierras aptas para el cultivo, el agotamiento de bosques, de minas y de pesca, relacionados tanto con el incremento demográfico, el límite tecnológico alcanzado en la explotación de materias primas, como con la proliferación incontrolada de adscripciones políticas y diferentes jurisdicciones impositivas. Pero casi simultáneamente también se hicieron notar los efectos de la presión, bien demográfica bien militar, de pueblos circundantes como los mongoles, los turcos, los griegos o los moros. Lo que sin duda quedó patente a finales del siglo fue la pérdida total de acceso al Mediterráneo oriental. No falta evidencia en los archivos actuales del fuerte impacto emocional que supuso la caída en 1291 de San Juan de Acre, a la que sucedieron reacciones que iban desde la organización de expediciones militares improvisadas, el extraordinario desarrollo de una prédica profesional para la recaudación de fondos para una nueva Cruzada, el aumento de palmeros latinos al Santo Sepulcro, o la proclamación del sucedáneo de la peregrinación jerosolimitana: el jubileo romano.

No es tarea fácil evaluar las consecuencias de los profundos cambios que tuvieron lugar en la Cristiandad latina desde la segunda mitad del siglo XIII hasta la primera mitad del siglo XIV, momento en el cual la gran crisis eclosionó finalmente alcanzando su máxima expresión, primero, en el plano biológico bajo el signo de la peste negra y, después, en el político-militar con la Guerra de los Cien Años y el cisma de Aviñón. Desde la segunda mitad del siglo XIII no faltaron premoniciones en este sentido. Voces, como la de Humberto de Romans, reconocían abiertamente no sólo el retroceso de la Cristiandad, sino la poderosa inercia de dicha tendencia. Alarmado, aseguraba Humberto qué, por cada nuevo cristiano, diez de los antiguos trocaban su lealtad por el Islam; un Islam que la mayoría de los católicos, tanto laicos como clérigos, no parecía capaz de distinguir con claridad del resto de las sectas cristianas[3]. Desde perspectivas igualmente amplias y privilegiadas, distintos autores denunciaron la extrema condición periférica de los romano-católicos en relación con otras adscripciones espirituales. No más de una décima parte de la superficie del planeta caía bajo el señorío de los leales al papa; lo que Adán llamaba «*in extrema mundi parte fugati et in terre habitate valde particula angustati*»[4].

El historiador Alphonse Dupront consideraba esta toma de consciencia como parte de un mismo proceso que afectó a la Cristiandad latina en varios frentes, tanto en el nivel colectivo como en el singular del individuo, que a partir de la segunda mitad del siglo XIII muestra inequívocos signos de preocupación por las constricciones de una situación social insatisfactoria y que se manifestaría en una sensación de *oppresion d'encerclement,* particularmente evidente en casos como los de Pierre Dubois o Ramon Llull, cuyos escritos plantean a las claras y con cierta crispación la acuciante necesidad de nuevas opciones de crecimiento y progreso[5].

---

[3] Humberto de Romans, *Opus Tripartitum,* p. 108

[4] Adán, *Directorium,* p. 381.

[5] En relación a Dubois dice Dupront (1997, vol. 1, pp. 148-149): «Là sans doute le secret de Dubois: une vie d'homme étroitement enclose, frémisante de ses propres limites, peut-être de trop obscurité. Sa compensation était d'organiser l'univers... Retrouver

A lo largo de esta investigación ha quedado evidenciado, tal y como ha sido planteado en el capítulo tercero, cierto grado de interdependencia entre esta suerte de angustia vital, esta *oppresion d'encerclement,* y el extraordinario desarrollo cultural, científico y político-administrativo que tuvo lugar en los últimos años del siglo XIII y los primeros del XIV. Las vanguardias más dinámicas de todos estos frentes de la vida pública se enfrentaron por estas fechas a la falta de operatividad de la sabiduría transmitida por la tradición propia a la hora de encarar los nuevos problemas y las nuevas necesidades de su siglo. Dicho legado no parece que saliera indemne del envite de tradiciones marginales, periféricas o incluso antagónicas, como en el caso del Islam. Ciertamente la asimilación de dichas tradiciones paralelas y rivales fue hecha desde tales vanguardias con la máxima cautela, manteniendo la apariencia de continuidad o al menos evitando el conflicto directo con el dogma. De ahí que no haya sido del todo desapropiado caracterizarla como «Revolución Silenciosa».

Sin embargo, la ruptura con la *scientia,* o al menos su puesta en cuarentena durante las décadas inmediatamente anteriores y posteriores a 1300, y su subordinación a los dictados de la dimensión empírica, en realidad, camuflaba un intenso trasiego de ideas y de soluciones prácticas entre tradiciones hasta entonces incomunicadas. Las aportaciones procedentes de las cofradías gremiales, de minorías no menos herméticas como los judíos o de los musulmanes de la otra orilla del Mediterráneo fue vital para el desarrollo de prácticas como la navegación, el comercio, la contabilidad, la gestión de la vida urbana, la medicina o la satisfacción de necesidades estéticas, por citar sólo la punta del iceberg, ya que de este breve período provienen un buen número de las aportaciones tecnológicas que más resistentes se han mostrado al paso del tiempo (el papel, el cero, las gafas, los relojes, los mapas, las partituras, la contabilidad doble y, a lo mejor, hasta el tenedor y los espaguetis).

No obstante, la consideración exclusiva de las aportaciones procedentes de tradiciones periféricas con respecto a una tradición dominante no nos proporciona una imagen suficientemente acaba-

---

ses cohérences, au partir de ses reprises par traits saccadés, c'est en définitive, Dubois guide et maître en ce désordre manifeste, découvrir l'âme enclose, les sources de vitalité de tout un monde – ce milieu légiste, de petite noblesse ou de solide bourgeoise provinciale, qui entoure Philippe le Bel».

da de la naturaleza de esta suerte de Revolución Sensorial y Silenciosa: en primer lugar, por la inconsistencia de dicha tradición dominante a lo largo de toda la Edad Media, caracterizada más bien por la atomización cultural y la carencia de una primacía indiscutible en cualquier terreno de la vida pública; y, en segundo, porque la verdadera revolución tuvo lugar cuando la neutralización del dogma o al menos la puesta en cuarentena del legado de la tradición se convirtió en un modelo de comportamiento tan transitado y prestigioso que los mismos representantes de dicha tradición dominante acabaron por adoptarlo.

Ciertamente no se trató de un proceso pacífico y sencillo. El caso de Tomás de Aquino muestra a las claras cuánta resistencia encontró un sendero epistemológico destinado a sintetizar la *scientia* tradicional y el *ars* moderno, y cuánto apoyo institucional necesitó lo nuevo para gozar de niveles de aceptación similares a los disfrutados por lo antiguo. La victoria del Santo pasaba por encima de quienes consideraron el giro del Aquinate una cesión a la fascinación por el mundo de lo carnal, de lo particular y coyuntural. Sin embargo, incluso sus más enconados oponentes acabaron apostando por esa dimensión de la realidad irremediablemente evanescente pero, en compensación, sujeta a la comprobación personal e inmediata. Los estudios de Paolo Evangelisti han demostrado cuánto del prestigio adquirido por los franciscanos en el terreno de la teoría política se debió a su capacidad de esquivar la sabiduría heredada apoyándose simplemente en la dimensión empírica de su propia experiencia personal. Al fraile menor le bastó con observar las reacciones producidas en su propio cuerpo, dentro de los límites fijados por los huesos y la carne, para superar el bloqueo del legado medieval y ser capaz de proporcionar soluciones brillantes a problemas centrales de gobierno, tales como la financiación, la gestión del tesoro o la legitimación frente a instituciones rivales[6].

El «Nosotros» que en torno a 1300 gobernaba la composición de los tratados de Recuperación y de la literatura de Descripción sería imposible de identificar plenamente sin tener en cuenta este fecundo trasiego intercultural y la subsiguiente subordinación del legado de la tradición a la observación directa y no mediada del acaecer coti-

---

[6] EVANGELISTI, *I pauperes Christi e i linguaggi dominativi. I francescani come protagonisti della costruzione della testualitá e dell'organizzazione del consenso nel bassomedievo* (2002).

diano. Buena parte de los autores de ambos cuerpos literarios procedían de esa atrevida vanguardia de mendicantes dedicados a extraer de la observación empírica fuentes de autoridad equiparables al dogma. El resto de los autores procedía de esos ámbitos sociales periféricos e incluso marginales, cuya sabiduría comenzaba ahora a ser absorbida ávidamente por las principales Cortes europeas, las universidades y los claustros eclesiásticos. La aportación de dichos autores a los intereses de sus primeros destinatarios, el papa y el rey de Francia, no podía estar destinada a otra cosa que a optimizar la capacidad de dominación de las dos instancias de gobierno más antiguas y prestigiosas de la Europa latina.

En este sentido, la aportación más nítida provino de los teóricos de la Recuperación. Éstos apostaron decididamente por una concepción estratégica de la lucha armada. Los intentos por prever, por simular las consecuencias de la batalla estaban destinados a aumentar la capacidad de control sobre la guerra. Los autores de tratados de Recuperación desposeían de esta forma a la Cruzada de buena parte de su compromiso con la larga tradición de peregrinos penitentes cuya comunicación con su Dios se establecía mediante la ordalía, la puesta a prueba de uno mismo. A base de descartar otras implicaciones en la lucha por el Santo Sepulcro y concentrarse exclusivamente en la imagen mental creada a partir de cálculos y estimaciones basadas en la observación, en contextos diferentes, de fenómenos similares (batallas lidiadas en otros tiempos y lugares), los teóricos de la Recuperación conseguían incrementar la seguridad a la hora de tomar decisiones y, por consiguiente, fortalecer la sensación de liderazgo del papa y del rey de Francia. Una sensación de liderazgo esencial a la hora de articular el contenido del *Nos Latini* y que fue enormemente sustanciada en torno a 1300 mediante el empleo de artefactos como los mapas portulanos, bien gráficos, bien verbales. Tales artefactos incidían directamente en el incremento de esa sensación de dominio al convertir el objeto observado en un objeto pasivo, carente de una perspectiva sobre sí mismo equiparable a la conseguida mediante el mapa. La soberanía que sobre sí mismo perdía el objeto observado, descrito y representado la ganaba el sujeto observador.

La antropografía es, en este sentido, una práctica equivalente a la cartográfica. El planteamiento del capítulo quinto de este libro mostraba de qué manera la posición de observador reivindicada por los autores de Descripciones era peculiar, en tanto aspiraba a transferir plenamente los beneficios derivados de dicha posición al lector. De esta manera, el receptor del texto adquiría una perspectiva del objeto descrito que no estaba al alcance del objeto mismo, pues éste era dotado de unas señas de identidad que le eran completamente ajenas, solamente operativas con relación al contexto de producción y recepción de la descripción, es decir, el *Nos Latini*.

En este incremento de soberanía en la toma de decisiones conseguido con la nueva tecnología sensorial encontramos uno de los elementos constituyentes del «Nosotros» de la Descripción y la Recuperación que más contribuyó a la solidificación de la proyección territorial de dichas señas de identidad. Por estas fechas la mayor parte de la Península Ibérica había sido ya reconquistada y los alemanes andaban plenamente inmersos en su primer «Drang Nach Osten». La dimensión geopolítica del *Nos Latini* de 1300 alcanzaba unos límites (el Atlántico, el Mediterráneo, el Báltico y los Balcanes) llamados a perdurar extraordinariamente en el tiempo[7]. Una proyección geofísica de la identidad colectiva fuertemente anclada en una determinada adscripción religiosa, pero a la vez ya visiblemente emancipado de buena parte de sus compromisos con algunos de los aspectos más íntimos de la espiritualidad cristiana trasmitida por las generaciones precedentes. No me refiero únicamente a la reducción del estatus de la penitencia como medio de comunicación con Dios, ni al retroceso de un escatología apocalíptica frente a posturas más propositivas, sino a la manifiesta inversión del sentido de la energía espiritual del cristianismo, el giro hacia afuera de su *pugna spiritualis* evidenciado con particular intensidad por la tratadística sobre cómo recuperar la Tierra Santa y en cierta medida también por la Descripción de las Indias.

El Santo Sepulcro, su posesión militar en el primer caso (la recuperación) y su posesión simbólica en el segundo (la peregrinación), sirvió de fuerte anclaje para ambos cuerpos literarios, funcionando en un caso como primer estímulo ideológico y en el otro como modelo narrativo. Sin embargo, en ambas instancias los materiales reunidos realmente no fueron empleados para enriquecer el gran patrimonio cristiano, el avatar palestino del Reino de los Cie-

---

[7] A juzgar por el análisis de la situación mundial actual hecho por los «deterministas imperiales», como los llama TYERMAN (2004), el *Free World* de hoy se corresponde casi exactamente, a excepción, claro, de la inesperada América, con la proyección geopolítica del «Nosotros» enunciada por los autores de tratados de Recuperación de 1300.

los, sino que, por el contrario, fue la tramoya ideológica levantada a lo largo de siglos en torno al escenario de la muerte y resurrección de Jesucristo de donde los autores de tratados de Recuperación y de la literatura de Descripción extrajeron energía para dotar a sus respectivos objetos de análisis de mayor interés y fortalecer así el vínculo de los lectores con la realidad fenomenológica a la que solamente habían tenido acceso directo tales autores.

Vimos en el capítulo primero cómo los tratadistas de la Recuperación se las apañaron, con más o menos ingenio, para insuflar con la carga emocional de la Tierra Santa agendas tan dispares como la lucha, no sólo contra los mamelucos, sino contra los griegos, los turcos e incluso los habitantes de *al-Andalus* y *al-Magreb;* pero también para acabar con los templarios, para abrir cátedras para la enseñanza del árabe en las universidades, para incrementar enormemente los diezmos impuestos durante décadas sobre todo cristiano, para alterar el valor de pesos y medidas; en último término, incluso para reorganizar por completo el mapa político y el reparto de poder en la Europa latina. En menor medida, pero con igual consistencia, el autor de Descripciones de las Indias extraía de lo más íntimo de la experiencia cristiana claves de las que se servía para ordenar un mundo ajeno a dicha experiencia. De ese trasvase de paradigmas de un contexto a otro se sirvió Juan de Mandeville para llevar a su más alta cota el ensanchamiento del universo del peregrino e insuflar con la escatología del palmero el resto del Mundo conocido[8].

Sin duda, el cristianismo católico-romano es uno de los principales puntos de referencia del «Nosotros» enunciado por los teóricos de la Recuperación, pero no podemos considerarlos dos principios identitarios isomórficos. El cristianismo latino proporcionó un amplio rango de referencias que el «Nosotros» de 1300 pudo reelaborar, readaptar, elegir unas y descartar otras. Dentro de las premisas del vasto universo cristiano ni siquiera en el seno del club más selecto, el clerical, encontramos una convergencia de intereses equiparable a la requerida por los teóricos de la Recuperación para la constitución del nuevo «Nosotros».

El capítulo segundo de esta tesis estudiaba en un nivel concreto y directamente relacionado con la literatura de Descripción de las

---

[8] Siguen estas reflexiones la estela abierta por los estudios de Ernest KANTOROWICZ, especialmente su *Pro patria mori* (1951), ya citados en el capítulo tercero a la hora de indagar en «El sueño evangélico de Ramon Llull».

Indias la gran envergadura de los conflictos dentro de la familia clerical y la coexistencia de lecturas bien diferentes de la experiencia
católica incluso dentro de los límites de una misma orden mendicante. Divergencia no menos patente en los Tratados de Recuperación no sólo porque la diversidad de propuestas hechas al papa y al
rey de Francia se correspondiera con voces provenientes de sectores
sociales rivales, competidores naturales enzarzados en agrias disputas desde siglos atrás, sino precisamente porque el fracaso material a
corto plazo de la cruzada de Recuperación dejaba bien claro, en primer lugar, la inviabilidad de la confluencia en un único punto de tal
variedad de intereses contrapuestos. Sin embargo, la mayor parte de
los testimonios que manejamos hoy, los que nos han dejado los
archivos, demuestra la gran cantidad de energía empleada desde la
Curia Romana para propiciar dicha confluencia. Un caso paradigmático en este sentido fue la extraordinaria política expansiva ensa-
yada por Juan XXII con la Sociedad de los Frailes Peregrinos, una
especie de proto-inquisición dominica cuyos logros en Persia, Tartaria e India parecen responder antes que nada a la voluntad de
reconducir las distintas voluntades desarrolladas al interno de la
familia católica en una misma dirección.

Aun así, la Recuperación de la Tierra Santa nunca se hizo efectiva ni tampoco los intentos de crear en la retaguardia del sultán de
El Cairo una forma de resistencia efectiva a su poder. Más aún, la
proyección textual de esta ambiciosa faceta de la agenda recuperacionista, la literatura de Descripción de las Indias, casi de inmediato, acabó siendo consumida por un público ajeno e incluso contrario a los intereses del papado y la monarquía francesa. Una idea de
hasta qué punto estos textos acabaron siendo acogidos por buena
parte de la audiencia europea como una expresión antisistémica ha
sido minuciosamente sustanciada por los estudios de Carlo Ginzburg y especialmente de Steven Grenblatt [9]. Mis investigaciones en
este sentido, limitadas al intervalo temporal en el que fueron producidos estos textos, han consistido en estudiar la relación de Juan de
Mandeville con la literatura propiamente de Descripción de las
Indias (relación en más de un aspecto similar a la de los escribas
Rustichello de Pisa y Guillermo de Solagna con sus informadores,
Marco Polo y Odorico de Pordenone) para comprobar que a la

---

[9] GINZBURG, *Il formaggio e i vermi* (1976), y GREENBLATT, *Marvelous Possessions*
(1988).

perspectiva adoptada por los viajeros reales les bastó con un mínimo de elaboración, en el sentido de acomodarlos al particular sentido de plausibilidad de su tiempo, para remitir a significados en absoluto complacientes con la situación socio-político-espiritual de su tiempo, llegando incluso a funcionar como proclamas contra la autoridad de la Iglesia, contra la doctrina católica e incluso contra la condición moral de los mismos cristianos.

Aquí la máxima saidiana «la geografía y la historia ayudan a la mente a intensificar la consciencia de sí misma al potenciar la diferencia y la distancia entre lo cercano y lo lejano» [10] encaja perfectamente en el contexto analítico bajo el que se han desarrollado mis pesquisas sobre la posición desde la que estaba enunciada la Descripción bajomedieval de las Indias. Sin embargo, la recepción de la primera Descripción europea del Lejano Oriente pone de manifiesto que tales textos pudieron ayudar al desarrollo no de uno, sino de varios tipos distintos de consciencia. Si bien la escenificación de la distancia y la diferencia pudo surgir de la necesidad de substanciar un determinado principio de identidad colectiva, aglutinada en torno al liderazgo de las principales instituciones gubernamentales de la Europa medieval, el lenguaje empleado para tal fin sirvió simultáneamente para alumbrar regiones más íntimas de la consciencia individual.

La Descripción de las Indias ocupó desde el momento de su gestación el mismo nicho literario que poco después ocuparía la novela en Occidente. La cuestión sobre la recepción de estos textos pone sobre la mesa la posibilidad de que la plataforma desde la que estaba enunciada la Descripción de las Indias, ese «Nosotros» compartido con la tratadística de Recuperación, quedara sin efecto nada más superar el estrecho umbral de los más implicados en la agenda expansionista del papa y del rey de Francia.

Sin embargo, no cabe descartar por completo la posibilidad de que audiencias con intereses diversos e incluso opuestos convergieran en algún punto. Afirmar lo contrario sería llevar a sus últimas consecuencias una distinción que sólo se hizo efectiva varios siglos después de 1300 entre dos lecturas de la realidad, que rudamente podemos caracterizar como objetiva y subjetiva o científica y poética. Las investigaciones de Juan Pimentel han puesto de manifiesto lo arduo y lento del proceso que habría de culminar con la solidifi-

---

[10] SAID, *Orientalism* (2003), 1.ª ed., 1978, p. 55.

cación de esta dicotomía. Dicotomía que en buena medida sigue
siendo el paradigma dominante en la investigación científica actual
y, por consiguiente, interfiere considerablemente en la tarea de
reconstruir fenómenos acaecidos en momentos históricos en los que
dicha escisión no había tenido lugar. De hecho, la posibilidad de
mejorar nuestra comprensión de textos tan peculiares como los de
la Descripción bajomedieval de las Indias, caracterizados en buena
medida por la pluralidad de motivos asimilados en el plano temático y de registros en el estético, depende no poco de la capacidad de
establecer una suerte de continuo entre distintos senderos epistemológicos, entre distintas soluciones a la hora de atrapar la realidad, detenerla, desfragmentarla y aprehenderla.

La Descripción de las Indias de 1300 pudo satisfacer simultáneamente las expectativas de audiencias plenamente involucradas
en la permanencia y expansión de una colectividad ideal reunida en
torno a las mayores instancias del poder y las expectativas de
audiencias aún más amplias pero ajenas o indiferentes sobre este
particular, cuando no abiertamente contrarias a su realización. La
convergencia de audiencias tan dispares en torno a la primera Descripción europea de las Indias la convierte en una suerte de puente
literario entre distintas lecturas de la realidad. Puente, por lo
demás, construido de la manera más peculiar, por emigrantes, alguno con trazas de fugitivo, la mayoría proveniente de estratos bajos
del ancho estamento clerical y la emergente casta burguesa, convertidos tras su regreso a Europa en improvisados arquitectos de unas
nuevas señas de identidad colectiva aún en proceso de construcción. La aportación de estos singulares viajeros a la primaveral
noción de un «Nosotros», constituido en torno a la teoría de dominio de la Recuperación, gozaría de una extraordinaria continuidad
en el tiempo en la medida que superaba las necesidades coyunturales de dicha agenda recuperacionista.

Buena parte del mérito probablemente recaiga en al alto compromiso de los autores de Descripciones de las Indias con la tradición oral, popular e incluso literaria del Medievo. Pero a continuación, no debió ser menos atractiva la peculiar posición adoptada
por el narrador en relación con dicha tradición. La posición enunciativa, el «Nosotros» de las Descripciones de las Indias, se caracteriza por la tensión entre dos polos, el de la aquiescencia respecto a
las fuerzas que gobiernan su composición y el de la resistencia a esas
mismas fuerzas en tanto percibidas como contingentes, coyunturales y mudables. Las altas dosis de resistencia a la sabiduría tradicio-

nal, incluso bíblica, la crítica a la política pontificia, y, en el caso de los franciscanos, el ataque abierto a los conventuales, es decir, a quienes estaban al mando de la orden, y que eran precisamente a quienes iban dirigidos estos textos o al menos quienes estarían en condiciones de hacerlos circular, son algunos de los rasgos de la literatura de Descripción de las Indias que más pudieron contribuir a perfilar los rudimentos de una nueva maquinaria social que albergará entre sus prioridades desarrollar la capacidad de alimentarse de fuerzas antagónicas a sí misma. El «Nosotros» al que se remite la literatura de Descripción de las Indias se define en gran parte por la capacidad de dotar a sus miembros de instrumentos de los que se servirán más adelante para contrarrestar los valores constituyentes de dicha colectividad.

Este vaivén de lo dado a lo adquirido probablemente constituya uno de los principales puntos de intersección entre el discurso científico-antropológico y la novela. Ambos se caracterizan por situar al hombre ante un espacio ignoto, regulado por unas convenciones lógicas básicas sobre cómo debe estar estructurada la realidad para que parezca plausible (o en la terminología científica, objetiva), y a partir de ahí dotar al individuo de una cantidad aceptable de iniciativa para ampliar la capacidad interpretativa de dicha realidad. Éste fue el reto asumido a principios del siglo XIV por los autores de Descripciones de las Indias y parece que por aquel entonces tanto reyes como molineros encontraron cierta gratificación en la identificación con ese individuo que prefería deshacerse de la sabiduría recibida de su propio entorno social y afrontar la realidad mediante un conocimiento adquirido por la vía de los sentidos y explícitamente propenso a poner en tela de juicio toda concatenación entre causa y efecto que no fuera comprobable dentro de los ajustados límites de la experiencia personal y sensorial. Tal actitud, la del aventurero o la del científico que se posiciona ante una realidad inacabada en la medida que depende de sí mismo para dotarla de pleno sentido, no tiene por qué ser nueva ni privativa del grupo humano que en torno a 1300 habitaba el Mediterráneo europeo pero, sí que se trata de una actitud arriesgada y tremendamente costosa en términos sociales.

Lo realmente particular de ese «Nosotros» del Mediterráneo europeo de 1300 es que sus reyes y papas jugaran un papel instrumental en el desarrollo de esa lectura polémica de la realidad. La extraordinaria expansión mongola, la incontestable fortaleza del Islam, la pérdida de la Tierra Prometida, la inoperatividad del conocimiento de los antiguos para lidiar con el crecimiento urbano y la expansión burguesa, la desconfianza ante el movimiento mendicante y sus continuos desafíos al monopolio espiritual de la Iglesia son los únicos argumentos de que disponemos para explicar el ascenso de esa forma alternativa e incontrolable de construir la realidad de los Llull, Sanudo, Dubois, Adán, Jordano, Odorico, Marignolli o Marco Polo. En todo caso a ello se debe que sus escritos hayan llegado a nuestros días.

Con respecto a la Europa anglo-francófona de los siglos XVIII y XIX en la que Said identificó su *Orientalismo* (la poderosa práctica imperialista de cuya influencia no estaba libre ninguna representación de la realidad allende el Mediterráneo) el caso aquí estudiado converge en más de un aspecto (en el apoyo institucional a una forma de dominio ejercido en primera instancia sobre la consciencia y articulado mediante una tecnología diseñada para incrementar un falso sentido de superioridad en el analista) [11] pero, sin embargo, difiere respecto a algo fundamental: la coherencia interna de la colectividad adscrita a ese Occidente ideal desde el que cabe enunciar un Oriente igualmente imaginario.

Una falta de coherencia que, si bien debe mucho a la ausencia de un verdadero centro político (y, en general, a la precariedad del dominio) en la atomizada Europa feudal, radica precisamente en la peculiar perspectiva adoptada con respecto al objeto descrito por el informador, el explorador, el agente pontificio o el mero viajero metido a escritor. Una perspectiva que, en tanto aspiraba a romper con lo dado por la tradición, estaba sujeta al mismo proceso de degradación que afectaba a sus propios antecedentes. La tratadística de Recuperación se evaporó con la muerte de su último gran promotor, Juan XXII, y, contemporáneamente, la Descripción de las Indias comenzaba a circular como literatura de entretenimiento, como celebración del lugar privilegiado del hombre en la vasta Creación, incluso como crítica despiadada contra las principales instituciones y señas de identidad de la Europa católica.

---

[11] De hecho, el propio Said identificó en el contexto de la Recuperación, en concreto la aceptación por parte del Concilio de Vienne de la propuesta lulliana de abrir cátedras para la enseñanza de lenguas orientales, el origen de su Orientalismo. Y no han faltado quienes tras él han atribuido una marcada voluntad de dominio a los propios autores de las Descripciones de las Indias del siglo XIV, como Mary B. CAMPBELL, *The Witness and the Other World: Exotic European Travel Writing, 400-1600* (1988); Syed M. ISLAM, *The ethics of travel. From Marco Polo to Kafka* (1996); o Geraldine HENG, *Empire of Magic: Medieval romance and the politic of cultural fantasy* (2003).

Al experimentar esta suerte de corrupción, los textos de Marco Polo y sus similares reducían la distinción entre una lectura de la realidad científica y otra poética a una cuestión secuencial, relegando a un segundo plano la importancia de los propósitos, de las intenciones políticas e incluso de las necesidades coyunturales. Quizá por eso la relación del texto de Marco Polo y sus pares con la teoría de dominio alumbrada bajo la consigna de la Recuperación de la Tierra Santa haya pasado inadvertida a los ojos de los muchos estudiosos de la cuestión poliana. Pero, sin duda, a eso se debe también la mezcla de fascinación y repugnancia que experimenta el lector actual ante las narraciones de Marco Polo y sus coetáneos, su reconocimiento como algo propio y a la vez la renuncia, más o menos dulcificada pero siempre latente, a emparentarlos con la lectura que desde la actualidad hacemos de la realidad.

Textos que desafían a la crítica moderna no sólo por difuminar los límites entre la ciencia y la novela, sino por suavizar también la frontera entre la realidad misma y la ficción. Textos que han sido interpretados aquí como un producto directamente relacionado con la evolución de las Cruzadas palestinas hacia propuestas más ambiciosas de intervención en el Índico y la retaguardia del sultán de El Cairo, pero que con la misma legitimidad científica han podido ser considerados producto exclusivo de la imaginación de los propios autores o de incluso de sus alegres copistas.

Sin embargo, la importancia probada a lo largo de los últimos siete siglos de la Descripción de las Indias de 1300 en la enunciación de una alteridad determinada, así como un principio de identidad común desde el que dicha alteridad pudo hacerse efectiva, constituye una vívida expresión de la relación siempre problemática del Occidente con su propia tradición; de la necesidad constante tanto de asimilarla como de cuestionar sus propios fundamentos a la luz de la continua revisión a la que están sometidas las grandes construcciones mentales del Occidente: la práctica imperialista y la antropológica, la ciencia y la novela, la realidad objetiva y la ficción plausible, la frágil memoria y la poderosa imaginación, en suma, el trayecto que hay entre una visión interior del mundo y otra exterior. Más que el Oriente poliano, el imperialismo llulliano o el «Nosotros» adaniano, es esta peculiar relación, unas veces fructífera y otras patológica pero siempre traumática, con nuestra propia tradición lo que, no sin cierta ironía, nos convierte en herederos directos de la literatura bajomedieval de Descripción de las Indias.

BIBLIOGRAFÍA

China. Elaboración de papel

El enciclopedista Wang Zhen informa, en su *Libro de la agricultura,* publicado en 1313, de que en esa época ya era habitual imprimir libros mediante tipos móviles de madera y el uso de cajas rotativas para insertarlos.

Abreviaciones

ADÁN, *De modo:* Guillermo ADÁN, OP, *De modo sarracenos extirpandi,* París, 1906.

ADÁN, *Directorium:* Guillermo ADÁN, OP, *Directorium ad passagium facendum,* París, 1907.

AYTON, *La flor:* AYTON DE KORIKOS, *La flor de estoires de la Terre d'Orient,* París, 1906.

CARLOS, *Le conseil:* CARLOS II DE ANJOU, *Le conseil du roi Charles,* Bratianu, 1942.

DUBOIS, *De recuperatione:* Pierre DUBOIS, *De recuperatione Terre Sancte,* NY, 1956.

FIDENCIO, *Recuperationis:* FIDENCIO DE PADUA, OFM, *Liber recuperationis Terrae Sanctae,* Florencia, 1906.

GALONIFONTIBUS, *Libellus:* Juan de Galonifontibus, OP, *Libellus de notitia orbis,* Roma, 1938.

GOLUBOVICH, *BBB:* G. GOLUBOVICH, *Biblioteca Bio-Bibliografica della Terra Santa e dell'Ordine Francescano,* Florencia, 1906.

JORDANO, *Mirabilia:* Jordano CATALÁN, OP, *Mirabilia descripta,* Gil, Madrid, 1995.

JORDANO, *Cartas:* Jordano CATALÁN, OP, *Epistoles,* Cordier, París, 1925.

KOHLER, *Documents relatifs:* Ch. KOHLER, *Documents relatifs a Guillaume Adam, archevêque de Sultanieh,* 1905.

LEQUIEN, *Oriens Christianus:* M. LEQUIEN, *Oriens Christianus in quatuor patriarchatus digestus,* París, 1740.

LLULL, *Tractatus:* Ramon LLULL, *Tractatus de modo convertendi infidels,* Turnhout, 2003.

LLULL, *Liber:* Ramon LLULL, *Liber de fine,* Berlín, 1912.

LLULL, *De acquisitione:* Ramon LLULL, *Liber de aquisitione Terrae Sanctae,* Longpré, 1927.

MANDEVILLE, *Libro:* Juan de MANDEVILLE, *Libro de las maravillas del mundo,* Madrid, 1960.

MARCO POLO, *Divisament:* MARCO POLO/RUSTICHELLO, *Il Milione/Le divisament dou monde,* Barcelona, 1997.

MARIGNOLLI, *Chronica:* Juan de MARIGNOLLI, OFM, estracto de la *Chronica Bohemorum,* Florencia, 1929.

MONTECORVINO, *Carta india:* Juan de MONTECORVINO, OFM, *Lettere,* Wyngaert, Florencia, 1929.

MONTECORVINO, *Cartas chinas:* Juan de MONTECORVINO, OFM, *Cartas,* Gil, Madrid, 1995.

Monumenta Vaticana: A. Mercati, *Monumenta Vaticana Veterem Diocesem Columbensem,* Roma, 1923.
MOPH: B. Reichert, *Monumenta Ordinis Praedicatorum Historica,* Roma, 1899.
Odorico, *Relatio:* Odorico de Pordenone, OFM, *Relación del viaje en India y China,* Madrid, 1995.
Pascual, *Epístola:* Pascual de Vitoria, OP, *Cartas a los frailes de Vitoria,* Madrid, 1995.
Perusa, *Epístola:* Andrés de Perusa, OP, *Carta al Guardián de Perusa,* Madrid, 1995.
Pian del Carpini, *Historia:* Juan de Pian del Carpini, OFM, *Historia Mongolarum,* Madrid, 1993.
Quetif y Echard, *SOP:* J. Quetif y J. Echard, *Scriptores Ordinis Praedicatores,* París, 1719.
Registres de Nicolas IV: E. Langlois, *Registres de Nicolas IV. Recueil des Bulles de ce Pape,* París, 1886.
Registres de Gregoire X: J. Guiraud, *Les registres de Gregoire X,* París, 1892-1906.
Rubruck, *Itinerario:* Guillermo de Rubruck, OFM, *Itinerario,* Madrid, 1993.
Sbaralea, *Bullarium:* Sbaralea, OFM, *Bullarium Franciscanum,* Roma, 1759.
Sinica: A. Wyngaert, *Sinica Franciscana,* Florencia, 1929.
Sanudo, *Liber:* Marino Sanudo Torsello (el Viejo), *Liber secretorum Fidelium Crucis super Terrae Sanctae recuperatione,* Hanover, 1611.
Wadding, *Annales:* L. Wadding, *Annales Minorum,* Roma, 1734.
Yule, *Cathay:* H. Yule, *Cathay and the Way Thither,* Cordier, Londres, 1913.

Fuentes primarias

Agustín de Hipona (1994), *La ciudad de Dios,* México.
Analecta Franciscana (1897), *Chronica alique varia documenta ad Historiam Fratrum Minorum,* Karachi, Ex Typographia Colegii S. Bonaventure.
Andrés de Perusa (1929), «Epistola», en A. Wyngaert, *Sinica Franciscana,* Florencia.
— (1995), «Carta al Guardián de Perusa», en J. Gil, *La India y el Catay. Textos de la Antigüedad clásica y del Medioevo occidental,* Madrid.
Angelo Clareno (1650), «De septem tribulationibus Ordinis. Alcune Croniche del'Ordine Francescano», en *Codice italiano, classe XXXVII cod. 28,* Biblioteca Nacional de Florencia.
— (1999) «Historia de septem tribulationum Ordinis Minorum», en O. Rossini, *Fonti per la storia dell'Italia Medievale,* vol. 2, Roma.
Anónimo Andaluz (1999), *Libro del Conosçimiento de todos los rregnos et tierras et señorios que son por el mundo, et de las señales et armas*

que han, edición de M. J. LACARRA, M. C. LACARRA y A. MONTANER, Zaragoza.

ARNOLD VON HARFF (1946), *The pilgrimage of Arnold von Harff, knight from Cologne... 1496-1499,* edición de M. LETTS, Londres.

ATHANASIUS NIKITIN (1857), «Itinerary», en R. H. MAJOR, *India in the Fifteenth Century. Being a collection of Narratives of Voyages to India,* Londres.

AYTON DE KORIKOS (1906), «La Flor de Estories de la Terre d'Orient» (versión francesa), «Flos Historiarum Terre Orientis» (versión latina), *Recueil des Historiens des Croisades. Documents Armeniens,* II (1-2), París.

— (1980), «La storia dei Tartari di Hayton Armeno», en G. B. RAMUSIO, *Navigazioni e Viaggi,* vol. 3, edición de Marica MILANESI, Turín.

BALUZE, E., y MOLLAT, G. (1924-1932), *Vitae paparum Avenionensium,* París.

BENJAMIN DE TUDELA (1989), *Libro de Viajes de Benjamín de Tudela,* edición de J. R. MAGDALENA NOM DE DEU, Barcelona.

BREMOND, A. (1730), *Bullarium Ordinis FF Praedicatorum. Tomus Secundus ab anno 1281 ad 1430,* Roma.

CARDOSO, G. (1657), *Agiologio Lusitano dos Santos e Varoens illustres em virtude do reino de Portugal e suas conquistas,* t. II, Lisboa.

CARLOS II DE ANJOU (1942), «Le conseil du roi Charles», en BRATIANU, *Revue historique du sud-est euopeen,* 19, 2.

CAVALIERI, M. (1696), *Galleria de Sommi Pontefici, Patriarchi, Arcivescovi, e Vescovi dell'Oriente de'predicatori. Stamparie Archivescovale,* t. I, Benevento.

CHETRIEN DE TROYES (1979), *La historia de Perceval o el cuento del Grial,* Madrid.

DIOGO DO COUTO (1778-1788), *Decadas, IV-XII,* Lisboa.

EMMANUEL PILOTI (1958), *Traite sur le Passage en Terre Sainte,* Lovaina.

FERNÃO GUERREIRO (1611), *Relaçam, Annal das covsas que fizieram os padres da Companhia de IESVS nas partes da India Oriental,* Lisboa.

FIDENCIO DE PADUA (1906), «Liber recuperationis Terræ Sanctæ», en G. GOLUBOVICH, *Biblioteca bio-bibliografica della Terra Santa e dell'Oriente francescano,* t. II, Karachi-Florencia.

FRANCESCO SURIANO (1900), *Il Trattato di Terra Santa e dell'Oriente di frate Francesco Suriano Missioario e Viaggiatore del secolo XV,* edición de G. GOLUBOVICH, Milán.

FRANCISCO ALVARES (1989), *Verdadeira informação das terras do Preste João das Indias,* edición de N. AGUAS, Sintra.

GALVANO DE LEVANTO (1900), «Liber sancti pasaii Christicolarum contra sarracenos pro recuperatione Terrae Sanctae», en Ch. KOHLER, *Melanges puor servir a l'histoire de l'Orient Latin et des Croisades.*

GARCI RODRÍGUEZ DE MONTALVO (1999), *Amadis de Gaula,* edición de F. RICO y J. CERCAS, Barcelona.

GOLUBOBICH, G. (1906), *Biblioteca Bio-Bibliografica della Terra Santa e dell'Oriente Francescano,* Karachi-Florencia.

GUILLAUME DE BOLDENSELE (1997), «Traite de l'etat de la Terre Sainte», en D. REGNIER-BOHLER, *Croisades et Pelerinages,* París.

GUILLERMO ADÁN (1906), «De modo sarracenos extirpandi», en Ch. KOHLER, *Recueil des Historiens des Croisades. Documents Armeniens,* 1 (1-2), París.

— (1907), «Directorium ad passagium faciendum», en Ch. KOHLER, *Recueil des Historiens des Croisades. Documents Armeniens,* 2 (3-6), París.

— (1907), «Directorium ad faciendum passagium transmarinum», en C. R. BEAZLEY, *The American Historical Review,* 12, 4.

GUILLERMO DE NOGARET (1886), *Quae sunt advertenda pro passagio ultramarino et que sunt petenda a papa pro persecutione negocii,* en J. DELAVILLE LE ROULX, *La France en Orient au* XIV^c *siecle,* vol. I, París.

GUILLERMO DE RUBRUCK (1993), «Itinerario», en J. GIL, *En demanda del Gran Kan. Viajes a Mongolia en el siglo* XIII, Madrid.

GUIRAUD, J. (1892-1906), *Les Registres de Gregoire X,* París.

IBN BATUTA (1987), *A través del Islam,* edición de S. FANJUL y F. ARBOS, Madrid.

ISIDORO DE SEVILLA (1982), *Etimologías. Edición bilingüe,* Madrid.

JAIME DE MOLAY (1886), *Concilium super negotio Terre Sancte,* en J. DELAVILLE LE ROULX, *La France en Orient au* XIV^c *siecle,* vol. 1, París.

JOAM DE BARROS (1974), *Decadas (Primeira e Segunda), Dos Feitos que os portugueses fizeram no descobrimento e conquista dos mares e terras do oriente,* edición de A. BAIAO y L. F. LINDLEY CINTRA, Coimbra-Lisboa.

JORDANO CATALÁN (1993), *Mirabilia Descripta. The Wonders of the East,* edición de P. LOBO, S. ROCHE y N. MOLLOY, Nagpur.

— (1995), «Maravillas Descritas», en J. GIL, *La India y el Catay. Textos de la Antigüedad clásica y del Medievo occidental,* Madrid.

JUAN DE GALONIFONTIBUS (1938), «Libellus de notitia orbis», en A. KERN, *Archivium Fratrum Praedicatores,* Roma.

JUAN DE MANDEVILLE (1960), *Libro de las maravillas del mundo,* edición de J. E. MARTÍNEZ FERRANDO, Madrid.

— (1997), «Le livre de messire Jean de Mandeville, Version liegeoise, 1396», en D. REGNIER-BOHLER, *Croisades et Pelerinages,* París.

JUAN DE MARIGNOLLI (1913), «Recollections of travel in the East (Chronica)», en H. YULE, *Cathay and the Way Thither,* vol. III, Londres.

— (1929), «Relatio», en A. WYNGAERT, A. *Sinica Franciscana,* vol. I, Florencia.

JUAN DE MONTECORVINO (1929), «Lettere», en A. WYNGAERT, *Sinica Franciscana,* vol. I, Florencia.

— (1995), «Cartas», en J. GIL, *La India y el Catay. Textos de la Antigüedad clásica y del Medievo occidental,* Madrid.

JUAN DE PIAN DEL CARPINI (1993), «Historia Mongolorum», en J. GIL, *En busca del Gran Khan. Viajes a Mongolia en el siglo* XIII, Madrid.

KOHLER, Ch. (1905), «Documents relatifs a Guillaume Adam, archeveque de Sultanieh, puis d'Antivari et son entourage (1318-1346)», *Revue de l'Orient latin,* 10.

— (1905), «Deux projects de croisade en Terre-Sainte composes a la fin du XIIIe siecle et au debut du XIVe», *Revue de l'Orient latin,* 10.

LANGLOIS, E. (1886), *Registres de Nicolas IV. Recueil des Bulles de ce Pape,* París.

LAURENT, J. C. M. (1864), *Peregrinatores medii aevi quatuor,* Leipzig.

LEQUIEN, M. (1740), *Oriens Christianus in quatuor patriarchatus digestus,* París.

LUDOLPH VON SUDHEIM (1997), «Le Chemin de la Terre Sainte», en D. REGNIER-BOHLER, *Croisades et Pelerinages,* París.

LUIS DE URRETA (1610), *Historia eclesiástica, política, natural y moral de los grandes y remotos reynos de la Etiopia, monarquía del emperador llamado Preste Juan de las Indias, muy util y provechosa para todos los estados, principalmente para predicadores,* Valencia.

— (1611), *Historia de la sagrada orden de Predicadores en los remotos Reynos de la Etiopia,* Valencia.

MARCO POLO (1922), *O livro de Marco Paulo. O livro de Nicola Veneto. Carta de Jeronimo de Santo Estevan* (reimpresión de manuscrito de 1502 impreso por Valentin Fernandes alemán de Moravia, traducido del latín de fray Francisco Pipino), edición de E. PEREIRA y F. MARIA, Lisboa.

— (1928), *Il Milione,* edición de L. F. BENEDETTO, Florencia.

— (1980), «I Viaggi in Asia di Marco Polo», en G. B. RAMUSIO, *Navigazioni e Viaggi,* vol. 3, edición de Marica MILANESI, Turín.

— (1997), *Divisament dou Monde. El libro de las Maravillas,* edición de M. ARMIÑO, Barcelona.

MARINO SANUDO TORSELLO (1611), «Liber Secretorum Fidelium Crucis super Terrae Sanctae recuperatione et conservation quo et Terrae Sanctae historia ab origine & eiusdem vicinarumque provinciarum geographica descriptio continetur», en BONGARII, *Gesta Dei per Francos,* Hanover (reimpreso en Jerusalén, 1972).

— (1896), *Marino Sanuto's Secrets for the true crusaders to help them to recover the Holy Land (Part. XIV of book III), written in AD 1321,* Londres.

MERCATI, A. (1923), *Monumenta Vaticana Veterm Dioecesem Columbensem [Quilon] Et eiusdem primun Episcum Iordanum Catalani Ord. Praed,* Roma.

NICOLO DA POGGIBONSI (1985), «Libro d'oltramare», en C. D. M. COSSAR, *The German translation of Niccolo da Poggibonsi's Libro d'oltramare,* Kummerle.

OCKHAM, G. (2002), *De successivis y Quaestiones in octo libros physicoryum (1324),* edición de F. J. FORTUNY, Barcelona.

ODORICO DE PORDENONE (1929), «Relatio», en A. WYNGAERT, *Sinica Franciscana,* vol. I, Florencia.

— (1980), «Due versione del viaggio in Cina del Beato Odorico da Porde-none», en G. B. RAMUSIO, *Navigazioni e Viaggi,* vol. 4, edición de Mari-ca MILANESI, Turín.

— (1982), *Relazione del Viaggio in Oriente e in Cina (1314?-1330),* Pordenone.

— (1995), «Viaje», en J. GIL, *La India y el Catay. Textos de la Antigüedad clásica y del Medievo occidental,* Madrid.

PASCUAL DE VITORIA (1929), «Epistola», en A. WYNGAERT, *Sinica Francisca-na,* Florencia.

— (1995), «Carta a los frailes de Vitoria», en J. GIL, *La India y el Catay. Textos de la Antigüedad clásica y del Medievo occidentali,* Madrid.

PERO TAFUR (1874), *Andanças e viajes de Pero Tafur por diversas partes del mundo (1433-1439),* edición de F. LÓPEZ ESTRADA, Barcelona.

PIERRE DUBOIS (1891), «De recuperatione Terre Sancte», en Ch. LANGLOIS, *Collection de textes pour servir a l'etude et l'enseignement de l'Histoire,* París.

— (1956), «De recuperatione Terrae Sanctae», en W. I. BRANDT, *The Reco-very of the Holy Land,* Nueva York.

POGGIO BRACCCIOLINI (1857), «Varieate Fortune», Libro IV, en R. H. MA-JOR, *India in the Fifteenth Century. Being a collection of Narratives of Voyages to India,* Londres.

POTOCKI, J. (1991), *Viaje al Imperio de Marruecos realizado en el año 1791,* edición de J. L. VIGIL, Barcelona.

PRUTZ, H. (1883), *Kulturgeschichte der kreuzzüge,* Berlín.

QUETIF, J., y ECHARD, J. (1719), *Scriptores Ordinis Praedicatores Recensiti,* Paris.

RAMON LLULL (1912), «Liber de Fine», en A. B. GOTTRON, *Ramon Lulls Kreuzzugsideen,* Berlín.

— (1927), «De acquisitione Terrae Sanctae», en P. E. LONGPRE, *Criterion.*

— (1954), «Blanquerna», en R. SUGRANYES DE FRANCH, *Raymond Lulle. Docteur des missions,* Schoneck-Beckenried.

— (1954), «Tractatus de modo convertendi infideles», en R. SUGRANYES DE FRANCH, *Raymond Lulle. Docteur des missions,* Schoneck-Beckenried.

— (1965), «Petitio Raymundo pro conversioni infidelium», en A. S. ATI-YA, *The Crusade in the later Middle Ages,* Londres.

— (1984), «Vita coetanea», en A. BONNER, *Selected Works of Ramon Llull,* vol. I, Nueva Jersey.

— (1993), *Llibre de Meravelles,* Barcelona.

— (1997), *Llibre de les bésties,* edición de S. GALMÉS, Madrid.

— (2003), «Quomodo Terra Sancta recuperari potest» y «Tractatus de modo convertendi infideles», edición F. DOMÍNGUEZ REBOIRAS, *Liber de Passagio. Raimundo Lulli Opera Latina, 52, Corpus Christianorum. Continuatio Medievalis,* Turnhout.

RAYNALDO, O. (1652), *Annales Ecclesiastici,* t. XV, Roma.

REICHERT, B. M. (1899-1900), «Acta capitulorum Generalium (1304-1378)», t. IV, y «Literae Encyclicae Magistrorum Generalium (1233-1376)», t. V, *Monumenta Ordinis Praedicatorum historica,* Roma.

RICOLDO DE MONTE CROCE (1864), *Viaggio in Terra Santa di fra Ricoldo da Monte Croce,* edición de F. POLIDORI, F. GROTANELLI y L. BANCHI, Siena.

RUY GONZÁLEZ DE CLAVIJO (1952), *Relación de la embajada de Enrique III al Gran Tamorlán,* edición de F. LÓPEZ ESTRADA, Buenos Aires.

SBARALEA (1759), *Bullarium Franciscanum,* Roma.

SEREFINO RAZZI (1588), *Vite dei santi, e beati del sacro ordine de frati Predicatori, cosi huomini come donne,* Florencia.

SYMON SIMEONIS (1997), «Le voyage de Symon Simeonis d'Irlanda en Terre Sainte», en D. REGNIER-BOHLER, *Croisades et Pelerinages,* París.

THIETMAR (1997), «Le pelerinage de Maitre Thietmar», en D. REGNIER-BOHLER, *Croisades et Pelerinages,* París.

TOMÁS DE AQUINO (2001), *Comentarios a los libros de Aristóteles «Sobre el sentido y lo sensible» y «Sobre la memoria y la reminiscencia»,* edición de J. CRUZ CRUZ, Pamplona.

— (2002), *Sobre la eternidad del mundo,* edición de J. M. ARTOLA, Madrid.

WADDING, L. (1734), *Annales Minorum seu Trium Ordinum a S. Francisco Institorum,* Roma.

WADDING, L., y SBARAGLIA, P. (1806), *Scriptores Ordinis Minorum,* Roma.

WYNGAERT, A. (1897), *Analecta Franciscana,* Karachi.

YULE, H. (1913), *Cathay and the Way Thither,* Londres (1.ª ed., 1866).

Fuentes secundarias

ABEYDEERA, A. (1988), «Jean de Marignolli: L'envoye du Pape au Jardin d'Adam», en C. WEINBERGER-THOMAS, *L'Inde et l'imaginaire. Etudes Reunis,* París.

ABU-LUGHOD, J. (1989), *Before European Hegemony: the World system, AD. 1250-1350,* Nueva York.

ABULAFIA, D. (2000), *Mediterranean Encounters, Economic, Religious, Political, 1100-1550,* Aldershot.

ADAMS, P. G. (1983), *Travel Literature and the Evolution of Novel,* Kentucky.

ADLER, M. N. (1907), *The Itinerary of Benjamin of Tudela,* Londres.

AGUILERA PLEGUEZUELO, J. (1993), «Leyenda y realidad de la presencia árabe y judía en el nuevo mundo antes y después del descubrimiento», *Boletín de la asociación española de orientalista,* 29.

ALLEN, R. (2004), *Eastward Bound. Travel and Travellers, 1050-1550,* Manchester.

ALPERS, E. A. (1976), «Gujarat and the Trade of East Africa, c.1500-1800», *International Journal of African Historical Studies,* 9.

AMORIN, M. A. (1999), «Viagem e Mirabilia: monstros, espantos e prodigios», en F. CRISTOVAO, *Condicionantes culturais da literatura da viagens. Etudos e bibliografias,* Lisboa.

ANAGNINE, E. (1964), Dolcino e il movimento ereticale all'inizio del trecento, Florencia.
ANDERSON, B. (1983), Imagined Communities, Nueva York.
ARMITAGE, D. (2000), The Ideological Origins of the British Empire, Cambridge.
ASÍN PALACIOS, M. (1931), El Islam cristianizado, Madrid.
ATIYA, A. S. (1938), Egypt and Aragon. Embassies and Diplomatic Correspondence between 1300 and 1330 AD, Leizpig.
— (1965), The Crusade in the later Middle Ages, Londres.
AUBIN, J. (1996), Le Latin et l'Astrolabe, Lisboa-París.
AUERBACH, E. (2002), Mimesis: La representación de la realidad en la literatura occidental, México (1.ª ed., 1954).
BARENDESE, R. J. (2000), «Trade and state in the Arabian Seas: A Survey from the Fifteenth to the Eighteenth century», Journal of World History, 2, 2.
BARRETO, L. F., y GOIS, D. (1988), Por mar e por terra: Viagens de Bartolomeu Dias e Pero da Covilha, Lisboa.
BARTHES, R. (1974), La antigua retórica, Buenos Aires.
BASHAM, A. L. (1999), The Wonder that was India. A survey of the history and culture of the Indian sub-continent before the coming of the Muslims, Delhi (1.ª ed., 1967).
BAYLEY, C. C. (1949), «Pivotal concepts in the political philosophy of William of Ockham», Journal of the History of Ideas, 10, 2.
BAYLY, C. A. (1996), Empire and Information. Intelligence gathering and social communication in India, 1780-1870, Cambridge.
BEAZLEY, C. R. (1897-1906), The dawn of modern geography: A history of exploration and geographical science, Londres.
— (1910), «Prince Henry of Portugal and the African Crusade of the Fifteenth Century», The American Historical Review, 16, 1.
BECKINGHAM, C. F. (1966), «The achievements of Prester John», Bulletin of the School of Oriental and African Studies, Lectura inaugural.
— (1980), «The Quest for Prester John», Bulletin of the John Rylands University Library, 62.
— (1983), Between Islam and Christendom. Travellers, Facts and Legends in the Middle Ages and the Renaissance, Londres.
— (1989), «An Ethiopian embassy to Europe, c.1310», Journal of Semitic Studies, 14.
BECKINGHAM, C. F., y ULLENDORF, E. (1982), The Hebrew Letters of Prester John, Oxford.
BELTRÁN DE HEREDIA, V. (1954), «Irradiación de la espiritualidad misionera Dominicana a misioneros y escritores de la Orden», Espiritualidad Misionera, Burgos.
BENNASSAR, B., y BENNASSAR, L. (1989), Les Chretiens d'Allah. L'histoire extraordinaire des renegats, París.
BENNETT, J. W. (1954), The Rediscovery of Sir John Mandeville, Nueva York.

— (1998), «Hemispheric Integration, 500-1500 CE», *Journal of World History,* 9, 2.

BERTOLUCCI PIZZORUSSO, V. (1977), «Enunciazione e produzione del testo nel Milione», *Studi mediolatini e volgari,* 25.

BIZZOCHI, R. (1995), «Church, Religion and State in the Early Modern Period», *Journal of Modern History,* 67.

BLACK, A. (1992), *Political Thought in Europe 1250-1450,* Cambridge.

BLOOM, J. M. (2003), *Paper before Print: The history and impact of paper in the Islamic World,* New Haven.

BOLLE, K. W. (1970), «Secularization as a problem for the History of Religions», *Comparative Studies in Society and History,* 12, 3.

BONNER, A. (1984), *Selected Work of Ramon Llull (1232-1316),* Nueva Jersey.

— (1989), «L'apologética de Ramon Martí i Ramon Llull davant de l'Islam i del Judaismo», *Estudi general,* 9.

BORLANDI, F. (1962), «Alle origine del libro di Marco Polo», *Studi in onore di Amintore Fanfani,* I.

BOUCHON, G. (1988), «L'image de l'Inde dans l'Europe de la Reinassance», en C. WEINBERGER-THOMAS, *L'Inde et l'imaginaire. Etudes Reunis,* París.

BOUREL DE LA RONCIERE, Ch. (1983), «Une escuadre franco-papale, 1318-1320», *Melanges d'archeologia et d'histoire.*

BOURKE, V. J. (1965), *Aquina's Search for Wisdom,* Nueva York.

BOWES, P. (1986), *Entre dos culturas. Dos visiones del mundo, arquitectónica y orgánica,* Varanasi.

BOXER, C. (1997), «A Note on Portuguese Missionary Methods in the East: Sixteenth to Eighteenth Centuries», en J. S. CUMMINS, *Christianity and Missions,1450-1800,* Aldershot.

BRANDT, W. I. (1930), «Pierre Dubois: Modern or Medieval?», *The American Historical Review,* 35, 3.

BREHIER, L. (1907), *L'Eglise et l'Orient au Moyen Age. Les Croisades,* París.

BROWNE, L. E. (1933), *The Eclipse of Christianity in Asia. From the time of Muhammad till the Fourteenth century,* Lahore.

BURKE III, E. (1995), «Marshall G. S. Hodgson and the Hemispheric interrregional approach to World History», *Journal of World History,* 6, 2.

BURMAN, E. (1989), *The World before Columbus, 1100-1492,* Londres.

BURNS, R. I. (1954), «The Catalan Company and the European powers, 1305-1311», *Speculum,* 29, 4.

— (1971), «Christian-Islamic Confrontation in the West: The Thirteenth-Century Dream of Conversion», *The American Historical Review,* 76, 5.

BURR, D. (1985), «The *Correctorium* controversy and the origins of the *Usu Pauper* controversy», *Speculum,* 60, 2.

CAMPBELL, M. B. (1988), *The Witness and the Other World: Exotic European Travel Writing, 400-1600,* Ítaca- Londres.

CAPMANY DE MONPALAU, A. (1961), *Memorias históricas sobre la marina, comercio y artes de la antigua ciudad de Barcelona,* Barcelona.

CARDINI, F. (1992), *Guerre di primavera. Studi sulla cavalleria e la tradizione cavalleresca*, Florencia.
— (1993), *Studi sulla storia e sull'idea di crociata*, Roma.
— (1997), *L'acciar de' cavalieri. Studi sulla cavalleria nel mondo toscano e italico (secc. XII-XV)*, Florencia.
— (2001), *Los Reyes Magos. Historia y leyenda*, Barcelona.
— (2001), *Europe and Islam*, Oxford.
— (2002), *In Terrasanta. Pellegrini italiani tra Medioevo e prima eta moderna*, Bolonia.
CARY, G. (1956), *The Medieval Alexander*, Cambridge.
CASTRO, A. (1963), *Realite de l'Espagne, histoire et valeurs*, París.
CERCAS, J., y RICO, F. (1999), *Garci Rodríguez de Montalvo. Amadis de Gaula*, Barcelona.
CERONE, F. (1902), «La politica orientale de Alfonso di Aragona», *Archivo Storico per le Province Napoletane*, 27, 1.
CERULLI, E. (1933), «Eugenio IV e gli etiopi al Concilio di Firenze nel 1441», *Rendicoti della R. Academia dei Lincei*, 6, 9.
— (1943), *Etiopici in Palestina. Storia della Comunita Etiopica di Gerusalemme*, Roma.
— (1960), «Punti di vista sulla storia dell'etiopia: Discorso inaugurale», *Atti del Convegno Internazionale di Studi Etiopici*, Roma.
CHABOT, J. B. (1895), *Histoire de Mar Jabalaha III, patriarche des Nestoriens (1281-1317), et du moine Rabban Sauma, ambassadeur du roi Argoun en Occident (1287)*, París.
CHATTERJI, S. K. (1968), *India and Ethiopia from the seventh century B. C.*, Calcuta.
CHAUDHURI, K. N. (1985), *Trade and Civilisation in the Indian Ocean. An economic History from the rise of Islam to 1750*, Cambridge.
— (1990), *Asia before Europe. Economy and civilisation of the Indian Ocean from the rise of Islam to 1750*, Cambridge.
— (1991), «Reflections on the organizing principle of premodern trade», en J. D. TRACY, *The Political Economy of Merchants empires: State Power and World Trade 1350-1750*, Cambridge.
— (1993), «The Unity and Disunity of Indian Ocean. History from the Rise of Islam to 1750: The Outline of a Theory and Historical Discourse», *Journal of World History*, 4, 1.
CHAUNU, P. (1972), *La expansión europea (siglos XIII a XV)*, Barcelona.
— (1984), *Conquista y exploración de los nuevos mundos, s. XVI*, Barcelona.
CHENU, M. D. (1950), *Introduction a l'étude de Saint Thomas d'Aquin*, Montreal-París.
— (1953), «L'experience des Spirituels au XIIIe siècle», *Lumiere et vie*, 10.
CHERIYAN, C. V. (1973), *A History of Christianity in Kerala from the mission of Saint Thomas to the arrival of Vasco da Gama. A. D. 52-1498*, Koitayam.
CHITTICK, H. N. (1980), «Indian Relations with East Africa before the arrival of the Portuguese», *Journal of the Royal Asiatic Society*.

CHITTICK, H. N., y ROTBERG, R. I. (1975), *East Africa and the Orient. Cultural syntheses in pre-colonial times,* Nueva York.

CHRISTIAN, D. (2000), «Silk Roads or Steppe Roads? The Silk Roads in World History», *Journal of World History,* 11, 1.

CONDE DE FICALHO (1898), *Viagens de Pero da Covilha,* Lisboa.

CONTI ROSSINI, C. (1917), «Il "Libro del Conocimiento" e le sue notizie sull' Etiopia», *Bolletino della Reale Societa Geografica Italiana,* 54, 5-6.

— (1921), «Il libro dello Pseudo-Clemente e la crociata di Damietta», *Rivista degli Studi Orientali,* 9.

— (1925), «Leggende Geografiche giudaiche del IX secolo (il Sefer Eldad)», *Bolletino della Reale Societa Geografica Italiana,* 62.

— (1940), «Sulle missioni dominicae in Etiopía nel secolo XIV», *Reale Academia d'Italia, Rendiconti della classe di scienze morali e storiche,* 1, 7.

— (1943), «Alessandro Zorzi. Itinerari», *Rassegna degli Studi Etiopici.*

CORDIER, H. (1891), *Les voyages en Asie au XIVe siecle du B. Frere Odoric do Pordenone,* París.

— (1925), *Les Merveilles de l'Asie du frere Jourdain Cathalá,* París.

COURTENAY, W. J. (1996), «Between Pope and King: The Parisian Letters of Adhesion of 1303», *Speculum,* 71, 3.

CRAWFORD, O. G. S. (1958), *Ethiopia Itineraries, circa 1400-1524,* Cambridge.

CRITCHLEY, J. (1993), *Marco Polo's Book,* Aldershot.

CROSBY, A. W. (1997), *The Measure of Reality. Quantification and Western Society, 1250-1600,* Cambridge.

CURTIN, P. D. (1985), *Cross-Cultural Trade in World History,* Cambridge.

CURTIUS, E. R. (1992), *Letteratura europea e Medio Evo latino,* Florencia (1.ª ed., 1948).

D'SOUZA, H. (1983), *In the Steps of St. Thomas,* Madrás.

DANSETTE, B. (1997), «Les relations du pelegrinage Outre-Mer», en C. DELUZ, París.

DAS GUPTA, A., y PEARSON, M. N. (1987), *India and the Indian Ocean 1500-1800,* Calcuta.

DEL COL, A. (1990), *Domenico Scandella detto Menocchio. I processi dell'Inquisizione (1583-1599),* Pordenone.

DELAVILLE LE ROULX, J. (1886), *La France en Orient au XIV° siecle,* París.

DELMAS, J. (1995), «Les Merveilles de l'Asie (Mirabilia Descripta)», *L'Orient lointain,* París.

DELUZ, C. (1988), «Le Livre de Jehan de Mandeville, une geographie au XIV siecle». *Publications de l'Institut d'etudes medievales,* 8, Lovaina.

— (1997), «La Fleur des Histoires de la Terre d'Orient», en D. REGNIER-BOHLER, *Croisades et Pelerinages,* París.

DENISON ROSS, E. (1934), «Marco Polo and his Book», *Procedings of the British Academy,* 20. ∝

— (1949), «Prester John and the Empire of Ethiopia», en A. PERCIVAL NEWTON, *Travel and Travellers of the Middle Ages,* Londres.

DICKSON, G. (1999), «The crowd at the feet of Pope Boniface VIII: pilgrimage, crusade and the first Roman Jubilee (1300)», *Journal of Medieval History*, 25, 4.

DOMÍNGUEZ REBOIRAS, F. (2003), «Liber de Passagio», *Raimundo Lulli Opera Latina, 52, Corpus Christianorum. Continuatio Medievalis, 182*, Turnhout.

DORIA, G., y MASSA PIERGIOVANI, P. (1988), «Il sistema portuale della repubblica de Genova. Proffili organizativi e politica gestionela (secc. XII-XVIII)», *Atti della Societa Ligure di Storia Patria*, 28, 1, Génova.

DUPRONT, A. (1997), *Le mythe de croisade*, París.

DUPRONT, A., y ALPHANDÉRY, P. (1995), *La Chrétienté et l'idée de Croisade*, París.

EATON, R. M. (1997), *The Rise of Islam and the Bengal Frontier, 1204-1760*, Delhi (1.ª ed., 1993).

EDBURY, P. W. (1991), *The Kingdom of Cyprus and the Crusades, 1191-1374*, Cambridge.

EDSON, E. (2007), *The World Map, 1300-1492. The persistence of Tradition and Transforamtion*, Baltimore.

EMBREE, A. T., y WILHELM, F. (1981), *India. Historia del subcontinente desde las culturas del Indo hasta el comienzo del dominio inglés*, Madrid.

EMERY, R. W. (1943), «The Friars of the Sack», *Speculum*, 18, 3.

EVANGELISTI, P. (1996), «Per uno studio della testualita politica francescana tra XIII e XV secol. Autori e tipologia delle fonti», *Studi Medievali*, 3.

— (1998), *Fidenzio da Padova e la letterature crociato-missionaria minoritica. Strategie e modelli francescani per il dominio (XIII-XV sec.)*, Nápoles.

— (2002), «I *pauperes Christi* e i linguaggi dominativi. I francescani come protagonisti della costruzione della testualitá e dell'organizazione del consenso nel bassomedievo (Gilbert de Tournai, Paolino da Venzia, Frances Eiximenis)», *La propaganda nel basso Medioevo. Atti del XXXVIII Convegno storico internazionale*, Spoleto.

— (2006), *I Francescani e la costruzione di uno stato. Linguaggi politici, valori identitari, progetti di governo in area catalano-aragonese*, Padua.

FERNÁNDEZ-ARMESTO, F. (1993), *Antes de Colón. Exploración y colonización desde el Mediterráneo hacia el Atlántico, 1229-1492*, Madrid.

FERRAND, G. (1922), «Une navigation europeene dans l'ocean Indien au XIV siecle», *Journal Asiatique*, 20.

FRANK, A. G. (1998), *ReOrient: Global Economy in the Asian Age*, Berkley.

— (1990), «The Thirteenth-Century World System», *Journal of World History*, 1, 2.

GADRAT, C. (2005), «Une image de l'Orient au XIVe siècle: les "Mirabilia descripta" de Jordan Catala de Sévérac», *École des chartes (Mémoires et documents, 78)*, París.

GARCÍA DE CORTAZAR, J. A., y RUIZ DE AGUIRRE, M. (1996), *Los viajeros medievales*, Madrid.

GARCÍA ESPADA, A. (1999), «Fray Odorico y el Karmapa», *Medievalismo (Boletín de la sociedad española de estudios medievales)*, 9, 9.

GARCÍA-GUIJARRO RAMOS, L. (1995), *Papado, cruzadas y órdenes militares, siglos XI-XIII*, Madrid.

GARCÍA MARTÍN, P.; SOLÁ CASTAÑO, E., y VÁZQUEZ CHAMORRO G. (2000), *Renegados, viajeros y tránsfugas. Comportamientos heterodoxos y de frontera en el siglo XVI*, Madrid.

GARRAT, G. T. (1943), *El legado de la India*, Madrid.

GATTO, L. (1959), «Il pontificato di Gregorio X (1271-1276)», *Istituto Storico Italiano per il Medio Evo, Studi Storici*, 28-30, Roma.

— (1999), *Breve storia degli anni santi. Origine, vicende, luoghi e protagonisti dell'evento piu importante della Chiesa Cattolica*, Roma.

GAUTIER DALCHÉ, P. (1995), «Carte marine et portulan au XIIe siecle: "Le Liber de existencia riveriarum et forma maris nostri Mediterranei". Pise, circa 1200», *Collection de l'École française de Rome*, 203.

GAYÁ, J. (2002), *Una teologia per le missione*, Roma.

GIBB, H. A. R. (1958-1994), *The Travels of Ibn Battuta, A. D. 1325-1354*, Londres.

GIL, J. (1987), *El Libro de Marco Polo anotado por Cristóbal Colon. El Libro de Marco Polo versión de Rodrigo de Santaella*, Madrid. X

— (1989), *Mitos y utopías del descubrimiento*, Madrid.

— (1993), *En demanda del Gran Kan. Viajes a Mongolia en el siglo XIII*, Madrid.

— (1995), *La India y el Catay. Textos de la Antigüedad clásica y del Medievo occidental*, Madrid.

GILSON, E. (1937), *The Philosophy of St. Thomas Aquinas*, Londres.

GÍMENEZ SOLER, L. (2004), *Un portulano de Joan Martines*, Alicante.

GINZBURG, C. (1976), *Il formaggio e i vermi. Il cosmo di un mugnaio del' 500*, Bolonia.

— (1991), «Representation: Le mot, l'idee, la chose», *Annales ESC*, 6.

— (1994), *Mitos, emblemas, indicios. Morfologia e Historia*, Barcelona (1.ª ed., 1986).

GIRALT SOLER, S. (2002), *Decus Arnaldi. Estudis entorn dels escrits de medicina pràctica, l'ocultisme i la pervivència del corpus atribuït a Arnau de Vilanova* (Tesis doctoral de la Facultad de Letras. Filología Clásica. Universidad Autónoma de Barcelona).

GLAZIK, J. (1973), «Las misiones de las ordenes mendicantes fuera de Europa», en H. JEDIN, *Manual de Historia de la Iglesia*, Barcelona.

GOITEIN, S. D. (1954), «From the Mediterranean to India. Documents on the trade to India, South Arabia, and East Africa from the Eleventh and Twelfth centuries», *Speculum*, 29, 2.

GOITEIN, S. D., y LASSNER, J. (1999), *A Mediterranean Society. An Abridgment in One Volume*, Los Angeles-Londres.

GOMMANS, J. (1998), «The Silent Frontier of South Asia. AD 1100-1800», *Journal of World History*, 9, 1.

GOODMAN, J. R. (1998), *Chivalry and Exploration, 1298-1630*, Woodbridge.

GOUSSET, R. (1991), *El imperio de las estepas. Atila, Gengis Kan, Tamerlan,* Madrid.

GREENBLATT, S. (1988), *Marvelous Possessions. The Wonder of the New World,* Oxford.

GRIFFIN, N. E. (1923), «The Definition of Romance», *PMLA,* 38, 1.

GRUZINSKI, S. (1979), *La colonización de lo imaginario,* México.

GUGLIELMI, N. (1987), *Relación de viaje de Odorico de Pordenone,* Buenos Aires.

— (1994), *Guía para viajeros medievales, s.* XIII-XV, Conilet.

GUHA, R. (2002), *History at the Limit of World-History,* Nueva York.

GUILLÉN, C. (1992), *L'uno e il moltiplice. Introduzione a la letteratura comparata,* Bolonia.

GUREVICH, A. (1997), *Los orígenes del individualismo europeo,* Barcelona (1.ª ed., 1995).

GUZMAN, G. G. (1971), «Simon of Saint-Quentin and the Dominican Mission to the Mongol Baiju: a reapraisal», *Speculum,* 46, 2.

— (1974), «The encyclopedist Vincent of Beauvais and his Mongol extracts from John of Plano Carpini and Simon of Saint-Quentin», *Speculum,* 49, 2.

— (1996), «European clerical envoys to the Mongols: Reports of Western merchants in Eastern Europe and Central Asia, 1231-1255», *Journal of Medieval History,* 22, 1.

GUÉRET-LAFERTÉ, M. (1994), *Sur les routes de l'Empire mongol: Ordre et rhétorique des relations de voyage aux* XIIIe *et* XIVe *siecles,* París.

HAMBLY, G. (1980), *Asia Central,* Madrid.

HAMILTON, B. (1996), «Prester John and the Three Kings of Cologne». *Prester John, the Mongols and the Ten Lost Tribes,* Aldershot.

HAMMOND, N. G. L. (1992), *Alejandro Magno. Rey, general y estadista,* Madrid.

HARASZTI, Z. (1950), «The Travels of Sir John Mandeville», *The Boston Public Library Quartely,* 2, 4.

HART, H. H. (1967), *Marco Polo. Venetian Adventurer,* Oklahoma.

HAW, S. G. (2006), *Marco Polo's China: A Venetian in the Realm of Khublai Khan,* Londres.

HEERS, J. (1984), «De Marco Polo á Christophe Colomb: comment lire le Devisement du monde?», *Journal of Medieval History,* 10.

— (2004), *Marco Polo,* Barcelona.

HENG, G. (2003), *Empire of Magic: Medieval romance and the politic of cultural fantasy,* Nueva York.

HEYD, W. (1866), *Le colonie commerciali degli Italiani in oriente nel Medio Evo,* Venecia.

— (1983), *Histoire du Commerce du Levant au moyen age,* Amsterdam.

HIGGINS, I. M. (1997), *Writing East. The «Travels» of Sir John Mandeville,* Filadelfia.

HILLGARTH, J. N. (1971), *Ramon Lull and Lullism in Fourteenth-Century France,* Oxford.

HOBSBAWM, E., y RANGER, T. H. (1983), *The Invention of Tradition*, Cambridge.

HODGEN, M. T. (1964), *Early Anthropology in the Sixteenth and Seventeenth Centuries*, Filadelfia.

HÖFERT, A. (2000), «The Order of Things and the Discourse of the Turkish Threat: The Conceptualisation of Islam in the Rise of Occidental Anthropology in the Fifteenth and Sixteenth Centuries», en HÖFERT, A., y SALVATORE, A., *Between Europe and Islam. Shaping Modernity in a Transcultural Space*, Bruselas.

HOOYKAAS, R. (1987), «The Rise of Modern Science: When and Why?», *The British Journal for the History of Science*, 20, 4.

HOSTEN, H. (1936), *Antiquities from San Thome and Mylapore*, Madrás.

HOUSLEY, N. (1982), «Pope Clement V and the crusaders of 1309-10», *Journal of Medieval History*, 8.

— (1992), *The Later Crusades. From Lyons to Alcazar, 1274-1580*, Oxford.

— (2005), «Perceptions of crusading in the mid-fourteenth century: the evidence of three texts», *Viator*, 36.

ISLAM, S. M., (1996), *The ethics of travel. From Marco Polo to Kafka*, Manchester.

JACKSON, P. (1980), «The Crisis in the Holy Land in 1260», *The English Historical Review*, 95, 376.

— (1997), «Prester John: a review article», *Journal of the Royal Asiatic Society*, 3, 7.

— (1998), «Marco Polo and his Travels», *Bulletin of the School of Oriental and African Studies*, 61, 1.

JIMÉNEZ DE LA ESPADA, M. (1877), *Libro del conosçimiento de todos los rreinos e señorios*, Madrid.

JOHNSTON, M. D. (1981), «The reception of Lullian *Art*, 1450-1530», *Sixteenth Century Journal*, 12, 1.

JOHNSTONE (1980), «An Aristotelian trilogy: Ethics, Rhetoric, Politics and the Search for Moral Truth», *Philosofia Rhetorica*, 13.

JORGA, N. (1910), «Cenni sulle relazione tra l'Abbisinia e l'Europa cattolica nei secoli XIV-XV. Con un itinerario inedito del secolo XV», *Centenario della nascita di Michele Amari*, Palermo.

KAFADAR, C. (1994), «The Ottomans and Europe», en BRADY, T. A.; OBERMAN, H. A., y TRACY, J. D., *Handbook of European History, 1400-1600*, Nueva York.

KAMAR, E. (1961), «Projet de Raymond Lull "De Acquisitione Terrae Sanctae"», *Studia Orientalia Christiana Historica*, El Cairo.

KANTOROWICZ, E. H. (1951), «*Pro Patria Mori* in Medieval Political Thought», *The American Historical Review*, 5, 3.

— (1984), *Mourir pour la patrie*, París.

— (1985), *Los dos cuerpos del rey. Un estudio de teología política medieval*, Madrid (1.ª ed., 1957).

KAPPLER, R. (1997), *Riccold de Monte Croce: Pérégrination en Terre Sainte et au Proche Orient; lettres sur la chute de Saint-Jean d'Acre*, París.

KATELE, I. B. (1988), «Piracy and the Venetian State: The Dilemma of Maritime Defence in the Fourteenth Century», *Speculum, 63*, 4.

KAUL, H. (1996), *Travellers India,* Delhi.

KEDAR, B. Z. (1984), *Crusade and Mission. European Approaches toward the Muslims,* Princeton.

— (2006), «Reflections on maps, Crusading, and logistics», en J. H. PRYOR, *Logistics of warfare in the age of the Crusades,* Aldershot.

KHAZANOV, A. M. (1993), «Muhammad and Jenghiz Compared: The Religious Factor in World Empire Building», *Comparative Studies in Society and History, 35,* 3.

KIBRE, P. (1946), «The Intellectual Interest reflected in Libraries of the Fourteenth and Fifteenth Centuries», *Journal of the History of Ideas, 7,* 3.

KLIJN, A. F. J. (1962), *The Acts of Thomas,* Leiden.

KRSTOVIC JELENA, O., y MAROWSKI DANIEL, G. (1988-2005), *Classical and Medieval Literature Criticism. Excerpts from Classical Antiquity through the Fourteenth Century, from the First Appraisals to Current Evaluation (Gale Literary Criticism),* Detroit.

KUNWAR ASHRAF, M. (1959), *Life and conditions of the people of Hindustan,* Delhi.

LABURTHE-TOLRA, P. (1994), «Variation pour l'ethnologie», *Decouvertes europeens et nouvelle vision du monde,* París.

LACARRA, M. J. (1999), *Cuento y novela corta en España,* Barcelona.

LACH, D. F. (1993), *Asia in the Making of Europe,* Chicago-Londres.

LADERO QUESADA, M. A. (1992), *El mundo de los viajeros medievales,* Madrid.

— (1995), *Historia Universal. Edad Media,* Barcelona.

— (2002), *Espacios del hombre medieval,* Madrid.

LADNER, G. B. (1967), «Homo Viator: Medieval Ideas on Alienation and Order», *Speculum, 42,* 2.

LAIOU, A. (1970), «Marino Sanudo Torsello, Byzantium and the Turks: The Background to the Anti-Turkish League of 1332-1334», *Speculum, 45,* 3.

— (1995), «Italy and the Italians in the Political Geography of the Byzantines (14th Century)», *Dumbarton Oaks Papers,* 49.

LAMBERT, M. (1972), «The Franciscan Crisis under John XXII», *Franciscan Studies,* 32.

LAMBERTINI, R. (1999), «La diffusione della Politica e la definizione di un linguaggio politico aristotelico», *Quaderni storici,* 24.

LAPIDUS, M. (1989), *A History of Islamic Societies,* Cambridge.

LAPINA, E., (2007), «"Nec signis nec testibus creditor"... The Problem of Eyewitnesses in the Chronicles of the First Crusade», *Viator, 38,* 1.

LARNER, J. (2001), *Marco Polo y el descubrimiento del mundo,* Barcelona (1.ª ed., 1999).

LATHAM, R. (1958), *The Travels of Marco Polo,* Londres.

LAUFER, B. (1909), «Was Odoric of Pordenone ever in Tibet?», *T'oun-pao*, 1.

LÁZARO CARRETER, F. (1979), *Sobre el género literario,* Barcelona.

LAZZARINI, V. (1924), «Un'ambasciata etiopica in Italia nel 1404», *Atti del Reale Instituto Veneto di scienze, lettere e arti,* 83, 2.

LE GOFF, J. (1985), *L'imaginaire médiéval. Essais,* París.

— (1985), *Lo maravilloso y lo cotidiano en el Occidente medieval,* Barcelona.

— (2003), *San Francisco de Asís,* Madrid.

LECHARTRAIN, A. (1933), Jean de Montecorvino et l'ambassade ethiopien, *Revue de l'historie des missions,* 10.

LECLERQ, J. (1966), «Galvano de Levanto e l'Oriente», *Venezia e l'Oriente tra tardo medievo e rinacimento,* Venecia.

LEECH, K. (1978), *The Book of the Lover and the Beloved,* Sheldon.

LEFEVRE, R. (1947), «Documenti pontifici sui rapporti con l'Etiopía nei secoli XV e XVI», *Rassegna di studi etiopici,* 5.

LEGASSIE, S. A. (2007), *Differently centered worlds: the traveler's body in late medieval European narrative (1350-1450)* (Tesis doctoral, Universidad de Columbia), Nueva York.

LEOPOLD, A. (2000), *How to Recover the Holy Land: The Crusade Proposals of the Late Thirteenth and early Fourteenth Centuries,* Aldershot.

LETTS, M. (1949), *Sir John Mandeville: the Man and His Book,* Nueva York.

— (1954), *Mandeville's Travels. Texts and Translations,* Londres.

LEVI-STRAUSS, C. (1955), *Tristes tropiques,* París.

LEWIS, A. (1958), «The Closing of the Medieval Frontier 1250-1350», *Speculum,* 33, 4.

— (1989), «Maritime Skills in the Indian Ocean, 1368-1500», *Journal of the Economic and Social History of the Orient,* 16, 2.

LIDA, M. R. (1975), «La leyenda de Alejandro en la literatura medieval», *La tradición clásica de España,* Madrid.

LIMA CRUZ, M. A. (1997), «Exiles and Renegades in Early Sixteenth Century Portuguese Asia», en A. DISNEY (ed.), *Historiography of Europeans in Africa and Asia,1450-1800. (An Expanding World: The European Impact on World History),* Aldershot.

LOENERTZ, R. (1932), «Les Missions Dominicaines en Orient au XIV siecle et la Societe des Freres Peregrinants pour le Christ», *Archivum fratrum Praedicatorum,* Roma.

LOMBARD, D., y AUBIN, J. (2000), *Asian Merchants and Businessman in the Indian Ocean and The China Sea,* Oxford.

LOPES, P. (2006), «Os livros de viagens medievais», *Medievalista on line,* 2, 2.

LÓPEZ, A. (1941), *Obispos en el África Septentrional desde el siglo XIII,* Tánger.

LÓPEZ DE MARISCAL, B. (2004), *Relatos y Relaciones de Viaje al Nuevo Mundo,* Madrid.

LÓPEZ ESTRADA, J. (1874), *Andanças e viajes de Pero Tafur por diversas partes del mundo (1433-1439),* Barcelona.

LÓPEZ, R. S. (1933), *Genova marinara nel Duecento: Benedetto Zaccaría, ammiraglio e mercante,* Messina-Milán.

— (1938), *Storia delle Colonie Genovesi nel Mediterraneo,* Bolonia.

— (1943), «European Merchants in the Medieval Indies: the evidence of Commercial documents», *Journal of Economic History,* 3, 2.

— (1955), «East and West in the Early Middle Ages: Economic Relations», *Storia del Medioevo,* Florencia.

— (1964), «Market Expansion: The Case of Genoa», *Journal of Economic History,* 24, 4.

LÓPEZ, R. S., y DOEHAERD, R. (1938), *Nouve luci sulle relazioni tra l'Italia e l'Estremo Oriente nel secolo XIV,* Milán.

LUCKACS, G. (1971), *The Theory of the Novel,* Cambridge.

MAGALHÃES GODINHO, V. (1990), *Mito e mercadoria, utopia e pratica de navegar. Seculos XIII-XVIII,* Lisboa.

MAGNOCAVALLO, A. (1901), *Marin Sanudo il vecchio e il suo progetto di crociata,* Bérgamo.

MAIER, C. T. (1994), *Preaching the Crusade. Mendicant Friars and the Cross in the Thirteenth Century,* Cambridge.

MAJOR, R. H. (1857), *India in the Fifteenth Century,* Londres.

MARGIOTTI, F. (1967), «Sinae, Aevo Medio (Saec. XIII-XIV)», *Historia Missionum Ordinis Fratrum Minorum,* 1.

MARINESCU, C. (1923), «Le Prete Jean: son pays, explication de son nom», *Academie Roumaine. Bulletin de la section historique,* 11.

— (1945), «Encore une fois le probleme du Pretre Jean», *Bulletin Historique de l'Academie Roumaine,* 26, 2.

— (1992), *La Politique Orientale d'Alfonse V d'Aragon, roi de Naples,* Barcelona.

MARKHAM, C. R. (1860), *Narrative of the Embassy of Ruy Gonzalez de Clavijo,* Londres.

— (1912), *Book of the Knowledge of all the Kingdoms, Lands and Lordships that are in the World,* Londres.

MARRASSINI, P. (1987), «Sul problema del guidaismo in Etiopia», en B. CHIESA (ed.), *Correnti culturali e movimenti religiosi del Giudaismo,* Roma.

MARSHALL LANG, D. (1957), *The Wisdom of Balahvar. A Christian legend of the Buddha,* Londres.

— (1966), *The Balavariani,* Londres.

MATHEW, K. S. (1996), *Indian Ocean and Cultural Interaction (A. D. 1400-1800),* Pondicherry.

MAYARAM, S. (2004), *Against History, Against State. Counter perspective from the Margins,* Columbia.

MEDEIROS, F. (1985), *L'Occident et l'Afrique (XIII-XV siecles),* París.

MENACHÉ, S. (1984), «Philippe le Bel: genese d'une image», *Revue Belge de Philosophie et d'Histoire,* 62.

MENARD, P. (2006), «Intérèt et importance de la version française du Devisement du Monde de Marco Polo», en *Marco Polo 750 anni,* Roma.

MENÉNDEZ PIDAL, R. (1945), *La epopeya castellana a través de la literatura española,* Buenos Aires.

MENSKI, W. (1999), «Sati: a review article», *Bulletin of the School of Oriental and African Studies,* 74.

MILANESI, M. (1978), *Giovanni Battista Ramusio. Navegazioni e viaggi,* Turín.

MILLER, W. (1911), «The Zaccaría of Phocaea and Chios (1275-1329)», *The Journal of Hellenic Studies,* 31.

MILNE RAE, G. (1892), *The Syrian Church in India,* Edimburgo-Londres.

MOFFITT WATTS, P. (1985), «Prophecy and Discovery: On the Spiritual Origins of Christopher Columbus's "Enterprise of the Indies"», *The American Historical Review,* 90, 1.

MOLLAT, M. (1990), *Los Exploradores del siglo XIII al XVI,* México.

MONACO, L. (1978), «I volgarizzamenti italiani della relazione de Odorico da Pordenone», *Studi mediolanti e volgari,* 26.

MONDREGANES, P. M. (1950), «Acción diplomática y misionera de los Papas entre los mogoles y los chinos en los siglos XIII y XIV», *Revista de Misiones Extrangeras,* 1, 3.

MONNERET DE VILLARD, U. (1948), «Il Libro della Peregrinazione nelle parti d'Oriente di frate Ricoldo da Montecroce», *Institutum Historicum FF. Praedicatorum,* Roma.

MORALES BELDA, F. (1988), «La inflexión de 1434. Las raíces orientales de la navegación racional al oeste», *Boletín de la asociación española de orientalistas,* 24.

MOSELEY, C. W. R. D. (1970), «Sir John Mandeville's Visit to the Pope: The Implications of an Interpolation», *Neophilologus,* 54.

— (1982), *The Travels of Sir John of Mandeville,* Londres.

MOULE, A. C. (1914), «Documents relating to the mission of the Minor Friars to China in the thirteenth and fourteenth centuries», *Journal of the Royal Asiatic Society,* 15.

— (1938), *Marco Polo. The Description of the World,* Londres.

MUNDADAN, A. M. (1984), *History of Christianity in India. From the beginning up to the Middle of the Sixteenth Century,* Bangalore.

MURRAY, A. (1985), *Reason and Society in the Middle Ages,* Oxford.

NARIDAS, S. (2003), *Guillaume de Nogaret et la pratique du pouvoir* (Tesis doctoral de la Ecole nationale des chartes, Sorbona).

NEDERMAN, C. J. (2005), «Empire and the Historiography of European Political Thought: Marsiglio of Padua, Nicholas of Cusa, and the Medieval/Modern Divide», *Journal of the History of Ideas,* 66, 1.

NITTI, J. J. (1980), *Juan Fernández de Heredia's Aragonese Version of the Libro de Marco Polo,* Madison.

NÖEL, O. (1891), *Histoire du commerce du monde. Depuis les temps les plus recules,* París.

NOWELL, C. E. (1953), «The Historical Prester John», *Speculum, 28*, 3.
OLSCHKI, L. (1937), *Storia letteraria delle scoperie geografiche. Studi e Ricerche,* Florencia.
— (1941), «What Columbus saw on landing in the West Indies», *Proceedings or the American Philosophical Society,* 84, 5.
— (1943), *Marco Polo's Precursors,* Londres.
— (1957a), *L'Asia di Marco Polo,* Florencia.
— (1957b), «Marco Polo, Dante Aligheri e la cosmografia medievale», *Oriente Poliano,* Roma.
OLWER, L. N. (1974), *L'expansio de Catalunya en la Mediterrania oriental,* Barcelona.
ORTEGA CERVIGÓN, J. I. (1999), «La medida del tiempo en la Edad Media. El ejemplo de las crónicas cristianas», *Medievalismo, 9, 9.*
OUDENRIJN, M. (1947), «L'eveque Dominicain fr. Barthelemy, foundateur suppose d'un couvent dans le Tigre au 14 siecle», *Rassegna di studi etiopici,* 5.
PAGDEN, A. (1992), *Lords of all the World. Ideologies of Empire in Spain, Britain and France, c.1500-c.1800,* Cambridge.
PALERMO, J. (1977), «Il romanzo di Ettore ed Ercole: Nuove prospecttive critiche», *Italica,* 54, 4.
PÁNIKER, A. (2005), *Índika. Una descolonización intelectual. Reflexiones sobre la historia, al etnología, la política y la religión en el Sur de Asia,* Barcelona.
PANKHURST, R. K. P. (1977), «The History of Ethiopian- Armenian relations», *Revue des Etudes Armeniennes,* 12.
— (1979), «The Banyan or Indian presence at Massawa, the Danlak Islands and the Horn of Africa», en C. MENHAUD (ed.), *Mouvements de population dans l' Ocean Indien,* París.
PAVIOT, J. (1991), «Buscarello de Ghisolfi, marchand génois intermédiaire entre la Perse mongole et la Chrétienté latine (fin du XIII° - debut du XIV° siecles)», *Storia dei Genovesi,* Génova.
PEARSON, M. N. (1998), *Port Cities and Intruders. The Swahili Coast, India, and Portugal in the Early Modern Era,* Londres.
PELLIOT, P. (1923, 1924 y 1932), «Les Mongols et la Papaute», *Revue de l'Orient Chretien,* núm. 23, 24 y 25.
PERARNAU I ESPELT, J. (1997), «De Ramon Llull a Nicolau Eimeric. Els fragments de l'Ars amativa de Llull, en copia autografa de l'inquisidor Eimeric integrats en les cent tesis antilullianes del seu Directorium Inquisitorum», *Arxiu de testos catalns antics,* 16.
— (2003), «Considracions sobre el tema Missió i Croada en Ramon Llull dins publicacions recents», *Arxiu de textos catalans antics,* 22.
PERCIVAL NEWTON, A. (1949), *Travel and Travellers of the Middle Ages,* Londres.
PÉREZ PRIEGO, M. A. (2002), *Viajeros y libros de viajes en la España medieval,* Madrid.

— (2006), *Viajes Medievales, 2. Clavijo, Tafur y Colón,* Madrid.

PERUMALIL, A. C. (1952), *The Apostles in India. Fact or Fiction?,* Patna.

PETERS, E. (1997), «Henry II of Cyprus, Rex inutilis: A Footnote to Decameron 1.9», *Speculum,* 72, 3.

PHILLIPS, S. R. (1994), *La expansión medieval de Europa,* Madrid.

PIMENTEL, J. (2003), *Testigos del mundo. Ciencia, literatura y viajes en la Ilustración,* Madrid.

POLIDORI, F. L.; GROTANELLI, F., y BANCHI, L. (1864), *Viaggio in Terra Santa di fra Ricoldo da Monte Croce,* Siena.

POST, R. C. (1981), «A Theory of Genre: Romance, Realism, and Moral Reality», *American Quartely,* 33, 4.

POU I MARTIN, J. M. (1945), «La leyenda del Preste Juan entre los Franciscanos de la Edad Media», *Antonianum,* 20.

POWER, E. (1938), «The Immortal Marco», *The New Statesman and Nation,* 16.

— (1949), «The opening of the land route to Cathay», en A. PERCIVAL NEWTON (ed.), *Travel and Travellers of the Middle Ages,* Londres.

PRODI, P. (1992), *Il sacramento del potere,* Bolonia.

RACIONERO, Q. (2000), *La Retórica de Aristóteles,* Madrid.

RAMOS, M. J. (1997), *Ensaios de Mitologia Cristã. O Preste João e a Reversibilidade Simbolica,* Lisboa.

— (1998), *Carta do Preste João das Indias,* Lisboa.

— (1999), «O destino etiope do Preste João. A Etiopia nas representacões cosmograficas europeas», en F. CRISTOVAO, *Condicionantes culturais da literatura da viagens. Etudos e bibliografias,* Lisboa.

RAMOS, M. J.; BUESCU, L., y CAMPOS, A. (1998), *Carta do Preste João das Indias. Versoes medievais latinas,* Lisboa.

REGNIER-BOHLER, D. (1997), «Emmanuel Piloti. Traite sur le passage en Terre Sainte», en D. REGNIER-BOHLER, *Croisades et Pelerinages,* París.

REICHERT, F. (1999), «Odorico da Pordenone and the European perception of Chinese beauty in the Middle Ages», *Journal of Medieval History,* 25, 4.

RELAÑO, F. (2002), *The Shaping of Africa. Cosmographic Discourse and Cartographic Science in Late Medieval and Early Modern Europe,* Aldershot.

RENNA, T. J. (1973), «Kingship in the *Disputatio inter Clericum et Militem*», *Speculum,* 48, 4.

RENOUARD, Y. (1941), «Les relations des papes d'Avignon et des compagnies commercieles et bancaires de 1316 a 1378», *Bibliotheque des Ecoles Francaises d'Athenes et de Rome,* París.

RICHARD, J. (1952), «An account of the Battle of Hattin referring to the Frankish mercenaries in Oriental Moslem states», *Speculum,* 27, 2.

— (1957), «L'Extreme-Orient legendaire au Moyen Age: Roi David et Pretre Jean», *Annales d'Ethiopie,* 2.

— (1960), «Les premiers missionaires latins en Ethiopie (XIIe-XIVe sie-cles)», *Atti del convegno internazionale di Studi Etiopici. Academia Nazionale dei Lincei,* Roma.

— (1962), *Documents chypriotes des Archives du vatican (XIV et XV siecles),* París.

— (1965), *Simon de Saint-Quentin: Histoire des Tartars,* París.

— (1976), «Isol le Pisan: un aventurier franc gouverneur d'une province mongole?», *Orient et Occidente au Moyen Age: contact et relations (XII-XV s),* Londres.

— (1977), *Les relations entre l'Orient et l'Occident au Moyen Age. Etudes et documents,* Londres.

— (1981), *Les recits de voyages et de pelerinages,* Turnhout.

— (1983), *Croises, missionnaires et voyageurs. Les perspectives orientales du monde latin medieval,* Londres.

— (1998), *La Papaute et les Missions d'Orient au Moyen Age (XIII-XV sie-cles),* Roma.

RILEY-SMITH, L., y RILEY-SMITH, J. (1981), *The Crusades. Idea and Reality, 1095-1274,* Londres.

RIQUER, M. (1983), *Los trovadores. Historia literaria y textos,* Barcelona.

— (2004), *Vidas y amores de los trovadores y sus damas,* Barcelona.

RIU, M. (1975), «Nuevos datos sobre el comercio mediterráneo catalano-aragonés: el comercio prohibido con el Oriente islámico», *II Congreso Internacional de culturas del Mediterráneo occidental,* Barcelona.

ROBLES SIERRA, A. (1986), *Fray Ramón Martí de Subirats,* Caleruega.

ROCKHILL, W. W. (1900), *The Journey of William Rubruck and John of Pian Carpine,* Londres.

ROEST, B. (2000), *A history of Franciscan Education (c.1210-1517),* Brill.

ROGERS, F. M. (1962), *The quest for Eastern Christians: travels and rumour in the age of discovery,* Minnesota-Oxford.

ROSSABI, M. (1990), *Khubilai Khan: His Life and Times,* California.

RUBIÉS, J. P. (2000), *Travel and Ethnology in the Renaissance. South India through European Eyes, 1250-1625,* Cambridge.

RUBIÉS, J. P., y BUGGE, H. (1995), *Shifting Cultures. Interaction and Discourse in the Expansion of Europe,* Munster.

RUBIÉS, J. P., y ELSNER, J. (1999), *Voyage and Visions. Towards a Cultural History of Travel,* Londres.

RUBIO I LLUCH, A. (1908), *Cultura Catalana Mig-eval,* Barcelona.

— (1947), *Diplomatari de l' Orient Catala (1301-1409),* Barcelona.

RUBIO TOVAR, J. (1986), *Libros españoles de viajes medievales,* Madrid.

— (2005), *Viajes Medievales, I. Libro de Marco Polo, Libro de las maravi-llas del mundo de Juan de Mandavila, Libro del conoscimiento,* Madrid.

RUBIO VELA, A. (1981), «Una fundación burguesa en la Valencia medieval: el Hospital de En Clapers (1311)», *Dynamis,* 1.

— (1983), «Un hospital medieval según su fundador: el testamento de Bernat dez Clapers (Valencia 1311)», *Dynamis,* 3.

RUNCIMAN, S. (1958), *The Sicilian Vespers: A History of the Mediterranean World in the later Thirteenth Century,* Cambridge.
— (1994), *Historia de las Cruzadas,* Madrid (1.ª ed., 1954).
RUSELL, P. E. (1978), *Temas de la Celestina y otros estudios: del Cid al Quijote,* Barcelona.
RYAN, J. D. (1998), «Christian wives of Mongol Khans: Tartar Queens and Missionary expectations in Asia», *Journal of the Royal Asiatic Society,* 3, 8.
SABATO, E. (1962), «Sartre contra Sartre», *Revista Sur de Buenos Aires.*
SAID, E. W. (2003), *Orientalism,* Londres (1.ª ed., 1978).
SALVATORELLI, L. (1955), «Movimento francescano e gioachinismo», en *X Congreso internazionale di scienze storiche, Storia del Medioevo,* Roma
SÁNCHEZ HERRERO, J. (1988), «Antecedentes medievales de la Orden Dominica», *Actas del I Congreso Internacional sobre los Dominicos y el nuevo mundo,* Madrid.
SANZ, C. (1959), *El primer atlas del mundo moderno y la geografía de Ptolomeo,* Madrid.
— (1970), *Ciento noventa mapas antiguos del mundo, ss. I al XVIII,* Madrid.
SAPORI, A. (1972), *La mercatura medievale,* Florencia.
SASTRI, N. (1972), *Foreign notices of South India. From Megasthenes to Ma Huan,* Madrás.
SCHEIN, S. (1979), «Gesta dei per Mongolos 1300. The Genesis of a Non-Event», *The English Historical Review,* 94, 373.
— (1984), «The future regnum Hierusalem. A chapter in medieval state planning», *Journal of Medieval History,* 10.
— (1991), *Fidelis Crucis. The Papacy, the West, and the Recovery of the Holy Land, 1274-1314,* Oxford.
SCHLAUCH, M. (1956), *English Literature and its Social Foundations,* Varsovia.
SETTON, K. M. (1976), *The Papacy and the Levant (1204-1571),* Filadelfia.
SEYMOUR, M. C. (1967), *Mandeville's Travels,* Oxford.
— (1993), *Sir John Mandeville,* Aldershot.
SHOKOOHY, M. (1998), «The town of Cochin and its Muslim heritage on the Malabar coast, South India», *Journal of the Royal Asiatic Society,* 3, 8.
SILVA REGO, A. (1961), *Liçoes de Missiologia,* Lisboa.
SLESSAREV, V. (1959), *Prester John. The Letter and the Legend,* Minneapolis.
SOLÀ SIMON, T. (2003), «*"Nisi credideretis non intelligetis"* Lectura d'IS VII, 9 per Ramon Llull», *Arxiu de textos catalans antics,* 22.
SOMIGLI DI S. DETOLE, T. (1928), «Etiopia Francescana nei documenti dei secoli XVII e XVIII. Preceduti da cenni sulle relazioni con l'Etiopia durante i sec. XIV e XV», en G. GOLUBOVICH (ed.), *Biblioteca Bio-bibliografica della Terra Santa e dell'Oriente Francescano. Serie Terza,* Karachi-Florencia.
SOTO COMPANY, R. (1978), «La población musulmana en Mallorca bajo el dominio cristiano (1240-1276)», *Fontes Rerum Balearium,* Palma.
STERN, S. M., y WALZER, S. (1971), *Three unknown Buddhist Stories in an Arabic version,* Carolina.

STRAYER, J. R. (1940), «The laicisation of French and English society in the thirteenth century», *Speculum,* 15, 1.

— (1953), «The Crusade against Aragon», *Speculum,* 28, 1.

— (1956), «Philip the Fair - A "Constitutinal" King», *The American Historical Review,* 62, 1.

— (1958), «The State and Religion: An Exploratory Comparison in Different Cultures. Greece and Rome, the West, Islam», *Comparative Studies in Society and History,* 1, 1.

STRICKLAND, D. H., (2005), «Artists, Audience, and Ambivalence in Marco Polo's Divisament dou monde», *Viator,* 36.

SUÁREZ, L. (1989), *Diccionario de los Papas y Concilios,* Barcelona.

SUBRAHMANYAM, S. (1990), *The Political Economy of Commerce: Southern India 1500-1800,* Oxford.

SUGRANYES DE FRANCH, R. (1954), «Raymond Lulle Docteur des missions. Avec un choix de textes traduits et anotes», *Nouvelle Revue de Science Missionaire.*

— (1991), «L'apologetique de Raimond Lulle vis-a-vis l'Islam», *Hispanica Helvetica,* 2.

SURIÁ, C. (1990), *History of the Catholic church in Gujarat,* Anand.

TABOADA, H. (1992), «La tierra de India y Etiopía», *Papeles de la India,* 21, 2-3.

TANGHERONI, M. (1994), «L'Italie, l'humanisme et les grandes decouvertes», *Decouvertes europeens et nouvelle vision du monde,* París.

TAWNEY, R. H. (1998), *Religion and the Rise of Capitalism,* Londres.

TERÁN, M. (1987), *Del Mythos al Logos,* Madrid.

THAPAR, R. (1990), *A History of India I,* Londres.

THOMAZ, L. F. (1994), *De Ceuta a Timor,* Linda a Velha.

THROOP, P. A. (1938), «Criticism of papal crusade policy in old French and Provencal», *Speculum,* 13, 4.

TISSERENT, E. (1924), «La legation en Orient du Franciscain Dominique d'Aragon (1245-1247)», *Revue de l'Orient Chretien,* 24, 4.

— (1957), *Eastern Christianity in India. A History of the Syro-Malabar Church from the earliest time to the present day,* Calcuta.

TODESCHINI, G. (1976), «Oeconomica Franciscana», *Rivista di storia e letteratura religiosa,* 12.

TODOROV, T. (1970), *Introduction à la littérature fantastique,* París.

— (1991), *Les morales de l'histoire,* París.

— (1999), *The Conquest of America. The Question of the Other,* Oklahoma.

TRACY, J. D. (1991), *The Political Economy of Merchants empires: State Power and World Trade 1350-1750,* Cambridge.

TRASELLI, C. (1941), «Un italiano in Etiopia nel XV secolo: Pietro Rombulo da Messina», *Rassegna di Studi Etiopici,* 1, 2.

TRENCHS ODENA, J. (1980), «"De Alexandrinis" El comercio prohibido con los musulmanes y el papado de Aviñón durante la primera mitad del siglo XIV», *Anuario de Estudios Medievales,* 10.

TURLEY, T. (1989), «John XXII and the Franciscans: A Reappraisal», en J. ROSS SWEENE (ed.), *Popes, Teachers, and Canon Law in the Middle Ages,* Cornell.

TYERMAN, C. (1982) «Marino Sanudo and the Lost Crusade: Lobbying in the Fourteenth Century. The Alexander Prize Essay», *Transaction of the Royal Historical Society,* 32, 5.

— (1985), «Philip VI and the Recovery of the Holy Land», *The English Historical Review,* 100, 394.

— (2005), *Las Cruzadas. Realidad y mito,* Barcelona.

TZANAKI, R., (2003), *Mandeville's Medieval Audiences,* Aldershot.

VIARD, J. (1936), «Les projects de croisade de Philippe VI de Valois», *Bibliotheque de l'Ecole des Chartes,* 93.

VICENTINI, E. (1994), «Il Milione de Marco Polo come portolano», *Italica,* 71, 2.

VIROLI, M. (1992), *From Politics to Reason of State. The Acquisition of the Language of Politics 1250-1600,* Cambridge.

— (1995), *For Love of Country,* Oxford.

VOCI, A. M. (1985), «Federico II imperatore e i Mendicanti. privilegi papali e propaganda anti-imperiale», *Critica storica,* 22.

VOFCHUK, R. C. (2004), «Primeros diálogos entre el Budismo y Occidente. La diversidad en los testimonios», *Transoxiana,* 9.

WALKER BYNUM, C. (1997), «Wonder», *The American Historical Review,* 102, 1.

WALLIS BUDGE, E. A. (1923), *Barlam and Yewasef. Being the Ethiopic version of a Christianised recension of the Buddhist legend of the Buddha and the bodhisattva,* Cambridge.

WASHBURN, W. E. (1962), «The Meaning of Discovery in the Fifteenth and Sixteenth Centuries», *The American Historical Review,* 68, 1.

— (1985), «A proposed explanation of the closed Indian Ocean on some Ptolomaic maps of the Twelfth-Fifteenth centuries», *Revista da Universidade da Coimbra,* 33.

WATANABE, H. (1986), *Marco Polo Bibliography,* Tokio.

WESTREM, S. (2001), *The Hereford Map,* Turnhout.

WITTKOWER, R. (1957), «Marco Polo and the pictorial tradition of the Marvels of the East», en *Oriente Poliano,* Roma.

WOOD, F. (1996), *Did Marco Polo Go to China?,* Londres.

WYNGAERT, A. (1929), *Sinica Franciscana,* Florencia.

YATES, F. A. (1982), «The Art of Ramon Llull: An Approach to It Through Llull's Theory of the Elements», *Llull and Bruno. Collected Essays,* Nueva York.

YERASIMOS, S. (2004), *Libro de las cosas maravillosas. Versión de Rodrigo de Santaella impresa en Sevilla en 1518,* Barcelona.

YULE, H. (1863), *Mirabilia Descripta. The Wonders of the east by F. Jordanus,* Londres.

— (1903), *The Book of ser Marco Polo,* edición de H. CORDIER, Londres.

— (1913), *Cathay and the Way Thither,* edición de H. CORDIER, Londres (1.ª ed., 1866).

YULE, H., y BURNELL, A. C. (1996), *Hobson-jobson. the Anglo-Indian Dictionary,* Londres (1.ª ed., 1886).

ZACHER, C. K. (1976), *Curiosity and Pilgrimage: the Literature of Discovery in Fourteenth Century England,* Londres.

ZALESKI, L. M. (1915), *The Saints of India,* Mangalore.

ZARNCKE, F. (1879), *Epistola Johannis, imperatoris Indie, ad Manuelem, imperatore Constantinopolitan. Der Priester Johannes,* Leipzig.

ZUMTHOR, P. (1970), «From the Universal to the Particular in Medieval Poetry», *Comparative Literature,* 85, 6.

— (1984), *La medida del mundo. Representación del espacio en la Edad Media,* Madrid.

ZUMTHOR, P., y PEEBLES, C. (1994), «The Travel Medieval Narrative», *New Literary History,* 25, 4.

ÍNDICE ONOMÁSTICO

Lucalongo, Pedro. Socio capitalista de Montecorvino, 162, 164-166
Luis de Blois. Conde y miembro de la III Cruzada, 330
Luis IX de Francia, San Luis, 26, 202, 214
Luis Urreta, OP. Cronista de la Orden en Etiopía, 179

Mahmûd de Ghazni. Fundador dinastía Ghaznavida, 107
Maffeo Polo. Tío de Marco, 40
Manfredo Hohenstaufen. Rey de Sicilia, 67, 69
Marco Polo, 11, 17-24, 26, 29-31, 35-37, 40-42, 46, 55-57, 73, 98, 101-106, 113-115, 117, 147, 225, 234, 250, 261, 263, 268, 271-272, 277, 284, 288, 291, 294, 300, 304, 307-309, 316, 318, 320-321, 324, 337, 340-341, 344-346, 353, 362, 366-367
Marcos, Evangelista, 209, 287
Margarita de Anjou. Madre de Felipe VI de Francia, 330
María de Hungría. Reina de Hungría y Croacia, 329
Marqués de Monferrat (Bonifacio I). Miembro de la IV Cruzada, 330-331
Miguel VIII Paleólogo. Emperador de Bizancio, 68
Marino Sanudo, el Torsello o el Viejo. Teórico de la Recuperación, 49, 70, 72, 72, 91, 93, 97-98, 117, 143, 147, 202, 304, 209, 213, 216, 222, 225, 229, 238, 280, 326
Martin IV. Papa (1281-1285), 69
Menentillo de Spoleto, OP. Copista de la *Carta India* de Montecorvino, 27-28, 100
Miguel de Cesena, OFM. Maestro General, 156, 158
Miguel VIII Paleólogo. Emperador de Bizancio, 68

Moisés, 286
Mongke. Gran Khan, 41-42
Moro, Tomás. Humanista inglés, 262, 291
Muhammad al Nasir. Sultán de El Cairo, 280

Nabuconodosor. Rey de Babilonia, 260
Nevski, Alejandro. Líder y santo ruso, 52
Niccolo Conti. Emigrante en India y Persia, 44-46, 117
Niccolo Polo. Padre de Marco, 40, 102
Niccolo de Poggibonsi, OFM. Peregrino jerosolimitano, 283
Nicolás IV. Papa (1288-1292), 70, 74, 87, 155, 162-164, 173, 179, 219-220
Nicolás de Pistoia, OP. Compañero de Montecorvino, 100, 147
Nicolás de Vicenza, OFM. Compañero de los Polo, 103
Noé, 32, 61, 259-260, 283, 287, 290

Odorico de Pordenone, OFM. Correo del Oriente franciscano, 23, 27-28, 30, 35, 37, 42, 55, 99, 106, 108, 111-112, 114, 117-118, 167-169, 171-175, 178, 225, 230, 233-234, 246-250, 252-257, 259, 264-265, 268, 271, 278, 283-285, 288-291, 294, 300, 302-304, 310, 317, 324, 335, 337, 340-341, 344-347, 353, 362, 366
Ogier de Dinamarca. Tío del Preste Juan, 341-342
Ogodei. Gran Khan, 129
Oldjaitu. Ilkhan de Persia, 135
Olivi, Pedro Juan, OFM. Teólogo y polemista, 154-156, 158
Orsini, Napoleón y Juan Cayetano. Cardenales de la familia güelfa romana, 139

ESTE LIBRO MARCO ROJO Y LA CRUZADA
DE ANTONYO GARCIA ESPADA ACABOSE
DE YMPRYMYR EN MADRYD EN EL MES
TERCERO DE MMIX